사회의 역사로 다시 읽는

독일 프로테스탄트
교회의 역사

A Social History of German Protestant Church

이 도서의 국립중앙도서관 출판예정도서목록(CIP)은 서지정보유통지원시스템 홈페이지(http://seoji.nl.go.kr)와 국
가자료공동목록시스템(http://www.nl.go.kr/kolisnet)에서 이용하실 수 있습니다.
CIP제어번호 : CIP2016004974(양장), CIP2016005458(학생판)

사회의 역사로 다시 읽는

독일 프로테스탄트 교회의 역사

A Social History of German Protestant Church

장수한 지음

한울
아카데미

저자 서문

　이 책은 2017년에 종교개혁 500주년을 맞는 독일 프로테스탄트 교회의 역사를 다룬다. 16세기 초에 일어난 독일 종교개혁은 가히 세계사적인 사건이었다. 곧이어 여러 나라에서 종교개혁이 잇따랐고 유럽뿐 아니라 그 후 세계의 정치와 사회 그리고 문화의 변동에 커다란 영향을 미쳤기 때문이다. 특히 독일에서 16세기 초부터 21세기까지 프로테스탄티즘이 역사적으로 중요한 역할을 했다는 사실에 이의를 제기할 사람은 거의 없을 것이다. 프로테스탄티즘은 중세 교회와 달리 인간의 미래에 대한 낙관적인 전망을 열었고 근대사회 형성에 이바지했다.

　프로테스탄트 교회가 출현함으로써 독일에 근대적인 정치적 자유의 이념이 실현되는 계기가 마련되었고 문학은 물론이고 대학을 비롯한 학문과 교육에서 도서와 잡지의 출판 같은 교양 문화에 이르기까지 모든 분야가 이전과 비교할 수 없을 정도로 활기차게 발전했다. 경제적 측면에서도 프로테스탄티즘은 자본주의적 경제제도를 창출할 강력한 에너지를 생산했다. 독일 근대화를 이끈 교양부르주아지의 탄생은 프로테스탄트 교회가 없었다면 아마 상상하기 어려웠을 것이다.

　그러나 독일 프로테스탄트 교회는 이런 긍정적인 역할만 한 것은 아니다.

독일 프로테스탄트 교회는 국가교회로 정착하면서 독일 국민에게 국가와 공권력(Obrigkeit)에 대한 무조건적 순응을 강조함으로써 시민의 저항권을 약화시켜 독일 사회가 좀 더 자유롭고 민주적인 사회로 발전하는 것을 가로막기도 했다. 한 예로 독일 프로테스탄트 교회는 다른 어떤 사회집단보다 더 강력하게 아돌프 히틀러(Adolf Hitler, 1889~1945)를 지지해 그의 집권을 도왔을 뿐 아니라 반인도적 전쟁범죄에 동참했다. 오랜 기간 독일 프로테스탄티즘은 국가 프로테스탄티즘으로 존재했다. 그뿐 아니라 독일 프로테스탄트 교회는 반공주의에 매달려 자본주의의 치명적 폐해와 물신주의적 경향을 정확하게 인식하고 알리지 못했다.

그럼에도 독일 프로테스탄트 교회는 제2차 세계대전이 끝난 후 독일 사회와 세계의 변화를 전적으로 무시할 수 없었다. 여전히 분파주의와 머뭇거림이 있기는 했지만 '슈투트가르트 죄책 선언(Die Stuttgarter Schulderklärung)'으로 '새로운 시작'을 위한 첫걸음을 뗀 이래 프로테스탄트 교회와 교회 관련 기관들은 독일이 복지사회로 가는 길에 긍정적인 역할을 했고 독일 통일에도 적지 않게 이바지했다. 특히 옛 동독 교회는 독일 통일이 '개신교 혁명'이라는 이름을 얻는 데 결정적인 근거를 제공했다. 교회 내 건전한 소수 세력의 끈질긴 노력이 마침내 일정 부분 결실을 얻었다.

이 책의 목표는 독일 프로테스탄트 교회의 역사를 교회와 신학의 역사만으로 다루지 않고 '사회의 역사'로 재구성하는 것이다. 독일 교회에 나타났던 다양한 풍경을 담아내고 신학의 주요 논리를 놓치지 않고 살피되 교리 논쟁이나 예전(禮典) 혹은 교회 직제(職制)를 둘러싼 교회 내부의 논의와 갈등에 관심을 기울이기보다 독일 프로테스탄트 교회가 독일의 정치, 경제, 사회, 문화에 어떤 영향을 주었고 이 부문들에서 어떤 영향을 받았는지, 한마디로 교회와 사회의 '관계'에 이 책은 초점을 맞춘다. 독일 교회가 독일 사회의 외부에 존재할 수 없듯이 독일 사회 역시 독일 교회와 긴밀한 관계를 맺으면서 발전했다. 독일 교회와 독일 사회는 상호 침투적인 관계에 있었다. 그래서 이 책에서 독일 프로테스탄트 교회의 역사를 독일 역사학자들이 시도했던 '전체 사회사 (Gesellschaftsgeschichte)'의 일부로 되살리려고 노력했다. 한국의 일부 신앙인들과 심지어 지식인들조차 교회와 사회가 마치 분리되어 있기라도 한 것처럼 한국 개신교를 그저 신앙의 문제로만 바라보고 있다는 사실을 고려하면 이 책의 접근 방법은 충분히 의미 있는 작업이라 생각한다. '사회의 역사로 다시 읽는'이라는 부제를 붙인 것도 이 때문이다.

『사회의 역사로 다시 읽는 독일 프로테스탄트 교회의 역사』는 한국 개신교의 정치적·사회적 지향을 역사적으로 성찰하는 데 커다란 도움이 되리라 기대한다. 이 책은 한국 개신교의 역사를 직접 다루지는 않는다. 그러나 한국 개신교에 대한 성찰이 이 책의 주제들을 선택하고 내용을 구성하는 데 결정적으로 작용했음을 독자는 쉽게 알게 될 것이다. 한번쯤은 생각해야 할 쟁점이 여러 곳에 박혀 있는 독일 프로테스탄트 교회의 역사는 우리를 비추는 '역사의 거울'이다.

독일 프로테스탄트 교회와 한국 개신교는 제도적인 측면에서 보면 대단히 다르다. 독일 프로테스탄트 교회는 대부분의 기간 국가교회로 존재했고 현재도 시민이 내는 종교세로 교회 재정의 대부분을 충당한다. 그러나 교회의 정치적·사회적 지향이라는 점에서 보면 독일 프로테스탄트 교회와 한국 개신교는 닮은 점이 많다. 지배 권력의 정당화에 토대를 둔 국가주의, 군사주의, 반공주의, 노동 세계에 대한 무관심 등은 독일 프로테스탄트 교회만의 특성이 아니라 한국 개신교에도 만연한 경향이다. 독일 프로테스탄트 교회와 한국 개신교는 각기 사회의 '근대화'에 이바지했지만 동시에 근대화에 대한 기독교적 성찰을 결여했다는 점에서 다르지 않다.

한국 개신교가 위기를 맞으면서 교회 개혁을 위한 다양한 제안이 쏟아지고 있다. 그러나 실용주의적 접근보다 더 중요한 일은 한국 개신교의 역사적·사회적 책임과 관련한 방향 설정이라는 것이 저자의 생각이다. 교회가 사회 발전을 저지했을 때 그 교회는 언제나 부패했고 교회 역시 존속의 위기에 처했다는 역사적 사실을 기억하면『사회의 역사로 다시 읽는 독일 프로테스탄트 교회의 역사』는 한국 교회에 많은 것을 시사할 것이다. 이 점에서 독일 프로테스탄트 교회의 역사는 한국 개신교와 지식인들이 한번쯤 되돌아보고 기억해야 할 역사에 속한다.

이 책의 내용에 관해 미리 몇 가지 말해두고 싶다. 독일 프로테스탄트 교회의 역사적 원천은 마르틴 루터(Martin Luther, 1483~1546)의 종교개혁이다. 따라서 이 책 역시 루터의 종교개혁을 상대적으로 자세히 다루었다. 그러나 저자는 루터의 신학을 정당화하려고 의도하거나 그것을 중심으로 독일 종교개혁의 역사를 서술하지는 않았다. 루터의 종교개혁은 당대 가톨릭교회의 폐해를 제거한 '개혁'임에 틀림없지만, 동시에 독일 국가 프로테스탄티즘의 원천이 되었다고 본다. 그래서 종교개혁의 동기와 도구를 제공한 기독교 인문주의(Christian Humanism)에서 멀어짐으로써 루터가 안게 된 문제점, 종교개혁의 사회적·경제적 배경의 하나로 작용한 상인 가계 푸거가(Fugger family)의 역할과 루터의 '직업소명' 및 그 한계, 독일농민전쟁(Der deutsche Bauernkrieg)에서 드러난 루터의 사회 교리, 종교개혁기 뮌스터(Münster)시(市)에서 일어난 재침례파의 지역 공동체 개혁 운동 등을 다룸으로써 루터의 종교개혁이 당대뿐 아니라 이후 독일 프로테스탄트 교회의 토대로서 어떠한 역할을 했는지 밝히고자 했다.

종교개혁의 주제를 선택하는 방식에서 그러하듯이, 이 책은 독일 프로테스탄트 교회의 역사 전체를 수평적으로 다루지 않는다. 물론 중요한 역사적 사실을 가능하면 놓치지 않으려고 노력했지만 특별히 관심을 둔 주제를 중심으로 그와 연결된 다른 사안들을 포괄하는 방법을 택했다. 예컨대 제2차 세계대전 후의 역사는 동, 서독 교회가 비록 머뭇거리기는 했지만 '과거'를 벗어나 사회로 점차 다가서 사회 통합과 독일 통일에 이바지하게 된 과정을 중심 주제로 설정하고 이를 축으로 교회 내 각 분파의 대응과 신학적 주장을 살펴보았다. 독자는 중요한 역사적 사실이 소홀히 다루어지거나 아예 스치듯이 지나간 경우를 발견할 수도 있을 것이다. 교회의 역사를 사회의 역사로 다시 읽고자 하는 이 책의 의도가 빚은 결과로 여겨 너그럽게 받아들이면 고맙겠다.

끝으로 감사를 표해야 하겠다. 이미 훌륭한 연구 성과를 남긴 역사가들에게 먼저 감사하는 것이 마땅한 도리라고 생각한다. 외국인으로서 독일 교회사를 쓴 저자의 한계로 선행 연구에 거의 전적으로 의존할 수밖에 없었다. 물론 저자는 그 연구를 종합해 나름의 역사적 해석에 도전했지만 그 근거와 때로는 해석까지도 선행 연구에서 결정적인 도움을 받았다. 한 예로 독일 사회사를 주도한 역사가 한스 울리히 벨러(Hans-Ulich Wehler, 1931~2014)는 저자의 독일 유학 시절 강의와 책으로 '사회사'에 관심을 기울이도록 자극했을 뿐 아니라 특히 『독일 사회사(Deutsche Gesellschaftsgeschichte)』1~5권의 교회사 관련 서술을 통해 이 책의 저술에 실질적·구체적인 도움을 주었다. 교회사가인 베른트 묄러(Bernd Moeller)는 『종교개혁 시대의 독일(Deutschland im Zeitalter der Reformation)』(1981)과 『기독교의 역사(Geschichte des Christentum in Grundzüge)』(2011) 등을 통해 교회사에 관한 저자의 이해에 적지 않은 도움을 제공했다. 다른 역사가들에게 진 빚 역시 헤아릴 수 없을 정도로 많아 후주와 참고문헌으로 자세히 밝혀두었다.

저자가 연구휴가를 가짐으로써 이 책의 집필에 전념할 수 있게 해준 침례신학대학교에 고마움을 표한다. 동료 교수들의 글과 대화는 저자의 신학에 관한 이해를 높이는 한편, 비판적 인식을 가다듬는 데 도움을 주었고 대학원 학생들은 설익은 저자의 독일 교회사 강의를 진지하게 듣고 질문함으로써 검증 기회를 제공했다. 지지부진한 저자의 공부를 격려하고 뒷바라지한 아내에게 처음으로 고맙다는 말을 남긴다.

이 저작이 완성되도록 격려하고 기다려준 한울엠플러스(주)의 김종수 대표님과 윤순현 기획과장님, 특히 편집 실무를 맡아 좀 더 정확하고 읽기 쉬운 책을 만들기 위해 저자에 버금가는 최선의 노력을 기울인 강민호 편집자, 표지 디자인을 맡아 아름다운 책을 탄생시킨 김빛나래 디자이너 등에게 깊이 감사드린다.

저자의 부주의와 역량 부족으로 생긴 오류와 관점의 미숙함은 앞으로 보완할 생각이다. 이 책이 교회와 사회의 관계에 대한 이해를 좀 더 심화해 한국 개신교의 방향 설정에 작은 디딤돌이 될 수 있기를 기대한다.

2016년 봄에
장수한

차례

제 1 부

독일의 종교개혁

* * *

독일 프로테스탄트 교회는 루터의 종교개혁에서 시작되었다. 루터는 독일종교개혁의 중심에 서서 개혁 운동을 실질적으로 주도했고 개혁 운동에 신학적 토대를 제공했다. 이 사실 때문에 오랫동안 독일에서 훌륭한 종교개혁 역사가는 신학자여야 했다. 종교개혁 역사는 신학의 역사, 특히 루터의 사상을 추적하는 역사였기 때문이다.[1] 루터의 영향은 종교개혁 시대에 그치지 않았다. 그 후에도 독일 프로테스탄트 교회는 루터 신학을 해석하고 적용하는 일에 가장 많은 힘을 쏟았다.

그러나 독일 종교개혁은 한 사람의 천재가 만들었다고 하기에는 너무나 다양한 요소가 그 배경과 원인으로 작용했고 개혁이 진행되면서 점차 루터의 통제에서 벗어났다. 루터가 원하지 않았거나 예상하지 못한 사건들이 터졌고 다른 신앙 경향들이 생겨났는데 그것들은 종교개혁 이후 독일 교회와 사회를 형성하는 데 적지 않은 영향을 미쳤다. 이런 새로운 대안들이 현실에서 성공하거나 성취되지 않았다고 해서 그 의미가 소멸되는 것은 아니다.

따라서 독일 종교개혁에 관한 연구는 루터 사상을 추적하는 일로만 환원될 수 없다. 오히려 동시대 여러 변화 추세를 면밀히 검토하고 그 요소들이 루터의 개혁과 어떤 관계를 맺으면서 상호작용했는가를 고려하는 것이 바람직하다. 그래야만 루터의 개혁을 이전보다 훨씬 더 폭넓은 지평 위에서 재구성할 수 있고 나아가 종교개혁의 역사적 의미를 되새겨볼 수 있을 것이다. 더구나 루터주의 신학 영향 아래 있는 독일 프로테스탄트 교회는 사회 교리에서 국가 프로테스탄티즘(Nationalprot-estantismus)으로 떨어졌다는 비판이 끊이지 않고 제기되었다는 사실은 이러한 재해석의 필요성에 무게를 실어준다.

이런 이유에서 루터의 신학을 사회적 차원에서 다시 살펴볼 것이다. 제1장에서는 기독교 인문주의와 루터의 관계를 검토 대상으로 삼는다. 16세기 기독교 인문주의는 루터에게 성서 연구와 개혁의 도구였고 '왜 종교개혁이 16세기에 일어났을까?'라는 고전적인 질문에 해답을 줄 수 있는 단서도 된다는 점에서 주목 대상이 된다. 더욱이 "의지의 자유"를 둘러싼 논쟁에서 확연하게 드러난 루터와 인문주의자들의 갈등은 루터가 이끈 종교개혁의 성격을 확인하는 첫 번째 시험대가 될 것이다.

제2장에서는 종교개혁의 배경으로 작용한 독일의 사회적·경제적 상황과 루터의 '소명'을 이해하고자 한다. 루터가 95개 항의 논제에서 강력하게 공격한 면벌부(免罰符, Indulgentia)* 판매의 실질적인 대행자였고 교황청과의 금융거래를 통해 교황을 지원했으며 카를 5세(Karl V, 1500~1558)의 황제 당선에 영향을 미쳤던 푸거가가 그 출발점이다. 종교개혁 시대는 경제적으로 보면 '푸거가의 시대(Das Zeitalter der Fugger)'였기 때문이다. 한편 루터는 장 칼뱅(Jean Calvin, 1509~1564) 못지않게 그리스도인의 소명을 강조함으로써 모든 직업에 종교적 의미를 부여했다. 그럼에도 그는 소명을 이웃에게 봉사하라는 신의 명령으로 해석해 직업소명의 근대성(Modernität)을 축소시키고 말았다. 루터의 직업소명을 칼뱅과 비교 검증함으로써 그 후 사회적·경제적 변동, 즉 자본주의로의 이행에 그의 생각이 어떤 영향을 미쳤는지를 이해하고자 했다. 루터 이후 독일 프로테스탄티즘이 정치적 자유주의의 신장(伸張)뿐 아니라 경제적 에너지 생산에 크게 기여했지만 그것은 루터 신학이 이룬 성과만은 아니었다.

제3장에서는 농민전쟁 과정에 드러난 루터의 사회 교리를 검토한다. 농민전쟁은 프랑스혁명이 일어나기 전에 있었던 유럽 최대의 사회저항 운동으로서 수많은 희생자를 냈다. 따라서 독일 역사가와 교회사 연구자 모두에게 피할 수 없는 연구 주제 중 하나이고 농민전쟁에 대한 역사 서술과 이를 둘러싼 논쟁의 역사 또한 길고 풍부하다. 루터는 농민전쟁에 나선 농민들의 생존 투쟁에 대해 중세 봉건시대 가톨릭교회의 사회 교리를 거의 그대로 복기(復棋)하는 것으로 대응했다. 그는 농민전쟁의 강경 진압을 신학적으로 정당화함으로써 독일 프로테스탄티즘의 사회 교리 및 개혁 운동 자체에 커다란 의문을 품게 만들었다. 이 장에서는 루터의 사회 교리가 농민전쟁을 맞아 어떻게 변화하는지, 그 문제는 무엇인지, 농민전쟁 이후 독일 사회에 무엇을 남겼는지를 다시 검토하고 확인하려고 한다.

제4장에서는 뮌스터시의 재침례파 운동을 살펴보기로 하겠다. 뮌스터시의 재침례파 운동은 종

---

* 면죄부(免罪符)로 흔히 번역한다. 그러나 면벌부는 인간의 죄(罪)를 사면(赦免)하는 것이 아니라 연옥에서 감내해야 할 처벌(處罰)을 경감하는 효력을 갖는 부적이어서 면죄부가 아니라 면벌부라고 번역하는 것이 더 정확하다. 이 책에서는 계속 면벌부라 할 것이다.

교개혁기에 일어난 재침례파 운동 중 가장 극렬한 비난 대상이었다. 재침례파에서 영향을 받아 "침례(浸禮, baptism)"를 성만찬과 함께 가장 중요한 성례로 지켜온 영국과 미국의 침례교도들조차 자신들과 재침례파 사이에 아무런 관련이 없다는 사실을 최근까지 강조할 정도였으니 그들에 대한 반감이 어느 정도였는지 짐작할 수 있다.

그러나 뮌스터시에 모였던 사람들은 재산과 기족을 가진 사람들이었고 초기부터 급진적인 신앙을 보이지도 않았다. 그들은 도시 공동체 자체의 개혁과 교회의 개혁을 동시에 추진했을 뿐이다. 그래서 그들에게는 가톨릭만이 아니라 루터의 개혁까지 전복(顚覆) 대상이었던 것이다. 그들이 이단(異端)으로 지목되어 가톨릭과 프로테스탄트 공동의 적이 된 것은 당연한 결과였다. 사실 기존 질서와 가치 체계를 전복하려는 사람들이 그것을 보존하려는 세력에게서 이단으로 지목된 사례는 교회사에서 흔한 일에 속한다. 따라서 이른바 "뮌스터 왕국파"로 알려진 재침례파의 사회적 구성을 알아보고 그들의 신앙과 개혁 운동의 전개 과정을 되짚어봄으로써 루터의 개혁이 어떻게 종결되었는지를 재구성하려고 한다.

제1장

루터의 기독교 인문주의 수용과 갈등

1. 이탈리아의 르네상스에서 기독교 휴머니즘으로!

역사가들은 1350년에서 1550년에 이르는 시기를 '르네상스 시대'라고 불렀다. 이 시대가 중세에서 근대로 넘어가는 획기적인 변화를 문화, 예술뿐 아니라 정치, 경제, 종교의 모든 국면에서 일으켰음을 나타내기 위해서였다. 그러나 '르네상스', 즉 그리스와 로마의 문화적 업적의 재생이란 이 말 속에 전제되어 있는 고전 문화의 사멸은 적어도 유럽 기독교 세계에서 실제로 나타나지 않았던 일이다. 성 토마스 아퀴나스(St. Tomas Aquinas, 1225?~1274)는 아리스토텔레스(Aristoteles, 기원전 384~322)를 '철학자'로 여전히 존중했고 단테 알리기에리(Dante Alighieri, 1265~1321) 또한 푸블리우스 베르길리우스 마로(Publius Vergilius Maro, 기원전 70~19)를 존경해 마지않았다. 잘 알려진 대로 스콜라 신학의 주요 주제는 여전히 플라톤(Platon, 기원전 428?~347?)과 아리스토텔레스의 해석이었다. 그뿐 아니라 '르네상스 정신'이라는 말로 200년 동안 이루어진 인간의 정신활동을 모두 포괄하는 것은 거의 불가능하다. 어떤 주제에 관해서도 '르네상스적'이라고 할 만한 단일한 지적 경향은 존재하지 않았다.

이런 사실에도 불구하고 이른바 르네상스 시대의 가장 보편적이고 또 거의 본질적이라고 할 지적인 이상은 바로 '휴머니즘(Humanism)'이란 단어로 압축할 수 있다. 휴머니즘이란 입장과 시각에 따라 다양하게 정의될 수 있다. 특히 기독교 세계에서 휴머니즘이란 예수 그리스도의 인류를 향한 사랑에 따라서 모든 인간의 존엄성을 확고히 지지하는 생각과 행동을 가리키기도 하지만, 때로는 하나님을 향한 신앙을 훼손하는, 기독교에 적대적이거나 적어도 경계해야 할 모든 생각과 언동을 지목하기도 한다. 후자의 경우, 인간 존중과 신앙을 대립하는 것으로 보는 이원론적 사고를 그 근저에 두고 있다고 볼 수 있다.

14세기부터 16세기 사이 휴머니즘 역시 단선적이지는 않았다. 휴머니즘이라는 이름을 붙일 수 있는 경향만도 여러 가지였다고 보는 것이 일반적이다. 그런 모든 휴머니즘에 들어 있는 공통분모는 고전을 향한 동경이었다.[1] 그리스 고전에서 준거(準據)가 될 만한 것을 찾거나 고대 로마의 정치적 덕목을 되새기는 경우가 많았다. 1300년경 조토 디본도네(Giotto di Bondone, 1266?~1337)에서 시작해 15세기 피렌체에서 꽃피운 이탈리아 예술운동 역시 그리스의 인체 미학을 되살려 인간에 대한 새로운 이해를 재구성했다는 점에서 휴머니즘의 예술적 표현이라고 볼 수 있다.

다른 한편으로 데시데리위스 에라스뮈스(Desiderius Erasmus, 1499~1536), 요하네스 로이힐린(Johannes Reuchlin, 1455~1522), 루터, 필리프 멜란히톤(Phillip Melanchthon, 1497~1560) 등은 고전 언어에서 전혀 때 묻지 않은 순수한 기독교 재생을 위한 매개물을 발견하려고 시도했고 그들의 노력은 역사에 기록될 만한 눈에 띄는 성과를 거두었다. 그래서 그들의 사고 체계를 "성서적 휴머니즘" 또는 "기독교 휴머니즘"이라고 한다. 우리가 이탈리아에서 일어난 르네상스를 시작으로 북유럽으로 퍼져나간 휴머니즘의 확장에 관심을 갖는 이유는 이 휴머니즘에 관심을 두기 때문이다.

중세 말 이탈리아 도시국가에서 일어난 르네상스 운동은 그 시대를 고전의 시대와 연결시키는 데 성공했다. 이탈리아 휴머니스트들의 "원천(源泉)으로(Ad Fontes)!"라는 표어는 "아덴과 예루살렘이 무슨 상관이 있겠는가?"라는 초대 교부 쿠인투스 셉티미우스 플로렌스 테르툴리아누스(Quintus Septimius Florens Tertullianus, 160?~220?)의 수사학적 질문을 완전히 압도했다. 아카데미와 예루살렘성전, 신학적 사고와 인문학적 사고를 하나로 연결시키려는 뚜렷한 경향이 나타난 것이다.

프란체스코 페트라르카(Francesco Petrarca, 1304~1374)는 아우렐리우스 아우구스티누스(Aurelius Augustinus, 354~430)와의 가상 대화를 기록한 『나의 비밀(De secreto conflictu curarum mearum)』(1342)이라는 책을 저술해서 중세를 건너뛰고 고대와 자신의 시대를 연결시켰다. 그는 역사란 자연의 시간에 따라 동일하게 진행된다는 전통적인 균질적 시간관(homogeneity)을 거부하고 역사의 단절성을 주장하는 파격적인 비(非)균질적 시간관(heterogeneity)을 제시했다. 또한 방금 전의 과거인 중세를 '암흑시대'로 평가절하하고 오래전의 과거인 고대를 '영원한 노스탤지어(nostalgia)의 목표'로 정립하고 앞으로 올 미래는 자유와 존엄을 지닌 인간이 명상적인 삶을 영위할 수 있는 '광명시대'가 될 것이라고 노래했다.[2] 물론 이러한 '단절'은 그가 역사의 연속성을 지나치게 과소평가한 결과임이 확인되었지만, 그리스와 로마의 고전이라는 우물에서 인간에 관한 새로운 이해라는 생수를 길어 올리려는 시도였다는 점에서 중세와의 의미 있는 대립이었다.

그렇다면 기독교, 특히 중세 기독교의 인간 이해는 어떠했는가? 중세 기독교는 인간을 신의 창조물로서 이해하면서 불완전한 인간을 완전한 신과 날카롭게 구별했다. 사도 바울은 인간은 신의 이미지로 창조되었으나 피조된 존재로서 불가피하게 의존성과 비자립성이 있다고 보면서 인간의 의존성을 하나님의 인간 사랑과 자비에 대비시켰다(디도서 3:4). 4세기 이래 그리스도의 본질을 둘러싼 신학적 논쟁이 일어났다. 그리스도는 진정한 신인 동시에 완전한 인간인가를 두고 교부들 사이에 긴 논쟁이 벌어졌는데 이 논쟁을 거치면서 인성을 의미하는 '후마니타스(humanitas)'란 말은 그리스도의 인간적 본성(substantia humana Christi)을 나타내는 말로 쓰였다. 후에 『유스티니아누스 법전(Codex Justinianus)』(533)에서 그리스도의 신성(divinitas)과 인성(humanitas)이란 말이 주요한 위치를 갖게 된 것도 이런 논쟁의 결과를 반영한 것이라고 할 수 있다.

복잡한 논란 과정을 거치기는 했지만, 그리고 교회의 내부 논쟁이 아니라 로마 황제의 재촉에 떠밀려 서둘러 결론을 내기는 했지만 초기 기독교의 그리스도론 논쟁은 그리스도가 신과 동일한 본질을 가진 존재[(이른바 동일본질론(homoousios)]라는 것으로 마무리되었다. 그리스도가 신과 유사한 본질을 가진 존재라는 아리우스(Arius, 250?~336)의 주장은 이단으로 단죄되었다. 이 논쟁의 결론은 성자, 즉 그리스도는 다른 피조물과는 아무런 유사성도 갖지 않은, 모든 점에서 그를 낳은 성부와 같은 존재라는 점이다. 그리스도의 신성이 의문의 여지가 없는 것으로 확인된 반면, 신과 인간의 차이는 더욱 뚜렷해졌다.

그 이후 고대 교회의 저술에서 인성이란 신성의 완전성에 반대되는 인간적 본성의 무능함이란 생각을 드러내는 데 주로 사용되었다. 이러한 생각의 연장선에서 후마니타스란 "순전히 육체적인 것"과 거의 비슷한 말이 되었다.[3] 인간의 불완전성을 강조함으로써 이 말은 인간적인 삶과 관련한 새로운 의미 내용을 담게 되었는데 이를테면 인간의 "성장"과 "발달" 또는 인간의 "식품" 등을 뜻하기도 했다.[4]

콘스탄티누스 황제(Constantinus I, 306~337)의 기독교 공인(313) 이후 로마 제국에서 기독교는 로마인들의 공적인 종교가 되었다. 이에 맞추어 기독교 교부들은 양적·집단적 의미를 이 말에 덧붙여 '인성'이란 단어를 신앙인의 공동체, 즉 죄에 떨어진 인간 전체를 가리키는 말로 사용했다. 말하자면 죄에 빠져 있다는 점에서 인간이 서로 다르지 않은 하나의 집단에 속한 평등한 존재라는 의미를 띠게 되었다. 그러나 이런 잠재적인 인간 통합은 오래 유지되지 않았다. 기독교가 제도로서 견고해지자마자 신앙 공동체(Gemeinde)인 교회 안에서도 위계질서가 필요해졌다. 신앙의 이러한 제도화(Institutionalisierung)와 교권화는 신의 자녀들이라는 상징 아래 모든 인간의 잠재적인 평등과 통일을 강조해온 종래의 태도를 와해시켰다. 신자들 사이에 먼저 성직자와 평신도라는 차별화가 나타난 다음에 신자와 불신자 사이를 엄격하게 구별하려는 경향이 뚜렷이 나타났다.[5] 그 이후 후마니타스라는 말이 다시 인간 전체를 의미하게 된 것은 계몽주의 철학이 성행하던 18세기 후반에 들어서이다.

중세의 성직 임명권을 둘러싼 교황과 황제의 대립(Investiturstreit)과* 십자군 전쟁 이후 나타난 경제, 사회, 정치, 문화적 구조 변화를 배경으로 기사 및 궁정 시대로 진입하려고 할 때 후마니타스란 말은 이미 새로운 의미를 획득했는데 특히 성직자와 귀족들 사이에서 후마니타스는 자기완성과 자기발달이라는 윤리적 미덕을 나타내는 말이 되었다. 일찍이 아퀴나스는 신학적 논의에서 '호모(homo)'와 후마니타스를 구별해 사용했는데 호모는 모든 개인

---

* 성직 임명권[또는 서임권(敍任權)]은 원래 교황에게 있었다. 그러나 성직자들이 황제와 귀족에게서 영지를 받으면서 평신도인 황제와 귀족이 성직을 임명하는 관행이 굳어졌다. 이에 반대해온 로마교회와 신성로마제국 황제 사이에 성직 임명권을 둘러싼 다툼이 있었다. 대표적인 사례는 교황 그레고리 7세(Gregory VII, 1020~1085)가 밀라노 대주교를 자기 마음대로 임명한 신성로마제국 황제 하인리히 4세(Heinrich IV, 1084~1106)를 파문해 황제가 카노사(Canossa)에서 교황에게 파문의 철회를 간구한 이른바 '카노사의 굴욕'이었다.

을 통칭했고 후마니타스는 특정한 개별 인간을 가리켰다. 특히 그는 후마니타스로서 그리스도가 구체적인 개별 인간임을 표현했다.[6]

한편 『신곡(Divina commedia)』(1304~1321)의 저자로 잘 알려진 단테는 고(高)중세 사회구성체의 붕괴를 맞아 그의 우주론적인 사상을 담은 『제정론(De monarchia)』(1312~1313)에서 후마니타스를 '인류(genus humanum)', '인간공영(humana civilitas)', '동료의식(sociatas)' 등을 나타내는 말로 썼다.[7] 물론 이 말의 함의가 보편적으로 사용된 것은 18세기 말이었다.

다시 페트라르카로 돌아가자. 그에게 후마니타스라는 말이 아직 중요한 개념은 아니었지만, 1400년 이래 피렌체의 주역들, 리노 콜루초 살루타티(Lino Coluccio Salutati 1331~1406), 레오나르도 브루니(Leonardo Bruni or Leonardo Aretio, 1370~1444) 등이 그 말을 고전적 고대와 의식적으로 연결하면서 후마니타스는 인간 존재와 그의 에토스(ethos)의 발전을 표현하는 중심 개념으로 자리를 잡았다. 인간의 윤리적·지적 역량의 통일로서 후마니타스는 귀족적·공화주의적 국가 의식에 조응하는 것이었다. 페트라르카를 거쳐 마르실리오 피치노(Marsilio Ficino, 1433~1499)와 조반니 피코 델라미란돌라(Giovanni Pico della Mirandola, 1463~1494)의 인문주의 신학에 이르면 드디어 인성과 신성을 구별하는 전통적인 이원론은 의미를 상실한다. 그들에게 인간은 신과 비슷한 존재였고 따라서 그들에 의해 인간의 신과의 유사성이 강조된 것은 당연한 일이었다.

피치노는 인성의 신적 기원을 들어 인성이 신성으로 고양될 수 있다는 사실을 지적했다. 따라서 그에게 산드로 보티첼리(Sandro Botticelli, 1455?~1510)가 그린 <비너스의 탄생(Nascita di Venere)>(1485)의 중심인물 비너스(Venus)는 바로 인간성을 대표하는 것이었다. "왜냐하면 인간성이란 탁월한 아름다움을 지닌 하나의 요정이며 …… 그 요정의 혼과 정신은 사랑과 자비요, 그 두 눈은 위엄과 아량이요, 두 손은 관대와 장엄이요, 두 발은 미와 겸손이로다. 그렇다면 그 전체는 절제와 정직, 매력과 화려함이니라."[8] 이로써 가장 비천한 것으로 여겨지던 인간의 육체마저 아름답고 칭송받을 만한 가치를 지닌 것이라는 전혀 새로운 이해가 등장했다. 이탈리아 예술가들에게 인간 육체는 죄로 덧씌워진 더러운 물질이 아니라 그 자체로 아름다운 존재였다. 피렌체 예술가들 중 가장 위대한 레오나르도 다빈치(Leonardo da Vinci, 1452~1519)는 그 자신이 한계 없는 만능인간(homo universalis)이었다. 그는 성화를 비롯한 다수의 그림을 남긴 천재 미술가였음은 물론이고 조각가였고 수학자이자 물리학자였고 천문학, 지리학, 식물학에 뛰어났고 동물 관찰자였고 해부학에서 훌륭한 성과를 냈을 뿐 아니라 발명가이기도 했다.[9] 그가 그린 <모나리자(Monna Lisa)>(1503~1517?)는 회화 분야가 그의 최대 약점이라는 비평을 완전히 무색하게 만들 만큼 자의식을 가진 인간 내면을 그림으로 되살린 걸작이었다. 원근법의 완벽한 체현은 <모나리자>만이 아니라 <최후의 만찬(Il Cenacolo or L'Ultima Cena)>(1494~1499) 역시 걸작 반열에 올랐다. 그 후에 나타난 디 로도비코 부오나로티 시마니 미켈란젤로(di Lodovico Buonarroti Simani Michelangelo, 1475~1564)의 시스티나성당 천정화 <천지창조(Genesis)>(1508~1512) 또한 인체의 역동성이 고스란히 표현되어 있어 신성만 강조되었다고 보통 생각되는 중세 성화라고 하기에는 어울리지 않는 측면이 있다. 실제로 당시 어떤 주교가 <천지창조>에 나타난 인간 육체의 적나라한 묘사를 외설스럽다고 불평했고 미켈란젤로는 그 주교를 지옥에 그려 넣는 것으로 보복했다는 이야기는 이 시대를 상징하는 희극이 아닐 수 없다.

이보다 일찍이 피코는 『인간의 존엄성에 관한 연설(Orato de hominis dignitate)』(1486)에서 인간의 무한한 창조 가능성을 역설했고 야만성(feritas), 인성, 신성을 하나의 통시적 질서 속에 분명하게 배치했다.[10] 살루타티와 브루니의 이해를 토대로 고대의 인문학 교과목들(studia humanitatis)이 대학에 도입되기 시작했고 이탈리아의 모범을 따라 유럽의 다른 지역에서도 인문학이 중요한 관심 분야로 부상했다. 인문학 연구의 '선언'은 피안의 세계를 연구하는 신학과 긴장 관계를 형성하는 현세 지향적인 교육의 본격적인 도입을 의미했다. 1480년경 이미 인문학 연구자와 교사들은 자신을 "우마니스타(umanista)", 즉 인문주의자로 불렀다.[11] 본질적으로 이들의 인문학 연구는 엘리트의 길을 보여주고 폭넓은 발전을 가져올 높은 수준의 교육이 전제되어 있었다. 사회의 계층 질서라는 측면에서 보면 인문학을 연구하는 도시민의 지식과 미덕에 대한 개인적인 자부심은 교육을 받지 못한 사람들의 의식과 다르고 귀족적인 자의식이나 지도자 의식과도 다른 별개의 것이었다. 인문학 교육을 받은 평신도, 교양 계층, 학자들로 이루어지는 새로운 계층의 존재가 신학자들 주변 또는 신학자들에 대항해 등장했다는 것을 의미한다. 교회, 수도회, 길드(Gilde, 상인조합이나 수공업조합) 등의 조직이 우선권을 가졌던 중세에 반해 르네상스 휴머니즘은 사회사적으로 보면 도시[프랑스어 부르(bourg) 또는 독일어 부르크(Burg)]에 거주하는 자유 상공업자인 부르주아(bourgeois)의 문화 선언이었다. 이들은 위계가 뚜렷한 중세적 신분 사회 대신 존엄한 개인, 자유로운 인간, 책임 있는 시민이 우선권을 가져야 한다는 주장으로 이동했다.

유럽에는 새로운 사상을 널리 전파할 도구도 마련되어 있었다. 인쇄술이 발전해 유럽 여러 곳에서 수많은 책이 출판되었다. 특히 16세기에는 출판물의 홍수가 이어졌다. 16세기 이전에 출판되어 오늘날까지 전해지는 출판물의 수가 약 3만~3만 5000종인 반면, 16세기에는 무려 15만~20만 종 가량의 출판물이 쏟아졌을 것으로 추정한다.[12]

유럽 각지의 인쇄소에서 성서 및 고전 문헌이 인쇄·배포되고 있었다. 사제 계층의 '성서 독점'은 서서히 금이 가기 시작했고 성서를 평신도에게 돌려주는 계기가 마련되었다. 그동안 사제 계층은 거의 유일하게 교육받은 집단으로서 성서라는 최고 정보를 전유할 수 있었고 이를 토대로 사람들을 정신적으로 지배할 수 있었다. 인쇄술이 발전하지 않은 탓에 대중이 성서를 가질 수 없었고 성서가 라틴어로만 번역되었기 때문에 어려운 라틴어 문해력(文解力)을 갖지 못한 보통 사람이 성서를 읽기란 거의 불가능했다. 신속하지는 않았지만 서서히 이런 구름들이 걷히고 있었다. 더구나 당대의 시대정신은 인문주의로 향하고 있었다. 1500~1520년 사이 생산된 도서의 33%가 고대 그리스와 로마 시대 작가의 책이거나 인문주의자들의 저서였고 종교 관련서는 27%에 불과했다.[13]

독일의 정신적 풍토 또한 바뀌고 있었다. 새로운 신앙 운동(devotio moderna)을 위한 움직임이 중세 말 이래 꾸준히 전개되고 있었다. 특히 중세 신비주의를 지양하면서 인문주의의 수용을 준비한 새로운 신앙 운동이 확산되고 있었다. 게르트 흐로테(Geert Groote, 1340~1384)가 시작한 이 새로운 신앙 운동은 한편으로는 내면적·개인적인 신앙을 중시했지만, 다른 한편으로는 기독교 스승들의 저작을 재생산하고 성서를 집중적으로 명상한 결과물을 작성해 보급하는 일에도 앞장섰다. 세속과의 인연을 끊지 않고 신앙생활을 하는 공동생활형제회(the Brothers of the Common Life)와 빈데스하임(Windesheim) 수도회에서 지식과 영성이 섬세하게 결합했다. 독일에 기독교 인문주의를 받아들일 지적 풍토가 이미 존재했다.

2. 에라스뮈스의 인간 이해

16세기 전반기에 살았던 유럽인들이 가장 탁월한 인문주의자로 주목했던 사람은 에라스뮈스였다. 에라스뮈스의 책들은 16세기 대다수 지식인들의 필독서였다. 1500~1525년까지 에라스뮈스의『격언집(Adagiorum Collectanea)』(1500)은 모두 27회 간행되었고 1525~1550년까지 약 50회, 1550~1560년까지 약 40회에 걸쳐 간행되었다. 에라스뮈스의『대화집(Colloquia)』(1518)은 1518~1526년까지 약 60회, 1526~1550년까지 약 70회, 1550~1600년까지 약 1600회 인쇄될 정도였다.[14] "에라스뮈스는 르네상스를 대표하는 완전한 학자"라는 요한 하위징아(Johan Huizinga, 1872~1945)의 평은 전혀 과장이 아니었다.[15]

로테르담(Rotterdam)에서 태어나 1492년 사제가 된 에라스뮈스는 프랑스 파리에서 신학을 공부했고 잉글랜드를 방문해 토머스 모어(Thomas More, 1477 ~1535)와 만났다. 그 후 두 사람은 평생에 걸쳐 우정을 나누었다. 에라스뮈스는 당대 이미 큰 호응을 얻은『우신예찬(Moriae Encomium)』(1509)에 '모어의 칭송(Moriae Encomium)'(『우신예찬』의 원래 제목)이란 이름을 붙여 모어에게 헌정함으로써 모어에 대한 우정의 깊이를 보여주었다.[16]

옥스퍼드(Oxford)에서 에라스뮈스는 모어의 소개로 신앙심이 깊은 인문주의자 존 콜렛(John Colet, 1467~1519)을 만났는데 그에게서 많은 영향을 받았다. 콜렛은 모어가 죽음을 앞두고 "지난 세대 중 그보다 더 유식하고 더 거룩한 사람은 없었다"라고 칭찬했던 인물로 옥스퍼드대학에서 바울의 로마서와 고린도서를 강의하면서 인문주의적 방식인 원전의 문헌적 해석을 중시했다. 사실 콜렛은 그리스어에 그다지 능통하지는 못했다. 그러나 그의 성서 해석 방법 자체는 에라스뮈스에게 충분한 자극을 제공했다. 에라스뮈스는 이때 훗날 영국 종교개혁의 초기 단계에 중요한 역할을 하는 인문주의자 윌리엄 틴들 (William Tyndale, 1494?~1536)과 같은 제자들을 얻기도 했지만 무엇보다 중요한 경험은 콜렛에게서 받은 원전 해석의 열정이었다.

에라스뮈스는 1500년 파리로 돌아간 후 6년 동안 파리와 네덜란드 지역에 머물면서 그리스어를 완벽하게 터득했고 곧 콜렛을 능가하는 신약학자로 발돋움할 수 있었다. 에라스뮈스는 르네상스 휴머니즘의 특징인 고전주의, 인간의 존엄성에 대한 낙관주의, 교육을 통한 인간의 무한한 계발을 확신하는 교육주의를 모두 충실히 계승해 발전시킨 인물이자 기독교 복음(Evangelium)에 대한 확신, 하나님을 향한 경건의 기쁨, 가톨릭교회의 권위, 교회의 개혁을 모두 귀중하게 여겼던 성실한 그리스도인이었다.

그의 이상은 기독교적인 인간, 기독교적인 윤리였다. 그는 아리스토텔레스 철학으로 대체된 스콜라 신학과 종교적 미신과 교회의 형식주의를 비판하고 단순하고 소박한 경건함을 강조했다. 그는 『그리스도교 병사의 필독서 (EnchIridion militis Christiani)』(1503)* 란 책에서 진실한 신앙이란 간단명료하다는 점을 강조했고 또한 "복잡한 예배 절차에 집착하는 수도사들의 바리새인과 같은 형식주의는 참된 경건의 제일 큰 적이다"17)라고 지적했다. 그의 대표적인 저작인 『우신예찬』에서 그는 종교생활에 숨어 있는 위선의 어리석음을 고발했다.18) 에라스뮈스는 어느 것에도 묶이지 않으려 했다. 그는 "나는 어느 특정 도시의 시민이 되기보다 세계시민이 되기를 원한다"라고 했고 실제로 어느 나라에도 속하지 않은 유럽인이었다.

그는 특히 모든 사람이 남에게 의존하지 않고 스스로 성서를 읽을 수 있도

---

* Enchiridion은 원래 간단한 핸드북을 의미한다. 그래서 이 책 제목을 '핸드북'으로 번역하는 일이 있다. 그러나 간단히 정리해 쉽게 읽도록 하자는 목적을 가진 책이라는 점에서 필독서라고 번역했다.

록 하고자 했다. 성서가 모든 언어로 번역되어 농부와 직조공이 각자 일터에서 성서를 암송하고 신분이 가장 낮은 여자들까지 복음과 바울서신을 읽는 것이 그의 소망이었다. 그는 성서가 유럽인은 물론 터키인과 사라센인의 손에 들려 읽히기를 희망했다.[19]

로렌초 발라(Lorenzo Valla, 1405~1457)의 라틴 불가타에 관한『신약성서 주석노트(Collatio Novi Testamenti)』(1505)에서 자극받은 에라스뮈스는 성서를 정확하게 번역할 수 있는 토대를 마련하기 위해 그리스어로 된 신약성서 수사본(手寫本)들을 모으기 시작했다. 바젤(Basel)에서 그는 당시 이용 가능한 거의 모든 그리스어 수사본들을 정리해 신약성서를 편찬하는 일에 착수했고 그 성서를 토대로 에라스뮈스는 1516년 봄 자신이 편찬한 그리스어 신약성서를 출판할 수 있게 되었다. 그는 자신이 수집한 그리스어 수사본들을 활용해 그리스어로 된 새로운 신약성서를 편찬했고 그 대면(對面)에 그것을 다시 라틴어로 번역해 대조가 가능하도록 했다. 이 라틴어 부분에는 그리스어 원전을 활용해 비판적인 주석(註釋)을 첨부했다. 라틴어 대역도 중요하지만 그보다 새로운 것은 그리스어로 된 신약성서를 편찬했다는 사실이어서 이 성서는 흔히 '그리스어 신약성서'로 불린다. 그 후 에라스뮈스는 4개의 다른 그리스어 수사본을 추가로 발견해 다시 400여 군데를 수정했고 1519년 제2판을 발간했다. 그는 이 책을 "새로운 원전(Novum Instrumentum)"이라고 명해 교황 레오 10세(Leo X, 1475~1521)에게 헌정하기도 했다.[20] 에라스뮈스는 개정을 거듭해 결국 5개의 판본을 출판했고 그의 성서는 거의 300년 이상 서구 사회의 인쇄업자들이 발행한 그리스어 신약성서의 표준 본문이 되었다.[21]

에라스뮈스는 그에게 명성을 얻게 해준『격언집』을 비롯해 성서 번역,『우신예찬』,『그리스도교 병사의 필독서』등의 저서를 통해 기독교의 가치 준거를 전혀 새롭게 제시했다. 그는 수도원 제도를 유럽의 웃음거리로 만들어 수도사들이 점차 수도원을 떠나게 하는 동기를 제공했고 『대화집』에서는 중세 교회의 신앙 관습으로 굳어진 '성지 순례'를 비판했다.[22]

그럼 에라스뮈스의 인간 이해는 어떤 점에서 특별하고 중요한지 알아볼 차례이다. 에라스뮈스는 후마니타스라는 개념으로 먼저 중세에 보편적으로 받아들여진 신성의 초월성과 종교개혁 사상 속에 나타난 신성의 전지전능함에 반해 인간의 독립성을 강조했다.[23] 동시에 그는 후마니타스라는 말을 인간의 품성, 그가 그토록 높이 평가했던 인간의 가능성을 표현하는 데 사용했고 나아가 인간의 사회적·지적인 품성과 능력의 이상적 형성을 묘사하는 말로 사용했다.[24] 에라스뮈스는 좋은 사회적 관습의 보호를 인문학 연구의 의무로 보았고 이것이 사람 사이의 소통뿐 아니라 민족 사이의 소통에도 이바지하리라고 여겼다. 그에게는 사람 사이의 평온과 평화를 깨는 것이 가장 나쁜 비인간적인 일이었다. 특히 전쟁은 모든 인간적인 활동이나 합리적인 활동을 방해하는 인간 활동이라고 강력하게 비판했다.

당연히 그는 후마니타스를 문헌 연구와 연결시켰고 종교와 경건의 이해에도 인문학 연구는 도움을 줄 수 있을 것으로 보았다. 에라스뮈스는 후마니타스라는 개념으로 정신 교육, 인격 형성, 내면의 종교성 등을 하나로 통일시켰다. '그리스도인의 후마니타스(humanitas christiana)'란 말을 통해 그는 사회 부문에서의 모범적인 행동뿐 아니라 개별 인간의 상대적인 고유 가치와 그 존엄성을 새롭게 강조했다. 이는 중세 교회의 인간 이해와 달랐을 뿐 아니라 루터의 '죄' 많은 인간 본성이라는 개념과도 크게 대조된다.

3. 루터와 기독교 휴머니스트들

루터가 비텐베르크(Wittenberg)에서 수도사로서의 혼란과 당황스러움을 극복하지 못하고 있었을 때 성서 인문주의는 그가 개혁가로서 과업을 수행할 길을 닦아주었다. 휴머니즘은 교육받은 소수 엘리트의 지적 운동이었지만, 가톨릭교회의 개혁에 없어서는 안 될 정신적 태도를 형성시켜주었다. "독일의 모든 학자는 에라스뮈스주의자"[25]라는 말이 회자될 정도였으니 기독교 인문주의(혹은 성서적 휴머니즘)가 그 시대의 신학에 미친 영향을 짐작할 만하다.

기독교 인문주의는 특히 루터에게 가톨릭교회로 존재하던 기독교를 개혁하는 데 필요한 도구를 손에 쥐어주었다. 많은 인문주의자들이 루터가 개혁가가 되는 길을 미리 닦아주었다.

1509년 프랑스의 자크 르페브르 에타플(Jacques Lefevre d'Etaples, 1455~1529)은 성서를 원래 문맥과 상관없이 마음대로 발췌해 실제적 상황과 관련 없이 과도하게 철학적·사변적 해석을 덧붙이던 스콜라철학의 방법에서 벗어나 성서 구절을 역사적 맥락에서 해석하려고 노력했다. 그것은 그 당시에는 전혀 새로운 시도였다. 특히 르페브르의 『시편 주해(Psalterium Quintuplex)』(1509)는 학생들에게 해석학 강의 교재로서 유용했을 뿐 아니라 시편에 관한 최신의 주석을 제공했다. 그는 로마교회의 성례전 제도를 비판적으로 검증했고 의미를 생각하지도 않고 라틴어 기도문을 암송하는 성직자들을 공격했다. 루터는 르페브르의 『시편 주해』를 그의 시편 강의개론서로 사용하기도 했다.

개혁가 루터가 구약성서를 이해하는 데 결정적인 도움을 준 사람은 당대에 가장 위대한 히브리어 연구자 로이힐린이었다. 로이힐린은 법률가였지만 고전 언어, 특히 히브리어 연구에서 탁월한 능력을 입증했다. 1506년에 출판한 그의 『히브리어 사전(De Rudimentis Hebraicis)』은 간단한 문법과 사전을 겸한 책으로 새로운 성서 연구를 위해 매우 소중한 도구였고 루터의 구약 연구에 많은 도움을 주었다. 그는 당시 독일에서 유대 문헌들을 없애버리려는 시도에 반대하는 입장을 밝혀 특히 도미니쿠스(Dominicus) 종단에게 공격을 받았으나 많은 교양인들, 특히 젊은이들 사이에서는 오히려 존중받은 사람이었다.

더욱 중요한 루터의 도구는 에라스뮈스가 편찬하고 번역한 신약성서였다. 1516년 봄 에라스뮈스가 그리스어와 라틴어 대조 신약성서를 출판하자 루터는 곧바로 이 책을 그의 로마서 강의 교재로 삼았다. 이어 1519년에 나온 에라스뮈스의 신약성서 개정판을 토대로 루터는 1521년부터 1522년 사이에 신약성서를 독일어로 번역할 수 있었다.[26] 에라스뮈스의 신약성서는 루터 개혁의 초석이었다고 할 수 있다. 이 도구가 없었더라도 종교개혁이 좌절하지는 않았겠지만 아마도 상당히 지연되었으리라고 짐작할 수 있다.

그럼에도 성서 인문주의와 종교개혁의 관계에 대한 평가는 극명하게 갈린다. 파울 베른레(Paul Wernle, 1872~1939)는 에라스뮈스의 공헌을 이렇게 표현했다. "의심할 여지없이 새로운 위대한 일이 일어나서 스콜라주의에 대해 전쟁을 선포했고 (마침내) 몰락하게 만들었다. 기독교는 1000년 이상 거슬러 올라가 신약성서의 최초 해설자의 바로 그 시대로, 아니 정경 자체의 형성기로 되돌아갔다."[27] 이와 달리 한스 폰 슈베르트(Hans von Schubert, 1859~1931)는 성서 인문주의는 루터의 "신앙에 의한 의인(義認, justification by faith)"과 아무런 관련이 없고 중세 신학의 미로를 헤집고 들어가 바울의 "의인"의 의미를 재발견한 것은 루터의 천재성이라고 주장했다.[28] 하지만 루터 자신이 생애 후기에 토로한 대로 루터는 바울의 "신의 의로움(justitia Dei)"이란 말이 무엇을 의미했는지 거의 어렴풋이 이해하고 있었을 뿐이다. 루터는 1520년까지 바울을 완전히 이해하지 못했다.[29]

여기에서 우리는 루터가 가톨릭 사제라는 사실을 떠올릴 필요가 있다. 그의 부모 모두 독실한 가톨릭 신자였고 그 자신이 1505년 아우구스티누스 수도원에 수도사로 들어가 뼛속까지 가톨릭 교육을 받았다. 물론 에르푸르트(Erfurt)의 루터 스승들은 아리스토텔레스에 비판적이었고 그를 "성서만으로(Sola Scriptura)"의 길로 인도하는 데 도움을 주었지만 그들 모두 중세 신학의 대전제들을 그대로 수용하고 있었다. 1516년 루터가 에라스뮈스의 그리스어 신약성서를 사용하기 시작했을 때까지도 그는 언어학자로서 아직 풋내기였다. 1517년과 1518년 사이 루터의 그리스어와 히브리어 실력이 크게 발전했는데 1520년에 쓴 논문들이 이를 입증한다. 루터는 1521년 여름부터 1522년 봄 사이 바르트부르크(Wartburg)성에서 신약성서의 독일어 번역(Das Newe Testament Deutzsch)을 끝마칠 수 있었고 1534년 구약성서 독일어 번역 역시 마무리했다. 그의 독일어 성서에 대한 열정이 얼마나 깊었던지 자신의 입지와 목숨이 걸려 있는 위기들도 그의 번역 작업을 완전히 방해하지 못했다. 이런 열정을 현실로 만드는 데 에라스뮈스를 비롯한 기독교 인문주의자들의 도움은 거의 절대적이었다.

루터는 기독교 인문주의자로 성숙해가면서 초기 기독교의 정신을 재발견하고 되찾았다. 물론 그의 노력이 자신의 신앙세계를 넓혀갔지만 그것을 가능하게 한 도구를 루터의 손에 쥐어준 것은 바로 기독교 휴머니즘이었다. 당시 대부분의 유럽 지성인들은 이 비텐베르크대학의 젊은 교수를 또 하나의 에라스뮈스 학파로 분류했다. 마르틴 부처(Martin Bucer, 1491~1551)는 루터를 "에라스뮈스가 넌지시 말했을 뿐인 것을 공개적으로 자유롭게 가르친다"라고 평가했다.[30]

여기에서 나아가 기독교 인문주의는 루터에게 로마 가톨릭에 현실적으로 맞서 투쟁할 결의와 무기들을 마련해주었다. 기독교 인문주의자들은 로마 가톨릭이 초기 기독교 교부들의 가르침에서 얼마나 멀어졌는지를 가장 설득력 있게 설명했다. 그들은 학문의 성과를 로마 가톨릭에 대한 비판에 가장 탁월하게 적용한 사람들이었다. 소설『데카메론(Decameron)』(1348~1351)에서 조반니 보카치오(Giovanni Boccaccio, 1313~1375)가 교회 수도사들과 교의를 조롱하면서 인간의 물욕과 쾌락 추구를 찬양한 이래, 중세의 도덕과 종교는 인문주의자들의 신랄한 비판 대상이었다. 특히 에라스뮈스는『우신예찬』에서 '바보 신'을 등장시켜 교회와 권력의 위선을 통렬하게 비판하는 한편, 중세 사회의 사상적·제도적 모순을 날카롭게 파헤쳤다.

에라스뮈스는 먼저 당대 여러 학파의 오류를 지적했다. 에라스뮈스에 따르면 그들은 이렇게 말하는 사람들이었다. "사람 1000명을 죽인 죄가 주일에 가난한 자의 신발을 꿰매준 죄보다 가볍다. 아무리 사소하고 별것 아니라 해도 거짓말을 하기보다 우주 전체와 거기에 포함되어 있는 모든 것이 멸망하도록 내버려두는 편이 나을 것이다."[31] 이어서 "어떤 미궁의 길도 실재론자, 유명론자, 토마스(Tomas)파, 알베르투스(Albertus)파, 오컴(Occam)파, 스코투스(Sco-tus)파 등 수 많은 학파의 꼬불꼬불한 에움길보다는 덜 복잡하리라"[32]고 하면서 스콜라 신학의 모든 학파에 공통으로 나타나는 현학적 태도를 비판했다.

수도사들에 대해서도 에라스뮈스는 "그들은 그리스도가 그들에게 모든 것을 멸시하고 오로지 자비의 계율을 따랐는지 아닌지만 물어보시리라는 것을 잊고 있다. 온갖 종류의 생선을 먹어 부풀어 오른 배를 드러내 보이는 자도 있고 ……[33] 어떤 자는 성가를 너무 많이 불러서 목이 쉬었다고 주장할 것이고 ……"[34]라고 수도사들이 본질에서 벗어난 일에 집착하고 있음을 지적했다. 교황들을 향한 그의 비판은 훨씬 더 직설적이고 준엄하다. "그들은 성 베드로에게 바친다며 영토와 도시와 공물과 통행료 등을 거두어들여 하나의 완전한 왕국을 세워놓았다. 그리스도에 대한 사랑으로 불타오르는 그들은 이 모든 것을 보존하기 위해 총과 칼을 들고 싸우고 기독교의 피가 강물이 되어 흐르게 만든다."35) 그러나 에라스뮈스는 적의에 찬 비난과 공격 대신 풍자와 유머를 비판의 도구로 즐겨 사용했다. "미덕이 인간성에 근거할 수 있다는 믿음, 관용이 열광만큼이나 적극적인 추진력이 될 수 있다는 믿음에 자신의 생애를 걸었기 때문"이었다.36)

이탈리아의 르네상스는 봉건적 주종 관계가 더 뚜렷했던 알프스(Alps) 이북으로 전해지면서 프랑스, 독일, 네덜란드, 영국 등지에서 뚜렷이 반봉건적 경향을 드러냈다. 특히 모어는 사회 변화에 대한 관심에서 모든 인문주의자를 앞선 인물이었다. 그는 에라스뮈스의 비판을 사회 현실에 적용했다는 점에서 특별히 돋보이는 인물이었다. 모어는 헨리 7세(Henry VII, 1457~1509)와 헨리 8세(Henry VIII, 1491~1547) 시절 모두 잉글랜드에서 공직을 맡았고 헨리 8세와 돈독한 우정을 나누면서 대법원장 지위에 오르기도 했다. 그러나 모어는 두 가지 점에서 현실 비판적이었다.

그는 이제 막 싹을 틔우기 시작한 자본주의적인 경제에 대해 매우 신랄한 비판을 퍼부었다. 1516년 모어는 『유토피아(Utopia)』로 널리 알려진 책 『가장 나은 사회 상태 또는 새로운 섬 유토피아에 대해(De optimo reipublicae statu, deque nova insula Utopia)』를 출판했다. 이 책을 통해 그는 이상사회를 향한 인문학적·사회과학적 접근을 모색하고 있다.

모어의 유토피아는 사적 소유와 신분의 차별 없이 똑같이 노동하고 똑같이 분배하는 사회였다. 모어는 사유재산제도가 완전히 폐지되지 않는 한 재화의 공정한 분배는 있을 수 없고 인류의 절대다수를 차지하는 선량한 사람들이 빈곤을 피할 수도 없다고 보았다.37) 한편, 그는 6시간 노동제를 주장했다. 누구나 6시간의 노동으로 생활에 필요한 충분한 재화를 얻을 수 있다는 것이 그의 생각이었다. 물론 모어가 귀족으로서 자신이 누릴 수 있는 사회적 특권을 고스란히 누리면서 살았다는 사실만 보더라도 그의 주장이 다분히 관넘적·비현실적이라는 비판을 면하기는 어렵다. 그러나 동시대인들에게 가히 혁명적이라고 할 그의 상상은 당대 사회의 기존 질서를 의문시할 중요한 디딤돌이 되었다는 사실을 부정하기는 어렵다. 모어가 막 발흥하는 자본주의경제를 비판했다고 해서 그를 봉건 질서의 옹호자로 보는 것은 오해이다.

모어는 절친한 친구이던 헨리 8세가 추진하는 국교회에 목숨을 걸고 저항했다. 국교회에 대한 그의 반대는 봉건 권력의 확장과 중앙집권국가의 강화를 목표로 한 헨리 8세의 권력의지에 정면으로 맞선 것이었다. 모어는 참수되는 불행을 맞으면서도 그의 주장을 굽히지 않았다. 종교에 관한 모어의 생각은 확고했다. 그의 유토피아에는 아무리 탁월한 능력을 가진 인간이라 하더라도 신처럼 숭배받는 인간은 존재하지 않았다. 사물의 시작, 증가, 과정, 변화, 종말은 오직 신에게만 있는 속성이었다.[38] 그러니 그에게 인간 권위에 대한 복종은 설 자리가 없었다.

에라스뮈스와 모어의 생각은 다른 많은 인문주의자에게 영향을 미쳤고 그들은 인간성에 대한 보편적 긍정을 토대 삼아 시민 참여 정치, 공정한 사법체계의 실현, 귀족계급의 탐욕과 착취로 발생하는 부의 불평등 철폐, 모든 개인의 자아실현을 위한 불가결한 수단으로서 노동의 미덕에 대한 찬양으로 나아갔다. 그만큼 기독교 인문주의는 현실 비판적이었고 현실 세계에 맞설 무장을 준비한 정신이었다.

여기에서 잠시 독일 인문주의의 특성에 주의를 기울일 필요가 있다. 독일의 인문주의에는 북유럽 인문주의의 일반적인 특성이 반영되어 있었지만, 교회에 덜 적대적이었고 성서 연구에 몰두하는 경향을 보였다. 그러나 여기에 그치지 않고 또 다른 특징, 즉 '독일적 고대'에 관심을 가졌고 고유한 민족 정체성을 형성하려는 노력을 보였다.[39]

독일 인문주의자들은 1470년 라틴어학교에 진입하는 데 성공했다. 하이델베르크(Heidelberg)의 루돌프 아그리콜라(Rudolf Agricola, 1443?~1485), 슐레트
슈타트(Schlettstadt)의 야콥 빔펠링(Jakob Wimpfeling, 1450~1528) 등이 그 예
이다. 그리고 곧이어 15세기 말부터 여러 대학에 자리를 잡기 시작했다. 콘라
트 켈테스(Konrad Celtes, 1459~1508)가 빈(Wien)대학에 자리를 잡은 이래 루
터가 공부했던 에르푸르트대학에 인문주의자들이 모였다. 독일 인문주의는 다
른 무엇보다 대학인들의 인문주의였다. 한편, 부유한 독일의 도시귀족들 가운
데도 인문주의가 파고들었는데, 뉘른베르크(Nürnberg) 시의원인 빌리발트 피
르크하이머(Willibald Pirkheimer, 1470~1530)와 그의 친구로 당대 최고의 화가
였던 알브레히트 뒤러(Albrecht Dürer, 1471~1528)가 대표적인 인물이었다.[40]

4. 에라스뮈스와 루터의 의지의 자유 논쟁

루터는 기독교 인문주의를 통해 자신의 학문을 추동할 힘을 충전받았고 가
톨릭에 대한 비판과 항의, 나아가 현실적인 투쟁을 전개할 무기들까지 갖출
수 있었다. 그러나 시간이 흐르면서 루터는 에라스뮈스를 비롯한 인문주의자
들에게서 떨어져나갔다. 특히 인간 의지의 자유 또는 부자유를 둘러싸고 에라
스뮈스와 격렬한 논쟁을 벌이면서 인문주의적 색채를 지워버렸다. 어떤 점이
루터를 인문주의에서 멀어지게 했는가?

에라스뮈스는 기독교 인문주의자로서 자연스럽게 인간 의지를 신뢰하고
지지했다. 1524년 9월초 에라스뮈스는 『의지의 자유에 관하여(De Libero arb-
itrio diatribe sive collatio)』를 발표했다. 이 글은 종교개혁에 역습을 가하기 위
해 집결한 반동적 가톨릭과 합스부르크(Habsburg)가의 황제 카를 5세의 명령
으로 집필한 것이기는 하지만,[41] 그럼에도 타락한 인간의 운명에 대한 루터

의 비관론적인 결정론을 반박한 글이었다. 에라스뮈스는 "인간은 자신의 노력으로 하나님에게 자유롭게 다가설 수 있는 존재인가?"라는 질문에 "그렇다"라고 답했다.

에라스뮈스는 사람은 원죄가 있기는 해도 하나님과 닮았기 때문에 모든 것을 잃지는 않았다고 보았다. 하나님은 사랑으로 사람을 구원하지만, 그 사람을 무시하는 대신 존중하고 그를 자신과 연결하려고 애쓴다. 하나님이 선하게 창조한 인간의 본성은 하나님의 은총 안에서 뭉개지기는커녕 오히려 복원된다. 그는 또 성서는 언제나 명확하지는 않고 해석의 여지를 남겨 놓았다고 이해했다.[42] 우리의 공덕을 믿지 말고 모든 것을 안다고 자만하지 않으면서 그리스도의 도움과 자비를 믿되 더 잘 알기 위해 자유로이 일하면서 그리스도를 좇도록 노력해야 한다는 것이 에라스뮈스의 견해였다.[43]

루터는 곧바로 『의지 노예론(De servo arbitrio)』(1525)을 출판해 이를 적극적으로 비판했다. 사실 두 사람의 결별은 일찍이 예상된 일이었다. 루터는 1516년경 심각한 정신적 위기를 맞았다. 그는 가톨릭교회가 정한 종규를 잘 지켰을 뿐 아니라 각종 고행에 기꺼이 참여했지만 자신이 죄인이라는 느낌을 지울 수 없었다. 그는 원죄 때문에 인간 본성이 완전히 타락했다고 생각했다. 따라서 인간은 구원받을 자격을 상실했다. 조건 없는 하나님의 용서만이 구원을 실현한다고 그는 믿었다. 신자는 하나님의 은총만으로 평화와 자유를 얻을 수 있는데 그 자유는 선과 악을 자유롭게 선택할 의지의 자유를 뜻하지는 않았다. 루터는 1517년 3월 바울 신학을 새로 발견했다. 인간의 의인은 오로지 하나님의 은총만으로 가능한 것이고 은총을 입었다 하더라도 인간의 자유의지는 선을 행할 수 없으며 오직 하나님께 의존하는 것만이 인간이 할 수 있는 일이라는 것이다. 따라서 루터는 에라스뮈스를 신적인 것보다 인간적인 것에 더 큰 비중을 두는 사람으로 보기 시작했다. "많은 것을 사람의 능력에 기대한다면 그것은 은총 외에 어떤 것도 알지 않는 것과는 다른 것이다."[44]

루터의 신학은 "십자가 신학(theologia crucis)"이었다. 루터는 이미 1518년 4월 25~26일 하이델베르크에서 열린 신학 토론에서 아리스토텔레스에 토대를 둔 당대 신학을 "영광의 신학(theologia gloriae)"으로 규정했다. 영광의 신학은 신을 멀리 떨어져 존재하는 추상적인 세계 원리(Weltprinzip)로 보고 인간에 대해서는 스스로 구원에 이를 수 있는 역량을 가진 존재로 신뢰하는 신학이었다. 이에 비해 십자가 신학은 신이 그리스도로 이 땅에 온 그곳에서 실제로 발견될 신을 찾고 발견하는 신학이었다. 루터의 십자가 신학은 십자가에 못 박힌 그리스도 안에 참된 신학과 하나님 인식이 있다고 보고 그리스도로 이 땅에 내려와 십자가에 달린 그를 통해 인간은 자신의 죄를 깨달을 수 있고 자신이 스스로 구원의 문제를 해결할 수 없는 무능한 존재임을 확인하게 된다고 이해했다.[45] 물론 루터의 이러한 인간 이해는 구원의 문제에서 인간의 무능함을 강조하는 것일 따름이고 인간의 능력 자체를 전면적으로 부정하는 것은 아니라는 점이 여러 신학자에 의해 강조되어왔다. 그러나 "구원"에서 전적으로 무능한 인간은 다른 일에서도 자유로운 존재는 아니었다.

1520년 출판한 『그리스도인의 자유에 관하여(De libertate christiana)』에서 루터는 기독교인은 전적으로 자유로운 존재이면서 동시에 모든 사람에게 "예속된 존재"라고 이해했다. 하나님의 은총에 따라 자유로운 존재가 된 인간은 다시 하나님의 말씀에 따라 다른 사람을 가장 잘 섬기는 종이 되어야 한다는 것이었다. 『그리스도인의 자유에 관하여』에 나타나는 자유의 개념은 따라서 자유로운 인간이 책임감을 가지고 행동할 자유가 아니라 하나님의 말씀에의 "예속"이었다. 다른 사람을 섬기는 인간의 행위조차 그는 자유로운 인간 의지의 발현으로 보지 않았다. 인간은 오로지 노예 의지를 가지고 있을 뿐이었다.

그리스도인의 자유는 은총을 입었든지 혹은 안 입었든지 하나님과 대등한 입장에서 무엇을 선택할 수 있는 자유에 그 본질이 있는 것이 아니라, 은총을 통해 가능케 된 하나님의 자유에 대한 인간 의지의 수동적 참여 혹은 인간의 영적 노력에 그 본질이 있다. 인간 편에서 보면 그 때문에 아무리 은총하에 있다고 해도 노예 의지만을 말할 수 있다.46)

"타락 이후의 자유의지란 단지 이름뿐이고 그 안에 있는 것을 행할 때 죽음의 죄를 벌 뿐이다."47) 원죄를 지은 뒤 사람은 하나님이나 사탄이 준 짐을 실은 짐승과 같은 존재이다. 자유의지를 주장하면 사탄에게 복종하게 된다. 사람을 내세우면 하나님을 부정하게 된다. 루터는 성서가 해석의 여지를 남겨놓고 있다는 에라스뮈스의 견해에 맞서 이러한 태도야말로 조화가 아니라 무질서와 혼란을 불러일으킬 뿐이라고 맹렬히 공격했다. 루터의 '믿음'은 에라스뮈스가 전형적으로 보여준 진리를 향해 포기하지 않고 길을 가는 신자의 '겸손한 탐구'와 대립했다.48)

의지의 자유를 둘러싼 논쟁 이후 에라스뮈스와 루터는 완전히 결별했다.49) 그토록 많은 자극을 주었던 에라스뮈스의 저작들이 개혁 진영에 선 사람들에게는 이제 하찮은 인간의 한가로운 푸념에 지나지 않았다. 1520년대 중반까지 에라스뮈스는 자주 "신학자"로 언급되었지만 후기에 비판자들은 분명히 그에게 그 호칭을 붙이기를 거부했다. 이 논쟁을 계기로 루터를 따르는 사람들은 에라스뮈스를 떠났고 인문주의자들 또한 루터에 대한 지지를 철회했다. 1530년 에라스뮈스의 이름은 휴머니즘과 동의어가 되었고50) 루터의 이름은 개혁가와 같은 의미로 쓰였으며 둘 사이에 더 이상 유사점은 남아 있지 않은 듯이 보였다. 그러나 20세기 들어 에라스뮈스의 사상에 깊은 신학적 내용이 있다는 사실이 인정되기 시작했다. 아마도 에라스뮈스가 추구한 '근대성'이 루터의 근대성보다 더 다원주의적 성격을 띠고 있다는 평가가 가능하고 이를 근거로 에라스뮈스가 오히려 더 하나님의 절대성에 충실하다는 추론까지 끌어낼 수 있었기 때문일 것이다.[51]

　　루터와 에라스뮈스는 결별했지만 당대의 시대정신이었던 인문주의는 종교개혁에 지속적으로 영향을 미쳤다. 좀 더 정확하게 말하면 종교개혁가들은 자신들의 대의를 젊은 지식인들 사이에 증진시키기 위해 인문주의를 이용했을 뿐 아니라 종교적 논쟁에서 그 내용을 왜곡하기까지 했다. 말하자면 인문주의의 신앙고백화(confessionalization of humanism)가 추진되었다. 종교개혁가들은 인문주의 철학과 역사의 인문주의적 개념을 채택해 자신들의 강조점을 만들었고 교리를 가르치기 위해 인문주의 교수법을 활용했으며 시민적 인문주의를 그들 자신의 이미지로 재구성했다. 그러나 '의심'이라는 인문주의적 수사는 물론 억압했다. 이러한 변형을 에리카 룸멜(Erika Rummel)은 "인문주의의 종교화"라고 부른다.[52] 여기에서 종교화란 자기 분파의 신앙고백을 이끌어내는 것을 뜻하고 따라서 인문주의를 그 과정에 이용하는 것을 포함한다.

　　가톨릭이든 프로테스탄트든 학교교육을 중요하게 인식하기는 했지만 교육이 신앙고백을 이끌어내는 과정에 필요하다는 생각에서 그렇게 했을 뿐이었다. 1520년대 말과 1530년대 초에 입안된 프로테스탄트 학교 규정은 언어 학습을 강조했고 교육을 사치가 아니라 시민의 의무로 그리고 있다는 점에서 인문주의의 이상을 채택했다. 그러나 프로테스탄트 학교 교과과정의 초점은 요하네스 부르겐하겐(Johannes Burgenhagen, 1485~1558)이 지적한 대로 "교리와 언어"였다. 그리스어와 라틴어 등 "고전어"를 가르치기는 했으나 그것은 "교리" 형성을 위한 수단으로 전락하고 말았다. 따라서 교리의 구성과 그 전달에 도움이 되지 않는 백과사전적 지식이라는 인문주의의 목표를 두드러지게 축소시키고 말았다.[53] 종교개혁 세력은 학교교육에 힘을 기울이기는 했지만, 그 교육목표는 휴머니즘의 종교화에 지나지 않았다.

반대로 휴머니스트들의 교육목표는 개인의 잠재력을 완성시키는 것이었다. 15세기 이탈리아에서 우마니스타가 가르치는 과목을 의미했던 '스투디아 우마니스타(studia humanista)'는 문법, 수사학, 역사, 문학, 도덕 철학 등 전통적인 과목 외에 그리스 고전 원전, 라틴어 고전 원전 등 새로운 과목을 추가한 것으로 오늘날 우리가 인문학이라고 말하는 학문의 원형이었다.[54] 이런 교과 교육을 통해 우마니스타 교사들이 이루고자 했던 교육목표는 인간의 모든 가능성을 구현해 인간의 우수함을 구현하는 데 있었다.[55] 16세기에 이르러 기독교 인문주의의 핵심 용어가 된 '인간성(humanité)'은 교회의 도그마적인 신성에 반대하는 스투디아 우마니스타에 뿌리를 둔 '자유로운 인간 교육'을 의미했다.[56]

이에 반해 루터를 비롯한 종교개혁가들의 교육목표는 교리를 세우고 나아가 신과 국가에 봉사할 시민을 양성하는 것이었다. 양쪽 모두 윤리 교육을 강조했지만 휴머니스트들은 이교도 저자들에게서도 자극을 받는 비분파적·개인적 경건을 촉진했다. 그러나 프로테스탄트 학교 규정에 나타난 윤리 교육은 성서의 모범과 그것의 교리에 맞춘 해석에만 초점을 두고 있었다.[57]

더구나 인간을 은혜만으로 구원받을 수 있는 죄인으로 보는 프로테스탄트 인간학은 자아실현이라는 휴머니즘적 이상과 맞지 않았고 프로테스탄트 노동윤리에 대한 과도한 강조가 지적 호기심과 지식이 제공하는 벅찬 즐거움에 대한 휴머니즘적 이상을 압도하거나 대체하고 말았다.[58] 물론 이러한 교육의 신앙고백화는 모든 기독교 분파에서 일어났다. 교육의 중요성을 새롭게 인식한 가톨릭도 교육에 상당한 노력을 기울였지만 그들 역시 가톨릭 종교인을 기르는 교육에 집중했다. 말할 필요도 없이 신앙고백화한 종교교육에는 지식의 습득 과정에 결정적인 역할을 하는 질문과 회의가 설 자리는 더 이상 없었다.

5. 루터와 다른 의견을 가진 사람들

멜란히톤은 비텐베르크대학 교수로서 루터와 가장 가까운 동지였고 때로는 루터를 대신한 사람이었다. 루터는 신약성서와 구약성서를 번역하는 일에도 멜란히톤에게 자문을 구했다. 1521년 4월 프랑스에서 프로테스탄트 저서의 대학 내 유입을 차단하는 조치가 내려졌을 때 그해 7월 「신학서에 대한 파리의 야만적인 법령에 반대하여(Adversus furiosum Parisiensium theologastrorum decretum)」라는 글을 써서 반격을 시도한 사람도 멜란히톤이었다.59)

그는 무엇보다 1530년 「아우크스부르크 신앙고백서(Confessio Augustana)」를 작성하고 제출하는 일을 루터를 대신해 했다. 루터는 이단자이자 법적 보호를 박탈당한 상태여서 신변 위험을 감수하거나 목숨을 잃을 각오 없이는 아우크스부르크(Augsburg)에 갈 수 없었기 때문이다. 멜란히톤은 아우크스부르크의 제국 의회에 라틴어와 독일어로 된 신앙고백서를 제출했다. 이 고백서에서 그는 "은총"은 성령의 활동이고 성령의 활동이 의로운 믿음을 만든다고 주장했다. 이는 루터의 '오직 믿음만으로(Sola fide)'를 대변한 것으로서 사랑의 행위를 칭의에 포함시키는 가톨릭의 이해와 다른 것이었다. 루터 역시 멜란히톤의 가톨릭과의 화해 시도와 그의 신앙고백서를 흔쾌히 받아들였다. 이 고백서는 루터 교리의 공식적 상징이자 루터파의 신앙고백으로 인정받았다.

그러나 멜란히톤은 루터와 꼭 같은 생각과 행동을 보이지는 않았다. 특히 그는 자유의지 문제를 두고 루터와 다른 대응을 보였다. 멜란히톤 역시 초기에는 루터와 마찬가지로 자유의지를 비판했다. 1521년에 쓴 『신학총론(Loci communes)』에서 그는 "의지의 자유는 없다"라고 썼다. 멜란히톤은 에라스뮈스가 기독교적 의와 인간의 자유를 명확하게 구분하지 못하는 실수를 저질렀다고 보았다. 세상사에서 인간의 자유는 허용되지만, 특히 신앙의 문제에서는

인간의 나약함과 악마의 공격으로 인간의 자유는 제한된다는 것이 그의 생각이었다.[60]

그러나 그는 에라스뮈스를 공개적으로 모욕하지 않았고 1530년 다시 에라스뮈스와 연락을 취해 에라스뮈스의 입장으로 가까이 갔다. 루터의 추종자들이 멜란히톤을 격렬히 비난할 정도였다. 멜란히톤은 의로운 자는 영이 있고 영은 사고와 의지를 새롭게 한다는 점을 명백히 했으며 타락한 인간 의지가 약하기는 하지만 노예의 지위는 아니라고 생각했다.[61] 이와 같은 루터와 멜란히톤의 차이는 루터 정통주의를 형성하는 과정에 멜란히톤을 추종하는 사람들과 루터의 신학적 입장을 지키려는 사람들 사이에 일어난 논쟁을 불가피하게 만들었다. 1556~1560년 작센(Sachsen)에서 하나님의 은총과 인간의 노력이 함께 작용한다는 주장을 두고 논쟁이 벌어졌다. 라이프치히(Leipzig) 출신의 요한 페핑어(Johann Pfeffinger, 1493~1573)와 예나(Jena) 출신의 빅토리누스 슈트리겔(Victorinus Strigel, 1524~1569)은 인간의 의지가 하나님의 은총에 협력해야 한다는 입장을 대변했는데, 이는 멜란히톤의 이론에 근거를 둔 것이었다.[62]

재침례파의 발타자르 후브마이어(Balthasar Hubmaier, 1485~1528)는 의지의 자유 혹은 부자유 문제에서 루터와 더욱 뚜렷이 구별되는 인물이다. 재침례파 연구에서 학문적 성과를 낸 윌리엄 에스텝(William R. Estep, 1920~2000)은 그를 "재침례파 최초의 신학자"로 평가하고 있지만,[63] 후브마이어의 저작들은 학문적이라기보다 대중에게 영향을 주려는 의도에서 쓴 민중서(Volksschriften)였다.[64] 오히려 이 점이 그의 입장을 더욱 분명하게 전달하는 결과를 낳았는데, 그의 저술이 저자의 의도를 잘 살린 수작이라는 사실은 이를 입증하고 있다. 인간의 의지에 관한 그의 생각을 따라가보자.

후브마이어는 1526~1527년에 출판한 『그리스도교적 빈 서판(Ein Christliche Leertafel)』에서 처음으로 의지의 자유를 옹호하기 시작했다. 1527년에 다시 『형제애에 기초한 처벌(Von der brüderlichen Strafe)』, 같은 해 니콜스부르크(Nikolsburg)에서 쓴 『의지의 자유에 관하여(Von der Freiheit des Willen)』와 『인간의 자유로움에 관한 작은 책(Anderen Büchlein von der Freiwilligkeit des Menschen)』 등 인간 의지의 자유에 관한 자신의 생각을 출판했다. 그는 인간의 방종을 자유를 흔드는 요소로 꼽기는 했지만,[65] 하나님의 은총을 강조하는 대신 그 은총을 수용하는 인간에게 관심의 초점을 두었다.

후브마이어는 우선 하나님에게는 "베드로를 저주하고 유다를 구원할 수 있는 의지, 즉 어떤 사람에게는 자비를 베풀고 어떤 사람을 버릴 수 있는 의지 혹은 권능"이 있다는 점을 인정하고 이를 "숨은 의지"라고 불렀다. 이에 반해 "하나님은 모든 사람을 구원하고자" 하는 공개적인 의지를 갖고 있다고 보았다.[66] 그에게 "예정"이란 숨은 의지에 지나지 않기 때문에 "공개된 의지"를 유일한 관심으로 삼는다. 다시 말해, 인간을 구원하고자 하는 하나님의 의지에 대한 인간의 반응을 관심의 대상으로 삼는다. 인간의 반응과 관련해 하나님은 그저 바라보지만은 않고 모든 사람에게 자신의 말씀을 통해 자신의 의지를 성취할 힘을 준다는 것이 후브마이어의 생각이다. 믿는 자에게는 모든 것이 가능하지만, 믿지 않는 자는 마치 그리스도를 믿지 않았기 때문에 병 고침을 받지 못했던 나사렛(Nazareth) 사람들처럼 하나님이 그에게 선물로 준 자유를 누리지 못한다는 것이다. 신자가 거듭난 후 신자의 정신과 영혼의 상태는 에덴동산에서와 같은 상태로 회복되었다고 그는 보았다.[67] 따라서 인간의 구원은 인간의 의지와 무관하게 이루어지지 않는다. "하나님은 당신을 창조했지만 당신 때문에 당신을 구원하지 못한다"[68]라는 것이 후브마이어의 주장이다. 이런 점에서 후브마이어의 구원론을 "공동 책임에 기초한 구원(Synergism)"이라고 한 케네스 데이비스(Kenneth R. Davis)의 평가는 정당하다.[69]

여기에서 주의를 기울여야 할 것은 후브마이어가 말한 인간 의지의 자유는 에라스뮈스처럼 이성에 토대를 둔 것이 아니라는 점이다. 후브마이어는 이성 대신 "말씀"으로 돌아갔다. 다시 말해 말씀의 실천을 위해 인간의 자유의지가 발현되어야 하는 것이었다. 이 말은 인간에게 내재하는 하나님의 은총이 죄의 고유한 지배에서 인간을 전적으로 자유롭게 하고 전적으로 자유로운 인간은 말씀에 따라서 이웃을 사랑해야 하기 때문에 전적으로 예속된 존재라는 루터의 말을 떠올리게 한다.

그러나 후브마이어는 믿음으로 얻는 의인에 관한 루터의 생각을 그대로 받아들이지는 않았고 말씀의 실천을 내면이 아니라 생활 공동체(Lebensgemeins-chaft)에서 찾았다는 점에서 루터와 달랐다. 물론 재침례파 동료 중 한스 후트(Hans Hut, 1490?~1527)나 한스 뎅크(Hans Denk, 1595~1527) 같은 지도자들은 신비주의적 경향을 두드러지게 드러냈다. 그러나 후브마이어를 비롯한 재침례파는 루터가 믿음에 관한 성서의 가르침을 재발견한 것과 달리 "성화(聖化, Heiligung)로의 성서적 요청"을 재발견했다. 신앙을 내면의 변화로 본 것이 아니라 삶 속에서 실천해야 할 것으로 보았고 의인과 성화의 이론적 체계를 형성하려고 시도한 대신, 의인과 성화를 "삶의 개선(Verbesserung des Lebens)"으로 수렴하려고 노력했다.[70]

그렇다면 후브마이어를 비롯한 재침례파와 루터의 차이는 어디에서 오는 것일까? 그것은 다른 무엇보다 재침례파가 에라스뮈스에게서 받은 영향에서 왔다고 할 수 있다. 우선 에라스뮈스가 성서를 기독교의 준거로 삼은 것과 마찬가지로 재침례파 역시 성서를 유일한 신앙의 지표로 삼았다. 에라스뮈스와 스위스 취리히(Zürich)의 재침례파를 연결하는 중요하고 특수한 고리는 1516, 1519, 1522년 판을 거듭한 그리스어 신약성서와 뒤이어 나온 그의 『신약 성서 주해(Annotations)』들이었다. 재침례파의 대표적인 지도자들인 콘라트 그레벨(Conrad Grebel, 1498~1526), 후브마이어, 메노 시몬스(Menno Simons, 1496

~1561) 등이 에라스뮈스의 신약성서와 주해들을 읽었고 재침례파 다른 지도자들 역시 마찬가지였을 것으로 짐작할 수 있다. 스위스의 재침례파는 취리히의 안드레아스 카스텔베르거(Andreas Castelberger) 서점에서 이 성서와 주해서들을 구입했다.[71]

재침례파의 주요 특징은 침례를 중요한 성례전으로 실행했다는 점이다. 일찍이 에라스뮈스는 성서를 근거로 침례를 강조했다. 에라스뮈스는 그리스도의 철학을 아주 쉽게 정리한 『그리스도교 병사의 필독서』에서 이렇게 말했다. "침례를 받을 때 당신은 (고난을 당한 그리스도와) 마찬가지로 살겠다고 서약한다. 내 사고방식으로는 이보다 더 종교적이고 성스러운 서약이나 약속은 없다."[72] 후브마이어는 침례에 관한 그의 글에서 "침례는 유아를 위해서가 아니라 신앙으로 훈육된 사람들을 위해서 그리스도가 제정한 제도라는 점을 에라스뮈스는 공개적으로 지적했다"[73]라고 썼다. 유아가 아니라 스스로 판단해 신앙을 받아들인 사람에게 침례를 베푸는 재침례파의 '신자의 침례'는 에라스뮈스의 성서 강조와 인문주의의 영향 아래 부활한 성례전이라고 할 수 있다.

재침례파가 인간의 의지적 실천에 기초한 삶의 개선을 강조한 것도 에라스뮈스에게서 받은 자극과 무관하지 않았다. 이와 관련해 "그리스도의 지상명령(至上命令)"(마태복음 28:18~20)에 관한 에라스뮈스의 해석이 재침례파에게 지속적인 중요성을 지녔다. 에라스뮈스가 복음으로 목자가 된 사람들에게 그리스도께서 "가서 모든 사람들을 가르쳐 침례를 주고 주가 명령한 모든 것을 지키게 하라"고 한 그리스도의 지상명령을 강조한다는 점을 들어 후브마이어는 자신의 독자들에게 에라스뮈스의 해석을 읽어보라고 권고했다.[74]

한편, 에라스뮈스는 그리스도의 말씀들로 구성되는 이상적인 세계와 실재세계를 분리하고 그가 사는 기독교 세계는 이 이상적인 세계의 그림자에 지나지 않다고 보았다. 재침례파는 에라스뮈스의 이 신플라톤주의적 해석 체계를 거부하기는 했지만[75] 그렇다고 기독교의 이상 세계를 제안한 에라스뮈스의 이상 자체를 거부하지는 않았다. 오히려 그 이상형들을 현실 속에 실현하는 일에 그들은 온 힘을 바쳤다. 따라서 그 이상형들은 재침례파의 모델에서 가장 현실적·역동적으로 구현되었는데, 뒤에서 설명할 재침례파의 생활 공동체 또는 "재산 공동체"는 그러한 노력의 산물들이었다.

발터 쾰러(Walter Koehler)는 에라스뮈스를 재침례파의 영적 아버지라고 불렀고, 베른레는 그의 신학을 산상수훈의 가장 단순한 '비교조적 구체화'라고 서술했다.[76] 쾰러가 옳게 말했듯이 에라스뮈스가 재침례파의 침례와 의지의 자유에 다른 누구보다 강한 영향을 미쳤음을 확인할 수 있다. 동시에 우리는 기독교 인문주의에 충실하려고 했던 사람들이 기독교 인문주의를 벗어난 루터와 어떻게 다른 길을 가게 되는지도 확인할 수 있다. 기독교 인문주의자들은 인간 의지가 노예 상태에 있음을 믿지도 않았고 루터의 개혁에 만족할 수도 없었기 때문이다.

인간의 존엄성에 대한 이해와 자유의지의 존중은 연결되어 있는 것으로 볼 수 있다. 인간의 자유의지를 부정한 종교개혁가들은 그것을 지지하는 세력을 억압함으로써 양자가 뗄 수 없는 관계를 맺고 있다는 사실을 확인시켜주었다. 예컨대 하나님을 아는 지식과 인간 자신을 아는 지식의 불가분성을 강하게 시사했던 칼뱅[77]조차 구원에서 인간 의지의 자유를 전면적으로 부정했고 나아가 인간적인 호소에 귀를 닫고 관용을 보이지 않았다는 사실은 너무나 잘 알려져 있다. 칼뱅은 루터의 "예정론"을 더욱 조직화해 "이중예정(二重豫定, 하나님은 구원할 사람을 선택했을 뿐 아니라 버릴 사람도 미리 정했다는 칼뱅의 예정론)"을 주장했고 여러 인문주의자와 불화했다. 에라스뮈스와 하인리히 아그리파(Heinrich Agrippa, 1486~1535) 그리고 『다른 의견을 가질 권리(Castellio gegen Calvin oder Ein Gewissen gegen die Gewalt)』를 쓴 슈테판 츠바이크(Stefan

Zweig, 1881~1942)가 서술한 대로 제바스티안 카스텔리오(Sebastian Castellio, 1515~1563)[78]는 모두 칼뱅에게 교회에 해를 끼치는 인물로 낙인찍혔다. 아 그리파의 회의론은 이신론(理神論, Deism)으로 치부되었고 카스텔리오는 합리 주의와 성서주의(Biblizismus) 그리고 이신론의 조화를 주창한 죄로 칼뱅과 결 별하고 제네바(Geneva)를 떠나야만 했다.[79] 칼뱅의 이런 조치들은 그가 인문 주의자였다는 주장들을 아직 검토의 대상으로 남길 수밖에 없게 만든다.

　루터와 칼뱅에게 다른 의견은 곧 이단이었다. 그들의 재침례파에 대한 박해 는 가톨릭이 이단을 박해한 것과 견줄 때 조금도 덜하지 않았고 오히려 격렬 하기까지 했다. 이들에게는 종교적 평화를 위한 공간은 없었다.[80] 그들에게 화해는 죄를 관용하는 것에 지나지 않았다. 다만 자신의 입장을 정당화하기 위해 성서를 인용하는 일에는 스스로에게 무한한 관용을 베풀었다. 농민전쟁 에서 루터가 보인 태도는 이런 예의 전형에 속한다고 할 수 있다.

제2장

푸거가의 시대와 루터의 직업소명

막스 베버(Max Weber, 1864~1920)는 『프로테스탄티즘의 윤리와 자본주의 정신(Die protestantische Ethik und der Geist des Kapitalismus)』(1903~1905)에서 루터가 시작했을 뿐인 것을 칼뱅이 마무리했다고 주장한 바 있다.[1] 베버 역시 종교개혁은 루터의 개인적인 종교적 발전 없이는 생각할 수조차 없는 일이고 종교개혁에서 항상 루터의 인격의 흔적을 발견하게 된다고 말했지만, 다른 무엇보다 자본주의의 발전, 특히 '자본주의 정신'을 계발하고 발양시킨 것은 칼뱅이었다는 판단을 근거로 이렇게 말한 것이다. 베버가 그의 책에서 루터파의 입장이 아니라 칼뱅주의와 청교도에 논의를 집중한 것도 이 때문이다.

그러나 종교개혁 시대에 막 피어나기 시작한 초기자본주의는 가톨릭이 지배하던 중세에 나타나 상당히 발전한 상공업 중심지에서 이미 활기차게 움직이고 있었다는 사실에는 의문의 여지가 없고 또 루터주의를 받아들인 지역에서도 경제적 발전에 유리한 새로운 경제적 에토스로서 "자본주의적 기업 철학"인 합리적인 태도가 발전했다. 이성적인 목적과 수단에 대한 생각은 물론이고 이 과제들의 해결을 지향하는 행동까지 유발하는 이러한 심성과 종교개혁의 관계를 어떻게 설명해야 하는가? 더구나 베버의 이해와 달리 루터와 울리히 츠빙글리(Huldrych Zwingli, 1484~1531), 멜란히톤은 물론이고 심지어 칼뱅까지도 경제문제와 관련해 철저하게 전통적인 입장에 기울어져 있었다는 평가가 있으니 말이다.

그렇다면 루터는 독일의 자본주의 발전과 아무런 관련이 없는가? 루터의 소명이란 개념은 베버 또한 자본주의적 직업소명으로 발전하는 단초를 제공했다고 평가했다. 그래서 그의 직업에 관한 이해를 자본주의 정신의 발양이라는 맥락에서 다시 이해할 필요가 있다.

한편, 루터는 푸거가 등 남부 독일의 거대 상인들에 대해 가차 없이 비판을 퍼부었다. 루터의 이러한 불만을 자본주의 정신을 거부하는 증후로 끌어들여서는 안 된다[2]는 베버의 지적은 부분적으로 정당하다. 그럼에도 루터의 푸거가에 대한 반감은 지나칠 정도로 강했다. 루터는 상인들에 대한 반감과 달리 영주들이 세습한 부에 대해서는 어디에서도 비난하지 않았다. 푸거가는 교황청과의 유착과 고리대금을 통해 부를 증대시키기는 했지만, 그들이 가졌던 엄청난 부의 상당 부분은 활발한 상업 활동을 통해 만들어진 것이기도 했다. 자본주의의 역사적 발전 과정에 상인자본주의 단계를 거치지 않고 곧바로 산업자본주의로 이행한 예가 없었다는 점을 고려하면 루터의 상업에 대한 입장을 좀 더 자세히 검토하는 것이 루터의 경제문제에 대한 이해뿐 아니라 당대의 경제 상황을 엿볼 수 있는 기회가 될 것이다.

푸거가는 결과적으로 종교개혁에 적대적이었고 또 독일의 민족주의적 발전에 도움이 되지도 못했을 뿐 아니라 독일의 자본주의 발전에도 그다지 이바지하지 못했다. 한편, 통일 국가의 부재로 인해 푸거가는 국가로부터 아무런 보호를 받을 수 없었지만 리처드 에렌베르크(Richard Ehrenberg, 1857~1921)의 표현대로 그 시대는 푸거가의 시대였다.[3] 그래서 푸거가의 시대를 시작으로 루터의 직업소명과 자본주의 정신의 기원을 추적하기로 하자.

1. 푸거가의 시대

　중세 말 이래 상인들, 특히 원거리 상인들은 온갖 위험을 무릅쓰고 어떤 때는 50척이나 100척에 이르는 선단을 꾸려 무기를 갖추고 원거리 상업에 나섰다. 그들은 독립적인 자기관리 역량을 길렀고 자체적인 사법 체계를 만들기도 했다. 보통은 아주 유동적인 사람들의 일시적 결합이었으나 장기적인 결합으로 발전할 수도 있었다. 독일의 한자동맹(die Hanse)은 이런 사례로 가장 유명하다. 그만큼 독일은 일찍이 원거리 상업이 발달한 나라였다.

　상인자본주의의 역동적·미래 지향적인 형태는 12세기와 15세기 사이에 베네치아(Venezia), 피사(Pisa), 제노바(Genova), 피렌체(Firenze)와 같은 이탈리아 도시에서도 발전했지만, 뉘른베르크와 아우크스부르크 같은 고지 독일(High Germany)* 도시에서도 발전했다. 특히 아우크스부르크에 본부를 두고 거의 유럽 전역에 지부를 둔 푸거가는 세대를 이어 광범위한 지역에 걸쳐 영업 활동을 지속시키고자 한 유럽 최대의 상인 가계였다.

　푸거가의 선조들은 처음에는 직조공(織造工)에서 출발했지만 곧이어 상업에 손을 댔고 광산업에도 뛰어들었다. 광산업은 대규모 자본을 들여야 하고 임금노동자들을 필요로 하는 등 당시로서는 거대 규모의 산업이었다. 푸거가는 헝가리의 모든 광산에 작업장을 소유했고 합스부르크 영내의 광산 채굴권을 갖고 은, 구리, 수은 같은 금속을 거의 독점했다. 상업자본이 단순히 상거래에 머물지 않았다는 점에서 새로운 산업 형태를 실현했다고 할 수 있다.

　고(高)중세와 중세 말에 일어난 이러한 상업자본주의적 확장은 새로운 손익

---

* 독일의 지형은 중, 남부의 고도가 북부에 비해 상대적으로 더 높다. 그래서 중, 남부를 흔히 고지 독일이라고 부르고 북부를 저지 독일(Low Germany)이라고 부르기도 한다. 고지 독일과 저지 독일 사이에는 언어도 차이를 보인다. 루터가 고지 독일어로 성서를 번역해 고지 독일어가 저지 독일어와 기타 방언을 누르고 독일 표준어로 자리 잡게 되었다.

계산 방법의 채택이 없었다면 아마도 가능하지 않았을 것이다. 그들은 수입과 지출을 정확하게 대치시키는 복식 부기를 사용했는데, 베르너 좀바르트(Werner Sombart 1863~1941)는 그것을 자본주의의 기본적인 준거로 보았다.[4] 푸거가는 다른 무엇보다 도시 정부, 그룬트헤어샤프트(Grundherrschaft), 영방 군주, 선제후, 왕, 신성로마제국 황제 심지어 교황에게도 공공연히 이자를 받고 신용 대출을 하는 금융거래로 부를 쌓았다. 은행업을 통해 부의 규모를 극대화한 것이다. 야콥 푸거(Jakob Fugger, 1459~1525)의 기업은 그가 죽기 전 10년 동안 매년 54%의 평균 이익을 남겼고 1525년 그가 사망했을 때는 유럽의 사업가 가운데 가장 많은 부를 소유하고 있었다.[5]

이자 수취(利子受取)를 비롯한 상업 활동에 반대한 루터의 입장 표명 배경에는 바로 이 푸거가를 비롯한 남부 독일의 상인 가계들이 있었다. 특히 푸거가는 1500년에 이미 크리스토프 쇼이를(Christoph Scheurl, 1481~1542)이 "푸거 은행"이라고 부른 거래소를 로마에 개설했고 이를 통해 교황청은 물론 개별 주교들과도 막대한 규모의 금융거래를 하고 있었다. 그들은 교황청의 화폐 차용에 개입하고 있었는데, 예컨대 1505년 고위 추기경이 죽었을 때 야콥 푸거는 거금을 제공했는가 하면 교황이 푸거가에게 돈을 맡기기도 했고 거꾸로 푸거가가 교황의 다이아몬드를 구입해줌으로써 교황의 재정 위기를 막아주기도 했다.[6]

그뿐 아니라 푸거가는 면벌부 거래에도 직접 개입했다. 독일 브란덴부르크(Brandenburg)의 영주였던 알브레히트 폰 마인츠(Albrecht von Mainz, 1490~1545)가 마인츠(Mainz) 대주교로 임명되는 일에 푸거가가 개입하면서 검은 거래가 시작되었다. 14세기 초부터 대주교직은 교황청에 거금을 내고 구매하는 자리라는 사실이 널리 알려져 있었다. 알브레히트는 마인츠 대주교직을 얻기 위해 교황에게 충성과 사례의 표시로 납부하는 헌상 성직록(聖職祿, 원래 성직록은 성직을 수행하는 대가로 받는 보상이었지만 아랫사람이 교황에게 바치는 일종의 뇌물을 이렇게 불렀다)으로 3만 두카트(Ducat, 중세부터 유럽에서 널리 쓰인 동전으로 당시 금화 1두가트는 순도 98%의 금 약 3.5g이었다)를 제공해야 했다. 그는 이 자금의 대부분을 푸거가에게서 빌렸고 1514년 5월 15일 취임식 다음 날 차용증서를 푸거가에게 보냈다. 이에 따르면 약 2만 1000두카트는 푸거가에서 빌린 것이었다.[7] 그는 마그데부르크(Magdeburg) 대주교와 할버슈타트(Halberstadt) 행정관 지위를 겸하려는 욕심에 1514년 여름 다시 푸거가에 손을 내밀었다. 이때 푸거가가 그에게 얼마를 제공했는지는 불분명하다.

알브레히트는 이 과정에서 푸거가에게 빌린 막대한 자금의 원금과 이자를 갚기 위해 마인츠, 마그데부르크, 할버슈타트, 브란덴부르크 등에서 판매한 면벌부 매출의 1/2을 푸거가에게 제공하기로 약속했다. 그러니 면벌부 가격이 높으면 높을수록 푸거가의 이익은 커지게 마련이었다. 수익을 극대화하기 위해 요한 테첼(Johann Tetzel, 1465~1519) 같은 유능한 면벌부 설교가가 판매사로 동원되었다. 그는 "돈이 헌금함에 쨍그랑하고 떨어지자마자 영혼은 천국에서 안식을 누리게 될 것"이라고 설교했다. 면벌부 구매자의 이름과 가격의 등급은 미리 정해져 있었다. 경제적 여유가 있는 사람부터 최대한 많은 돈을 긁어모으기 위해서였다.

미리 정해진 면벌부 가격은 왕과 대주교 및 주교는 25굴덴(gulden)이었고 백작은 10굴덴, 사업가는 3 또는 6굴덴, 길드 조합원은 1굴덴, 서민은 1/2굴덴, 빈민은 무료였다.[8] 당시 하녀는 1년에 1.5굴덴, 학교 교사는 3.75굴덴, 영방 군주의 보좌관은 80굴덴에서 200굴덴을 벌었다.[9] 푸거가가 자기 몫을 챙기고 난 다음에야 대주교는 수익을 나누었다. 그 나머지 중 1/2은 성 베드로 성당을 짓기 위한 자금으로 로마로 보내졌다. 아마도 이 자금의 일부만 성당 건축에 쓰였고 나머지는 교황의 유흥비로 탕진되었을 것이라고 역사가들은

짐작하고 있다.[10]

16세기에 로마 가톨릭의 면벌부 판매의 폐해가 가장 심했던 곳은 독일이었다. 중세와 달리 프랑수아 1세(Francis I, 1494~1547)의 프랑스, 카를로스 1세(Carlos I, 카를 5세와 동일 인물)의 스페인, 헨리 8세의 잉글랜드는 자국의 부가 국외로 유출되는 것을 막을 만한 군사적·정치적 힘을 갖추고 있었다. 그러나 200여 개가 훨씬 넘는 영방국가들과 80여 개의 제국 도시들로 나누어진 독일에는 독일인들을 보호해줄 어떤 세력도 존재하지 않았다. 이것이 다른 어떤 곳보다 면벌부 판매를 성행하게 했고 이 관행은 독일에서 종교개혁이 출발하는 중요한 원인으로 작용했다. 루터가 95개 논제에서 집중적으로 공격한 것도 바로 면벌부 판매였다. 주민들의 삶이 교회에 완벽하게 포섭된 시기, 즉 "교회화"가 최고조에 달한 시기에 독일 교회의 지도자들 역시 알브레히트의 예에서 첨예화한 것처럼 아무런 도움을 주지 못했다.

독일 지역의 경제상황과 무관하게 푸거가의 위력은 점차 막강해졌고 1519년 신성로마제국 황제 선거에서 그 절정에 달했다. 황제 선거권을 가진 사람들은 4명의 세속 제후들과 3명의 성직자들이었다. 신성로마제국의 중심이 독일이었던 탓에 교황은 작센의 선제후 프리드리히(Friedrich, 1486~1525)를 차기 황제로 마음에 두고 있었다. 그러나 종교개혁이 일어나면서 프리드리히는 루터의 후원자가 되었고 황제 후보에서 일찌감치 탈락했다. 프리드리히가 독자적으로 도전할 수 있었지만 여러 영방국가로 분열된 독일이 교황의 지지 없이 황제를 낼 가능성은 거의 없었다. 프랑스의 프랑수아 1세와 스페인의 왕 카를로스 1세가 도전했다. 스페인의 왕으로서는 카를로스 1세였고 후에 신성로마제국의 카를 5세가 되는 그는 당대의 계산에 따르면 약 85만 2000굴덴을 선거 비용으로 썼다. 이 중 54만 4000굴덴을 푸거가가 제공했다.[11] 14만 3000굴덴은 남부 독일의 벨저(Welser) 상사가 댔고 다른 3개 상사들이 각각 5만

5000굴덴을 모았다. 푸거가의 공헌은 결정적이었다. 이 자금의 절반 정도가 선제후들에게 뇌물로 들어갔고 나머지 절반은 부대 비용으로 쓰였다.

브란덴부르크, 팔츠(Pfalz), 작센의 선제후들은 자금이 필요했고 마인츠와 트리어(Trier)의 대주교들 역시 푸거가를 비롯한 상인 가계들의 지원을 완전히 무시하지 못했다. 푸거가를 신뢰한 선제후들의 선택은 카를 5세에게 승리를 선물했다. 신성로마제국 황제의 후계자는 이렇듯 정치적 고려가 아니라 선거권을 가진 사람들의 이해관계, 특히 푸거가에 의해 결정되었다.

훗날 황제가 빌린 돈을 갚지 않자 야콥 푸거는 황제에게 빚을 독촉하는 편지를 보냈다. "황제 폐하께서 왕관을 쓰시도록 대단히 큰 자금을 폐하의 대리인에게 드렸고 그중 상당 부분은 우리 친구들에게서 모은 것입니다. 나의 도움이 없었다면 황제 폐하께서 로마제국의 왕관을 쓸 수 없었다는 사실은 백일하에 잘 알려져 있고 그것은 황제의 대리인이 손수 써 보낸 편지로 제가 증명해드릴 수 있는 바입니다. 이 일을 하면서 저는 자신의 유익을 전혀 고려하지 않았습니다. 제가 오스트리아와 거리를 두고 프랑스를 지원하고자 했다면 제게 제안이 들어온 대로 저는 많은 돈과 재물을 얻었을 것입니다. 그랬다면 황제 폐하와 오스트리아 왕가에 어떤 불이익이 생겼을지 황제 폐하께서 깊이 헤아려주시기 바랍니다."[12]

그러나 푸거가는 점차 스페인의 이중적 도전에 직면했다. 우선 스페인이 강력한 통일국가로 성장한 것이 푸거가에 대한 반감과 거부감을 증대시켰다. 펠리페 2세(Felipe II, 1527~1598)가 왕위에 오르자마자 푸거가에 진 빚의 지불을 거부했을 때 그것이 현실로 나타났다. 펠리페 2세는 푸거가가 스페인에서 네덜란드로 수출하기로 한 56만 두카트 가격의 화물을 압수했고 채무를 이행할 수 없다고 선언했다.[13] 이때 푸거가는 어떤 지원 세력도 동원하지 못한 채 속수무책으로 당하고 말았다. 게다가 스페인이 아메리카에서 금과 은을 들여

오기 시작했다. 금과 은이 대량으로 유입되자 푸거가의 광물 거래의 중요성이 사라졌다. 금융 거래에 관한 국제적인 법률 체계를 결여하고 있던 시대에 금융업에 지나치게 의존하던 푸거가는 광산업마저 타격을 입자 상사로서의 구조적 취약성을 드러내기 시작했다. 무역항 역시 푸거가의 거래 중심지인 네덜란드 안트베르펜(Antwerp, 후에 네덜란드가 분열하자 벨기에로 편입됨)에서 북부의 암스테르담(Amsterdam)으로 그리고 이탈리아의 제노바로 바뀌기 시작했다. 결국 푸거가는 서서히 연기처럼 사라지는 신세를 면치 못했다.

그러나 종교개혁 당시 푸거가의 영향력은 막강했다. 교황도 황제도 푸거가의 금융으로 자신의 권위를 유지하거나 확장했다. 이 시대의 정치와 종교에 가장 커다란 영향력을 미친 것은 교황이나 황제가 아니라 야콥 푸거와 그의 후계자 안톤 푸거(Anton Fugger, 1493~1560)였다. 그러니 종교개혁 시대는 동시에 푸거가의 시대였다. 그럼에도 독일에는 푸거가를 비롯한 남부 독일의 당대 가장 발전한 상인 가계들을 국력을 증진하고 국민의 복리를 증진하는 동력으로 사용할 어떤 사회 세력도 존재하지 않았다.

푸거가의 시대에 그들의 부의 원천과 가톨릭 교황과의 유착은 루터가 보기에 종교개혁의 적대 세력이었고 개혁 대상이었다. 루터가 푸거가를 비롯한 상인 가계 및 상업 자체에 강한 반감을 가진 것에 푸거가를 비롯한 상인 가계들이 한몫한 것이다.

2. 루터의 직업소명

루터는 종교개혁을 진행하면서 자신의 학위와 직위를 교회를 개혁하라는 하나님의 소명으로 받아들이기 시작했다. 그의 "거룩한 소명"이라는 개념은 여기에 머물지 않았고 곧 모든 가치 있는 직업들 역시 "신의 소명"이라는 인식으로 확대되어갔다. 1520년 여름『기독교가 처한 상황의 개선을 위해 독일 민족의 그리스도인 귀족에게 호소함(An den christlichen Adel deutscher Nation)』에서 루터는 세속적인 직업들에 하나같이 똑같은 의미를 부여한 바 있다.

> 구두장이, 대장장이, 농부 등은 각자 그들의 일과 직책을 가지며 …… 모든 사람은 그들의 일과 직책을 통해 다른 모든 사람에게 유익을 주고 봉사해야 한다. 이런 식으로 모든 종류의 일이 공동체의 물질적·정신적 복지를 위해 이루어지게 되며 이것은 신체의 각 구성체가 각기 서로 봉사하는 것과 같다고 할 것이다.
>
> 이러한 이유로 그리스도인은 교황이든 주교든 혹은 성직자든 이들의 교사(敎唆)나 방해를 받지 않고 세속적 직무를 수행해야 한다.[14]

루터는 그의 책에서 여러 직업을 거론하면서 다양한 직업에 종사하는 모든 그리스도인은 각자의 직업에 충실해야 할 소명을 받은 것이라고 강조했다. 여기에서 루터는 모든 세속적인 직업의 중요성과 가치를 인정하고 있음은 물론인 동시에 이 직업들을 그리스도인들의 공동체에서 신자의 동등함을 지지하는 논거로 사용했다. 그리스도인은 하나의 세례, 하나의 신앙으로 동등한 신자가 되었지만, 그가 세속적으로 수행하는 직업을 통해서도 하나가 되었다. 직업 또는 소명을 의미하는 독일어 단어 'Beruf', 한층 더 분명하게 소명의 이미지를 드러낸 영어 단어 'calling'에 직업이 신에게서 부여받은 과업이라는 종교적 표상이 첨부된 것은 직접적으로 루터에게서 유래한 것이라는 베버의 주장을 앞의 인용문은 뒷받침한다.[15]

그러나 그것이 곧 자본주의 정신과 일치하는 것은 아니다. 자본주의 정신이란 경제적 발전에 유리한 에토스로서 간단히 말하면 근면과 성실을 바탕으로 경제적 이익을 남기려는 의지와 결합되어 있다. 하지만 루터에게 직업이란 봉사와 사랑의 활동으로서 이웃을 향한 그리스도인의 의무라는 점에서 신적인 가치를 부여받는 것이었다. 이렇게 되면 노동과 직업은 자신의 이익을 위한 경제활동이라기보다 베버가 요약한 대로 "세속적인 소명 안에서 그리스도인이 베푸는 자선의 외적 표현"에 지나지 않는다. 루터의 이러한 견해가 한편으로 부르주아적 사고방식으로 가는 첫 단계이지만, 다른 한편으로 그리스도인은 자신을 위해서가 아니라 다른 사람을 위해 일하라는 요청이기도 하다.

베버는 이 요청을 애덤 스미스(Adam Smith, 1723~1790)의 잘 알려진 명제와 이상할 정도로 일치하지 않는 극단적으로 탈속적 주장이라고 판단한다. 베버는 스미스가 개인의 이기적 행위야말로 국부(國富)의 원천이라고 말한 것처럼 오해하고 있기는 하다.[16] 실은 스미스는 효율성을 위해 결정을 할 경제적 자유는 기존 지역 공동체 내에서 이웃 사랑의 법칙을 기반에 두고 이루어져야 한다고 보았다는 점에서 개인의 이기적 욕망보다는 지역 공동체의 공동이익을 우선했다. 그리고 이 지점에서 스미스는 칼뱅과 이해를 공유하고 있다. 그럼에도 루터의 소명 이해는 노동의 분할(분업)이 모든 개인을 다른 사람을 위해 노동하도록 강요한 결과라고 본다는 점에서 자본주의 정신의 발양과 아무런 관계가 없다는 베버의 판단은 유효하다.

베버에 따르면 루터의 소명 개념은 소명에 대한 복종이라는 뉘앙스를 풍긴다. 루터는 소명으로써 신이 맡기신 과업을 강조하기보다 그것을 통해 신에게 봉사해야 할, 신의 노동 할당에 "복종"해야 할 그리스도인의 임무를 훨씬 더 무겁게 강조하고 있다.[17] 루터의 소명에 대한 강조는 모든 직업에 새로운 가치를 부여하기는 했으나 모든 그리스도인은 자신의 소명, 즉 "자신의 자리를 지켜라"고 한 중세 교회의 사회적·경제적 감성을 벗어나지 못하고 있다고 할 수 있다.[18] 소명 개념에서도 그대로 반복되는 루터와 루터주의자들의 기존 질서에 대한 집착은 당시 교회의 변혁에 따른 사회적·정치적 변화를 직시하기를 주저하는 것과 일치하는 것으로, 결국 루터의 직업 개념은 전통주의에 속박되어 있다는 베버의 판단에 상당한 정당성을 부여한다.[19] 루터의 소명이 헌신과 봉사, 나아가 기존 질서의 정당화에 머물러 있다는 사실은 루터가 노동을 일종의 소명으로 강조하면서도 그 소명을 감당할 노동력의 유지를 위한 배려나 제도적 지원에 관해서는 전혀 관심을 보이지 않았다는 사실에서도 확인된다.

그렇다면 루터는 당대 특히 남부 독일에서 활기를 띠었던 상업 활동과 이자 수취 등에 관해 구체적으로 어떻게 생각했는지 알아보자. 이자 수취는 상업과 관련해 매우 중요한 의미가 있다. 이자는 노동의 결과인 직접 생산물이 아니라 돈이 생산한 것으로 이자 수취는 돈의 생산성을 인정하는 것이고 그래서 이자 수취는 상업을 정당화하는 지름길이 되기 때문이다. 당시 상인 가계들은 당연히 이자 수취 금지를 풀려고 노력했다. 이에 앞장선 상인 가계가 푸거가였다. 푸거가에 관한 연구는 푸거가가 신학자들을 동원해 이자 수취라는 금기를 풀려고 끈질기게 노력했음을 여실히 보여준다.

괴츠 푈니츠(Götz von Pölnitz, 1906~1967)에 따르면 푸거가는 1515년 6월 잉골슈타트(Ingolstadt)대학 교수인 요한 에크(Johann Eck, 1486~1543)를 볼로냐(Bologna) 여행에 대동했다. 그의 여행을 지원하는 대가로 이자 수취 금지를 풀 여론을 형성하려는 목적에서였다. 에크는 공개적인 토론에서 처음으로 낮은 이자에 대해서는 이자 수취 금지를 풀어야 한다는 취지의 발언을 했다.[20] 이 토론회는 푸거가에 유리하게 끝났다. 그러나 푸거가는 이 한 번의 승리로 여론의 근본적인 변화를 끌어냈다는 확신을 얻지 못했다. 푸거가는 볼로냐에서의 논쟁에서 월계관을 쓰고 자신의 이름을 세상에 알린 에크를 로마 교황청에 소개했다. 푸거가는 볼로냐와 빈에서도 이자 수취 논쟁에서 찬반 양측을 모두 재정적으로 지원함으로써[21] 유리한 여론의 형성에 골몰했다.

1519년 에크가 루터와 라이프치히 논쟁에 나섰을 때 에크는 푸거가와 강하게 연결되어 있었다. 라이프치히 논쟁 당시 푸거가는 에크는 물론이고 루터에게도 재정 지원을 아끼지 않았다![22] 푸거가의 목표는 면벌부 거래를 재개할 전기를 마련하는 것과 이자 수취 금지를 풀 계기를 마련하는 것이었다. 루터가 이런 은밀한 거래에 대해 얼마나 잘 알고 있었는지는 불확실하다. 다만 그 대은행가에 대해 루터가 나중에 진술한 것으로 미루어 보면 루터는 그 토론이 이자 수취에 유리하게 미리 조정되어 있지 않았을까 하고 의심한 것 같다.

루터는 1516년과 1517년 십계명에 관한 설교에서 처음으로 당대의 이자 수취 관행을 비판했다. 그는 높은 이자를 받는 것은 사과를 갉아먹는 해충처럼 정상적인 영업을 먹어치우는 간악한 도둑질이라고 보았다.[23] 1519년 가을 푸거가의 이익을 위한 에크의 활동이 재개되자 루터는 고리대금에 관한 짧은 설교를 했고 같은 해 연말에『고리대금에 관한 긴 설교(Sermon von dem Wucher)』를 출판했다. 루터는『기독교가 처한 상황의 개선을 위해 독일 민족의 그리스도인 귀족에게 호소함』에서 고리대금에 반대하는 입장을 다시 한 번 밝혔고 이런 여러 생각을 모아 1524년『상업과 고리대금에 관하여(Von Kaufshandlung und Wucher)』라는 소책자로 집약시켰다.[24]

이 책에서 루터는 "물건을 사고파는 것이 필요하다는 사실을 부인해서는 안 된다"[25]라고 전제하면서 상업의 제1원칙은 "될 수 있는 대로 비싼 값으로 자신의 물건을 팔려는 것"이라고 이해한다. 그는 노동자들이 노동의 대가를 받듯이 상인들도 값의 조정을 통해 자신의 노동에 대한 대가를 지불받아야 한다는 사실을 인정한다. 상인이 응분의 대가를 얻을 수 있도록 모든 종류의 물건 값을 세속 당국이 정하거나 이것이 어려우면 상인들이 손해의 위험이나 비용을 고려해 관습적으로 팔던 값에 물건을 공급하도록 하는 것을 차선책으로 보았고 이도저도 불가능하다면 상인들의 양심에 맡겨 수고와 노동에 대한 보

상만을 받도록 하는 것이 좋겠다는 견해를 밝혔다.26)

루터에 따르면 상업을 통해 얼마의 이익을 남기느냐를 결정하는 최선의 방법은 거기에 들인 시간과 노동의 양을 측정해 그것을 다른 직업에 종사하는 품팔이 노동자가 하루에 벌어들이는 돈과 비교해 결정해야 한다. 상품 운반에 걸린 시간, 노동, 겪어야 했던 위험 정도 등이 높을수록 이익도 많아야 한다.27) 루터는 이와 같이 상인들이 적정 수준의 이익을 남길 수 있는 여지를 두었다.

그러나 그는 상업 활동을 상인에게 맡겨진 하나의 소명으로 보고 윤리적으로 접근하고 있었다. 그가 제시한 상업 활동의 방법은 첫째로 다른 사람의 강탈을 그냥 받아들이는 것, 둘째로 원하는 사람에게 값없이 주는 것, 셋째로 빌려주었다가 다시 받는 것, 넷째로 사고파는 것이었다.28) 이런 것들은 오늘날 자본주의 상거래 기준으로 보면 도덕적 선행에 가까운 행위였다. 루터는 나아가 다음과 같은 방법들은 이익만을 추구하는 속임수에 지나지 않다고 보았다. 현금이 아닌 신용거래를 통해 물건 값을 높여 받는 것은 이웃에 대한 죄악이자 도적질에 해당했고 물품 부족을 이유로 값을 높이는 방법을 사용하는 사람들 역시 도둑이자 고리대금업자였고 한 나라 혹은 한 지역 물건을 모두 사서 원하는 높은 값을 받는 일, 즉 독점이나 투매로 다른 상인을 몰락시킨 다음 독점가로 판매하는 행위, 물건을 미리 확보하지도 않고 주문을 받아 이익을 취하는 행위 등은 모두 바람직한 상업 활동이 아니었다.29)

누구든 자신의 소명을 다하도록 열심히 직업에 종사해야 한다는 의미에서 상업 역시 가치 있는 활동으로 보았다는 점을 제외하면 상업 활동에 관한 루터의 견해는 극히 보수적이었다. 특히 루터는 돈의 생산성을 인정하지 않았다. 1굴덴의 돈은 다른 돈을 생산하지 못하는 것이었다. 다시 말해 고리대금에 대해서는 물론이거니와 돈을 빌려주고 이자를 받는 이자 수취 자체에 부정적이었다. 따라서 고리대금을 비롯한 금융거래를 통해 부를 형성하는 일부 상인들의 상행위는 루터에게 격렬한 비판 대상이었다.

루터는 『상업과 고리대금에 관하여』에서 푸거가를 비롯한 남부 독일의 상인 가계들을 신랄하게 비판했다. "그들은 전 생필품을 통제해 거침없이 온갖 속임수를 다하는데, 그들 뜻대로 값을 올리고 내림으로써 다른 모든 소상인을 파멸시켰다."[30] 생애 후기에도 그는 『고리대금업에 반대하는 설교를 해줄 것을 성직자들에게 호소함(Ermahnung den Pastoren gegen Wucher zu predigen)』 (1540)에서 '현금 도둑들'에 반대해 목소리를 높였다.[31] 말할 것도 없이 당시 상업으로 막대한 부를 형성한 메디치가(Medici family)의 은행가들이 그들의 가계에서 교황 레오 10세를 배출했다는 사실이나 푸거가에 대한 반감 등이 루터의 반상업적 입장을 더욱 강화시킨 것은 자명한 사실이다.[32]

그러나 대표적인 상인 가계인 푸거가와 루터 사이에 항상 갈등만 존재했던 것은 아니다. 농민전쟁이 일어났을 때 야콥 푸거는 루터가 농민 봉기와 유혈 사태의 시작이자 원인이라고 비난했고 푸거가는 여러 가지 고려 끝에 농민군의 진압을 위해 자금을 지원했다. 다른 상사들은 개입을 꺼려 뒤로 물러나 있었던 데 비해, 푸거가는 오스트리아의 왕이자 신성로마제국 황제의 대리인이고 동시에 슈바벤(Schwaben)동맹의 대표자인 페르디난트(Ferdinand, 1503~1564) 대공에게 자금, 식량, 무기 등을 제공했다.[33] 바이에른(Bayern) 슈바벤 지방에 속한 바이센호른(Weißenhorn)은 푸거가에게서 많은 군인, 무기, 화약 등을 지원받았다. 그 도시 주민들은 자신들이 푸거가에게서 경제적 지원은 물론이고 사회적 개방성을 보장받고 있다고 느껴 농민군에 강력하게 저항했고 농민군은 이 도시를 포기할 수밖에 없었다. 물러난 농민군은 대신 이웃 도시인 레겐스부르크(Regensburg)의 대성당을 약탈했다.[34] 푸거가와 루터는 서로를 비판했음에도 농민군을 맞아 하나의 전선으로 통합되어 있었다.

그럼에도 푸거가는 기본적으로 종교개혁의 걸림돌로 작용하고 있었다. 푸거가와 교황청의 유착 및 고리대금 관행은 루터에게 농민전쟁에 대한 공동 대처를 능가하는 중요 사안이었다. 이 점이 루터의 고리대금과 상인 자본에 대한 비판 수위를 높였다는 것은 의문의 여지가 없는 일이다.

　루터의 상업 및 고리대금에 대한 비판에도 불구하고 루터와 가톨릭의 전통 사이에 놓여 있는 단절을 무시하기는 어렵다. 루터의 소명이 기껏 "봉사"에 지나지 않는 한계가 있다는 비판이 있음에도 그에게는 가톨릭에게서 멀리 떨어져 나온 측면이 있다. 가톨릭 전통에서는 비록 일반적으로 사유재산의 필요성과 선함을 인정하기는 했지만, 성(性)생활뿐 아니라 사적 소유도 포기한 성직자와 수도사 그리고 수녀들이 그리스도인의 삶에 최상의 본보기였다. 아퀴나스는 고리대금 혹은 이자를 받고 돈을 빌려주는 것은 존재하지도 않은 것을 파는 것이고 이것은 분명히 정의에 반하는 불평등으로 이어질 것이기 때문에 그 자체로서 정의롭지 못하다고 가르쳤다.[35] 비록 실제로는 이자를 받는 일이 광범위하게 행해지고 있었지만 교회는 이 관행에 늘 눈살을 찌푸렸다.

　베버의 인색한 시인(是認)이 아니더라도, 이 전통적(가톨릭적) 경제사상에 최초의 균열을 낸 것은 루터였다. 초기 사역에서 루터는 수도원 생활을 점점 더 혐오하게 되었는데 그가 보기에 조용히 기도하기 위해 세속의 삶을 벗어나는 것은 이기적인 사치였고 다른 사람에 대한 책임을 회피하도록 사람들을 유혹하는 것이었으며 또한 그리스도인들이 성직자처럼 사는 것을 통해 신 앞에서 스스로를 정당화할 수 있다고 믿도록 부추기는 짓이었다. 그래서 수도원 생활과 반대로 세속적인 일에 헌신하는 것이 모든 일 중 가장 보람된 그리스도인의 소명이라고 그는 주장했다.

　루터의 소명은 모든 신자의 영혼이 신 앞에서 평등하다는 만인사제주의(萬人司祭主義)의 세속적인 실현이었고 이것이 새로운 힘을 발휘하기 시작한 개인주의를 강화했다. 루터의 소명은 보편적·성과 지향적인 준거들에 더욱 힘을 보탬으로써 이러한 방향으로의 발전을 후원했다고 할 수 있다.

그렇다고 해서 가톨릭과 루터의 단절이 루터가 자본주의적 관행을 받아들이고 발전시키는 데 아무런 한계가 없었다는 것을 의미하지는 않는다. 『기독교가 처한 상황의 개선을 위해 독일 민족의 그리스도인 귀족에게 호소함』에서 루터는 외국무역과 관련해 중상주의에 대한 두려움을 표현하고 있다. "우리는 비단, 벨벳, 황금 장식품들 및 다른 외국 상품에 그토록 엄청난 양의 돈을 쓰거나 소비할 필요가 없다. 우리는 신이 우리에게 주신 물건에 감사하고 만족하자."[36] 물론 루터는 정치적인 측면에서 덕망을 갖춘 그리스도인들이 더 큰 공동체, 그의 경우에는 독일이라는 정치 단위에서 분리하는 것이 그 공동체에 해로울 것으로 생각했기 때문이다. 루터는 민족주의적 성향과 건전한 독일 경제에 대한 관심에서 자본주의적 관행에 굴레를 씌워야 한다고 보았다.

한편, 상인 가계들과 자본주의적 관행에 대한 루터의 비판은 그의 새로운 사업에 대한 몰이해에서 비롯되기도 했다. 상업지역에서 동떨어진 비텐베르크에서 상업 역시 농업과 마찬가지로 하나님을 기쁘게 해드릴 수 있다는 인식을 얻기란 쉽지 않았다. 그에게 상업과 고리대금은 뗄 수 없이 얽혀 있는 것이었다. 작센이란 영방국가의 경제적 관계와 그것의 순전히 농업적인 구조 속에서 광부의 아들이었던 루터가 은행 제도와 철과 석탄 산업에서 이루어지는 국제적인 거래망과 기술적인 수단들을 이해하기란 대단히 어려운 일이었다. 아버지의 직업에도 불구하고 한 번도 경제생활에 직접 참여한 일이 없었던 루터가 당시의 경제 상황에 대한 폭넓은 인식을 갖기란 거의 불가능했다.[37]

이러한 한계는 루터로 하여금 부의 원천에 대해 지나치게 편파적인 입장을 형성시키는 원인으로 작용했다. 모든 부가 루터에게 비판의 대상은 아니었다. 루터는 토지 귀족과 영주들의 부에 대해서는 아무런 비판이나 비난을 가하지 않았다. 그들의 부는 대부분 자신들의 노력의 대가가 아니라 세습의 결과인데도 말이다. 이와 대조적으로 상인들은 모험과 위기를 이겨냄으로써 스스로 부를 창출했고 상업의 발전을 견인함으로써 자신들의 부를 형성했다. 그러나 루터는 상인들의 부에 대해서는 일말의 동정도 보이지 않고 비판과 비난을 퍼부었다. 세습된 부는 하나님이 주신 것이고 상인들의 부는 인간이 만든 것으로 비하한 것이다. 그의 잣대는 이중적이었고 명백히 과거와 전통 쪽으로 기울어져 있었다.

이 때문에 루터는 세속적인 노동을 신성화함으로써 가톨릭교회의 경제관념에서 벗어났지만, 여전히 자본주의의 기본적인 경제 관행에 대해서 저항했다고 할 수 있다. 특히 고리대금에 관한 교회의 전통적 의구심에다 무역을 포함한 모든 이탈리아 생산품에 대한 그의 독일 민족주의적 공포와 개인적 경험의 한계 등에 밀려 그의 상업에 대한 비판은 저주로 바뀌고 말았다. 이 점에서 루터의 경제관념이 퇴행적 사고라는 지적은 일정 정도 설득력이 있다.[38]

3. 자본주의 정신의 기원: 루터와 칼뱅의 차이

종교개혁이 발양시킨 자본주의 정신이나 경제적 태도가 그 자체로서 어떠한 사회의 산업화나 자본주의사회로의 이행을 설명하지 못한다는 사실은 익히 알려져 있다. 프로테스탄티즘으로 개종한 모든 지역이 자본주의 발전에서 선구자가 되지는 못했다. 에릭 홉스봄(Eric Hobsbawm, 1917~2012)의 주장대로 가톨릭으로 남아 있던 네덜란드 지역(벨기에)이 프로테스탄트가 된 지역(홀란드)보다 일찍이 산업화를 이룩했다.[39] 이 점에서 리처드 헨리 토니(Richard Henry Tawney, 1880~1962)의 베버에 대한 비판은 훌륭한 지적이다. 토니의 요지는 베버가 "칼뱅주의"라고 부르는 것이 혼성물이라는 것이다. 사회적 영향력이란 어느 한쪽이 다른 한쪽에 일방적으로 영향을 주는 것이 아니기 때문에 신학이 홀로 문화를 형성하지 않고 경제 조건 역시 종교와 사상 그리고 행동에 영향력을 미치기 때문이다.[40] 청교도들이 천국에 들어가려는 욕망으로 자본주의를 형성했다고 말할 수도 있겠지만, 또한 의심할 여지없이 그들이 처한 특정한 역사적 맥락이 자본주의의 등장을 허락하는 사회적·정치적·경제적 힘을 형성했다고 말할 수 있다. 신학적 힘이든, 사회적 힘이든 어떤 경우에 어떤 힘이 다른 힘을 지배하게 되는지는 늘 논쟁거리로 열려 있다. 토니의 베버 테제에 대한 비판은 인간 세상의 복잡한 작동들을 설명할 때 과도하게 단순화하고 싶은 유혹에 대항할 것을 상기시킨다.

그럼에도 우리는 루터와 칼뱅 사이에 전혀 차이가 없다고 주장할 수는 없다. 그 차이는 무엇인가? 베버가 지적한 차이는 이렇다. 루터의 지옥 불에 대한 개인적 두려움이 신의 은혜와 신에 대한 의존을 강조하도록 자극했다. 반면, 자본주의적 행동의 등장에 두드러진 신학적 기여를 한 것은 칼뱅의 소명 교리와 예정 교리였다는 것이다. 소명은 루터주의자와 칼뱅주의자 모두에게 하나님의 영광을 위한 것이라는 확신으로 여러 가지 세속 직업에 종사할 새로운 자유를 주었지만, 특히 칼뱅주의자들 사이에서 받아들여진 "예정 교리"는 세계의 탈주술화(脫呪術化) 과정의 완결이었다.[41] 신을 기쁘게 하는 것이 인간의 의무라는 논술은 한편으로는 신의 절대화이지만, 다른 한편으로는 지구를 인간에게 종속시킴으로써 세계의 탈주술화를 완성하는 힘이기도 했다. 탈주술화는 근대의 합리주의적 심성과 이성적인 목적과 수단에 대한 생각은 물론이고 이 과제들의 해결을 지향하는 행동까지 유발하는 힘이 되었다.

그러나 루터 역시 예정론자라는 점에서 둘 사이의 차이가 아직 분명히 드러나지 않았다고 하겠다. 캐스린 브랜처드(Kathryn D. Blanchard)는 칼뱅 신학을 독해할 때 그의 경제사상을 추동한 힘으로 예정 교리보다 오히려 자유를 강조하고 싶다는 견해를 표명하며[42] 칼뱅 신학에 따라서 그리스도를 통해 구원을 받은 그리스도인은 율법의 정의에 묶이지 않고 자유롭게 되었고 경제적 결정은 대체로 개인의 양심에 맡겨지게 되었다는 것을 그 근거로 들었다.[43]

브랜처드는 칼뱅이 성서 문자주의자가 아니었다는 사실에도 주목했다. 실제로 칼뱅은 경제적 상황에 따라 성서 해석을 달리할 수 있다고 보았다. 그는 상업이 활기를 띠기 시작한 제네바의 경제 상황을 맞아 정치 질서란 잠정적이거나 표피적인 것이고 구체적인 상황에 따라 변할 수밖에 없기 때문에 경제적 맥락이 성서 해석에 영향을 주기 마련이라는 점을 시인했다. 나아가 그는 성서는 모든 사안에 대해 구체적으로 말하지 않은 부분도 있다면서 이자 수취를 절대적으로 금지하는 중세 기독교의 관행이 성서적인지 의문을 제기하고 이자 수취를 허용했다. "원시 유대 농업 사회와 관련된 특정 금지 사항들을 16세기 제네바와 같은 진보적·근대적인 도시 사회에 적용하는 것을 (칼뱅은) 거부했다"[44]라고 브랜처드는 이해했다. 자본주의적 발전으로 이동하고 있던 제네바의 경제 상황에 유연하게 대처한 칼뱅의 자세와 그에 따라 경제적 교리를 분명하게 표명한 그의 지도력은 자신이 종교개혁을 지도한 제네바에서 자본주의적 발전을 촉진하는 동력이 되었다. 이 점에서 칼뱅은 루터와 달리 성서 문자주의자가 아니었다.

루터는 신앙과 사회라는 양 측면에서 다른 상황에 처해 있었다. 그는 "탑의 체험"*을 통해 획득한 "믿음"에서 더 이상 앞으로 나아가지 못했다. 성서 해

---

* 루터는 스스로 여러 차례 로마서 1장 17절 말씀이 갖는 의미를 깨달았다고 말한 바 있다. 좀 더 구체적으로는 '신의 의로움'이 갖는 의미를 확실히 깨닫게 되었는데, 그에 따르면 신의 의로움은 인간을 적극적으로 징벌하기 위한 것이 아니라 신이 인간의 믿음을 통해 인간을 의롭게 한다는 것이었다. 루터가 언제 이런 깨달음에 이른 것인지 그 시기를 확정하기는 쉽지 않지만, 수도원의 한 탑(정확하게는 탑 속에 있는 좁은 방)에서 홀로 번뇌하고 기도하는 가운데 그런 깨달음을 얻었다고 보고 루터의 이 내면의 깨달음을 탑의 체험이라고 부른다.

석에서 칼뱅처럼 유연성을 발휘할 긴급한 현실적 필요가 그를 강제하지 않았기 때문인지는 더 따져보아야 할 일이지만, 어쨌든 그는 새로운 경제 관행에 적용할 성서 해석에 있어서 '전통적'이었다. 그리고 경제적 변동이 활발하던 남부 독일과 달리 농업경제가 압도적이어서, 정치적 이해관계에서 루터와 토지 귀족인 영주들과의 결속을 강화시켰다. 루터주의를 받아들인 대부분의 지역에서는 자본주의적 발전을 이루는 데 다른 자극을 필요로 했다.

여기에서 우리는 유럽 사회 전체를 조망할 때 어떻게 프로테스탄트 지역이 가톨릭 지역에 비해 눈에 띄는 경제적 역동성을 보였는지 의문을 갖지 않을 수 없다. 벨러는 "소수자" 논제가 이에 대한 부분적인 설명을 제공하고 있다고 본다. 군사적으로 진행된 가톨릭의 대응종교개혁(Counter Reformation)*은 새로 관심을 끌게 된 사람들과 도전하는 사람들, 종교적으로는 프로테스탄트를 가려내 추방했다. 프로테스탄트들은 강제가 심하지 않더라도 스스로 프로테스탄트 신앙을 관용하는 지역으로 이주하기도 했다. 탄압을 피해 프로테스탄트 지역으로 이주한 종교적·사회적·민족적 소수자들이 자본주의 발전에 끼친 영향은 지나칠 수 없을 정도로 중요하다.

홀란드나 프랑스에서 추방당한 수십만의 사람들과 이베리아(Iberia) 반도에서 쫓겨난 유대인들 혹은 청교도들 등이 그들이었다. 그들이 사회적 변두리에 존재할 수밖에 없었다는 사실은 그들을 아주 낯선 고립된 환경에서 스스로의 성과에 의존하게 만들었다.[45] 기존 주민의 직업들에서 배제되었던 그들은 위험을 무릅쓰거나 에너지를 쏟아야만 가능한 직업을 택할 수밖에 없었는데 당시 상공업이 바로 그런 분야였다. 이 분야에서 소수자들 사이의 신앙적인 결속

---

* 흔히 "반종교개혁"으로 번역하고 있다. 그러나 가톨릭은 프로테스탄트 세력을 탄압했지만 동시에 프로테스탄트 개혁에 대응해 자체 개혁 운동을 펼쳤다. 이 두 가지 성격을 포괄하기 위해 대응종교개혁으로 번역했다.

은 철저한 신용, 원거리 무역, 기업 성과 등의 바탕이 되는 기본적이고 중요한 신뢰의 끈으로 작용했다.46)

이런 소수자로서의 상황이 경제 엘리트가 중요해진 특정 도시 전체와 특정 지역에 활력을 불어넣었다고 할 수 있다. 물론 이 사실이 프로테스탄트 지역에서 일어난 눈에 띄게 신속한 경제 발전의 이유를 모두 설명하지는 않는다. 아마 프로테스탄티즘 내부에서 채택된 서로 다른 대응방법들은 근대로 넘어가던 그 시대의 기본적인 추세들에 각기 다른 사회적 조건들이 복합적으로 작용해 만들어진 것이었다고 할 수 있을 것이다.

제3장

농민전쟁과 루터의 사회 교리

　루터는 종교개혁가이자 정치가였다. 모든 신학자나 기독교 지도자는 실은 정치가라는 것을 우리는 이해하지 못하거나 때로는 외면한다. 그러나 특히 사회 변동의 시기에 신학자나 기독교 지도자가 정치에 무관하기란 사실상 불가능하다. 독일 종교개혁이 진행되는 과정에 독일 농민들이 봉기했다. '독일농민전쟁'이라고도 부르는 이 사건은 프랑스혁명이 일어나기 전에 있었던 유럽 최대의 민중 봉기로 독일 남부 슈바벤 지방에서 시작해 1525년 4월에 이미 약 30만 명에 달했고 1526년까지 전쟁 과정에 죽은 농민들의 숫자만 적어도 약 7만 명에서 7만 5000명에 이르는 중요한 역사적 사건이었다.[1] 농민들은 루터의 "복음", 즉 "그리스도인의 자유"를 해방의 메시지로 받아들였다. 그러나 루터는 세 번이나 소책자를 통해 "강도와 도둑과 같은 농민들을 타도하고 무찌르라!"고 했다. 루터가 자신의 정치적 입장을 분명히 한 농민전쟁을 통해 그의 사회 교리가 어떤 논리로 중세적 사회질서를 정당화하는지를 가늠할 수 있다. 우선 16세기 독일 사회에서 농민들은 어떤 변화를 겪고 있었는지, 농민들의 불만이 어떻게 농민전쟁으로 점화했는지 그 원인부터 살펴보자.

1. 농민전쟁은 왜 일어났는가?

　유럽 인구는 10세기부터 14세기까지 확대기를 맞았다. 1000년경 3850만 명에서 1340년경에는 약 2배인 7350만 명으로 증가했다. 이때 독일과 스칸디나비아의 인구는 약 400만 명에서 1150만 명으로 늘었다. 그러나 증가 추세는 1348~1350년까지의 "대흑사병" 시기에 끝나고 말았다. 유럽 인구가 몇 년 만에 2000만~2500만 명이 죽어 약 1/3이 줄었고 1400년경에는 약 2/5가 줄었다. 전쟁과 전염병으로 강화된 불황과 침체는 15세기 말까지 계속되어 인구 회복이 아주 더디게 진행되었다. 15세기 말에 이르러서야 유럽 인구가 겨우 8200만 명 정도에 도달했다. 독일에서도 1450년경부터 대부분의 지역에서 성장 추세가 나타났다고는 하나[2] 15세기 말에야 겨우 약 1200만 명으로 회복되었을 정도였다.[3]

　독일 역사가들은 종교개혁과 농민전쟁의 확산과 관련해 도시의 역할에 주목했다. 한자동맹이 보여주듯이 독일의 도시들은 일찍이 발전했다. 독일의 도시들은 법적 지위에서 두 가지로 나뉜다. 하나는 제국 도시이다. 비록 영주의 영지 안에 있지만 신성로마제국 황제가 도시의 자율권을 인정한 제국 도시들은 영주의 지배에서 자유로웠고 또 법적으로는 황제에게 예속되어 있었지만 지리적으로 멀리 있어 황제의 통제가 느슨했다. 그래서 "자유도시"라고 불렸을 만큼 상당한 수준의 자유를 누리고 있었다. 묄러는 『제국 도시와 종교개혁 (Reichsstadt und Reformation)』(1962)에서 제국 도시들이 종교개혁을 받아들이는 데 오히려 자유로웠다는 사실을 자세히 보여준다.[4]

　다른 한 형태의 도시는 특정 영주의 영지에 속해 있는 영방 도시였다. 영방 도시들은 상대적으로 영주의 통제를 더 직접적으로 받았다. 그러나 영방 도시들 역시 영방 신분 의회 대표권과 특권 때문에 세금, 전쟁 수행, 재판 등에서 영주의 행정권으로부터 직접적인 영향을 받지 않는 도시들이 많았다. 도시의 자유는 그 도시가 스스로 쟁취하는 것이었다.

뮐러는 『종교개혁 시대의 독일(Deutschland im Zeitalter der Reformation)』(1981)에서 종교개혁 시대 독일 도시의 변화에 주목했다. 그에 따르면 1500년경 영주들에게 권력이 집중되는 과정에서 독일 도시들의 긴장이 고조되었다. 영방 도시들은 물론이고 제국 도시들 역시 유리한 기회를 잘 활용한 경우도 있었지만 때로는 새로운 변화에 제대로 대응하지 못한 경우도 있었다. 그래서 15세기 후반에 마인츠와 에르푸르트 같은 도시들은 그들의 자유를 잃어버렸고 레겐스부르크는 잘 견뎌냈다.

제국 의회에 속해 있던 약 80개 제국 도시들의 발언권은 오직 그들의 재정력에 달려 있었다. 영주의 현금 동원 능력은 많은 도시의 독립을 보장하는 최선의 수단이었다. 그들 중 가장 부유한 도시만이 정치적 이득을 챙겼다. 예컨대 뉘른베르크는 1500년 직후 도시의 경계를 확장할 수 있었다. 그러나 전체적으로 보면 도시들의 경제적 역량과 영방 국가들의 정치적·군사적 세력 사이의 경쟁에서 영방 국가들이 우위를 점하는 방향으로 나아가고 있었다.

1500년경 제국 내에는 약 3000개 지역이 도시권을 갖고 있었는데 이 숫자는 이미 수십 년 전에 도달한 것으로 그 후에는 크게 변하지 않았다. 이 도시 중 대부분의 도시는 소도시에 속했고 그중 5%만이 2000~3000명 이상의 인구를 갖고 있었으며 2만 명 이상의 주민을 가진 대도시는 기껏 몇 개에 지나지 않았다. 정확한 통계는 아니지만 독일의 어떤 도시도 유럽 최대의 도시군(都市群)에 끼지 못했고 아마 독일 최대의 도시였던 아우크스부르크와 쾰른(Köln) 그리고 뉘른베르크에 약 4만 명의 주민이 살고 있어 프랑스, 이탈리아, 스페인의 큰 코뮌에 이어 20위 정도에 들었다.[5]

1500년경에 이르기까지 독일 도시의 인구는 줄거나 정체했다. 적지 않은 도시들의 경제력이 줄어들면서 규모 자체가 작아졌다. 이 사실은 독일의 전체 인구에서 도시민이 차지하는 비중이 낮아졌다는 것을 의미한다. 이것이 일부에서 도시의 정체와 디플레이션(deflation)의 징후를 과장하는 근거이다. 그러나 이런 일반적인 현상과 반대의 경우도 있었다. 함부르크(Hamburg)는 대양 무역이 시작되면서 풍요를 누렸고 단치히(Danzig) 역시 서유럽으로 곡물 거래를 하면서 성장했고 중부 독일에서는 라이프치히가 상업 도시로 확장되었다.

한편 광산 지역에서는 도시 붐이 일어나고 있었다. 은 광산과 구리 광산이 있는 곳에 도시가 생겨 1470년 이후 15개의 새 도시들이 건설되었고 "자유광업도시"로서 특권을 획득해 신속하게 성장했다. 은 광산으로 출발한 안나베르크(Annaberg)가 대표적인 사례이다. 이처럼 특수한 도시의 역할이 중대함에 따라 발전한 도시들도 있었다. 여전히 도시들이 독일인 생활의 중심지였고 사업과 상업, 복지와 문화, 예술과 교육 등은 기본적으로 도시에만 그 근거를 두고 있었다고 말할 수 있다. 도시에 현금이 있었고 교회와 시청이 건설되었고 건축가와 미술가 그리고 목판 화가 등이 일하고 있었으며 책이 생산되거나 확산되고 있었다. 그래서 1500년경에는 '도시 문화'를 운운할 정도였다.

게다가 16세기 초부터 17세기 중엽까지 유럽 인구는 두 번째 확대기를 맞았고 독일 인구 역시 증가했다. 1600년경 유럽 인구는 약 1억 500만 명에 이르렀고 독일 인구는 그 사이 약 330만 명이 늘어나 1500만 명이 되었다. 종교개혁기인 16세기 초부터 독일 인구는 도시를 중심으로 완만하지만 성장 국면에 들어섰다. 따라서 뮐러가 주장한 대로 독일이 그 후 수십 년 동안 전 유럽에 문화적·정신적·종교적 영향을 미쳤다고 한다면 바로 공연장과 청중을 제공한 대도시들을 통해서였다.[6] 즉, 도시들은 루터의 개혁적인 설교가 흡인력을 가질 수 있는 곳이었다. 총인구 중 도시 인구가 10%를 넘는 지역은 소수에 지나지 않았지만 말이다.

농촌 사정은 도시와 다소 달랐다. 1500년경 농촌에서 일어난 가장 중요한 변화는 주민 수의 증가였다. 1450년경부터 시작된 농촌 인구 증가는 16세기에도 계속되었다. 이러한 발전은 두 가지 결과를 가져왔는데 농업의 확대와 새로운 종류의 사회적 긴장이었다. 중세 말에는 농경지가 줄었으나 이때 다시 경작지의 확대가 일어났는데 버려진 마을들뿐 아니라 무엇보다 경작지와 숲이 부족해진 지역에서 이러한 변화가 일어났다. 어떤 지역에서는 부농들이 생겨났다. 작센의 한 농부는 그가 함께 세운 교회에 자신의 동상을 세울 정도였고 슈타이어마르크(Steiermark)의 한 부농의 재산은 소읍 전체 재산보다 많았으며 알자스(Alsace)의 농부들은 자기 아들이나 딸의 결혼식 혹은 세례식에 얼마나 많은 재물을 소비했는지 집이나 땅을 사거나 작은 포도원을 살 수 있을 정도의 돈을 쓰기도 했다.[7]

그러나 이 변화가 농부들의 소득이 전체적으로 높아졌다는 것을 의미하지는 않았다. 경제가 좋은 국면이었음에도 전체적으로 보면 농부들은 가난했다. "전반적 빈곤화"가 닥치지는 않았지만 중세 후기보다 더 나빠지거나 겨우 생존에 필요한 최소한의 소득을 얻었다. 수확량이 들쭉날쭉해 씨앗의 약 4배에 지나지 않을 때도 있었으며 무엇보다 수확한 농산물 대부분이 지대로 지주에게 넘어가 농부들의 가계는 어려웠다.

대부분의 독일 농부들은 영주와 토지 귀족들에게 종속되어 있었다. 토지를 소유한 지주가 차지인(농부)에게서 임대료나 비군사적 서비스를 수취하는 권리에 기초한 이른바 그룬트헤어샤프트의 지배 아래 있었다. 그러나 베스트팔렌(Westfalen)과 니더작센(Niedersachsen)에는 임대료와 정해진 부역을 제공하면 어떤 토지를 평생 사용하도록 허가하는 임차권(Meierrecht)이 보장되었고 다른 지역에 비해 봉건 소농들이 스스로 조직을 만들어 지대를 고정시키고 상속권을 확보하고 있었다. 중부 독일에서도 토지 상속이 가능한 "자유 상속제

(freie Erbzinsleihe)"가 존재했다. 그러나 한편으로 많은 지역에서 "인신 예속제 (Leibeigenschaft)"가 오히려 강화되거나 확산되기도 했다. 이 제도는 농부의 인신이 "인신 영주"에게 종속되어 있어 지주가 농부의 결혼, 거주 이전, 상속 등을 제한하고 농부들의 재산에 대해 농부가 죽은 후에는 지주가 지속적으로 처분권을 행사하도록 보장했다. 차지 농민이 사망할 경우, 그 과부나 고아가 땅을 상속받기 위해서는 차지 상속세를 지불해야만 했다. 이 상속세는 지역에 따라 5% 또는 10% 혹은 그보다 높은 경우도 있었다.[8]

게다가 엘베(Elbe)강 동쪽 동부 독일에서는 농업 부문에서도 수출 경제가 등장하면서 생산비를 줄이고 판매 구조를 집중화한 기사령(騎士領)과 대지주들의 토지 및 농민 지배 방식, 즉 구츠헤어샤프트(Gutsherrschaft)의 초기 형태가 나타났다. 농작물의 상품화가 활발해지자 노동력이 부족한 일부 지역에서 토지 소유주들이 직접 대농장을 경영하기 시작했고 이 과정에 기사령과 대지주들이 경쟁력을 갖게 된 반면, 그동안 화폐지대를 지불하던 자유농민들은 경쟁력을 상실해 아예 토지를 처분하고 지주들에게 완벽하게 종속되는 중세적 인신 예속이 강화된 지배 제도가 등장한 것이다.

이 모든 제도에는 임차료와 부역에 관한 규정을 두고 있었는데 현물지대와 부역 의무의 형태와 정도는 지역에 따라 달라서 몇몇 지역에서는 그다지 높지 않았다. 그러나 기록이 남아 있는 오버슈바벤(Oberschwaben), 프랑켄(Franken), 메클렌부르크(Mecklenburg)에서는 수확량의 30~50%를 지대로 지불해야 했다.[9] 이들 지역은 농민전쟁이 격렬했던 곳이다.

그러나 다른 견해 역시 끊임없이 제기되어왔다. 아돌프 바스(Adolf Waas, 1890~1973)는 1939년에 농민전쟁은 농민 복지의 향상에 따른 결과라는 주장을 폈다.[10] 상당히 부유한 농민들이 그들의 경제적 지위를 근거로 그에 상응하는 정치적·사회적 지위를 요구했다는 것이다. 1970년대에 빈곤화 테제와 다른 견해를 밝힌 사람은 로버트 브레너(Robert Brenner)였다. 그는 봉건제의 붕괴를 경제적 조건 자체보다는 강력한 농민 공동체의 존재 여부, 즉 계급투쟁의 결과로 보았다. 브레너는 동부 독일은 대체로 봉건 소농의 경제적 협동과 특히 그들의 촌락 자치의 발전 정도가 상당히 미약했고 영주들에 맞서 "공동권을 쟁취하려는 투쟁"의 전통도 없었지만, 동부에서 농민전쟁에 불을 붙인 잠란트(Samland)는 서부 독일과 비교하더라도 예외적으로 인구가 조밀했고 농민 조직이 널리 퍼져 있었을 뿐 아니라 비교적 강력한 형태로 존속했다는 특징을 지닌 곳이었다고 지적했다.[11] 물론 동부 독일 농촌 지역 전체에 공동체의 발전을 용이하게 하는 기구인 마을 법정과 교회 등이 존재하기는 했지만,[12] 그 후에 농민전쟁이 일어난 곳들은 농민 공동체가 강고했던 일부 지역에 지나지 않았다는 사실은 브레너의 주장에 설득력을 더한다.

실제로 농촌 사정은 좀 더 복잡했다. 경제적으로 보면 16세기 초에 전반적으로 활성화하는 장기 추세가 있었던 것은 사실이다. 하지만 그 추세는 모든 농민에게 같은 결과를 주지는 않았다. 농촌 지역의 인구 증가는 노동력의 가격을 저하시켰고 곡물가의 상승으로 이어져 아주 작은 소유지나 정원 정도를 가졌거나 아예 토지를 갖지 못한 사람들에게는 아무런 유익을 주지 못했다. 물론 일부 중간 규모의 토지 소유주들은 자신들의 세수원(稅收源)이자 군사력인 농민들을 보호하려고 했지만, 대토지 소유주인 영방 군주들은 더 많은 관리들을 동원해 농민들을 착취하려 들었다. 영방 군주를 비롯한 대토지 소유주들은 마을 안에서 일어나는 부농과 빈농의 갈등조차 자신들의 이익을 관철시키는 데 이용했고 합리화와 중앙집권화를 통해 그리고 자기 영지 내에 동일한 기준을 엄격하게 적용함으로써 막 활기를 띠기 시작한 상품경제 시장에 발 빠르게 대응했다. 이 과정에서 농민들에게는 오히려 인신 예속의 부활, 공동 이용 권리의 제한, 높은 세금 부담 등이 가해졌다. 가난한 사람과 부자 사이의 대립이 심화되었고 기본 생필품의 수요가 충족되지 않은 사람들이 많았으며 마을의 자율성 범위가 축소되었다. 마을 공동체의 사회적 통합이 위기 상황을 맞았다. 잘츠부르크(Salzburg), 알자스, 티롤(Tirol), 팔츠뿐 아니라 다른 많은 지역에서도 이런 현상이 나타났다.[13]

누가 목숨을 걸고 농민전쟁에 참가하게 되었는지 어느 정도 밝혀진 셈이다. 농민전쟁 연구로 중요한 학문적 성과를 낸 페터 블리클레(Peter Blickle)는 이 전쟁에 농민뿐 아니라 시민과 광부도 참여했다고 본다.[14] 한편 톰 스콧(Tom Scott)은 대도시와 상업 및 산업 중심지의 시민들과 중간 규모의 수공업 길드 장인들은 기본적으로 농민들과 이해관계가 달라 봉기에 참여하지 않았다는 주장을 내놓은 바 있다.[15] 1525년의 농민운동은 확실히 도시와 멀지 않은 곳, 농촌과 도시가 결합되어 있는 곳에서만 일어났다는 특징이 있었다.[16] 물론 제국의 동부와 북부 그리고 북서부에서는 운동이 아예 없었거나 도시들이 이 운동에서 발을 뺀 것이 일반적인 현상이었지만, 그럼에도 라인란트(Rhein-land) 전체와 작센의 봉기 지역은 예외로 남아 있었다.

시민과 광부가 농민전쟁에 참가했다고 해서 1525년의 농민전쟁을 "초기시민혁명(frühbürgerliche Revolution)"으로 규정할 수는 없다. 그러나 초기시민혁명 테제가 성립하지 않는다고 해서 도시 거주 소시민들을 이 운동에서 제외하는 것 또한 사실에서 멀어질 위험이 크다. 그러므로 부농을 제외한 가난한 농민들을 중심으로 농촌의 수공업 장인들과 튀링겐(Thüringen)과 남부 티롤의 광부들 역시 이 운동에 참여했고 시민으로서 특권을 누리던 부유한 시민들을 제외한 도시 소시민들 특히 북, 서부 도시들의 소시민들 또한 이 운동에 참여했다[17]고 보는 것이 사실에 가깝다고 하겠다.

2. 초기시민혁명 테제의 비판적 계승

루터의 종교개혁은 농민전쟁에 어떤 영향을 미쳤을까? 농민전쟁의 중요성과 루터의 적극적 개입으로 농민전쟁은 그 역사를 서술한 거의 모든 역사가들에게 루터의 사회 교리를 나름대로 해석해 평가하지 않을 수 없도록 작용했다. 그래서 종교개혁과 농민전쟁, 특별히 농민전쟁에 미친 루터의 영향에 관해서 긍정적이든 부정적이든 입장의 차이와 관계없이 많은 연구와 평가가 잇따라 출판되었다.[18]

역사가들의 입장은 크게 두 갈래로 나뉘었다. 루터가 농민전쟁에 강한 영향력을 행사했다는 견해와 농민전쟁과 종교개혁은 전혀 동떨어진 별개의 사안이라는 입장이었다. 이 두 입장의 각각의 근거는 아직도 논쟁거리이지만, 루터가 농민전쟁에 간과할 수 없는 영향을 주었고 농민전쟁을 거치면서 루터의 사회 교리가 더욱 보수화했다는 인식이 대체로 동의를 얻고 있다. 이러한 변화는 초기시민혁명 테제를 비판적으로 계승하는 과정을 통과하면서 일어났다고 볼 수 있다. 루터의 사회 교리를 구체적으로 따져보기 전에 그 과정을 살펴보는 이유는 여기에 있다. 농민전쟁의 역사 서술의 역사를 일별해봄으로써 우리는 그 서술의 역사 안에서 무엇이 중요한 쟁점이었는지를 분명하게 이해하게 될 것이다.

독일 역사가 레오폴트 폰 랑케(Leopold von Ranke, 1795~1886)에게는 "가장 거대한 자연 발생적인 사건"에 지나지 않았던 농민전쟁의 역사 서술을 "다양한 사회적 측면을 고려한 대단히 포괄적인 저작"[19]으로 만든 것은 1841년 빌헬름 침머만(Wilhelm Zimmermann, 1807~1878)의 『독일 대농민전쟁(Der grosse deutsche Bauernkrieg)』[20]이었다. 이 책은 농민전쟁에 관한 역사는 물론이고 농민전쟁에 미친 루터의 영향을 두고 일어난 논쟁의 한 토대가 되었다.

침머만은 농민전쟁을 비인간적인 억압에 반대해 "자유와 정의의 정신"이 인도한 것으로 보면서 루터가 그때까지 지식인층에만 허용되었던 이 정신을 농민들이 들을 수 있게 만들었다고 평가했다. 그는 루터가 그리스도인의 자유에 관해 농민들의 일상어인 독일어로 힘차게 말했다는 사실을 그 근거로 들었다.[21] 그러나 침머만은 루터가 말한 그리스도인의 자유는 부르주아-종교개혁 진영의 대변자로서 루터가 지닌 정치적 입장의 외투에 지나지 않았다고 지적했다.[22] 농민전쟁이 일어나자 루터가 농민이 아니라 제후의 입장을 두둔했다는 것이 이유였다.

루터에 대한 침머만의 평가는 프리드리히 엥겔스(Friedrich Engels, 1820~1895)에게 그대로 이어졌다. 엥겔스는 1848혁명 실패 이후 독일사에서 혁명의 전통을 찾아내려고 노력했는데, 1524~1526년의 농민전쟁에서 1848혁명과 유사한 점들을 발견하고 농민전쟁을 "독일 민족 최대의 혁명 시도"라고 평가했고 나아가 당시 독일 사회가 지방분권, 지방과 주(州)의 독립성, 각 주 사이의 공업, 상업상의 고립, 교통수단의 열악성 등으로 다양한 집단으로 분열되어 있었음에도 혁명적·종교적·정치적 이념들이 광범위하게 확산될 수 있었던 것은 종교개혁을 통해서라고 이해했다.[23] 다시 말해 엥겔스는 루터의 종교개혁이 농민전쟁을 전국 규모로 확산시킨 추동력이라고 보았다. 루터의 성서 번역은 "평민 운동에 강력한 무기를 손에 쥐어준 것"[24]이었고 교황, 추기경, 주교 등 악인들을 "말이 아니라 무기로 공격할 것"을 요청한 루터의 "혁명적인 열정"은 독일 인민을 농민전쟁에 나서도록 추동했다고 보았다.

루터가 던진 불씨가 큰 불길을 일으켰다. 전 독일 인민이 이 운동에 가담했다. 한편으로 농민과 평민은 성직자에 맞서라는 루터의 호소와 그리스도인의 자유에 관한 그의 설교를 봉기의 신호로 받아들였고, 다른 한편으로 온건한 시민과 하급 귀족 중 다수가 그에게로 모여들었을 뿐 아니라 제후들까지 이 격

류(激流)에 동참했다.[25]

그러나 엥겔스는 침머만의 견해와 마찬가지로 곧이어 루터가 '평화적 발전과 소극적 저항'을 설교하는 방향으로 돌아섰다고 보았다. 작센 선제후의 보호를 받고 있었고 이미 유명해진 비텐베르크대학의 존경받는 교수였던 루터는 농민전쟁이라는 새로운 국면을 맞아 한순간의 망설임도 없이 농민들의 기대를 저버리고 제후와 귀족 그리고 중간계급 편으로 전향했다는 것이다. 엥겔스는 1517년부터 1525년 사이에 나타난 루터의 전향을 1846년부터 1849년 사이에 독일 입헌주의자들이 보여준 전향에 비교했다.[26] 엥겔스는 침머만과 마찬가지로 루터의 경쟁자였던 토마스 뮌처(Thomas Müntzer, 1488?~1525)에 대해서는 무한한 신뢰를 보냈다.

엥겔스의 이와 같은 이해는 비록 자신의 자료 연구에 기초한 것이라기보다 침머만의 『독일 대농민전쟁』에 토대를 둔 것이다. 그리고 그 후에 밝혀진 실증적 연구들로 다소 수정되고 보완되기는 했지만 농민전쟁에 관한 마르크스-레닌주의 역사 해석의 근간을 이루게 되었다. 제2차 세계대전 후 독일이 동서로 분단되자 1949년 동독의 공산당 전당대회는 독일 역사에서 혁명적 전통에 관한 집중적인 연구를 요청했다. 독일의 혁명 전통을 농민전쟁에서 찾아낸 것은 소련 역사가 모이셰이 멘델레예비시 스미린(Moisej Mendeljewitsch Smirin, 1895~1975)이었다. 스미린은 무엇보다 농민들의 빈곤화를 농민전쟁의 원인으로 파악했다.[27] 농민들의 경제적 빈곤을 농민전쟁의 결정적인 원인으로 보았다고 해서 빈곤화 테제로 이름 붙여진 그의 주장은 이듬해 독일어로 번역 출판된 『토마스 뮌처의 인민종교개혁과 대농민전쟁(Die Volksreformation des Thomas Müntzer und der große Bauernkrieg)』(1956) 등에서 더욱 정교해졌다. 한편, 그는 경제적인 문제 외에 뮌처의 신학과 세계관 등을 깊이 있게 연구했고 루터를 '영주들의 노예'이자 민중의 착취자로, 뮌처를 빈민들의 혁명가로 추앙해 뮌처에 관한 연구를 자극하기도 했다.

이 연장선에서 1961년 동독 역사가 막스 스타인메츠(Max Steinmetz, 1912 ~1990)는 농민전쟁에 초기시민혁명이라는 이름을 붙였다.[28] 스타인메츠는 자본주의적 생산방식이 농업 부문에도 도입되면서 자본주의적 착취가 이미 일어났고 농업 생산 부문에서 현물-현금 거래 관계가 일반화하자 농민에 대한 봉건적 착취에 더해 제2의 인신 예속이 강화되었고 영방 국가들이 극도로 분열되어 있어 교황청의 착취를 막지 못함으로써 농민전쟁이 일어났다고 보았으며 루터가 종교개혁을 시작한 1517년부터 농민전쟁이 끝난 1525~1526년 시기를 독일 초기부르주아혁명의 절정으로 파악했다.[29]

권터 포글러(Günther Vogler)는 농민전쟁에 미친 종교개혁의 영향을 좀 더 적극적으로 평가했다. 그는 자본주의 이행기의 사회적 모순이 독일에서 종교개혁을 통해 "전국 차원"으로 확대되었는데, 그것은 복음의 사회혁명적 이해가 계급투쟁에 이데올로기를 제공했기 때문이라고 해석했다.[30] 그러나 포글러는 자본주의적 축적에 반하는 봉건적 굴레를 제거하는 것 이상으로 종교 이데올로기가 만든 이데올로기적 방해들을 제거하는 것이 더 본질적인 목적이었다는 견해를 피력함으로써 농민전쟁이 진행될 때 루터와 종교개혁은 오히려 농민전쟁의 억압 기제로 작용했다고 비판했다.[31]

한편, 랑케의 전통을 이어 이른바 실증적 연구에 집중한 역사가들도 있었다. 풍부한 사료를 바탕으로 한 경험적 연구 가운데 특히 주목할 만한 연구 성과를 낸 역사가는 중도적 입장의 권터 프란츠(Günther Franz, 1902~1992)였다. 프란츠는 1925년 농민전쟁 400주년 기념 농민전쟁 역사자료집 편찬에 참여한 것을 계기로 농민전쟁과 종교개혁 나아가 농업사 연구에 집중한 역사가이다. 1933년에 처음 출판한 그의 책 『독일농민전쟁(Der Deutsche Bauernkrieg)』은 1975년 제10판이 나올 정도로 농민전쟁 연구의 중요한 성과에 속한다.[32] 프란츠는 우선 농민전쟁의 원인과 관련해 경제문제가 우선적인 원인이 아니었을 뿐 아니라 종교 역시 주요 원인이 아니었다고 본다. 농민들은 점차 강화되는 영주들의 토지 지배에서 자신들의 자치권을 지키는 데 관심을 기울였던 것이고 따라서 농민전쟁은 정치적 저항이었다는 주장을 펼쳤다.[33] 그러나 농민들은 독일 전역에서 일어난 농민운동에 자신들이 속해 있다는 의식을 결여하고 있었다. 그래서 농민들은 다른 지역의 농민들과 힘을 합치면 승리할 수 있고 다른 지역 농민들이 패배한다면 다시 영주들의 착취에 시달리게 되리라는 집단적 자의식을 갖지 못했다는 것이다.[34] 프란츠는 개별 지역의 운동 과정을 연구해 농민운동의 지역적 차이를 전면에 내세워 설명했다. 프란츠는 시민 계층이 주도하지도 않았고 통일된 목적을 갖지도 않았던 농민운동을 초기부르주아혁명이라고 부를 근거는 없다고 주장하는 한편, 농민전쟁에서 종교개혁의 역할과 시민 계층의 참여를 부인하지는 않았지만 이 측면들을 최소화했다.

서독 역사가 토마스 니퍼다이(Thomas Nipperdey, 1927~1992) 역시 농민운동의 지도자였던 뮌처와 그의 추종자들의 운동을 경제적인 문제를 중심으로 해석하는 경향에 반대하면서 종말론적으로 표현된 위기의식의 정신사적·신학사적 배경을 연구해야 한다고 주장해 동독의 연구 경향에 다소 비판적인 입장을 드러냈다.[35] 그의 견해는 초기시민혁명 테제에는 반대했지만 농민전쟁과 종교개혁의 관계를 강조한다는 점에서 새로웠다. 1960년대에 나타난 새로운 경향 중 하나는 농민전쟁 연구에 마르크스-레닌주의 역사학을 정면으로 고려하기 시작했다는 점이다. 니퍼다이를 포함해 에리히 마슈케(Erich Maschke, 1900~1982), 묄러, 한스 발터 크룸비데(Hans Walter Krumwiede, 1921~2007), 하르트무트 레만(Hartmut Lehmann), 프란츠 페트리(Franz Petri, 1903~1993) 등의 연구는 그러한 예에 속한다. 이들 그룹은 마르크스-엥겔스주의의 농민전쟁사 연구에서 이데올로기적 한계를 제거함과 동시에 농민전쟁과 종교개혁을 별개의 것으로 보는 교회사 연구자들의 편협한 시각 역시 벗어나려고 했다. 헨리 콘(Henry J. Cohn), 유스투스 마우러(Justus Maurer), 프란치스카 콘라트(Franziska Conrad) 등도 초기시민혁명 테제를 그대로 수용한 것은 아니지만 농민전쟁과 종교개혁 사이에 기본적인 관련성을 확인한 동독 역사가들의 견해에 동의했다.36)

특히 농민전쟁 450주년을 전후해 1972년에 출판된 라이너 볼페일(Rainer Wohlfeil)의 『종교개혁인가, 초기부르주아혁명인가?(Reformation oder frühbürgerliche Revolution?)』를 시작으로 농민전쟁이 독일 역사가들과 교회사가들 사이에 다시 주요 주제로 부상했다. 이때는 마침 사회 구조를 역사의 중심 주제로 삼는 전체 사회사가 활발해지기 시작한 시기로 독일의 전체 사회사 연구를 선도한 벨러는 ≪역사와 사회(Geschichte und Gesellschaft)≫의 창간호 별책으로 『독일농민전쟁 1524-1526(Der Deutsche Bauernkrieg 1524-1526)』(1975)37)을 편찬 출간했다. 이 책에서 하이데 분더(Heide Wunder)는 "봉기 농민들의 심성"38)을 탐색했고 존 스톨네이커(John C. Stalnaker)는 농민전쟁의 사회사적 해석의 길을 모색했다.39) 같은 해 단행본으로 출판된 블리클레의 『1525년의 혁명(Die Revolution von 1525)』40)은 이러한 경향들을 반영한 탁월한 연구 성과 중 하나였다. 뒤에서 자세히 인용하겠지만 블리클레는 프란츠와 달리 종교개혁의 영향과 시민 계층의 참여가 농민전쟁에 근본적인 동기들을 제공했다고 보았다.

농민전쟁과 종교개혁 사이의 깊은 관련을 인정하는 새로운 추세는 종교개혁 연구에서 배타적인 신학적 관점을 버림으로써 더욱 촉진되었다. 토머스 브래디(Thomas Brady)는 "종교개혁의 재역사화"를 기대했고 헤이코 오베르만(Heiko Oberman, 1930~2001)은 1525년의 운동을 비텐베르크와 제네바에서 일어난 운동과 마찬가지로 "기본적으로 종교운동"이라고 받아들임으로써41)

농민전쟁과 종교개혁을 분리하지 않았다. 독일 교회사 연구의 전통을 잇고 있는 뮐러조차 종교개혁의 역사를 거의 전적으로 신학의 역사로 보려는 경향에서는 멀리 떨어져 나왔다. 그는 종교개혁의 요청들을 사회적 그리고 경제적 개혁의 열망과 연결한 것이 도시에서 종교개혁의 승리를 촉진시켰다기보다 방해한 것으로 보았다는 점에서는 비판에서 완전히 자유롭지 않지만,[42] 그럼에도 농민운동에서 종교적 요소들이 새로운 희망에 불을 붙였을 뿐 아니라 농민들의 소망을 통일하고 하나의 통합된 확신을 창출했다고 평가했다.[43]

3. 농민들의 12개 요구 사항과 루터의 영향

농민전쟁에 미친 루터의 영향을 면밀히 검토하는 것이 루터의 신학과 종교개혁의 성격을 이해하는 하나의 디딤돌이 된다는 점이 분명해졌다. 그렇다면 루터의 어떤 가르침이 농민들에게 영향을 미쳤을까? 우선 농민전쟁이 일어나기 전까지 루터의 복음이 농민들에게 어떤 의미로 받아들여졌는지를 알아보는 것으로 시작해보자.

루터 신학의 구조가 변증법적이고 그의 신학적 사고가 과정적 성격을 띠고 있다는 사실은 익히 알려져 있다. "심판과 은총", "율법과 복음", "성서의 문자와 정신"(후에 루터 정통주의에서는 문자와 메시지)이 긴장 관계를 이루고 있는 것이 루터 신학의 특징이다. 그래서 그의 추종자들이 루터 신학의 통전적(統全的) 이해를 유지했다기보다 긴장하는 양 측면 중 하나를 축소해왔다는 사실을 자주 접하게 된다.[44] 그러므로 구체적인 사례들을 통해 루터의 사회 교리를 재구성하는 것이 훨씬 더 실제에 가까운 판단을 끌어내는 안전한 방법이 될 것이다.

루터는 1517년 면벌부에 관한 내용을 중심으로 가톨릭교회의 부패를 비판한 95개 논제를 마인츠 대주교와 브란덴부르크 주교에게 보냈다. 대주교들에게서 아무런 반응이 없자 루터는 동료 사제들에게 그것을 보냈다. 라틴어로 된 원본은 몇 사람이 루터의 허락 없이 출판해 불과 2주 만에 제국 전역과 유럽 여러 지역으로 퍼졌고 그것을 둘러싼 논쟁이 도처에서 벌어졌다. 그것을 간략하게 요약해 벽보 형태로 인쇄한 독일어 번역본도 6주 이내에 출판되었다.

물론 루터는 처음부터 가톨릭의 대대적인 개혁을 의도하지는 않았다. 그는 95개 논제 서문에서 "진리와 학문에 대한 사랑과 열정에서 95개 논제들이 비텐베르크 신학부에서 논의되기를 바란다"[45]라고 썼다. 그러나 그의 의도와 무관하게 그는 종교개혁의 중심에 서게 되었고 새로운 상황에 곧바로 스스로 적극적으로 대응하기 시작했다.

95개 논제를 발표한 후 루터는 뜨거운 관심의 대상으로 부상했다. 그의 책은 그야말로 날개 돋친 듯이 팔렸다. 1518년에서 1535년 사이에 판매된 독일어 책 가운데 1/3 이상은 루터의 저서였다.[46] 루터의 설교집 『면벌부와 신의 은총(Eyn Sermon von den Ablas und Gnade)』은 1518년과 1520년 사이에 스무 차례 이상 재인쇄에 들어갔고 1519년의 『예수의 성스러운 고난에 관하여(Von der Betrachtung Heiligen Leidens Christi)』라는 설교집은 알려진 판본만 20여 개에 이를 정도였다.[47]

1520년 8월 8일 루터는 『기독교가 처한 상황의 개선을 위해 독일 민족의 그리스도인 귀족에게 호소함』을 출간했다. 그달 25일부터 이미 재인쇄에 들어간 이 책은 불과 3주 만에 4000부가 뿌려졌으며[48] 열여섯 차례나 재출간되었다.[49] "독일 민족"이란 말을 제목에 덧붙임으로써 1492년 신성로마제국을 "독일 민족의 신성로마제국"으로 부르기 시작한 이래 일기 시작한 독일의 민족의식을 겨냥하고 있다는 인상을 주는 이 책에서 루터는 로마 교황청이 3개의 장벽을 쌓아 자신들을 보호하고 있다고 비판했다. 첫 번째 장벽은 가톨릭이 신자들을 정신 계층과 세속 계층으로 나눈 것이었다. 이에 대해 루터는 모든 그리스도인은 세례, 복음, 신앙으로 동일한 영적 신분이 되었다고 주장함으로써 만인이 자기 자신의 사제라는 인식을 열었다. 가톨릭의 이 첫 번째 장벽이 무너지면 두 번째 장벽, 즉 교황 수위권(教皇首位權, Primatus Romani Pontificis) 역시 그 토대를 상실하고 만다. 오직 교황만이 신자들에게 신앙과 도덕을 가르치고 교회의 규율을 정할 수 있다는 가톨릭교회의 주장과 달리, 모든 그리스도인은 자기 자신의 사제로서 성령의 능력으로 스스로 성서를 이해하고 해석할 수 있기 때문이다. 나아가 가톨릭의 세 번째 장벽, 즉 교황만이 공의회를 소집할 수 있다는 주장 역시 무너지고 만다. 세례받은 모든 그리스도인, 특히 세속 정치가들은 교회의 개혁을 완전히 수행하기 위해 자유롭게 공의회를 소집할 권한을 갖기 때문이다. 이러한 이유로 그리스도인의 세속적 힘은 교황이든 주교든 성직자든 이들의 교사나 방해를 받지 않고 그 직무를 담당할 수 있게 된다.[50] 루터의 주장은 한마디로 요약하면 이른바 만인사제주의로서 세례받은 모든 그리스도인은 전적으로 자유롭고 평등한 자기 자신의 사제라는 것이다. 이 말에서 자유와 평등을 떠올리지 못한다면 오히려 이상할 정도이다.

루터의 종교개혁이 남긴 최대의 신학적 유산은 다른 무엇보다 의인 교리(Rechtfertigungslehre)이다. 신자는 믿음을 통해 하나님에게서 의롭다고 인정받는다는 것이 요점이다. 의롭다고 인정받은 신자들의 모임이 교회이다. 이 교회, 즉 신앙 공동체는 "전적으로 자유로운" 그리스도인을 전제로 한다. 1520년 말에 출간한 『그리스도인의 자유에 관하여(Von der Freiheit eines Christenmenschen)』에서 루터는 그의 의인 교리의 핵심을 말하고 있다. 이 책은 1526년 이전에 나온 것만 18개 판본이 집계될 정도로 대단한 호응을 얻었다. 이 책은 비텐베르크뿐 아니라 아우크스부르크의 외르크 나들러(Jörg Nadler)에 의해서도 팸플릿으로 출간되었고 스트라스부르(Strasbourg)까지 널리 읽혔다.[51]

이 책의 내용을 들여다보자. 신학적으로뿐 아니라 언어학적으로도 그 중요성을 평가받는 이 책에서 루터는 그리스도인의 자유와 관련해 2대 명제를 내세운다.

> 그리스도인은 더 할 수 없이 자유로운 만물의 주인이고 아무에게도 예속되지 않는다.
> 그리스도인은 더 할 수 없이 충실한 만물의 종이고 모든 사람에게 예속된다.[52]

서로 모순되는 것으로 보이는 두 명제 중 첫 번째 명제에 의하면 그리스도인의 자유는 인간의 행위나 그 실천의 결과가 아니라 하나님의 사랑으로 그 자신이 받아들여졌음을 말하는 하나님의 선물이다. 그러므로 이 자유는 내적·영적인 자유이다. 동시에 하나님에 의해 주어지는 이러한 '독립'은 교회의 외적인 권위나 신성화에 반대하는 것으로 그리스도인을 진리에 연결시키는 힘은 적어도 권위에 대한 복종이 아닌 개인의 내면적 신앙에 기초하도록 만들었다.[53] 두 번째 명제, 즉 그리스도인의 예속은 다른 사람을 향한 사랑에서 나온다. 하나님의 사랑으로 자유롭게 된 그리스도인은 그 자유를 자기 자신을 위해 사용할 것이 아니라 다른 사람을 위해 기꺼이 포기할 수 있어야 한다. 그래서 그리스도인의 자유나 의(義)는 이웃과의 연대에서 동시에 수행되는 것이다. 루터가 말한 그리스도인의 자유 두 번째 명제는 그래서 단순히 내면에 머물러 있는 자유가 아니라 적극적으로 이웃과 사귀고 이웃을 사랑하는 행위로 연결된다. 동시에 신앙으로 자유롭게 된 모든 그리스도인은 사제가 되는데 그리스도인은 스스로를 위해서뿐 아니라 타인을 위해 기도하고 하나님의 일을 가르칠 수도 있게 되며 이 일들은 사제의 직능이고 그리스도인이 아닌 사람들에게는 주어질 수 없기 때문이다. 이 두 번째 명제에서 루터는 만인 사제주의를 다시 한 번 확인하고 있다. 이와 같이 자유로운 그리스도인들이 순수한 복음, 새로운 가르침을 위한 신앙 공동체를 구성하고 무엇보다 자신이 속한 신앙 공동체에 책임을 져야 하는 존재가 된다. 이런 신앙 공동체 이해는 신앙 공동체의 결정 그리고 신앙 공동체에 의한 목사 선택에 관한 설교에서 더욱 구체화되었다. 루터의 가르침이 동시대를 살아가는 많은 농민, 도시 소시민에게 해방이자 자유의 선언으로 받아들여질 가능성은 충분했다.

여기에다 우리는 루터의 독일어 성서 번역이 가져온 자극을 덧붙이지 않으면 안 된다. 그가 독일어로 번역한 신약성서는 비텐베르크에서 멜히오어 로터(Melchior Lotter der Ältere, 1470~1549)에 의해 1522년 9월 초판이 나왔는데 높은 가격이었음에도 몇 주 만에 초판이 다 팔려나갔고 1524년까지 2년 동안 비텐베르크에서만 열네 차례나 인쇄가 이루어졌으며 아우크스부르크, 라이프치히, 바젤, 스트라스부르 등 여러 지역에서 66회나 인쇄되었다.[54] 루터의 신약성서는 당대 모든 지성인뿐 아니라 글을 읽을 수 있는 모든 사람, 그리고 당대 새로운 변화에 관심을 가진 사람이면 누구에게나 커다란 자극을 주었음이 틀림없다. 종교개혁 진영과 대척점에 서 있던 요하네스 코클레우스(Johannes Cochläus, 1479~1552)는 "모든 사람이 이 번역본을 읽고 그 내용을 달달 외울 정도다"라고 개탄했다.[55] 루터는 구약성서 역시 부분별로 나누어 독일어로 번역했는데 1522년부터 1546년까지 출간된 구약성서 전체 혹은 부분 번역본이 모두 430여 개 판본에 달했다. 루터의 성서 완역본은 16세기 초반에만 100만 부가 팔렸을 것으로 추정한다.[56] 그 성서 완역본의 가격이 하녀의 1년 치 월급에 해당했다.[57] 루터의 성서에 대한 당대인들의 관심은 놀라운 수준이었다.

루터의 저서들과 벽보들은 독일 어디에서나 만날 수 있었다. 서적 행상들은 루터의 저서가 금지된 지역으로 전파하는 일을 맡았고 따라서 시골 지역에서도 루터의 종교개혁서들을 쉽게 구해 읽을 수 있었다.[58]

농민들에게 미친 루터의 영향은 루터의 가르침이 농민들에게 어떻게 받아들여졌는지를 확인함으로써 가늠할 수 있을 것이다. 농민들은 자신들의 사회적·경제적 처지의 개선을 요구했는데 그것이 "12개 요구 사항(Zwölf Artikel)"이었다. 이 12개 요구 사항은 개선을 위한 호소문이자 개혁 프로그램이었고 동시에 정치적 성명서였다. 따라서 이보다 더 루터의 영향을 가늠하는 데 적합한 문서는 없다고 하겠다.

12개 요구 사항은 우선 종교개혁 시기에 농민들의 정치적 기대 지평이 크게 높아졌다는 사실을 분명하게 드러내준다.[59] 12개 요구 사항은 1525년 2월과 3월 봉기 초기에 작성되었고 군사적 패배 후에 1526년 슈파이어(Speyer)에서 열린 제국 의회에 증거자료로 제출되었다. 12개 요구 사항은 두 달이라는 짧은 기간에 25개의 판본이 만들어졌고 2만 5000본이나 인쇄되어 제국 내 여러 도시의 귀족, 성직자에게 전달되었다. 농민들이 다른 지역 농민들과 연결될 수 있었던 것은 이 12개 요구 사항 덕분이었다.[60]

12개 요구 사항의 주요 내용은 다음과 같다. 제1조는 농민들은 담임 목사를 자신들이 직접 자유롭게 선출할 수 있는 권리와 목사가 부당한 행위를 저질렀을 경우 그를 해임시킬 수 있는 권리를 달라고 주장했다. 또한 선출된 목사는 교리를 덧붙이거나 자신이 명령하고 싶은 것을 말하는 대신 오직 거룩한 복음만을 충실히 전할 것을 요구했다. 제2조는 십일조와 관련해 농산물에 부과되는 큰 십일조를 내는 것은 이전처럼 받아들이되 가축이나 동물의 생산물(예컨대 계란)에 부과되는 작은 십일조는 면제해달라고 요청했다. 제3조는 농민들은 목사나 고위층이 자신들을 종처럼 부리는 농노(serf)의 지위에서 벗어나기를 강력하게 요구했는데, 그 근거로 그리스도께서 피로써 자신들을 구속했다는 사실을 들었다. 제4조와 제5조는 공유지에서 누구나 수렵하거나 강에서 물고기를 잡을 수 있도록 허락해줄 것과 누구나 숲을 이용할 수 있게 해달라는 것이었다. 소수 지배 계층이 공유지와 강과 숲을 독점적으로 이용하고 있었기 때문이다. 제6조부터 제9조까지는 지나친 부역을 줄여주고 수확의 불공평한 분배를 개선해줄 것과 자의에 따른 무자비한 처벌 대신 법과 규칙에 따라 재판을 거친 후 적절한 형벌을 가할 것 등을 강력하게 요구했다. 제10조는 교회가 소유한 땅과 목초지를 마을 주민이 공동으로 사용할 수 있어야 한다고 요구했다. 제11조는 차지 농민의 사망 후 과부나 고아가 그 땅을 상속받기 위해 내는 차지 상속세를 완전히 폐지할 것을 요구했다. 끝으로 제12조는 농민들은 이러한 요구들이 성서에 근거하고 있으므로 하나님의 말씀에 합당한 것이라는 점을 분명히 했다.[61]

12개 요구 사항에서 우리는 과거 동독의 역사가들이 주장했던 "부르주아 혁명"을 주장하는 내용을 찾아보기는 어렵다. 비록 "초기"라는 단서를 붙이더라도 부르주아적이라기보다는 농민 공동체적인 색채가 짙게 묻어난다는 사실에는 의문의 여지가 없다. 오히려 특별히 눈여겨보아야 할 대목은 농민들이 "신적인 법(göttliches Recht)"을 들어 자신들의 권리를 되돌려달라고 주장하고 있다는 사실이다. 권리라는 독일어 단어 'Recht'는 '법' 또는 '정의'를 의미하는데 마을과 공동체의 기존 권리와 자유를 돌려달라고 주장하면서 그것을 '신의 법'으로 인식하고 있다는 점은 이들의 요구가 어디에서 자극을 받은 것인지를 가늠하는 중요한 근거가 될 수 있다.

일찍이 프란츠는 게르만적인 법 이해가 독일의 농민들 사이에 깨어지지 않고 존속해왔다고 보았다. 게르만인들에게 법은 신이 창조한 세계 질서의 일부였고 누구도 이 법을 해쳐서는 안 되는 절대 권위를 가졌다. 중세 사람들에게 그 법은 이미 오래전부터 존재하는 것이어서 신의 법이면서 또한 "옛 법(altes

Recht)"이기도 했다.[62] 말하자면 농민들이 마을 공동체에서 관습적으로 누리던 권리가 이 옛 법에 속하는 것이었다. 법의 역사에서 신의 법과 옛 법을 정확하게 개념화하기 어렵고 서로 연결되어 있는 이 둘 사이를 정확하게 구별하는 것 자체가 대단히 어려운 일이라는 사실을 전제하면서 프란츠는 옛 법에 속하는 운동과 신의 법에 속하는 운동을 구별하려고 했다. 그에 따르면 옛 법은 익명성과 무의식성을 그 특성으로 하는 반면, 신의 법은 확실한 지도자를 갖는 것은 물론이고 자신들의 주장을 깃발에 내거는 등 의도적이라는 특성을 갖는다고 보았다.[63]

프란츠는 농민전쟁에 이르는 수십 년 동안 신의 법에 호소한 농부들은 현실에서 훼손된 이 법질서를 회복하려고 시도했다고 보았고 신의 법의 근거를 신의 말씀, 즉 성서에서 찾았다고 보았다.[64] 그러나 프란츠는 여기에서 멈추고 있다. 그는 1525년에 이르는 수십 년 동안 어째서 이 신의 법이란 개념이 그토록 커다란 영향력을 갖게 되었는지를 해명하려고 하지는 않았다.

12개 요구 사항에 나타난 대로 농민전쟁은 하나님의 법과 그 구체화로서 복음의 실현을 목표로 삼았다. 이를 위해서는 사회질서와 지배 질서는 원칙적으로 열려 있어야 하는 것이었다. 지배층은 가난한 농민, 소시민, 광부의 반대자들이었는데 그것은 그들이 복음에 자신을 열지 않기 때문이거나 복음의 해석을 따르지 않기 때문이었다. "신의 권리", "공동 이용", "기독교적인 형제 사랑" 등을 실현하기 위해 성직자들은 경제적 권리를 가져서는 안 되고, 정치에 관여하지 말아야 하고, 귀족은 공동체의 이익을 우선적으로 고려해야 하고, 정치적 최종 결정권은 농민들과의 협의를 통해 이루어지거나 농민들에게 양도해야 한다는 것이 농민전쟁 가담자들의 생각이었다. 12개 요구 사항을 살펴보면 루터의 새로운 가르침은 농민들에게 아주 기본적인 요소로 작용했고 또 방향을 제시한 것이었으며 희망의 불을 댕겼을 뿐 아니라 소원을 하나로 통합하

고 동일한 차원의 확신을 창조해냈다고 할 수 있다.[65]

그러나 루터의 자극이 농민들에게 직접적으로 영향을 미치기는 상당히 어려웠다는 견해가 있다. "농민들은 여전히 정보, 정확한 여론의 형성, 통제의 수단인 '책들'에 크게 의존하지 않았고 루터의 이야기는 그저 풍문으로만 알았을 뿐이었고 성서 역시 목사와 다른 중개자의 해설을 통해서만 알 수"[66] 있었기 때문이라는 것이 이 견해의 설명이다.

실제로 종교개혁의 가르침을 적극적인 권리로 주형(鑄型)해내고 정치 질서에서 효력을 발휘하도록 만든 것은 고지 독일의 기독교 인문주의자들이었다. 누가 1525년 운동에 직접적·결정적인 영향을 미쳤는지는 그 운동의 목표가 루터보다는 고지 독일 개혁가들의 신학과 윤리에 훨씬 더 가깝다는 사실에서 증명될 수 있을 것이다. 12개 요구 사항과 고지 독일 농민군의 연맹 규정은 보덴(Boden)호(湖) 주변 슈바벤 지역에서 복사본이 만들어져 널리 퍼졌고 지속적으로 영향을 미쳤는데, 이 두 프로그램 문서의 저자들과 편집자들은 크리스토프 샤펠러(Christoph Schappeler, 1472~1551)와 제바스티안 로처(Sebastian Lotzer, 1490~1525)라는 것이 거의 확실시되고 있다.[67] 로처는 샤펠러의 제자였고 샤펠러는 의문의 여지없이 츠빙글리의 추종자였다.[68]

츠빙글리는 바젤과 빈에서 공부했고 루터보다 훨씬 철저한 인문주의자였고 신앙 공동체의 윤리적 삶을 강조하며 그렇게 살도록 지도한 사람이었다. 츠빙글리는 동료들과 함께 독일어로 성서를 번역했는데 이 취리히판 성서는 1529년 출판되어 루터의 성서 완역보다 빨랐고 그의 이해가 루터와 달라 독일어 사용 프로테스탄트들에게 지금까지 비텐베르크의 루터 성서의 대안으로서 사용되고 있다.

물론 츠빙글리는 몇 가지 점에서 루터와 견해를 같이했다. 츠빙글리는 인간의 의인이란 믿음으로 얻는 신의 은총이라는 루터의 의인론에 동의했다.

두 사람 모두 책임감을 가진 그리스도인을 신앙 공동체의 전제로 한다는 점에서도 같다.

하지만 츠빙글리는 그리스도론에서 루터와 견해가 달랐다. 츠빙글리의 그리스도론에서는 그리스도의 신성이 전면에 나타나고 그 인성은 배경에 있다. 어떤 학자는 "루터의 그리스도는 성탄절의 그리스도이고 츠빙글리의 그리스도는 부활과 승천의 그리스도이다"라고 표현했다.[69] 이 주장의 윤리적 결과는 국가와 공권력에 관한 이해의 차이를 낳는다. 츠빙글리에게 국가와 공권력은 하나님의 법을 실천하는 도구일 따름이다. 악행을 처벌하고 경건을 보호하는 것이 국가의 의무이다. 하나님이 국가에 부여한 법은 국가가 내부의 평화를 지키라고 위임한 것이다. 개인에게는 이웃을 사랑하라는 것이 곧 신의 법이자 자연의 법인데, 복음에 따르면 신의 은총으로 받은 것을 사유할 것이 아니라 공동으로 사용하는 것이 마땅하고 그렇게 하도록 조정·통제하는 것이 국가의 책무이다. 따라서 이 책무를 다하지 않는 국가권력에 대해 츠빙글리는 루터처럼 무조건적인 수동적 순응을 요구하지 않는다. 츠빙글리에게 복음을 믿는다는 것은 사회적·정치적 삶의 전면적 변화를 위한 결단이었다.[70]

이 외에도 츠빙글리는 성만찬의 이해에서 루터와 견해를 달리했다. 가톨릭은 성만찬에서 성직자가 빵과 포도주를 두고 축도를 하면 그것이 예수 그리스도의 몸과 피로 바뀐다고 주장했다. 화체설(化體說, Transsubstantition)로 알려진 이 주장은 성직자들의 권위를 극대화하는 도구로 사용되어왔다. 이에 반해, 루터는 예수 그리스도의 몸과 피가 그 빵과 포도주에 함께 한다는 공재설(共在說, coexistentialism)을 주장했으나 츠빙글리는 빵과 포도주는 육체적으로 현존하는 것이 아니라 신자들의 믿음 속에 있는 것으로 그리스도를 기념하는 상징이라고 주장했다.* 이를 기념설(記念說, memorialism) 또는 상징설이라고 하는데, 이 이론에 따르면 중세적 성직자 중심주의는 기반을 상실하고 만다. 마르부르크(Marburg)에서 있었던 성만찬 논쟁은 두 사람을 갈라놓은 중요한 계기 중 하나였다.

두 사람이 보인 신학적 견해 차이는 당대 사회 문제에 대해서도 전혀 다른 대처를 낳았다. 츠빙글리에게 복음과 공동 사용권(마을 공동체 구성원이 공유지와 숲을 공동으로 이용하고 물고기를 잡을 수 있는 권리 등)은 권력을 현실화하기 위해 사용해야 할 서로 관련된 범주였다. 이 점에서 츠빙글리는 믿음을 내면에 가둔 루터와 달리 사회 개혁적이었고 그래서 농민운동에 직접적인 영향을 줄 수 있었다.

그렇다고 해서 농민운동 지도자 또는 참여자들이 루터에게서 아무런 영향을 받지 않았다고 보는 것은 무리이다. 루터의 독일어 성서와 복음은 독일 농민들에게 공권력에 대한 새로운 이해를 주었기 때문이다. 농민들 가운데 약 5% 정도는 글을 읽을 수 있었다.[71] 당대 도시민 중 30%가 글을 읽을 수 있었던 데 비하면 문자 해독 비율이 낮았지만 모든 농민이 무지하지는 않았고 또 성서와 책을 잘 읽어야만 당대 시대정신을 이해할 수 있었던 것도 아니다. 이탈리아의 메노키오(Menocchio, 1532~1599)[72] 같은 이는 없었지만 독일 농민들 역시 성서에 커다란 관심을 보였고 루터의 가르침을 알고 있었으며 농민들은 자신들의 요구를 신학적으로 정리하는 데 현명하게도 루터를 활용했다. 당대 독일 최대의 은행가인 야콥 푸거가 "루터가 이러한 봉기, 난폭함, 유혈 사태의 시작이자 원인"이라고 말했을 때 그의 관찰은 동시대인들의 입장을 대변한 것이었다. 루터와 종교개혁의 영향을 아무리 낮추어 잡더라도 루터의 가르침은 상징효과를 가졌다(오베르만)고 할 수 있고 특히 기존 권위가 의문의 대상이 된 시대였기 때문에 이 종교적 요소는 강력한 호소력을 갖게 되었

---

* 유대인들이 이집트에서 해방된 것을 기념하는 관습인 동시에 예수와 제자들이 가진 마지막 만찬을 기념하는 이 예전에 대해 칼뱅은 영적 임재설(Spiritualpräsenz)을 주장했다.

다(뮐러).[73] 12개 요구 사항에 나타난 대로 '신의 정의'라는 종교적·법적 주장이 낡은 전통을 대체했고[74] 이것이 해방적·혁명적인 운동을 폭발하게 만든 주요한 원인 중 하나였다. 루터의 종교개혁은 그의 의도와 무관하게 농민들의 요구와 봉기를 불가피하게 만든 측면을 포함하고 있었다.

4. 농민운동에 대한 루터의 대응

농민운동에 대한 루터의 반응은 농민들의 기대와 사뭇 달랐다. 루터는 1525년 4월 중순경 12개 요구 사항을 알았고 곧바로 반응했다. 그는 「슈바벤 농민들의 12개 요구 사항과 관련하여 평화를 권고함(Ermahnung zum Frieden auf die zwölf Artikel der Bauernschaft in Schwaben)」이란 글을 썼다.

글의 첫머리에서 루터는 이 '파괴적인 반란'을 자초한 것은 제후와 영주들이라고 말한다. 루터는 그들이 사치와 방종의 생활을 하기 위해 백성을 속이고 강탈하는 일에 전념하고 있다고 개탄했다. 그래서 선제후와 영주들의 양심에 호소하면서 농부들과 화해할 방법을 찾도록 충고한다. 그는 공동체의 목사 선택권을 교회의 상위 기관이 적절한 목사를 제안하지 못하는 경우에 한해 인정하는 등 대단히 제한적이기는 하지만 일부 사안에서 농민들의 요구에 동의하기도 했다.[75] 그러나 루터는 통치자들이 악하고 부당하다는 사실이 농민들의 반항을 정당화하는 것은 아니라는 점을 분명히 했다. 그는 농민들이 기존의 법적 관계를 복음의 이름으로 해체시키려는 시도에 대해서는 특별히 단호하게 반대했다.

세 번째 조항에 관하여, '그리스도께서 우리 모두를 자유롭게 했기 때문에 그 어떤 노예도 없다.' 이것이 무슨 말인가? 이는 그리스도인의 자유를 완전히 육체적인 것으로 만드는 주장이다. 아브라함과 다른 가부장이나 예언자들에게는 노예가 없었단 말인가? 바울을 읽어보라. 당시 모두 노예였던 하인들에 대해 그가 무엇이라고 가르쳤는지. 따라서 이 조항은 곧바로 복음에 대항하는 것이며 각자가 (이미 노예의 몸이 된) 자신의 육체를 자신으로부터 빼앗음으로써 도둑들과 같이 행동하는 것이다. 마치 죄수 혹은 병자가 그리스도인이지만 자유롭지 못한 것과 같이, 노예도 그리스도인이 될 수 있으며 기독교적 자유를 누릴 수 있기 때문이다.[76]

루터의 자유는 순전히 영적인 자유에 지나지 않았다. 그는 농민들이 하나님의 자유와 정의를 잘못 인용하고 있다고 지적하면서 폭력과 소요를 자제하도록 요청했다. 농민전쟁에 대한 그의 신중함은 오래가지 않았다. 농민전쟁이 튀링겐 지역으로 번지고 그 지역을 여행하면서 농민들의 폭동을 경험한 루터는 격렬한 어조로 농민들을 비난하기 시작했다. 그의 글 제목은 이제 「도둑질과 살상을 일삼는 농민 폭도들에 반대하여(Wider die räuberischen mörderischen Rotten der Bauern)」로 바뀌었고 "봉기한 농민들에 반대하여(Wider die stürmenden Bauern)"라는 부제를 달았다.

루터는 이 글에서 세 가지 이유를 들어 농민들을 꾸짖었다. 첫째, 농민들이 공권력에 대한 충성과 우호(Treu und Huld)의 서약을 저버렸다는 것이다. 루터는 로마서 13장 1, 2절을 근거로 들었다. 그러나 당대 농민들은 정부를 없애거나 권력을 전면적으로 부정하려는 뜻을 가진 것은 아니었다. 농민들은 단지 그들의 처지를 개선하고자 했을 뿐이고 그 목적을 달성하기 위해 일어선 것이었다. 둘째, 농민들이 자신들의 것이 아닌 수도원이나 성을 공격해 약탈하고 신체와 영혼을 피폐하게 한 책임을 져야 한다고 말했다. 반란보다 심각한 피해를 가져오는 것은 없고 반란에 가담한 농민들은 '미친 개'와 다름없기 때문에 마땅히 처단해야 하며 그렇지 않으면 오히려 물어뜯기고 말 것이라고 폭언을 퍼부었다. 그러나 농민들의 약탈은 영주들의 공격이 있은 후에 이루어졌고 무장력이 빈약한 농민들과 달리 영주들은 막강한 무기와 군대를 동원해 농민들을 처참하게 살상하고 있었다. 그 과격성은 비교할 수 없을 정도였다. 그런데도 영주들이 농민들을 처참하게 학살한 사실은 루터의 자비로움을 전혀 자극하지 못했던 모양이다. 셋째, 농민들이 자신들의 요구를 성서를 인용해 정당화함으로써 복음을 남용하고 하나님을 비방하는 엄청난 죄를 저질렀다고 날카롭게 꾸짖었다.[77] 농민들은 그 무서운 죄를 복음으로 위장하고 마치 자신들이 "그리스도의 형제들"인 것처럼 행세하고 있다고 비난했다.

나아가 루터는 참으로 경건한 그리스도인이라면 죽임을 당하는 한이 있더라도 농민 폭도들에게 동조해서는 안 된다고 경고하는 한편, 영주들에게는 폭도로 드러난 농민들을 "찌르고 쳐부수고 목을 매달아라!"고 강력하게 요청했다. 봉기한 농민들을 죽이는 일이 가련한 이웃들을 악마에게서 건져내는 선한 일이라고 못을 박아버렸다.[78]

어떤 신중함이나 배려도 없이 무자비하게 죽이라는 루터의 강경한 어조는 그가 성직자라는 사실을 잊게 할 정도였다. 그 당시에도 「도둑질과 살상을 일삼는 농민 폭도들에 반대하여」는 가톨릭에 루터를 비난할 근거를 제공했을 뿐 아니라 비텐베르크의 동료 신학자들조차 달갑게 여기지 않았다.

루터 자신도 그가 쓴 강경한 글에 부담을 느꼈던 것 같다. 그는 1524년 7월 다시 또 하나의 글 「농부들에 반대한 엄격한 소책자에 대한 편지(Sendbrief von dem harten Büchlein wider die Bauern)」를 썼다. 그는 자신의 비타협적 태도를 신학적으로 정당화하는 한편, 이제 더 이상 폭동을 일으키지 않는 농부들에게는 관대하게 대할 것을 영주들에게 호소했다. 그러나 루터가 자신의 입장을 바꾼 것은 전혀 아니었다. 이 글에서도 그는 자신의 첫 번째 글이 정당하다는 것을 강변했을 뿐 농민들의 입장을 두둔하지는 않았다.

비텐베르크에서 가까운 프랑켄하우젠에서 수많은 농민들이 영주들의 대포와 칼과 창에 죽어간 지 채 몇 주가 지나지 않았고 제국의 여러 전투에서 아직도 농민들이 죽어가는 상황에서 '시대'의 지도자인 루터는 1525년 6월 13일 카타리나 폰 보라(Katharina von Bora, 1499~1552)와 결혼식을 올렸다. 루터의 자극으로 수도원에서 도망친 카타리나는 후에 스스로 훌륭한 내조자임을 입증하기는 했지만 결혼식 시기는 적절하지 않았다. 비텐베르크의 동료 교수이자 가장 훌륭한 조력자인 멜란히톤조차 "미숙한 행동"이라고 지적하면서[79] 아예 참석하지도 않은 이 결혼을 루터는 하나님의 창조 사역에 대한 자신의 신뢰를 보여주려 했다고 강변했다. 그러나 결과적으로 그는 이 결혼식으로 동시대인에 대한 비인간적 태도를 드러냈을 뿐 아니라 사회의식의 부재를 여실히 보여주고 말았다.

농민 봉기를 맞은 영주들은 자체 내의 분열을 극복해갔다. 루터의 종교개혁을 지지하던 영주들과 반대하던 영주들 사이의 전선이 농민 봉기를 맞아 농민 전쟁을 진압하는 새로운 전선을 형성했다. 루터의 사회 교리는 이 통일전선 형성에 이음쇠 역할을 했고 이에 힘입어 영주들은 슈바벤동맹을 맺어 집단 대응에 나서 봉기 농민들을 군사적으로 진압했다. 이 성공적 진압에 루터의 사회 교리가 얼마나 큰 영향을 미쳤는지는 확인할 길이 없지만 적어도 루터의 사회 교리가 누구를 위한 것인지는 매우 분명해졌다.

해방을 선포했던 루터와 강경 진압을 주문한 루터 사이에 어떤 연결고리가 존재하는가? 루터에게 영적 영역과 세속적 영역은 둘 모두 하나님의 뜻 아래 있는 각기 다른 "두 왕국"이었다. 루터는 1522년부터 국가권력에 대한 그리스도인의 태도 및 교회와 국가의 관계에 대해 설교하기 시작했다. 이들 설교를 토대로 1523년 3월에 그는 「세상 권력: 어느 정도까지 복종해야 하나(Von weltlicher Uberkeytt wie weytt man yhr gehorsam schuldig sey)」라는 글을 남겼는데, 이것이 그의 정치사상을 드러내는 결정적인 문서이다. 여기에서 루터는 이렇게 말했다.

우리들은 아담의 모든 자식을 두 개의 범주로 나누어야 한다. 즉, 하나는 하나님 왕국에 속하는 자들이고 다른 하나는 세상 왕국에 속하는 자들이다. …… 하나님은 두 개의 정부를 두었다. 그리스도 아래에서 성령에 의해 그리스도인과 경건한 백성을 만드는 정신적 정부와 비그리스도인들과 사악한 자들을 규제해 그들의 의지에 반해 외적으로 평화를 지키도록 하는 세속 정부가 그것이다.[80]

영혼에 관한 한 하나님은 자신 외에는 아무도 지배하지 못하게 하신다. 그래서 세속 권력이 영혼을 위한 법률을 제정하려고 한다면 그것은 하나님에 대한 침해이고 영혼을 오도하고 파괴하는 것이다.[81]

루터는 교회와 국가의 영역을 철저하게 구별했다. 루터는 1523년에 쓴 앞의 글에서 각 영역의 권리와 한계를 뚜렷이 구분했다. 루터에게 국가는 하나님에게서 통치의 소명을 받은 기관이고 교회는 설교의 소명을 받은 기관으로서 다른 영역에 속해 있었다. 그 구별을 종교개혁사가 롤런드 베인턴(Roland H. Bainton, 1894~1984)은 "신과 인간의 본성에 관류(貫流)하는 이원론과 대충 일치한다"라고 평가했다.[82] 그러나 국가권력을 실질적으로 행사하는 군주에 대한 그의 인식은 이러한 구분을 무색하게 만든다.

군주는 그의 신민을 대할 때 그리스도인의 방식으로 행해야 한다. …… 군주의 의무는 첫째, 하나님께 참된 믿음을 갖고 진지한 기도를 드리는 것이다. 둘째, 그의 신민을 사랑하고 그리스도인답게 봉사하는 것이다. 셋째, 자문위원과 행정관에게 열린 마음으로 대하고 판단 또한 그렇게 해야 한다. 넷째, 악을 행하는 자들에게는 열정을 갖고 확고하게 대처해야 한다. 그렇게 하면 그의 나라는 내외적으로 온전할 것이고 하나님과 신민들을 기쁘게 할 것이다.[83]

    루터는 군주로 대표되는 국가를 극히 윤리적·도덕적인 기구로 이해하고 있다.[84] 루터는 1522~1523년에 이른바 "두 왕국론(Zwei-Reiche-Lehre)"에 관한 입장을 자세히 정리해갔고 1523년 이후부터 두 왕국론은 그의 정치사상의 주춧돌이 되었다.[85] 1523년에 발표한 「세상 권력: 어느 정도까지 복종해야 하나」 등에 나타나는 루터의 두 왕국론은 중세 교회의 "두 검(檢) 이론(Zwei-Schwerter-Lehre)"과 비교된다. 두 검 이론은 로마 교황청의 통치, 즉 영적인 권력이 세속적 권력의 우위에 있고 사제 계급이 영적인 고유 권한을 갖고 있어 평신도들(특히 황제와 귀족들)보다 우위에 존재한다는 것에 기초를 두고 있다. 그래서 이 주장은 로마 교황 중심의 '단일 왕국론'이라 불러도 틀리지 않은 이론이었다.
    루터의 두 왕국론은 정치의 영역과 교회의 영역, 즉 두 왕국의 철저한 구별을 통해 현실 정치에 교회가 개입해야 한다는 주장을 철저히 배격하고자 했다. 교회는 교회의 일에 전념하고 정치는 세상의 일에 전념하라는 것이 두 왕국론의 핵심이다. 여기에서 루터는 정치의 영역을 거룩한 영역으로 만든다. 이 점이 루터가 정치를 구한 것으로 평가하는 근거가 되기도 한다.[86] 그러나 실은 바로 이 점이 루터의 인식에 심각한 문제가 있음을 보여준다고 할 수 있다. 정치란 결코 거룩한 것이거나 도덕이 아니라 현실 사회에서 사람들이 맺는 복잡한 이해관계를 다루고 조정하는 기술이어야 하기 때문이다.
    루터는 두 검 이론과 달리 오히려 국가권력이 교회 개혁의 주체가 되어야 한다고 주장했다. 말하자면 국가권력이 교회 개혁이라는 거룩한 일에 나서라고 축구한 것이다. 세속 권력을 가진 사람들 역시 세례를 받았고 동일한 믿음과 복음을 가진 사람들이므로 그들을 사제와 주교로 인정해야 한다고 보았다.[87] 따라서 세속 권력은 악한 자들을 징벌하고 경건한 사람들을 보호하라는 하나님의 명령을 받았다는 점에서 성직자와 아무런 차이가 없다.[88] 그래서 루터는 세속 권력이 교회 개혁에 나서줄 것을 여러 차례 강력하게 호소했다.[89] 이 점에서 루터의 두 왕국론은 중세 교회의 두 검 이론을 거꾸로 뒤집은 것이라 할 수 있을 것이다.[90] 이런 논리의 연장선에서 루터는 세속 권력을 향해 무한한 신뢰를 보냈고 반대로 신민들이 세속 권력의 통치에 대해 가져야 할 태도에 대해서는 지극히 보수적인 입장을 취했다.

> 그리스도인은 그가 국가를 필요로 하지 않더라도 국가에 봉사한다. 그는 병자를 방문
> 하지만 그 자신이 유복하게 되려는 것은 아니고 [그에게] 양식이 필요하기 때문에 남
> 에게 식량을 공급하는 것은 아니다. 마찬가지로 그가 국가를 필요로 하기 때문이 아
> 니라 다른 사람이 국가를 필요로 하기 때문에 국가에 봉사한다. …… 만약 그가 그렇
> 게 하지 않는다면 그는 그리스도인으로서 행동하는 것이 아니고 또한 사랑에 반대하
> 는 것이며, [국가의] 권위에 복종하지 않으려는 다른 사람들에게 나쁜 선례를 남기게
> 될 것이다. 이렇게 되면 복음이 악평을 얻게 될 것이다. …… 그리스도는 '국가에 봉
> 사하거나 그것에 복종해서는 안 된다'라고 말하지 않는다. 오히려 악에 저항하지 말
> 라고 말한다.[91]

루터는 국가에 복종하고 봉사하는 것이 그리스도인의 의무이기 때문에 그 일에서 모범을 보이라고 요구하고 있다. 루터에 따르면 보통 사람들은 사악하기 이를 데 없어 강력한 세속적 권위로 통제될 필요가 있었다. 그리스도인이 국가에 복종하는 일에서 모범을 보여야만 사악한 인간들이 국가에 복종하라

는 하나님의 법을 지키게 될 것이다. 그렇게 하는 것이 이웃을 사랑하라고 명하신 신의 명령을 지키는 길이다. 루터는 국가에의 복종 의무가 그리스도의 사랑의 법에서 나온다는 사실을 강조한다.[92] 또한 루터는 모든 인간의 영혼이 신 앞에서 동등하기는 하나 세속 국가는 불평등 위에 기초해야 하고, 따라서 세속 국가에서 모든 신민은 자신의 위치를 알고 그것을 지키며 그 자신의 분야에서 주어진 일을 묵묵히 감당함으로써 신의 법을 완성할 의무를 진 존재라고 생각했다.[93]

신민이 국가의 통치에 저항하는 것은 하나님의 명령에 저항하는 것이요, 하나님의 명령에 저항하는 자는 심판을 받게 될 것이라고 그는 경고했다. 그는 "우리는 세속 법과 무력이 하나님의 의지와 명령에 의해 세계에 존재하게 되었다는 것을 아무도 의심할 수 없도록 그것들을 굳게 세워야 한다"[94]라고 강조했다. 루터에게 있어 국가는 신성한 신의 명령이었고 군주는 악한(惡漢)일지라도 신이 보낸 자였다.

따라서 루터에게 권력에 대한 저항권은 허용될 수 없는 것이었다. 루터는 만약 자유로운 양심이 국가의 명령과 상반된다면 국가에 순응하기보다 처벌받는 쪽이 낫다는 견해를 밝혔다.[95] 이것은 완전한 복종을 의미하지는 않는다 하더라도 실은 희생을 감내하는 것 외에 어떠한 적극적 저항권도 인정하지 않는 것이었다. 기껏해야 수동적 저항을 시사하는 것에 지나지 않았다.[96] 루터는 신민의 불복종이 허락되는 두 경우를 들었는데 세속 권력이 신앙에 반하는 것을 명령했을 때와 부당한 전쟁을 일으켰을 때였다.[97] 이런 경우에도 국가권력에 대한 반역을 승인한 것이 아니라 수동적 저항을 암시했을 뿐이다. 사악한 통치자를 처벌할 권리는 신에게만 있었다.[98]

루터의 정치적 가르침은 정신적으로는 "더 높은 곳으로!"를 지향했으나, 사회적으로는 "제자리를 지켜라!"고 한 중세 교회의 사회 교리와 전혀 다를 바 없었다. 오히려 루터에 의해 국가권력의 절대 우위가 보장된 셈이었다. 이렇게 루터는 교회 개혁에 국가권력을 끌어들이게 되었다. 그는 국가권력을 위해 국가와 교회를 철저하게 '혼합'했다.

이와 반대로 루터는 교회의 설교가 국가권력을 제약하거나 사회개혁의 도구로 사용되는 것에 대해서는 강력하게 반대했다. 성서의 사용은 신앙 영역을 위해서만 직접 효력을 갖는 것이었고 세상을 바꾸는 준거나 도구로서 성서를 직접 사용하는 것을 거부하고 비난했다. 그에게 '두 왕국의 혼합'은 중세적 세속 질서의 재형성으로서 세속의 정의뿐 아니라 복음을 위험에 빠뜨리는 것이었다. 그의 두 왕국론은 국가의 교회 개입을 허용하거나 요청하는 대신 교회의 국가 개입에 대해서는 단호하게 반대함으로써 스스로 자신의 주장을 부정한 꼴이 되었다.

루터가 그토록 강화한 권력의 단위 또한 문제였다. "독일 국민의 항소"로 표현된 독일의 민족주의적 경향은 루터의 개혁 운동을 로마로부터의 독일 해방운동이 되게 했고 또한 루터의 개혁 운동이 독일 영방 제후들(Landesherr)의 지원 없이는 불가능했다는 상황이 겹치기도 했겠지만, 어쨌든 루터가 고려한 권력 단위는 "독일 민족의 신성로마제국"이 아니라 각 영방들(Länder)이었다.

영방의 법률과 관습이 일반적인 제국 법보다 우선하는 것이 내게는 당연한 것으로 보이며 제국의 법은 필요한 경우에만 사용되어야 한다. 신이 각 영방에 나름대로의 독특한 성격을 주었듯이 각 영방은 이들 제국 법이 만들어지기 전에도 통치되어왔고 또 많은 영방은 지금도 영방 법에 의해 지배된다. 확대된 제국 법은 신민들에게 부담이 될 뿐이며 그들을 돕기보다는 그들을 방해할 뿐이다.99)

저항해서는 안 될 권력은 영방 제후의 권력이었다. 영방 제후들은 루터의 권력 이념을 통해 완전한 주권자로 격상되었다. 이러한 견해의 채택과 동부와 서부 독일 대부분 지역에서 얻은 루터주의의 승리는 '제국의 건설'이라는 이상(理想)의 완전한 쇠퇴를 의미했다.[100] 그에 의해 국가권력, 그것도 독일의 정치 상황에서 영방 제후의 절대주의가 강화된 셈이었다. 농민전쟁을 거치면서 농민들이 처절한 패배를 경험했던 것과 대조적으로 영주들은 권력을 더욱 강화할 수 있었다. 이후 독일에서 사회혁명이 일어나지 않았을 정도로 사회변혁 운동이 활력을 잃어버렸고 영방 단위의 권력 구조가 19세기 중반까지 존속한 이유 중 하나로 농민전쟁의 경험과 루터의 권력 사상을 든다고 해도 지나친 비약이라고 말하기는 어렵게 되고 말았다.

그러나 루터의 강경 진압 요청과 영주 권력의 절대화에도 불구하고 농민들이 요구한 개혁의 길이 완전히 봉쇄되지는 않았다. 티롤과 잘츠부르크 그리고 그라우뷘덴(Graubünden) 등 고지 독일에서 농민들은 영방 의회(Landtag)인 신분회(身分會)에 대표를 낼 권리(Landstände)를 얻었고 봉기 지역 2/3에서 농민들에게 유익한 조치가 이루어지는 등 12개 요구 사항에서 요구했던 바를 부분적으로 실현했다. 1526년 슈파이어 의회에서도 농민들의 요구 중 일부는 관심을 끌었고 영주들의 부당한 처사를 성공적으로 막아내기도 했다.[101] 비록 농부들은 영주 및 토지 소유 세력과 협조할 수밖에 없었으나, 농민전쟁의 패배가 농부들을 완전히 황폐하게 만들거나 사회의 전반적인 복고를 부르지는 않았다는 것이 역사가들의 평가이다.

그렇다면 농민전쟁의 성격을 어떻게 규정할 수 있을까? 초기시민혁명 테제는 폐기되었지만 농민전쟁을 "혁명"으로 보려는 시도는 독일에서 여전히 계속되고 있다.

동시대의 지배층은 농민전쟁을 "소요", "봉기", "반역(Rebellion)" 등으로 불렀다. 반역이란 기존의 조건들을 부정하는 보통 사람들의 자생적·폭력적인 행위를 말한다. 농민전쟁 역시 이 점에서 반역 혹은 반항(Revolte)으로 볼 수 있지 않을까? 물론 농민전쟁을 반항이나 반역으로 보는 것은 그 의미를 축소시키는 명칭이다. 그러나 중요한 것은 반항이나 반역이란 말에는 기존의 질서가 선하고 정당하다는 인식이 깔려 있을 뿐 아니라 농민들의 행동에서 '혁신'이라는 개념과 성격을 배제하려는 의도를 담고 있다.

농민전쟁은 당대 어떤 사회운동보다 뚜렷한 목표를 갖고 진행되었다. 1525년에 발전한 협동적·연맹적인 질서와 지역에 토대를 둔 국가 프로그램은 폭넓은 주민들의 정치 참여를 보장하는 '혁신적'인 것이었다. 이때 종교개혁자들의 복음은 비록 의도하지는 않았지만 그 혁신 운동의 이데올로기 역할을 함으로써 처음에는 그것을 정당화했고 지배 엘리트들이 부당한 것이라고 폄훼한 "신적 권리"를 당위로 만들었다. 따라서 지역 공동체의 사회적 관계의 재조정을 요구한 농민전쟁을 반역이나 반항으로 부르는 것은 합당하지 않다.

그렇다면 농민전쟁은 혁명인가? 혁명이란 흔들리는 사회를 더 완벽하고 정의로운 사회로 만들려는 계획이나 이상에 따른 건설 행위이다.102) 한나 아렌트(Hannah Arendt, 1906~1975)는 혁명을 이렇게 정의한다. "새로운 시작(Neubeginn)의 파토스(pathos)가 지배하고 자유의 이상이 결합할 때 그것을 혁명이라고 말해도 좋다."103) 한편, 한스 바스문트(Hans Wassmund)는 "한 국가의 사회적 성층(계급, 신분, 지배)을 이루는 전통 제도 중 하나 혹은 다수에 심각하고 폭넓은 위기가 온 결과로 정치조직, 사회 경제 구조 및 소유권과 정당성의 원칙들에서 이데올로기적으로 진보, 해방, 자유를 지향하는 대중운동이 폭력적으로 실현하는 신속하고 본질적인 변화"만이 혁명이라고 주장했다.104) 대중적 기반, 폭력성, 사회와 국가에 관한 미래 지향적 새 개념 등에 비추어보면 1525년의 봉기를 혁명이라고 보는 것에는 별 어려움이 없다. 혁명의 실증적 연구와 혁명 이론에는 아직 불분명한 부분이 남아 있지만, "혁명이란 폭력적 도전을 통해 기존 상태의 지속을 중단시킨 사회적·정치적 변화의 한 형태"105)라는 데는 누구나 동의할 것이기 때문이다.

이와 관련해 블리클레는 1525년의 운동을 "평민혁명(Die Revolution des Gemeinen Mannes)"으로 부르자고 제안했다.* 그는 우선 동시대인들이 이 용어를 사용했음을 근거로 들었다. 예를 들어 슈바르츠발트(Schwarzwald) 농민들의 요구서에 나타난 도시와 농촌의 "가난한 평민(armer gemeine Man)", "평민 봉기(Empörung des Gemeinen Mannes)" 등의 언급이나 바덴(Baden)의 변경백(邊境伯) 필립(Philip)이 거론한 "평민들의 모임(samblung des gemeinen manns)" 등 사례들은 충분하다고 그는 주장했다.106) 『독일 중세 소백과 사전(Kleine Enzyklopädie des deutschen Mittelalters)』은 "평민(Gemeiner Mann)"을 이렇게 설명하고 있다. "지역 공동체 혹은 신앙 공동체를 의미하는 게마인샤프트(Gemeinschaft) 또는 게마인데(Gemeinde)의 구성원으로서 그 의무를 이행하는 사람을 뜻하고 재판과 관련해서는 조정자나 배심원 혹은 화해 중재자를 가리킨다. 중세의 양분된 신분제 사회에서는 귀족과 관료층에 비교되는 피지배층을 주로 의미했다."107) 블리클레에 따르면 잘츠부르크에서 티롤, 오버슈바벤, 뷔르템베르크(Württemberg), 프랑켄까지 이르는 광범위한 지역의 평민들이 바로 1524~1526년 농민전쟁의 가담자였다. 그리고 그는 평민이라는 표현이 농부들과 도시 주민 일부를 포괄하는 특정 계층의 상위 개념으로서 유용할 것으로 보았다.108) 따라서 블리클레는 봉기 운동을 그 주도 계층을 중심으로 "부르주아혁명" 혹은 "프롤레타리아혁명"이라고 부르듯이 평민이 주축이 된 농민전쟁을 평민혁명이라고 부르는 것이 가장 적합한 표현이라고 주장했다.109) 그의 주장

---

* 1983년 출판한 그의 책 『1525년의 혁명』에서 참가자들을 평민으로 개념화했다. 그는 2011년에 새로 출판한 책의 서명을 『농민전쟁: 평민의 혁명(Der Bauernkrieg: Die Revolution des Gemeinen Mannes)』으로 해 자신의 주장을 더욱 뚜렷이 했다.

은 운동의 주체를 분명히 드러내고 그 성격을 표현한다는 점에서 합당한 명명(命名)이라고 할 수 있다. 그의 주장에 독일의 역사가들이 특별한 이견을 보이지 않는다는 점도 그의 주장을 강화하는 요소에 속한다.

농민전쟁을 혁명으로 본다면 그 혁명적 요소들은 종교개혁 신학에 의해 인도되었고 평민들에 의해 혁명 신학으로 확장되었다. 그러나 루터의 농민운동에 대한 반대와 강경 진압 요청은 그의 사회 교리의 한계를 명백하게 드러냄으로써 종교개혁이 가질 수 있었던 사회적·정치적 폭발력을 상실한 계기로 작용했다. 농민전쟁을 거치면서 루터의 종교개혁이 대중성을 상실했다는 주장이 있는가 하면, 다른 한편으로는 단지 루터와 대중의 거리가 벌어졌을 뿐이라는 반론이 있지만,[110] 종교개혁은 농민전쟁 이후 사회개혁 운동으로서는 종말을 맞았다는 것이 여러 학자의 평가이다.

농민전쟁 이후 독일의 종교개혁은 영주의 도움으로 루터주의 교회의 제도화를 이루는 것을 최선의 목표로 갖게 되었다는 비판이 가능해졌다. "개혁 운동"의 시기가 끝나고 기껏 새로운 교권 체제와 도그마의 형성에 집중하는 "프로테스탄티즘"의 시기가 시작되었다.[111] 지역 공동체의 개혁은 뒤로 밀려나고 영주와 도시 공권력이 주도하는 루터주의 개혁의 시대로 넘어가고 있었다. 뮌스터시의 개혁은 이런 경향을 더욱 굳히는 계기로 작용했다.

제4장

뮌스터시의 재침례파 운동

우리는 농민전쟁을 통해 농촌을 중심으로 일어난 사회개혁 운동과 루터의 사회 교리를 점검했다. 이번에는 도시를 중심으로 일어난 개혁 운동을 찾아보기로 하자. 종교개혁 시기를 "여러 면에서 부르주아지의 세기였다"[1]라고 하는 것은 당대의 사회 변화를 과장할 위험이 있지만, 그럼에도 몇몇 발전한 도시에서 부르주아들은 새로운 경제활동을 이끌었고 문화생활을 주도했으며 정치 분야에서도 중요한 역할을 담당했다. 루터의 개혁 운동은 특히 도시에서 환영받았다. 도시민의 30%가량이 글을 읽을 수 있었기 때문에 도시민들은 루터의 책과 소책자 그리고 성서를 통해 루터의 사상을 쉽게 받아들였다.

도시의 규모는 작았다. 독일 도시들 중 주민의 수가 4만 명을 넘는 도시는 전통적인 도시 쾰른과 상업 도시로 발돋움한 아우크스부르크와 뉘른베르크뿐이었을 만큼 도시의 규모가 작았기 때문에 시민들 사이의 교류가 활발해 새로운 사상이 그만큼 빠르게 전파될 수 있었다. 그래서 루터의 개혁은 도시 사회와 긴밀하게 연결되어 있었다.

이러한 도시의 특성이 독일의 도시민들로 하여금 루터의 종교개혁에 머물지 않고 종교개혁과 도시의 개혁을 결합하려는 운동을 탄생시켰다. 서부 독일 뮌스터시는 그런 도시로서 특별히 주목을 받을 만한 도시였다. 제임스 스테이어(James M. Stayer)는 뮌스터시 재침례파 운동의 특징을 두 가지로 요약했다. 첫째, 그들은 재침례파의 이름을 오용한 타락한 분파가 아니라 그야말로 진짜 재침례파들이었다. 뮌스터시의 재침례파 체제는 1533년 여름 이래 이 도시에 성립한 평화로운 재침례파 운동에서 생겨났고 일부 군사적인 유습(遺習)이 존속했지만 그 생존자들과 계승자들은 뮌스터시의 몰락 후에도 평화주의적 재침례파가 되었다. 둘째, 뮌스터시의 개혁 운동은 루터를 추종하는 개혁가가 아닌 베른하르트 로트만(Bernhard Rothmann, 1495~1535)이 지도한 시민적·공동체적 개혁 운동이라는 점에서 독특하다. 도시 공동체의 개혁과 재침례파의 특이한 이런 결합이 뮌스터시의 재침례파에 특별한 힘을 제공했고 동시에 궁극적 패배를 안겨주고 말았다는 것이 스테이어의 견해이다.[2]

뮌스터시의 개혁 운동 참가자들은 누구였나? 그 운동은 재침례파 운동이었나? 그들은 단순히 종말론적 열광주의자들이었나? 아니면 순수한 도시개혁 운동가였나? 이 운동의 사회적 의미는 무엇인가? 뮌스터시의 개혁 운동은 루터, 나아가 종교개혁에 어떤 영향을 미쳤을까? 많은 의문이 제기될 수밖에 없다.

뮌스터시의 개혁 운동은 가톨릭의 강력한 대응을 불러왔을 뿐 아니라 루터파로부터 재침례파 운동이 성서에서 벗어났다는 것을 증명하는 대표적인 사례로 꼽혔다. 캐나다 출신 역사가 해리 로웬(Harry Loewen)은 재침례파에 대한 루터의 생각을 이렇게 정리했다. "그(루터)는 뮌스터의 전개 상황을 대부분의 재침례파가 확신하고 실천해왔던 것이 지역적으로 분출한 것이라고 간주했다."[3] 루터는 뮌스터시의 재침례파와 관련해 몇 편의 글을 썼다. 「뮌스터의 시의회에 보내는 글(Luther an den Rat zu Münster am 21. 12. 1532)」, 「뮌스터의 베른하르트 로트만에게 보내는 글(Luther an Bernhard Rothmann in Münster am 23. 12. 1532)」, 재침례파 운동이 한창 전개되고 있던 1535년 「뮌스터 재침레파의 새 신문에 보내는 편지(Vorrede Luthers zu Neue Zeitung von den Wiede-rtäufern zu Münster)」 등이다.[4] 이 글에서 루터는 뮌스터 운동을 재침례파와 동일시했고 이런 시각은 루터파의 재침례파에 대한 이해를 규정하는 역할을 했다. 루터의 개혁에 동의하는 신학자와 정치가들은 "뮌스터시에서 벌어지고 있는 재침례파의 득세가 종교개혁의 결과라는 적대자들의 비난"을 두려워했다.[5]

뮌스터시의 재침례파에 대한 비판은 루터파만이 아니라 재침례파 내부에서도 제기되었다. 이른바 평화적인 재침례파들 역시 뮌스터시의 운동과 자신들의 재침례 운동을 분리하려고 애썼다. 재침례를 행한다는 단 한 가지를 제외하면 무력을 사용한다거나 천년왕국을 꿈꾸거나 일부다처제를 시행하는 것 등은 평화적인 재침례파와 거리가 멀었기 때문이다.[6] 이러한 견해는 최근까지 유지되고 있다. 이른바 "성서적 재침례파"는 뮌스터시의 재침례파와 아무런 관련이 없다는 주장이 그것이다.[7] "뮌스터 폭동은 극히 일부 극단적인 시한부 종말론자들, 과격한 신령주의자들이 자행한 사건이고 대다수 '성서적 재침례파(아나뱁티스트들)'과는 무관한 사건"이라는 견해가 현재도 유지되고 있다.[8] 재침례파와 오늘의 침례교회 사이에 역사적 연속성을 강하게 주장하는 경우에도 뮌스터의 재침례파 운동만은 16세기 재침례파 운동 전체에 부정적인 평가를 덧씌운 "스캔들"에 지나지 않는 사건이었다.[9]

그러나 왜 중세 말 한 도시에서 수천 명의 사람이 목숨 걸고 투쟁했는지 그 동기와 과정을 이해하는 것은 독일 종교개혁 역사 이해에서 결코 간과할 수 없는 부분이다. 이 장의 목적은 단순히 재침례파의 신학적 주장을 재구성하는 데 있지 않다. 물론 그것을 전적으로 제외하지는 않지만, 그들의 신앙 공동체 운동과 도시 개혁의 관계를 이해하는 데 더 큰 관심을 둔다. 재침례파가 신앙 공동체 운동에 나서게 되는 논리에서 출발해 그들의 사회적 구성과 운동의 과정 그리고 이해하기 어려운 열광주의로 빠져드는 과정을 차근히 따라가 보자.

1. 재침례파, 자유교회에서 생활 공동체로!

재침례파는 하나의 기원을 가진 단일 분파는 아니었다. 그레벨이 활동한 스위스 취리히, 발트후트(Waldshut)를 비롯한 남부 독일, 모라비아(Moravia) 지방, 시몬스가 이끈 네덜란드 등지에서 다양하게 전개되었다.10) 그러나 그들의 주장에 공통으로 나타나는 것은 1527년 2월에 작성한 「슐라이트하임 신앙고백서(Schleitheim Konfession)」에 보이는 대로 침례라고 할 수 있다. 취리히와 독일 남부에 기반을 둔 재침례파가 이때 스위스 샤프하우젠(Schaffhausen) 북쪽의 슐라이트하임(Schleitheim)에 모여 최초의 연합 집회를 개최하고 자신들의 신앙고백을 정리했다는 점에서 이때부터 재침례파 운동은 개인이 아닌 집단의 분파 운동으로 출발했다고 평가할 수 있을 것이다. 이들과 마찬가지로 침례를 주장하는 분파들을 재침례파로 부를 수 있는데 하나같이 유아세례에 반대하고 다시 침례를 베풀어야 한다고 주장했기 때문이다.

국내에서 흔히 세례로 번역해 사용하는 침례는 '신자의 의식'이라는 특징이 있다. 유아세례는 성직자나 부모의 주도적인 역할 아래 이루어지는 데 반해 침례는 신자 자신이 오직 예수 그리스도를 통해 직접 하나님에게로 나아간다. 신자는 침례를 받기 전 자신이 예수 그리스도를 믿는다는 사실을 고백하고 그의 가르침에 따라 살 것을 약속한다. 이 점에서 침례는 '부모의 의식'이나 '성직자의 의식'이 아니라 '신자 자신의 의식'이다. 그래서 침례는 개별 인간이 이 예식에 참여할지 말지를 스스로 결정하게 한다. 결정은 개인의 몫이고 개인이 이 신앙 행위의 주체이다. 따라서 아무런 인지능력이 없고 스스로 책임질 수도 없는 유아는 침례의 대상이 아니다. 재침례파는 유아세례를 반대하고 '믿는 자의 침례'를 주장함으로써 재침례주의자(Wiedertäufer, Anabaptist)가 되었다.

따라서 재침례파들은 신앙의 문제에서 개인의 의사에 반한 외부 압력이나 영향력 행사에 적극적으로 반대했다. 스위스 재침례파가 종교개혁 초기에 교회에 관한 확고한 사고 체계를 형성하고 있었다고 보기는 어렵다. 그들은 우선 정치적이고 스스로 지배 체제가 된 교회의 근본적인 개혁에 몰두했고 경직된 관행에 점진적으로 저항하기 시작해 참된 교회를 고려하게 되었다고 보인다. 하지만 취리히의 개혁에서 분리되어 운터란트(Unterland)와 슐라이트하임으로 번진 재침례 운동이 '자유교회(Freikirche)'*로 이행하는 데는 그다지 오랜 시간이 걸리지 않았다.

스위스 재침례파는 자유교회라는 신념을 가지고 원칙적으로 공권력의 도움이나 개입 없이 신자들의 자유의지에 따른 결합과 참여로 이루어지는 교회를 상정했다. 후에 도시의 개혁주의적 관용에 힘입어 재침례파가 다수 모여든 스트라스부르에서 활동한 많은 재침례파 지도자들은 거의 하나같이 '신앙의 자유'를 강조했다. 즉, 신앙 문제에 대한 국가 개입에 반대했다.

1528년부터 1532년까지 스트라스부르에서 재침례파 운동을 지도한 필그람 마르페크(Pilgram Marpeck, 1490~1556)는 신앙의 문제에 다른 사람이나 권력이 개입하는 것에 대해 적극적으로 반대했다. 그는 스트라스부르의 개혁파 지도자들이 행정관의 보호에 의존해 설교하고 있다고 보고 "피조물의 보호와 지원을 구하는 자들에게 저주가 있을 것"[11]이라고 비난했다.

이런 입장을 가장 분명히 한 사람은 모라비아에서 공동체 생활을 했던 킬리안 아우어바허(Kilian Auerbacher)였다.

어떤 사람이 신앙을 갖든 그렇지 않든, 유대교도이든 무슬림이든 신앙의 문제에서 그를 강제하는 것은 옳지 않다. 옳은 믿음을 갖지 않았거나 구원을 올바로 이해하려고

---

* 자유교회라는 개념은 재침례파가 만든 고유의 개념이 아니라 19세기에 등장했지만 국가교회에 반대했다는 점에서 그들을 자유교회 주창자라고 불러도 무난할 것으로 본다.

하지 않더라도 그 자신이 벌을 받게 될 것이고 누구도 그를 대신해서 심판대에 설 수 없다. …… 그래서 그리스도의 모범을 따라 살면서 그리스도께서 우리에게 주신 은혜에 따라 복음을 선포하는 우리는 누구든 강제해서는 안 된다. 그러나 뜻이 있고 준비된 사람은 그리스도에게로 인도해야 한다. 그리고 이것이야말로 그리스도인이란 자유롭고 강요당하지 않고 강제당하지 않는 사람들로서 기꺼이 스스로 그리스도를 영접한다는 자명한 진리이다. 성서는 이를 확인해준다.12)

루터와 달리 국가교회에 대해 확고하게 반대하는 이런 태도를 가진 개혁가들을 재침례파가 모이는 곳이면 어디든 쉽게 찾아 볼 수 있었다. 그들에게 교회란 자유의사에 따라 예수 그리스도를 구주로 받아들이고 침례받은 자들의 모임이었다. 이 교회는 모든 신자가 양심과 신앙으로만 스스로 믿음을 선택했을 뿐 신앙에 어떤 강제도 존재하지 않는다는 점에서 자유교회였다. 국가의 개입이나 부조 혹은 강제는 어떤 형태이든 거부되었다. 츠빙글리와 재침례파의 기본적인 차이는 여기에 있다. 츠빙글리의 국민교회(Volkskirche)에 맞서 재침례파는 자유교회를 지향했다. 이런 차이를 만든 것이 어느 쪽인지에 대해서는 견해가 엇갈리지만13) 그 차이는 점차 뚜렷해졌다.

따라서 다른 무엇보다 이와 같은 반(反)국교회 운동이 그들에 대한 박해를 설명하는 중요한 단서가 될 것으로 보인다. 재침례파에 대한 박해와 탄압은 뮌스터 왕국이 건설되기 전부터 이미 여러 지역에서 이루어졌다. 1527~1533년 사이에 적어도 679명의 재침례파가 처형되었는데 티롤과 바이에른처럼 확고한 가톨릭 권력이 지배하는 지역 대부분에서는 물론이고 쿠어작센(Kursac-hsen)처럼 개혁주의를 표방한 행정 당국이나 스위스 도시 정부들 역시 드물지 않게 재침례파에 반대해 마녀재판관으로 활동한 사례를 볼 수 있다.14) 이와 같이 박해와 탄압에 직면하면서도 재침례파는 자유교회를 지향했다.

그러나 재침례파는 신앙을 지키기 위해 국가에 대항해 투쟁하거나 '전투'를 지지하는 사람들은 아니었다. 물론 재침례파라고 해서 모두 생각이 같았던 것은 아니다. 발트후트를 떠나 모라비아의 니콜스부르크에 생활 공동체를 만든 후브마이어는 공동체의 일부 구성원들에게서 "무기파"라는 비난을 들어야 했다. 극단적 평화주의와 무저항주의를 지향하는 인물들은 그리스도의 제자라면 어떤 경우에도 지팡이 외에 무기를 들어서는 안 된다고 주장했다. 그러나 이들 "지팡이파"가 무기파로 몰아세운 후브마이어 또한 '투쟁'과 전투가 아니라 최소한의 '방어'를 주장했을 따름이다.15) 에라스뮈스의 전쟁에 대한 적극적 반대는 재침례파의 평화주의에도 영향을 미쳤다.16)

재침례파의 또 다른 중요한 특징은 그들이 신앙 공동체를 지향했다는 사실이다. 재침례파 교회는 신앙의 공동체(Glaubensgemeinschaft)였다. 취리히 재침례파 지도자였던 그레벨은 일찍이 개혁 노력의 목표를 "모든 신성한 삶의 파괴와 인간적인 증오에서 벗어나는 것이고 올바른 신앙과 진정한 예배에 이르는 것"으로 세웠다.17) 재침례파 교회는 대부분의 경우 신앙의 공동체였고 그 공동체를 이끌어가는 힘은 하나님의 말씀에 순종하는 삶이었다. 그들은 루터의 의인에 머물지 않았지만 성화에 머물지도 않았고 인간의 삶을 개선하는 데 목표를 두었다. 그들의 삶의 개선은 의인과 성화를 모두 포함하면서 그리스도의 가르침을 삶 속에 실현하려는 실천적 개념이었다.

인문주의 영향을 강하게 받았고 특히 후브마이어 영향 아래 재침례파가 된 뎅크에게 신앙이란 하나님의 말씀에 순종하는 것이었기에 신앙은 삶과 같은 것이었다.18) 시몬스 또한 의인과 성화를 삶의 개선에서 종합했다.19)

재침례파에게는 하나님이 기뻐하는 삶의 흔적을 남기지 못하는 사람은 진정한 믿음을 갖지 못한 사람이었다. 삶의 개선은 신앙 공동체를 통해 이루어지는 것이었다. 교회는 신자를 받아들이고 그들을 그리스도의 말씀으로 하나

되게 해야 한다. 후브마이어에 따르면 그리스도는 교회에 2개의 열쇠를 주었다. 하나는 해방시키고 용서하는 열쇠이고 다른 하나는 신자를 묶는 열쇠이다. 첫 번째 열쇠는 침례를 받을 때 죄인을 용서하는 능력인데 이 열쇠로서 교회는 공동체에 들어올 수 있는 문을 연다.[20] 다른 열쇠는 흉악한 범죄를 저지른 사람을 교회에서 제외하는 열쇠로서 공동체의 문을 닫는 열쇠이다.[21]

종교개혁가들과 당국의 압박으로 기독교의 본질적인 개혁을 추진하는 것이 어렵다고 판단했을 때 재침례파는 자신들의 신앙을 지키는 방안으로 공동체를 지향했다. 침례는 공동체로 들어가는 좁고 힘든 그러나 검증된 길이었고 주의 만찬은 침례를 통해 그리스도와 하나가 된 사람들을 결합하는 연대의 끈이었다. 그래서 그들의 생활 공동체는 세상과 완전히 구별(Absonderung)되는 신자들만의 삶의 개선을 위한 장이었다. 추방과 파문이 뒤따르는 상황은 재침례파로 하여금 자신들을 '세상'에서 구별하려는 노력을 강화했다. 그들은 사회적 환경과의 정상적인 교류조차 점차 스스로 제한하는 방향으로 나아갔다. 경제 사정이 어렵기도 했지만 주변과 스스로를 차별화하기 위해 조야한 옷을 입거나 단순한 의상을 걸치기도 했다.[22]

앞에서 간단히 살핀 재침례파의 신앙은 뮌스터시의 개혁 운동에서 어떻게 구체화되었는가? 뮌스터시의 재산 공동체는 도시 공동체의 개혁인가 아니면 당대 기독교의 개혁인가 혹은 둘 모두의 개혁이 결합한 것인가? 또는 재침례파의 열광주의가 만든 에피소드인가?

2. 루터주의 개혁에서 도시의 개혁으로!

뮌스터시는 독일 서북부 지방 베스트팔렌주의 수도로서 주교인 프란츠 폰 발데크(Franz von Waldeck, 1491~1553)가 지배권을 행사하던 주교좌(主教座) 도시였다. 그만큼 가톨릭 중심지 중 하나였다. 그 결과 다른 도시에 비해 많은 성직자가 이 도시에 거주하고 있었다. 당시 다른 도시들에서는 인구의 약 2% 정도가 성직자였는데 뮌스터시에서 성직자의 비중은 적어도 인구의 약 3~4% 정도에 달했다.[23] 이는 가톨릭 성직자들의 억압과 착취가 그만큼 높았다는 것을 의미한다. 종교개혁이 반성직자 운동이었다는 측면을 고려하면 뮌스터시는 개혁의 불길을 피해갈 수 없었다.

뮌스터시가 루터의 복음주의를 채택하게 되고 이어서 루터의 개혁을 넘어 도시 공동체의 개혁으로 넘어갈 수 있었던 것은 이 도시에서 이미 오래전부터 성장해온 길드가 있었기 때문이다. 시의회 평의원이자 법관으로서 유력 가문 명사인 요한 폰데어 비크(Dr. Johann von der Wyck)가 개혁 세력에 합류해 루터주의 개혁을 실현하는 데 주력했을 때부터 길드들의 연합체인 '연합 길드'는 시의회의 개혁 세력을 지지했다.[24]

뮌스터 시의회는 24명의 시의원으로 구성되어 있었다. 그중 12명은 시민 (Bürger) 대표로서 6개로 나누어진 지역에서 각각 2명씩 선출한 사람들이었다. 나머지 12명은 의원직을 세습한 사람들로서 세습 귀족과 도시귀족이 여기에 속했다. 이 24명의 의원들이 2명의 시장을 선출해 시의 행정을 맡겼다.

한편 6개 지역 시민들 중 수공업 장인들과 상인들은 각기 길드를 결성하고 있었다. 뮌스터시의 상인 길드를 비롯한 길드의 발전은 이미 14세기 후반부터 점진적으로 이루어졌다. 1400년경에는 길드 수가 6개로 늘어났고 1430년에 시의회에서 공식 기구로 인정받았으며 15세기 전반기에 다시 2배로 증가해 이후 개혁적인 시의회에서 중대한 발언권을 가진 자문 기구로 발전했다.[25] 뮌스터 재산 공동체 당시 상인 길드와 수공업 길드는 모두 합쳐 17개에 달했다. 각 길드는 매년 선거를 통해 2명의 길드마이스터(Gildemeister, 조합장)를 선출했고 34명의 길드마이스터들은 연합 길드의 대표로서 시의회의 결정을 거부하거나 수용함으로써 시 행정에 영향을 미치고 있었다. 길드의 발전은 뮌스터시가 상공업 도시로 발전하고 있었다는 뚜렷한 증거이다. 그러나 시의 주민 대다수는 아직 시민권을 갖지 못했다. 따라서 재침례파가 시의회에 영향을 미치기 위해서는 길드를 통하는 것이 현실적인 방법이었다. 당시 뮌스터시의 의사결정구조를 도표로 표시하면 <표 1-4-1>과 같다.

종교개혁기 연합 길드 대표들은 시의회와 함께 시의 승인된 세력으로서 후에 재침례파의 지배로 넘어간 초기 개혁 운동에서 최초의 성과를 얻도록 돕는 과제를 떠맡았다.[26] 길드의 대표자들은 당시 상황을 활용해 시의 정책에 대한 그들의 영향력을 극대화했고 운동의 정점에 섰으며 그렇게 함으로써 하층민의 봉기 위험을 초기에 제압했다. 하인츠 쉴링(Heinz Schilling)과 타이라 쿠라추카(Taira Kuratsuka) 그리고 카를-하인츠 키르히호프(Karl-Heinz Kirchhoff)의 연구를 종합하면 뮌스터시에서 재침례파 운동이 등장했을 뿐 아니라 그 지속을 가능하게 했던 것은 사회적으로 강력한 영향력을 행사하는 세력이 이 운동의 중심에 섰다는 사실을 확인시켜준다.[27]

그러나 재침례파 세력의 사회적 기반에 관한 이러한 이해는 그것의 대중적 토대가 하층민에 있다는 사실을 제외시키지 않는다. 쉴링과 마찬가지로 쿠라추카는 시간이 지나면서 뮌스터시의 루터주의적 개혁 운동이 츠빙글리적인 개혁 운동으로 바뀌고 다시 재침례파 운동으로 전환하자 하층민들 또한 이 혁명운동에 결연히 가담했다는 사실을 밝히고 있다.[28]

뮌스터시에서 재침례파와 결합한 재산 공동체가 성립하기 전 루터주의 개혁이 뿌리내렸다. 1531년 로트만이 뮌스터시에 루터주의 개혁을 받아들이기로 선포한 때부터 그가 재침례파로 전향해 성례전에 관한 개혁적인 입장을 채택한 후 개혁 세력이 시의회 선거에서 승리하기까지 1534년 2월에 이르는 이

<표 1-4-1> 뮌스터시의 의사결정구조

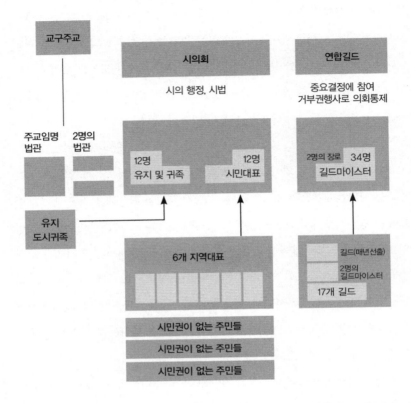

교구주교

시의회

시의 행정, 시법

연합길드

중요결정에 참여
거부권행사로 의회통제

주교임명
법관

2명의
법관

주교임명법관

12명
유지 및 귀족

12명
시민대표

2명의 장로 34명
길드마이스터

유지
도시귀족

6개 지역대표

길드(매년선출)

2명의
길드마이스터

17개 길드

시민권이 없는 주민들

시민권이 없는 주민들

시민권이 없는 주민들

자료: Stadt Museum Münster(ed.), *Die Wiedertäufer in Münster*(Münster: Aschendorff, 1986), p. 107에서 필
자 재구성.

시기에 뮌스터시의 지도자는 로트만이었다.

로트만은 데벤터(Deventer)의 "새 신앙 운동" 아래 교육을 받았고 사제 서품
을 받은 후 뮌스터시의 작은 교회를 담임하게 되었다. 그는 1529년부터 1530
년 사이 쾰른에서 수학한 후부터 루터파로 전향했다. 그러나 그는 스트라스부
르를 방문한 후 루터와 다른 생각을 하기 시작했다. 당시 스트라스부르는 시

의 개혁 정책에 힘입어 여러 명의 재침례파 지도자들이 활동하고 있었다. 스트라스부르의 재침례파는 침례가 '자신의 신앙'과 '자신의 의식'에서 출발한다는 점을 강조했는데, 그들로부터 자극을 받은 로트만은 그 자신 역시 루터와 달리 그들처럼 독립적·주체적인 개혁을 실천하겠다는 생각을 갖게 된다.

로트만이 루터주의 개혁을 지도하던 초기부터 이 도시에서 교회와 사회가 하나로 뭉쳤고 가톨릭 성직자들은 아주 이질적인 집단이 되어 성직자와 평신도 사이의 분열이 심화되었다. 1532년에 이미 기존 가톨릭 성직자들의 지위가 없어졌다. 1532년 초반까지는 종교개혁이라는 프로젝트에 성직자들 역시 참여 대상이었으나 그해 중반 이후부터 그들의 참여가 개혁에서 배제되었다.[29] 1533년 2월에 뮌스터시 주교가 시의 모든 사목 교회가 개혁주의임을 인정했을 정도로 루터의 개혁주의가 이 도시에서 승리를 거두었다. 그 후 시 자체의 새로운 질서 형성이 중심 과제로 떠올랐다.

1532년 2월 18일에 있었던 시의회에서 로트만이 람베르티(Lamberti) 지역의 담당 설교자로 임명되었다. 시민 계층의 지지 없이는 불가능했던 일이었다. 1532년 11월 6일 시민 계층이 시를 지키려는 결의를 다졌을 때 드디어 종교개혁 과정에 적극적인 행동파들이 종교적·정치적 공동체 개념을 표면에 내걸었다. 1532년부터 시의회에서 개혁 조치들이 관철되도록 노력해온 연합 길드는 1533년 이후 시의 정책을 시의회와 공동으로 추진하고 있었다.

이 시점에 로트만 자신이 재침례파로의 전향을 분명히 했다. 로트만은 1533년 여름 「두 가지 성례전에 관한 고백(Bekenntnisse von der beyden Sacramenten)」에서 공동체적·평등주의적인 견해를 밝혔다. 아마도 그는 에라스뮈스에게서 영향을 받아 뮌스터시의 공동체적 개혁을 재강화했다는 것이 에이브러햄 프리젠(Abraham Friesen)의 해석[30]이다. 룸멜이 확인한 바에 따르면 에라스뮈스는 인간의 형제애와 기독교 내의 계급 없는 사회를 믿었다. "나의 견해로는 형제라는 말은 모든 인간에게 적용된다"라고 에라스뮈스는 말하고 있다."[31] 에라스뮈스는 신자들 사이의 재산 공동체를 강조한 원천 중 하나였다. 로트만은 「두 가지 성례전에 관한 고백」에서 재산 공동체를 주의 만찬의 기독교적 연대와 연결시켰다. 여기에서 공동체 구성원은 하나의 몸, 하나의 빵이었다.[32]

스테이어는 로트만이 성례전에 관한 개혁적인 입장을 채택한 1533년 여름부터 1534년 2월까지의 기간을 재산 공동체 운동의 제1단계로 잡고 이 기간에 멜히오르 호프만(Melchior Hoffman, c1495~1543)의 천년왕국 운동이 아마도 가장 강력한 종교적 추세였다고 본다.[33] 호프만은 한때 재침례파 운동의 주요한 근거지였던 스트라스부르에서 재침례파 운동을 지도하면서 로마교회의 위계적·권위적인 행태에 반대해 그에 맞서 종말론적인 신앙 공동체를 건설하려고 한 인물이었다.[34]

3. 뮌스터시, 재산 공동체로 나아가다

1533년 12월 이미 얀 마티스(Jan Matthijis, 1500~1534)와 라이덴의 얀(Jan van Leiden, 1509~1536) 주변의 멜히오르 추종자들이 바라던 대로 뮌스터시에 급진적 운동이 강화되었다. 상류층 시민 계층이 급진적인 종교개혁을 방해하던 상황에서 1534년 1월 재침례파가 뮌스터시에 세력을 확보했다.

2월 10일 이후 거룩한 자들의 공동체로서 교회가 가져야 한다고 여겨지는 사회적 지도력을 담당하기 위한 '거룩한 자들의 모임'이 긴급하게 요청되었다.[35] 마침 1534년 2월의 시의회 선거에서 재침례파가 승리하는 "정치적 기적"이 일어났다. 이때부터 그해 4월 초 부활절까지 뮌스터시는 마티스의 예언자적 권위에 정당성을 부여했다. 마티스는 하나님의 뜻을 아무런 조건 없이 즉각 실현할 것을 요청했다. 신의 뜻을 믿지 않는 자들, 즉 재침례를 받아들이지 않는 자들은 재산을 남겨둔 채 지체 없이 뮌스터시를 떠나라고 명령했다. 약 2000명의 사람들이 뮌스터시를 떠났다.

일부 도시민의 추방이 근대 초 도시들에서 특별한 일은 아니었다. 다른 도시에서도 종종 이런 추방이 있었다. 예컨대 스트라스부르 역시 처음에는 재침례파에 관용적이었으나 시의 개혁 정책과 재침례파 사이의 차이가 분명해지자 재침례파를 추방했다. 더구나 뮌스터시에는 외부에서의 포위 공격을 당할 것으로 예상되는 위기 상황을 맞아 관용의 여지는 거의 없었다. 뮌스터시 외부에서 이미 기존의 종교 세력과 세속 권력은 재침례파를 탄압하고 추방하고 있었기 때문에 호의적이지 않은 주민의 추방은 시에서 적대적인 요소를 제거하려는 일종의 방어 조치이기도 했다.[36] 실제로 추방당한 사람들은 뮌스터시에서 쫓겨난 주교와 근처의 지방 영주들에게 뮌스터시에 옛 질서를 회복시켜 달라고 요청했다. 1534년 3월에 주교는 마침내 군대를 조직해 도시를 포위했다. 도시의 위기 상황은 절정으로 치닫고 있었다.

마티스는 사유재산 철폐를 선언했고 즉각 모든 특허장과 재산목록을 담은 문서, 채무 관계 서류, 회계장부 등을 불태워버리라고 명령했다. 이런 소각과 파괴는 완전한 '정화'를 목표로 하고 있었다. 마티스는 재산 공동체의 제도화를 시도하지는 않았지만 개인적인 예언자로서의 권위를 동원해 재산 공동체를 실현해갔다. 특히 이주자들에게 집과 생필품을 제공해야 할 절박한 현실로 인해 재산 공동체로의 전환이 절실히 필요했다.

시민 생활과 종교 생활은 구별되지 않았다. 뮌스터시에 재산 공동체가 성립할 수 있었던 한 원인으로 도시 인구의 재구성을 들 수 있다. 재침례파에 반대하는 사람들이 도시를 떠났고 반대로 네덜란드에서 재침례파 세력이 이주해와 공동체에 합류했기 때문이다. 이주자들은 약 2500명에 달했다.[37] 오트하인 람스테트(Otthein Rammstedt)는 재침례파 운동에 가담하기 위해 뮌스터시로 온 다수의 네덜란드인의 직업을 분석했다. 그의 연구에 따르면 분석 대상자 총 75명 중 귀족 3명, 성직자 11명, 상인 1명, 학자 2명, 대장장이 1명, 재단사 2명, 제빵사 1명, 공복 1명, 용병 4명, 여성 6명, 귀족 여성 3명이었고 나머지는 직업이 밝혀지지 않은 사람들이었다.[38] 이 직업 구성으로 미루어 보면 이들은 아마도 빈곤을 이유로 뮌스터시를 찾았다기보다 뮌스터시가 네덜란드에서 가까우면서 상공업 활동이 유리하다고 판단한 사람들이거나 혹은 자신들이 새로 접한 새로운 세계관의 실현이 가능한 곳이라고 보고 찾아온 사람들이라고 볼 수 있다. 종말론적인 기대가 작용했을 가능성도 배제할 수 없다.

재침례파가 도시를 장악하고 있던 1534~1535년 시기에 약 7000~8000명의 사람들이 뮌스터시에 살고 있었다. 그중 1500~2000명이 남자였고 5000명이 여자였으며 약 1200명은 어린이였다.[39] 공동체의 몰락 직전에는 기아와 도망자들이 생겨 인구가 줄었다. 키르히호프의 계산에 따르면 이 사람들 중 약 5000~5500명(남자 800~1000명, 여자 3000~3300명, 어린이 1200명)이 뮌스터시 출신이었는데,[40] 이는 주민의 약 2/3가 재침례파를 받아들인 셈이다. 뮌스터시에서 밖으로 빠져나갔거나 추방당한 사람들보다 뮌스터시 주변 지역과 네덜란드에서 이주한 사람들이 훨씬 많았고 이로써 뮌스터시의 인구 구성은 단일 신앙을 가진 집단으로 바뀌었다.

뮌스터시의 재산 공동체에는 빈자와 부자, 여자와 남자의 차별이 없어졌다. 물론 돈을 가진 사람들에게 유리한 점이 없었던 것은 아니지만 특히 여자와 가난한 사람들이 더 열정적으로 이 재산 공동체에 호응했다. 공동체를 형성하고 자체적으로 은화를 주조해 사용한 것도 원래의 시민과 이주민 모두를 하나의 경제 공동체로 결속시키는 데 이바지했다.[41]

그렇더라도 1533년 이후 어떻게 시의 개혁이 재침례파 운동과 결합해 재산 공동체 운동으로 이행할 근거가 마련되었을까? 이에 대한 연구를 수행한 쿠라추카에 따르면 지금까지 시의회와 길드 대표부에 진출할 수 없었던 중상류층 집단에 속한 사람들 대부분이 급진적인 운동에 관심을 갖고 있었다. 의회와 길드 대표부는 처음 재침례파로 가는 발전을 가로막으려는 조치를 취했다. 재침례파의 재산 공동체주의가 시의 동업조합에 토대를 둔 자신들의 이해(gen-ossenschaftliches Selbstverständnis)와 충돌한다고 보았기 때문이다.[42]

뮌스터시 재산 공동체의 사회적 구성은 이를 뒷받침하는 중요한 근거가 될 수 있을 것이다. 키르히호프는 우선 왕국 운동에 가담한 뮌스터시 토박이들 중 분석이 가능한 430명의 부의 정도를 분석했다. 100굴덴 이하를 빈곤층으로 잡았는데 빈곤층 비율은 전체 분석 대상자의 31.6%였다. 특히 50굴덴 이하를 가진 극빈층은 7.2%에 지나지 않았다. 한편 250굴덴 이상을 가진 사람들은 약 24.2%에 달했고 500굴덴 이상의 부를 소유한 사람들도 8.8%에 이르렀다.[43] 뮌스터시의 재침례파 운동은 극빈층 또는 빈곤층의 운동이었다는 주장은 거의 설득력을 얻지 못한다. 또 그 참여자들의 직업을 10명 이상이 되는 경우만 들면 대장장이 40명, 제빵사 32명, 재단사 24명, 제화공 23명, 모피공 26명, 소매상인 16명, 공복 14명, 목수 13명, 금 세공사 12명, 베긴회(Beguines) 수도자 10명 등이었다. 머슴과 하녀는 각각 5명과 13명으로 소수에 지나지 않았다. 특히 의류 상인 4명과 귀족 3명 등은 1100굴덴 이상의 재산을 가진 부유층에 속해 있었다.[44] 이들은 대부분 경제적·사회적 지위가 상승하던 사람들이었고 길드에 속해 있었다.

한편 람스테트는 이 운동 참여자들의 사회적 구성과 지역 공동체 시민 계층의 지위를 분석했다. 그에 따르면 뮌스터 재침례파의 사회적 구성은 전체 주민의 사회적 구성과 일치했다.[45] 시의회에 대표를 낸 가장 유복한 상류층은 소수였고 이들은 개혁의 진전을 주도적으로 추동하지는 않았다. 중상류층이 개혁에 동력을 제공했고 연합 길드의 조합원들 역시 개혁적이었다. 길드 조합원들은 처음부터 급진적인 개혁을 실현하고자 한 것은 아니었지만, 조합의 이익을 지키기 위해 근대화에 저항한 다른 도시들의 길드 조합원들과 같은 행동 패턴을 보이지는 않았다. 아마도 재침례파의 공동체주의가 이들에게 영향을 미쳤을 것으로 짐작할 수 있다.

뮌스터시의 재침례파 공동체의 주요 특징은 전 시민의 재산 공유였다. 모라비아 지방 메렌(Mähren)에서도 재침례파 구성원 사이에 재산 공유가 이루어지기는 했지만 뮌스터시의 특징은 시의 주민이 재산 공유에 동참함으로써 재산 공동체가 이루어졌다는 점이다. 시의회는 이렇게 고지했다. "우리는 한 백성이고 한 형제자매이므로 우리의 돈, 금, 은을 함께 모아야 한다. 이것이 하나님의 뜻이다. 우리는 다른 사람이 가진 만큼만 가져야 한다."[46] 이 포고는 시민 계층이 재산 공동체에 적극적으로 동참했음을 의미한다. 물론 모든 시민이 자발적으로 이에 참여한 것은 아니었다. 돈이나 물건을 아예 전부 감추거나 일부만 내놓는 사람이 있었고 그런 사람들은 처형을 면치 못했다.[47] 공동체는 위기의 시간을 맞아 강제적으로 유지되는 국면으로 전환하고 있었다.

1534년 4월 의견이 일치하지 않았던 마티스가 종말을 예고한 후 일부 추종자들을 데리고 도망하다 용병 부대에게 처형당하자 얀이 뮌스터시의 공식 지도자가 되었다. 얀은 같은 해 9월 뮌스터시를 "새 예루살렘으로서 그리스도의 왕국"임을 선포했고 스스로 왕권을 행사하기 시작했다. 그는 재산 공동체의 제도화를 시도했다. 그는 그와 함께 지도를 맡을 12명의 장로를 선임했는데 그중 6명은 전부터 뮌스터 시의회의 의원들이었다. 왕인 얀의 법정을 담당한 148명의 재판관 중 약 절반은 뮌스터시 출신이었고 그들 중 25명은 이전부터 재판관으로 일해온 사람들이었다. 그들은 하위직보다 상위직에 더 많았는데 최고위층에서는 1/3이나 1/2을 차지했다.[48] 시장이었던 베른하르트 크니페

르돌링(Bernhard Knipperdolling, 1495~1536)은 얀의 체제에서 2인자로서의 역할을 맡았다.

뮌스터시의 재산 공동체에서 나타난 또 하나의 실험은 일부다처제였다. 일부다처제를 정당화하기 위해 얀은 일부다처제가 "생육하고 번성하라"고 한 하나님의 말씀을 준행하고 이스라엘 족장들의 모범을 따르는 길이라고 선전했다. 그러나 일부다처제를 주장한 실질적인 이유는 새로운 공동체 건설에 있었다. 거룩한 도시에 사는 거룩한 족속은 혈연적 유대를 통해 재구성되어야 할 필요가 있다고 보았고 그래서 일부다처제는 뮌스터에 새로운 사회질서를 확립해야만 했던 지도부의 필연적인 선택일 수 있었다.[49] 무엇보다 여성의 숫자가 압도적으로 많았던 데다 시 전체가 완전히 포위된 긴급 상황에서 남편이 없는 여성들을 보호하는 것이 공동체를 유지하는 데 절대적으로 필요하다고 판단했다. 그러나 일부다처제는 모든 가계가 동일한 수준의 복지를 누릴 실질적인 수단이 없었던 상황에서 강제로 이루어져 그 정당성에 의문을 제기할 수밖에 없다. 일부다처제는 소비와 생산의 기본 단위로서 가부장적 가계가 유지되는 것을 강화함으로써 뮌스터시의 공동체적 성격을 오히려 해체하고 말았다는 비판이 타당해 보인다.[50]

마침내 뮌스터시를 포위하던 가톨릭 군대의 공격이 시작되었다. 완전 포위된 상태에서 심각한 기아는 시민들의 동요를 불러왔다. 가톨릭의 공격에 프로테스탄트 진영 역시 동참했다. 이로써 가톨릭과 프로테스탄트 양측은 분열의 시대에 신앙 노선의 차이를 넘어 처음으로 하나가 되어 분파 운동에 반대하는 통일 전선을 구축한 첫 사례를 남겼다.[51] 1535년 6월 뮌스터시는 가톨릭 동맹군에게 함락되고 말았다. 1536년 1월 재침례파 지도자들이 모두 처형됨으로써 뮌스터시는 다시 가톨릭 교구로 되돌아갔다.

뮌스터시의 재산 공동체 운동은 아직 밝혀지지 않은 측면들이 많다. 예컨대 왕국 운동 이전의 재침례파 가담자들과 권력 획득 이후의 재침례파의 사회적 구성은 같았는지 혹은 달라졌는지[52] 그리고 사회적 비난 대상이 된 일부다처제가 채택된 이 운동에서 여성의 역할은 무엇이었는지[53] 등이 아직 자세히 밝혀지지 않았다.

뮌스터시 사건의 발생 원인과 그 결과에 대해 다양한 견해가 있다. 물론 뮌스터시의 재침례파는 당대 설교자들의 신학에서 많은 자극을 받았다.[54] 그러나 이 사실이 뮌스터시에서 일어난 모든 사건을 설명해주지는 않는다. 종교적 요소 외에도 다른 요인들이 강력한 힘을 발휘했다고 볼 수밖에 없는 여러 증거가 있다. 이곳에서 실험된 재산 공동체, 기존의 모든 화폐를 폐기하고 내부에서만 통용되는 새로운 화폐의 주조, 일부다처제 등은 외부인이 보기에 분명히 사회 전체에 대한 도발이었다. 동시에 그것은 도시에서의 정치적 공동 결정을 쟁취하려는 중세 말의 투쟁에서 출발해 진압될 압박에 하나님의 백성과 하나님의 지배에 관한 신령주의(Spiritismus)적·종말론적인 세계관이 결합해 등장한 하나의 대안이었다.[55] 다시 말해 당대 교회가 승인하거나 지지하는 경제적·정치적·사회적 환경에 반대하는 저항운동으로서 카리스마를 가진 종교 지도자의 등장으로 신학화한 이데올로기를 획득한 사회운동으로 볼 수 있다.[56] 뮌스터시의 이 운동을 게르하르트 브렌들러(Gerhard Brendler)는 인간이 이룰 수 없는 불가능한 것을 추구함으로써 객관적 가능성에 이르는 길을 넓혀준 것으로 평가했다.[57]

뮌스터시의 위기 상황을 맞아 시민의 자발성 대신 강제력이 동원되었다는 점 등의 많은 문제점을 안고 있어 긍정적으로 평가하는 데 여러 한계가 있지만, 그럼에도 뮌스터시의 재산 공동체는 광신자 집단의 열광주의로 간단히 치부할 만큼 단순하지 않다. 그것은 최소한 낡은 제국에 대한 반대 세계였고 종교개혁의 대안 운동이었다고 할 수 있다.

제 2 부

국교회와 영성
그리고 신학

1555년 아우크스부르크에서 가톨릭과 프로테스탄트 사이에 화의가 이루어지면서 유럽, 특히 독일에 새로운 종교 지형이 마련되었다. 1529년 슈파이어에서 제국 의회가 열렸을 때, 자신들의 가 톨릭 지역 진입을 금지한 데 항의하면서 '항의하는 자(Protestant)'란 이름을 얻은 프로테스탄트 교회 가 기독교의 '제도'로서 인정을 받은 셈이다. 그러나 아우크스부르크 종교화의로 평범한 사람들이 신앙의 자유를 얻은 것은 아니었다. 신앙에 대한 가톨릭의 획일적인 지배는 사라졌지만 영주들이 신앙을 결정하는 주체가 됨으로써 여전히 신앙은 개인의 결정 사항이 아니었다. 제2부의 관심은 이 종교화의로부터 독일이 처음으로 통일 제국이 되기까지 독일 프로테스탄트 교회가 국교회로 정착 하는 과정과 프로테스탄트 교회 내부에서 일어난 변화에 있다.

이 과정에 중요한 계기가 된 것은 1618년부터 시작된 '30년 전쟁(1618~1648)'이었다. 독일에서 치러진 30년에 걸친 유럽 종교전쟁은 두 가지 점에서 독일 프로테스탄트 교회에 중요한 결과를 가 져왔다. 하나는 영주권의 강화 및 영주의 교회에 대한 지배력의 신장이고 다른 하나는 루터주의 영 방 교회와 마찬가지로 칼뱅의 주장에 기초한 개혁교회가 독일에 정착하게 되었다는 사실이다. 동시 대에 반유대주의와 마녀사냥이 사라지지 않고 존속했다는 것과 프로이센의 종교적 관용이 한계를 갖고 있었다는 점을 되새기는 것은 그 후에 나타난 독일 프로테스탄트 교회의 사회적 성격이 어떤 전통에서 유래하는지를 생각해보기 위해서이다.

제2장에서는 경건주의의 형성과 계몽주의의 도전을 다룬다. 18세기 말경까지 독일 프로테스탄 트 교회는 시민들의 '문화 중심'이었다. 이때 독일 사회는 근대화로 가는 과정에 놓여 있었는데, 독 일 프로테스탄트 교회는 개인의 종교적 삶은 물론이고 문화를 지도하는 힘이었고, 이를 토대로 정 치적 영향력을 행사했다.

이 시기에 일부 프로테스탄트 분파와 개인이 펼친 신앙 운동이 경건주의 운동이었다. 이 운동은 개인의 각성을 강화하는 긍정적 측면에도 불구하고 사회적으로는 근대화와 계몽주의에 저항하는 신앙 운동이기도 했다. 이에 반해 계몽주의에 자극을 받은 '신학적 합리주의(theologischer Rationalismus)'는 새로운 사회 변화에 신학적으로 대응하려고 노력했다.

　　제3장에서는 독일 프로테스탄트 교회가 국교회로서 제도적으로 정비되는 과정을 추적하는 한편, 교회 내부의 신앙 운동과 신학적 대립을 살펴보겠다. 이 시기에 주목할 신학자는 프리드리히 다니엘 에른스트 슐라이어마허(Friedrich Daniel Ernst Schleiermacher, 1768~1834)이다. 그는 계몽주의에 대응하는 과정에 새로운 철학과 문화에 개방적인 태도를 가진 이른바 '문화 프로테스탄티즘(Kulturprotestantismus)'을 처음으로 주창해 독일 교회사에 영향력 있는 신학자로 남았다.

　　다른 한편으로, 문화 프로테스탄티즘과 그 이후 곧 도래한 학문적 성서 비판에 반대하는 근본주의적 저항을 구체화한 '신각성 운동'이 전개되었다. 복고적인 이 신앙 운동이 남긴 단 하나의 긍정적인 요소는 아마도 사회 선교일 것이다. 신각성 운동에 반대한 "빛의 친구들(Lichtfreunde)"은 비록 단명하기는 했지만 그 존재 자체로서 의미 있는 저항이었다.

30년 전쟁, 종교개혁의 비극적 종결

1. 아우크스부르크 종교화의의 결과

신성로마제국의 황제 카를 5세는 가톨릭교회를 지지하고 종교개혁을 거부했다. 그러나 독일에 머무는 시간이 많지 않은 황제를 대신해 제국 정부의 상황에 대처한 것은 그의 동생인 오스트리아 황제 페르디난트 1세(Ferdinand I, 1556~1564)였다. 그는 카를 5세가 원하던 가톨릭제국의 건설은 불가능하고 영주들의 동의 없이는 제국을 통치하는 것조차 현실적으로 가능하지 않다는 사실을 확인하게 되었다. 그래서 가톨릭을 지지하는 영주들과 프로테스탄트 측 영주들 사이를 중재하려고 노력했다. 그 결과 양측은 1555년 아우크스부르크에 모여 종교화의를 맺게 되었다.

종교화의의 원칙은 "그 영토에 사는 사람은 그 영토의 종교를 따라야 한다(cuius regio, eius religio)"라는 것이었다. 신앙을 선택할 수 있는 개인의 권리를 인정하지 않고 주민들은 그가 속한 지역 영주가 선택한 종교를 받아들여야 했다. 사람들은 원하는 종교를 찾아 자유롭게 이동할 수 있는 권리를 갖는다는 것이 부가 사항으로 덧붙여졌다.

양측의 영주들이 이른바 "신앙속지주의" 원칙에 합의함으로써 토지 경제에 기초한 사회에서 다른 지역으로 이주하는 것이 실제로는 거의 불가능했던 주민들에게 이것은 신앙의 자유가 아니라 신앙조차 영주들에게 지배당하는 신세로의 전락이었다. 가톨릭과 프로테스탄트 중 어느 쪽을 선택할지는 영주의 권리였다. 따라서 아우크스부르크 종교화의의 첫 번째 결과는 영주의 권력 강화였다. 그리고 제국은 이제 중앙집권적인 연방 국가라기보다 개별적인 지역들이 모여 이룬 정치적 결합체임을 공식적으로 선언한 셈이었다. 조세권과 군대 징집권은 황제의 권한이 아니라 제국 의회와 행정 기구에서 지역을 대표하는 영주들의 권한이 되었다. 더구나 영주들은 당대 중요 사항이던 종교 문제에서 절대적인 권리를 행사하게 되었다.

  각 영방에서 영주는 국가 통치뿐 아니라 최고위 교회 기구에 자신의 뜻을 관철시킬 사람들을 포진시킴으로써 "국교 통합 성격"의 권력을 행사할 수 있었다. "영주권은 하나님이 주신 소명"이라는 루터의 표어에 이미 그 성격이 잘 드러난 대로 정치와 교회의 이러한 유착은 "루터주의적 관청 종교(lutherische Anstaltsreligiosität)"를 형성시켰고 이 관청 종교에서 공권력은 신의 뜻이었다. 그 결과 "세속 폭력에 대한 적극적 저항권"은 "수동적 거부"로 순치되고 말았다.[1]

  아우크스부르크 종교화의의 두 번째 결과는 가톨릭 외에 루터주의만이 공식적으로 승인받았다는 사실이다. 그 사정은 이랬다. 1530년 황제 카를 5세가 아우크스부르크에서 열린 제국 의회에 참석했다. 이때 루터 신학의 핵심을 설명하기 위해 루터의 동료이자 가까운 친구였던 멜란히톤이 「아우크스부르크 신앙고백서」를 제출했다. 그런데 아우크스부르크에는 이 신앙고백서 외에 다른 신앙고백서들도 제출되어 있었다. 스트라스부르의 주도로 4개의 '고지 독일' 도시, 즉 독일 남, 서부 도시들이 「4개 도시 신앙고백서(Confessio Tetrapolitana 혹은 Vierstädtebekenntnis)」를 냈고 취리히의 종교개혁가 츠빙글리 역시 신앙고백서인 「믿음의 이유(Fidei ratio)」를 제출했다. 이 두 신앙고백서는 성찬의 이해에서 가톨릭으로부터 루터보다 더 멀리 떨어져 있었다. 그 때문이었는지 이들 신앙고백서는 누구의 관심도 끌지 못했다.[2] 그래서 스위스 개혁파들은 멜란히톤이 1540년에 다시 수정해 제출한 자신들에게 유리한 신앙고백이 곧 아우크스부르크 신앙고백이라고 주장하면서 자신들을 공식적으로 인정해 줄 것을 줄기차게 요구했다. 하지만 스위스 개혁파는 가톨릭과 프로테스탄트 양 진영의 화의 대상에서 빠져버렸고 개혁파의 법적 지위는 불확실했다.

그런데 영국의 칼뱅주의에 대해서는 말할 것도 없고 유럽 대륙의 칼뱅주의는 루터주의와 달리 사회 및 정치 제도의 혁신에도 개방적이었다. 봉건적 신분 사회를 지지하는 대신 루터주의와 비교할 수 없을 정도로 협동적·동지적 정신을 고양하는 데 이바지했고 자유로운 정치 질서 창출에 필수적인 저항권을 억제하지 않았다. 상업과 수공업의 발달에 힘입어 사회적 지위를 향상할 수 있었던 상공업자들의 기업 활동에 정당성을 부여하는 데도 칼뱅주의는 루터주의보다 훨씬 적극적이었다. 이런 이유로 칼뱅주의를 받아들이는 사람과 지역이 독일에서 점차 늘어났고 신앙고백을 확산하는 일에도 칼뱅파 영주들의 태도는 공세적이었다.[3]

독일에서 다른 세력들의 약화를 틈타 영주들의 패권이 전보다 더 강고해지자 영주들은 자신의 작은 나라에서 권력을 유지하기 위해 세금과 통행료를 갈취했다. 그 결과 지역 내 상업을 가로막고 수공업 생산을 감소시키고 말았고 실업과 기아가 늘어났다. 신성로마제국의 독일 심장부에 16세기 초의 낙관적인 분위기와 달리 경제적 불황이 그림자를 드리우기 시작했다. 북부 독일 도시들의 한자동맹은 한때 발트(Balt)해와 북해의 상업을 주도했지만, 이제는 네덜란드와 덴마크 그리고 잉글랜드 상인들과의 경쟁에서 한없이 밀리고 있었다. 이탈리아로 가는 고지 독일의 입지도 그 중요성을 상실했고 15세기와 16세기 초 특히 부유했고 매우 도전적으로 영업 활동을 하던 남, 서부 도시들 역시 정치적 분열이 극심했고 그 결과 경제적인 어려움을 겪고 있었다.

16세기 전반기 유럽에서 금융업을 주도했고 티롤의 은광과 헝가리의 구리 생산을 통제했던 아우크스부르크의 푸거가는 16세기 중엽 이후 카를 5세를 비롯한 합스부르크 가문에 빌려준 대부(貸付)로 큰 부담을 떠안으면서 와해되고 있었다. 푸거가와 남부 독일의 다른 사업가들이 그들의 부를 잃어버리자 그 도시들의 부와 인구가 감소했다. 아우크스부르크의 주민 3/4이 재산을 전혀 소유하지 못한 사람들로 분류되었고 뉘른베르크에서는 주민 4만 5000명 가운데 2만여 명이 기아와 질병 등 여러 이유로 사망했다. 1575년부터 1630년 사이 남부 독일과 합스부르크 영토 내에서 농민 반란이 잦아졌고 도시들의 권리와 특권이 줄어들자 도시들에서도 이에 항의하는 반란이 일어났다.

2. 30년 전쟁과 영주 교회의 강화

가톨릭과 프로테스탄트 양측 영주들은 1555년 자신들이 맺은 종교화의에 대해 점차 불만을 갖기 시작했다. 그 사이 칼뱅주의가 확산되고 있었는데 프로테스탄트 진영에서도 이에 대한 경계심이 고조되고 있었다.[4] 처음에는 루터파와 차이가 뚜렷하지 않았던 스위스의 칼뱅주의자들은 점차 개혁교회라는 독자적 공동체로 기반을 굳혔고 마침내 독일에서도 교두보를 마련했다. 1559년 팔츠의 선제후 프리드리히 3세(Friedrich III, 1515~1576)가 수정된 칼뱅주의 교회 조직을 자신의 영지 중심지인 라인란트에 도입했다. 가톨릭이든 루터파든 그의 동료 영주들은 이것이 아우크스부르크 종교화의의 명백한 위반이라고 항의했다.

그러나 제후들의 항의는 허사였다. 팔츠의 수도인 하이델베르크는 독일의 제네바가 되었다.[5] 대학의 신학자들은 1563년 독일 개혁교회 신조인 교리문답서를 만들었는데 「하이델베르크 교리문답서(Heidelberg Katechismus)」(1563)가 그것이다. 프리드리히 3세의 뒤를 이어 한 세대가 지나기 전 나사우(Nassau), 헤센(Hessen), 안할트(Anhalt)의 제후들이 루터주의에서 독일 개혁교회로 전향했다. 마침내 프로이센의 선제후인 요한 지기스문트(Johann Sigismund, 1572~1620)와 그의 가족이 1613년 루터파에서 칼뱅파로 개종하는 사건이 일어났는데 선제후 자신이 독실한 칼뱅주의자였다.

루터파의 주요 근거지 중 하나였던 프로이센의 백성들은 이에 강력하게 반발했다. 군대의 지휘관과 관료 조직을 거의 독점하던 귀족들 역시 루터파로 남아 있었다. 칼뱅파는 소수였다. 단지 도시의 중간층이 왕실과 마찬가지로 칼뱅파에 속해 있을 뿐이었다. 선제후의 신앙이 곧 그 지역 주민들의 신앙이 된다는 신앙속지주의 원칙을 현실화하기에는 지기스문트의 정치적 부담이 너무 컸다. 다수의 루터파와 충돌을 피하는 것이 최선의 방법이었다. 그는 백성들에게 종교의 자유를 부여하는 관용을 베풀기로 결정했다. 그것은 신앙과 양심의 자유를 보호하겠다는 의지에 따른 조치라기보다 루터파와 칼뱅파의 충돌을 피하려는 정치적인 조치였다. 그럼에도 그 조치는 후에 프로이센이 종교적 관용을 베푸는 나라로 되는 발판이 되었다.

사태가 이렇게 되자 3명의 프로테스탄트 선제후 중 2명이 칼뱅주의자로 전향했고 작센의 선제후만 루터주의자로 남게 되었다. 이 2명의 선제후를 비롯한 개혁교회 영주들은 루터파 영주들보다 훨씬 공격적이었다. 그들은 1555년 종교화의에서 아직 법적 지위를 보장받지 못했기 때문이었다. 프리드리히 3세와 그의 후계자들은 제국 내 프로테스탄트 신앙의 주도권을 행사하고 싶었지만, 다른 프로테스탄트 영주들이 요지부동이거나 적대적이라는 것을 발견하고 프랑스의 위그노(Huguenot)나 네덜란드의 개혁파에게 도움을 얻고자 했다. 그러나 이때까지 독일 개혁교회는 사실 커다란 동력을 지니지 못하고 있었다. 서유럽의 칼뱅주의와 달리 그들은 상인이나 진취적인 귀족의 자발적인 세력이 아니었고 영주들의 지원에 기대면서 영방국가의 통제 아래 있었다. 칼뱅주의의 성장에는 명백한 한계가 있었고 루터주의를 파고들기는 했지만 가톨릭교도 사이에는 영향력을 거의 갖지 못했다. 그럼에도 칼뱅파의 이러한 확대는 기독교 분파 사이에 경쟁과 갈등을 부추기는 중요한 요소로 작용했고 한 세대에 걸쳐 계속된 길고 긴 전쟁의 첫 번째 원인이 되었다.

30년 전쟁의 두 번째 원인은 점차 긴장을 높인 원천이기도 한 제국 내 가톨릭 개혁의 확산이었다. 남부 독일 바이에른은 새로운 가톨릭의 열정과 정치 세력의 핵심이었다. 바이에른의 알브레히트 5세(Albrecht V, 1550~1579)는 트리엔트(Trient) 공의회에서 만든 개혁적 조치들의 실현을 열정적으로 추진했다. 그는 바이에른 의회에서 프로테스탄트 귀족과 시민들을 추방함으로써 의회를 완벽하게 장악했고 16세기 말 바이에른에서 다른 어떤 독일 영주들보다 절대적인 통치를 시행할 수 있었다.

독일의 다른 지역에서도 가톨릭은 많은 개종자를 얻었다. 1580년과 1610년 사이 많은 도시에서 프로테스탄트들이 추방되었는데 쾰른, 아헨(Aachen), 스트라스부르크, 뷔르츠부르크(Würzburg), 밤베르크(Bamberg), 뮌스터, 파더보른(Paderborn), 오스나브뤼크(Osnabrück) 등에서 그렇게 되었다. 독일의 주요 도시에서 가톨릭은 학교와 대학을 세우고 젊은 왕자들에게 특수 교육을 실시했다.[6]

1609년 모든 징조가 아우크스부르크 종교화의의 종말을 보여주었다. 1608년 독일 정부들의 집합체인 제국 의회가 중단된 것은 프로테스탄트 대표자들이 회의를 거부했기 때문이다. 1608년 5월 팔츠의 선제후가 앞장서고 공격적인 프로테스탄트 영방 군주 대부분이 참여해 뇌르틀링겐(Nördlingen) 근처 아우하우젠(Auhausen)에 있는 수도원에 모여 자체 방어를 위한 프로테스탄트 연맹을 결성했다. 이에 맞서 1609년 6월 바이에른 대공이 주도해 가톨릭 영주들이 가톨릭 동맹을 결성했다. 두 진영 영주들 모두 아직은 공포에 떨고 있는 아마겟돈(세계 종말에 일어날 최후의 전쟁이 벌어질 장소로 신약성서 요한계시록에 등장하는 가상의 지명) 군대에 지나지 않았다는 사실은 강조되어야 하겠다. 작센의 선제후가 팔츠의 칼뱅주의 선제후와 연합하려 하지 않았기 때문에 프로테스탄트 연맹은 그다지 강력하지 않았고 가톨릭이 다소 유리했다. 바이에른은 재정 상태가 괜찮은 데다가 교황의 지원을 기대할 수도 있었다. 그러나 가톨릭 동맹 역시 오스트리아 합스부르크가와 바이에른 비텔스바흐(Wittelsbach)가 사이의 적대감 때문에 프로테스탄트와 비교해 훨씬 강력하진 않았다.

그렇지만 신앙의 대립은 정치적 상황과 결합해 치명적인 결과를 낳을 수 있을 정도로 격화되고 있었다. 양측은 점차 전쟁 상황으로 빠져들고 있었다. 당시 신성로마제국 주민들이 그들의 도시와 지방에 문화적으로 결속된 정도는 근대인들이 자신의 나라에 문화적으로 결속되어 있는 것과 마찬가지였다. 사람들은 자신들의 운명이 말과 생각이 다른 이방인들과의 협동에 의존해야 한다는 사실을 받아들이기 어려웠다. 그저 불편하지만 가까이 살아야 할 뿐이었다. 정치가들은 정치와 경제 대신 이데올로기적 냉전을 수행하고 있었다. 제국 내 프로테스탄트와 가톨릭 영주들은 힘의 균형을 유지하기 위해 서로 조심하고 있었다. 루터주의 영주가 가톨릭으로 개종하거나 그 반대 상황이 벌어질 때마다 그 갈등을 지역에 묶어두려는 외교적 노력이 기울여졌다.

그러나 다양한 영주국의 대표들은 전체 영역을 효과적으로 포괄하는 유일한 제도인 제국 의회에 참여해 중요 현안을 해결하려는 대신 제각각 문제 제기를 했다. '제국'이란 공동체의 빈약한 협동 정신마저 점차 사라지고 있었고 냉전은 점차 뜨겁게 달아올랐다. 교착 상태에 빠진 양측의 지도자들은 서로 상대를 자극하는 조치를 하는 것으로는 문제를 해결할 수 없으리라는 생각을 하기 시작했다. 그러나 작은 실수나 우연한 사건이 가끔 새로운 국면을 만들어내는 촉진제가 되기도 하는 법이다. 사건의 발단은 엉뚱한 곳에서 터졌다.

1618년 5월 23일 프라하의 개신교 귀족들이 보수적인 가톨릭 인사 2명을 창밖으로 던져버리는 일이 벌어졌다. 합스부르크가 황제가 임명한 프라하의 통치자와 그의 관리였다. 이 행위는 합스부르크가 대공 페르디난트 2세(Ferdinand II, 1578~1637)의 보헤미아 지배권을 인정하지 않겠다는 선언이나 마찬가지였다. 개신교 귀족들은 1619년 8월 팔츠의 프리드리히 5세(Friedrich V, 1596~1632)를 보헤미아의 왕으로 선출해 합스부르크가의 가톨릭에 맞서겠다는 의지를 분명히 했다. 그러나 제국의 황제가 된 페르디난트 2세는 곧 전열을 정비해 프리드리히 5세를 폐위했고 폐위당한 프리드리히 5세는 네덜란드로 도망갔다. 페르디난트 2세의 군대는 이어 팔츠를 공격해 정복했고 팔츠의 통치권을 바이에른의 막시밀리안 1세(Maximilian I, 1573~1651)에게 넘겼다.

보헤미아에서 시작된 전쟁은 중부 유럽으로 번졌다. 1623년부터 1629년까지 이어진 30년 전쟁의 두 번째 단계는 덴마크의 왕 크리스티안 4세(Christian IV, 1577~1648)가 개입해 네덜란드에서 전쟁을 치른 시기였다. 페르디난트 2세의 군대는 1626년 크리스티안 4세를 물리치고 슐레스비히(Schleswig)와 위틀란트(Jütland)를 회복했다. 덴마크에 승리한 페르디난트 2세는 1629년 브레멘(Bremen)과 마그데부르크, 북부 독일 주교구들에서 가톨릭을 회복하고 500개 이상의 수도원을 되찾았다.

이에 스웨덴의 왕 구스타프 2세 아돌프(Gustav II Adolf, 1594~1632)가 전쟁에 개입해 1632년까지 독일에서 가톨릭과의 전투를 지휘했다. 1631년의 전투에서 승리한 구스타프 2세 아돌프(이를 기념해 1832년에 설립한 구스타프 아돌프 재단은 고통받는 지역 교회들을 지원하는 일을 했다)는 독일 프로테스탄트에게 구세주로 칭송을 받았으나 1632년 안개 속에서 벌인 작센의 뤼첸(Lützen) 전투에서 패해 사망했다. 지휘관을 잃은 스웨덴 군대는 1634년 전멸하다시피 패배했고 그의 왕위를 계승한 딸이 가톨릭으로 개종하는 일까지 벌어졌다.

양측 모두 지친 상태에서 이제 막 전쟁을 끝내려던 참에 1635년 5월 말 프랑스가 이 전쟁에 적극 개입했다. 프랑스는 프로테스탄트들을 도우려고 한 것이 아니라 합스부르크가와 스페인과 황제를 위축시키는 데 목적이 있었다. 그러나 오랜 전쟁은 어느 편에게나 무리였다. 1641년 마침내 스웨덴, 프랑스, 합스부르크가 황제가 평화 협상을 시작했다.

이 전쟁은 몇 가지 점에서 두드러진 특징을 보여준다. 전쟁 발발 5년 후부터 주요 전투 부대는 비독일인으로 구성되었으나 전투는 거의 전적으로 독일 영토에서 벌어졌다. 외국 군대가 독일 여러 지역에서 살인, 약탈, 방화, 강간을 일삼으면서 이전보다 훨씬 잔인한 상황이 전개되었다. 전쟁은 전투장이 된 독일 전역의 거의 모든 부문에 걸쳐 상처를 깊게 남겼다. 세상에 태어나 오로지 전쟁만을 보다 죽어간 세대가 생겼으니 그 결과는 참혹할 수밖에 없었다. 어떤 사람이 1640년대 말 동북부 독일 폼메른(Pommern)에서 출발해 메클렌부르크를 거쳐 브란덴부르크, 마그데부르크, 튀링겐을 지나 남부의 팔츠와 슈바벤으로 여행하면서 황폐해진 마을을 셀 수 없이 많이 보았고 한 번이 아니라 서너 번이나 약탈당한 도시들을 지나갔는데 어떤 경우에는 살아남은 사람들이 다른 사람을 잡아먹었다고 전했다.[7]

전쟁의 지속과 뒤이어 나타난 전염병과 경제적 불황은 전쟁의 그림자를 짙게 남겼다. 도시들은 주민의 약 1/3을 잃었고 농촌 지역은 2/5를 잃었다.[8] 1620년에 1600만 명이던 제국 내 인구가 1650년에는 크게 줄었다. 일부 역사가의 주장처럼 1000만 명까지 줄어들지는 않았지만,[9] 전투 중에 벌어진 약탈과 방화로 목숨을 잃은 사람들도 많았고 전쟁의 여파로 번진 전염병과 기아로 죽은 사람은 더 많았다. 한 예로 뷔르템베르크의 제국 도시인 로이트키르히(Leutkirch)의 한 프로테스탄트 교회 목사는 자신이 맡고 있는 신자들 중 413명의 어른과 269명의 어린이가 죽었고 37쌍의 부부와 19명의 어린이가 살아남았을 뿐이고 로이트키르히의 가톨릭 교구에서는 1500명의 교구민 가운데 기껏 100명만 살아남았다고 보고했다.[10]

인구 감소는 사회구조 변화를 동반했다. 특히 농촌 사회의 계층 변화를 가져왔다. 도시인구 감소에 따른 식량 수요 축소는 곡물시장을 황폐하게 만들었고 농부들에게 견디기 어려운 부담을 안겼다. 뮌헨(München)과 아우크스부르크 그리고 뷔르츠부르크에서 1669~1673년 당시 호밀 가격은 전쟁 직전 가격의 거의 1/4로 떨어졌다. 빚을 갚지 못한 농부들이 날품팔이로 몰리고 있었다. 많은 농부가 딸들을 농촌에서 일하는 날품팔이나 일용 노동자에게 시집보내면서 자신의 사회적 지위가 하락했음을 실감하고 있었다.[11] 한편, 엘베강 동부의 토지 소유주들의 경제 기반은 곡물 수출이었으므로 귀족들은 농민들을 희생양 삼아 오히려 재산을 증대시켰다.

중세 봉건제의 근간이던 장원(莊園)*이 전쟁 동안 피폐해진 경우도 있었지만, 귀족의 영지들은 여러 이유로 오히려 강화되었다. 우선 영방 군주의 재정에 장원이 필요했다. 영방 군주들의 세수원인 토지, 재판정, 통행세, 광산, 기타 왕의 소유물들이 전쟁과 경제적 어려움을 맞아 흔들리고 있었고 화폐 가치 하락으로 많은 토지와 권리를 팔아야만 할 처지에 놓였다. 그러나 이런 조치는 세수가 점차 줄게 만든다는 점에서 문제를 악화시켜 영방 군주들이 "자

---

* 중세 유럽 영주가 지배하는 넓은 농경지로서 자급자족적인 경제생활 단위였다. 정치적으로 장원은 영주의 봉건적 지배를 강화하는 한편 왕권의 약화를 가져왔다.

기 것으로" 살아가는 것을 더 어렵게 만들었다. 영방 군주들은 하급 귀족들의 도움을 받아야 했다. 그러기 위해서 작은 땅을 소유한 개인들을 상대로 동의를 얻어내고 협상을 벌이는 것은 비효율적이었다. 좀 더 단위가 큰 장원을 가진 소수의 토지 귀족들과 거래를 하는 편이 편리하고 또 유리했다. 귀족들 역시 그들의 주군에게 일정한 세금을 보장해주고 교환할 때 양보를 얻어내는 것이 유익하다고 판단했다.[12] 두 번째로 장원을 제도로 고착시킨 요소는 지배 군주 가문 내 형제와 사촌 사이에 끊임없이 이어진 내부 갈등과 전쟁이었다. 이럴 경우 싸우게 된 양쪽 모두 도움을 받을 만한 다른 수단이 없어 "시골"의 지원을 얻어내려고 했다. 장원 귀족은 자주 중재자로서의 역할을 맡았다. 조약이나 협약을 보증하기도 하고 앞으로 왕자가 다스리게 될 지역의 섭정을 맡기도 했다. 변경백과 도시 사이의 중재자 역할도 그들의 몫이었다.[13] 이런 이유로 오래전부터 존속해온 장원에 토대를 둔 귀족들의 지위는 30년 전쟁의 영향으로 오히려 강화되었다. 그들은 장교로 군대에 복무함으로써 절대주의 국가에서 자신들의 기반을 계속 굳건히 유지할 수 있었을 뿐 아니라 행정 관리와 외무 관리가 됨으로써 입지를 더욱 넓혀갔다.[14]

정치적으로도 독일 영주들은 좀 더 강력한 권력을 잡게 되었다. 바이에른의 막시밀리안 공작은 30년 동안 한 번도 의회를 소집하지 않았고 "급박한 전쟁 상황은 법의 울타리를 넘어서는 것"이라고 선언했다.[15] 독일에서 영방 제후의 권위는 비록 그 단위는 작았지만 절대주의로 향하고 있었다. 영방의 권력이 강화된 것에 비례해 독일의 민족적 통일은 좀 더 멀어졌다. 영토의 극심한 분열은 영주들에게 재정을 보호할 수단을 강화해준 반면, 영방이 국가로서 주민 중 훌륭한 능력을 갖춘 인재를 양육하고 보호해줄 만큼 충분히 강력해지는 데 실패하게 했다. 이런 추세는 유럽 다른 나라에서 일어난 일반적인 흐름과 대단히 달랐다. 한편, 전쟁은 도시 주민의 삶과 문화가 정체되도록 만들었다.

물론 몇몇 예외가 있기는 했지만 대부분의 지역이 정체를 피하기는 거의 불가능했다.

전쟁에 지친 사람들은 평화 축제를 통해 전쟁의 기억을 떠나보내려 노력했다. 1650년 뉘른베르크 평화 축제와 특히 그해부터 이어진 아우크스부르크 평화 축제는 프로테스탄트 신자들 내부의 결속력을 다지는 기회가 되기도 했지만, 기본적으로 베스트팔렌 강화조약이 가져온 '평화'에 대한 감사의 자리였다.16) 이들 축제는 거꾸로 사람들이 전쟁의 기억을 얼마나 잊고 싶어 했는지, 그 전쟁이 얼마나 참혹했는지를 설명해준다. 영국의 한 역사가는 이렇게 말했다. "30년 전쟁은 유럽 역사에서 가장 무의미한 갈등이었다."17)

사실 기독교의 가르침은 전쟁이 정당화되는 경우를 제한해왔다. 전쟁은 예수 그리스도의 윤리와 합치하지 않는다고 이해해 정당한 이유가 있고 평화를 실현하겠다는 의지가 강하고 전쟁 선언이 공권력으로 뒷받침되며 그 수단의 적절성이 전투에서 지켜지는 경우, 그리고 전쟁이 목표를 달성할 최후 수단일 경우와 성과를 얻으리라는 전망이 확실한 경우로 제한했다.18)

하지만 전쟁에 정당성을 부여하는 신학적 발전은 이미 오래전에 나타났고 30년 전쟁은 그것의 현실화였다. 정치적 야망과 종교적 열정이 결합해 무려 30년 동안이나 유럽 중부 대륙 대부분의 나라가 이 전쟁에 개입했고 그 결과 나라 전체를 이전의 어떤 경우보다 극심한 고통 속에 몰아넣었다. 30년 전쟁은 정치와 종교가 하나가 되는 것이 결코 바람직한 결과를 낳지 못한다는 것과 그 무엇보다 종교적 열정이 갖는 위험을 여실히 보여주었다. 정치는 종교와 무관한 세속적인 분야로, 종교는 개인의 양심에 맡겨두어야 한다는 것이 30년 전쟁의 교훈이었다.

그럼에도 30년 전쟁은 아무런 결과를 남기지 않았다고 말할 수는 없다. 30년 전쟁을 마무리하면서 100여 년에 걸친 종교적 갈등 또한 새로운 국면을 맞왔기 때문이다. 1648년 베스트팔렌에서 맺어진 기본 합의(베스트팔렌 평화협정)*는 세 가지였다. 독일 내 가톨릭 측 대응종교개혁이 봉쇄되었고 북부 독일에서 프로테스탄트 세력에 반대하는 세력 형성이 중지되었다. 그리고 무엇보다 칼뱅주의가 제국 내에 공식적으로 수용되었다. 비록 영주의 선택에 따르기는 했지만, 루터교회 지역이 개혁교회로 혹은 그 반대로 이동하는 것이 가능해졌다. 그 결과 제국의 북부 절반은 거의 완벽하게 루터파가, 남부 절반은 마찬가지로 견고하게 가톨릭이 장악했고 개혁파는 라인(Rhein)강을 따라 협소하지만 길게 자리를 잡을 수 있었다. 이로써 독일 내의 현상 유지는 세 분파 모두 어떤 경우에도 신성불가침의 원리가 되었다. 이 기본 원칙을 토대로 그 후 약 150년 동안은 개인의 양심을 침해받지 않는 관용의 정신과 종교의 자유가 뿌리를 내렸다.

그러나 사회적·경제적으로 그 지위가 강화된 영방 군주들은 오히려 교회까지 국가기관으로 만들었다. 앞에서 본 대로 독일의 루터주의를 채택한 영방 군주들과 루터주의 교회는 전쟁의 교훈이 가리키는 방향과 정반대로 나아가고 있었다. 관청 종교는 더 이상 흔들리지 않는 뿌리 깊은 거목으로 자라고 있었다. 반면, 유럽의 다른 나라들에서는 서서히 세속화, 즉 국가와 교회의 분리가 진행되어 뿌리를 내리려 하고 있었다. 하지만 독일의 루터교회는 이 과제를 먼 미래로 밀어내고 말았다.

---

* 협상과 조약은 뮌스터와 오스나브뤼크에서 진행되었다. 가톨릭 도시 뮌스터에서는 정치 문제를 다루고 프로테스탄트 도시 오스나브뤼크에서는 종교 문제를 주로 다루었다. 그 후 오스나브뤼크는 베스트팔렌주에서 떨어져나갔다.

3. 반유대주의와 마녀사냥 그리고 종교적 관용

1) 반유대주의의 재등장

불행한 시대에는 희생양을 필요로 하는데 피해를 입는 쪽은 거의 언제나 사회적 약자들이었다. 특히 많은 도시에서 일어난 반란이 반유대인주의(Anti-Semitism)적 성격을 띠기 시작했다. 기독교도들의 눈에 유대인들은 도저히 받아들일 수 없는 특성을 지니고 있어 영원히 사회질서의 외부에 존재하는 사회집단으로 보였다.

이미 예루살렘 회복을 위한 십자군 전쟁에서 유대인 살육을 자행했고 1492년 스페인에서 무슬림이 정복한 이베리아반도를 재정복한다는 재정복(Reconquista)의 기치 아래 유대인을 대대적으로 추방했던 유럽 기독교의 반유대주의는 종교개혁가 루터에 의해 오히려 강화되어 있었다. 루터는 1523년 「예수 그리스도는 유대인으로 태어났다(Jesus Christus war ein geborener Jude)」라는 글을 쓸 때까지는 유대인에게 적대적이지 않았다. 그러나 그의 노력에도 불구하고 유대인 선교는 성과를 얻지 못했다. 루터가 선교를 강조한 것은 순수한 독일적 애국주의라는 그의 생각과 강하게 결합되어 있었다.[19] 따라서 루터의 실망은 컸던 것 같다.

처음에 루터는 "모든 이스라엘이 구원을 받을 것이라"는 바울의 선언을 그대로 믿었다. 바울은 일찍이 로마서 2장 25~27절에서 세상의 종말에 유대인들이 신앙으로 돌아올 것이라고 설명했고 이를 유럽 기독교 세계의 많은 사람이 받아들이고 있었다. 처음에 루터는 이와 관련해 예언자 이사야의 "주님께서 시온에 속량자로 오시고 야곱의 자손 가운데서 죄를 회개한 사람들에게 오신다"(이사야 59:20)라는 구절을 유대인들이 그리스도 안에서 구원받을 수 있다는 예언으로 이해했다. 그러나 루터는 점차 이 해석에 반대하는 방향으로 옮겨갔다. 유대인들이 그의 시대에 기독교로의 개종을 거부하는 것은 세상 마지막까지 지연하는 것, 즉 "종말론적 유보"가 아니라 신에 의한 그들을 향한 처벌의 시작이라고 점차 확신했기 때문이다.[20] 그래서 루터는 바울의 해석으로 겪었던 한때의 혼란을 극복하고 유대인의 구원 문제에서 이 구절에 의존하는 것을 명백하게 거부했다.[21] 1542년 루터가 발표한 「유대인과 그들의 거짓말(Vonden Juden und ihren Lügen)」은 그의 이런 입장을 분명히 한 글이었다.

루터에 따르면 유대인들은 개종하도록 예정된 사람들이 아니었다. 이 세상이 존재하는 동안도 아니었고 세상이 종말을 맞을 때도 개종하기로 예정되지 않았다. 루터는 생의 마지막에 『탁상담화(Tischreden)』(1566)에서 유대인 문제를 깊이 생각했다. 그는 설교를 통해 마지막 날이 참으로 가까이 왔다고 말하면서 유대인들이 보여주듯이 회개하지 않기 때문이라고 덧붙였다.[22] 그는 그리스도인들이 유대인들이 당한 것과 같은 파괴를 당한다면 마지막 날에 얼마나 슬퍼하게 될지를 상상하면서 예루살렘의 파괴를 안타까워했다. 루터는 유대인들이 예수가 메시아라는 사실을 믿게 할 자신의 목적을 이루지 못하자 이를 계기로 반유대주의로 돌아섰는데 그는 한때 지친 나머지 자신의 대대적인 반유대인 캠페인을 끝내기로 결심하기도 했으나, 죽는 날까지 그의 반유대주의는 계속되었다.

루터는 유대인 추방에 동의했다. 유대인들이 여러 나라를 고리대금 관행에 붙잡아두기 때문이었다. 여러 나라가 자신들의 자유를 잃어버렸다고 불만을 터트리고 있다고 루터는 말했다.[23] 루터의 반유대인 논리는 돈의 생산성을 상징하는 자본주의적 관행에 대한 불만과 결합하고 있었다.

아무튼 루터에 의해 오히려 강화된 반유대인 정서는 유대인들이 독일인들의 경제적 이익을 가로채고 있다는 의구심으로 증폭되었다. 프랑크푸르트의 장인들과 상인들은 네덜란드인들과 유대인들이 이주해온 것이 경제 불황의 원인이라고 생각했다. 도시민들의 불만은 1614년 8월 유대인들에 대한 대대적인 테러로 이어졌다. 시민들이 유대인들의 집을 약탈했고 그들을 도시 바깥으로 추방했다. 그러나 실제로 유대인들의 경제활동은 도시경제에 활력을 불어넣고 있었고 그들을 대체할 만한 경제 능력을 갖춘 인재들이 드물었다. 1616년 시의회는 이 반란의 주동자를 처형하고 유대인들의 안전을 보장했다. 유대인들이 다시 프랑크푸르트로 돌아왔고 반란의 와중에 파괴되었던 유대인 공동체도 서서히 복구되어 유대인들은 이전의 경제적 위상을 되찾을 수 있었다.

그러나 종교개혁은 독일에서 유대인의 사회적 안전을 보장하는 데 아무런 기여도 하지 못했을 뿐 아니라 루터의 신학은 오히려 위기의 시기에는 언제든지 유대인을 희생양으로 삼을 수 있는 논거를 제공하고 말았다. 유감스럽게도 루터의 반유대주의는 17세기 30년 전쟁 동안 이미 19세기와 20세기 독일 역사에서 끔찍한 현실로 드러날 일들을 예견할 수 있게 했다.

2) 마녀사냥

불안의 시대에 유대인 외에도 또 다른 희생양이 된 사람들이 있었는데 이른바 '마녀'로 지목된 사람들이었다. 이런 사람들은 중세에 이미 '개발'되어 종교개혁 시대에 줄어들기는커녕 오히려 늘어났다. 1580년부터 16세기 말까지 그리고 30년 전쟁이 계속되던 기간과 같은 위기의 시기에 마녀재판이 급격히 증가했다. 잠시 중세로 돌아가자.

원래 이단이란 말은 "천진무구한 사람"이라는 뜻을 지닌 그리스어 "카타리(καθαρή, Kathari)"에서 나왔으나, 중세에는 가톨릭교회가 잘못된 신앙이라고 정의한 신앙을 의미했다. 사실 다수에게서 종교적 이유로 거부당한 소수자가 이단이 된 사례가 많았다. 그런데 왜 희생자들 대다수가 여성이었을까? 당시 여성은 보호받지 못하는 집단이었다. 가난, 외모, 가족 상태(독신) 등에서 남다른 사람들은 그 사회의 외부인이었고 이 외부인들은 때로 십자가에 달리고 화형에 처해졌는데 여기에 여성에 대한 비하와 차별이 덧붙여졌다. 특히 14 ~15세기의 경제적 극빈 시대에 대중의 불안이 싹텄다. 이때 마녀가 아닌 모든 주민과 공권력이 마녀 추방에 나서도록 부추기는 이른바 '전선투쟁(Front-streik)'이 형성되었다. 불안에 대처하는 방편으로서 마녀 추방이 일종의 대중운동이 되고 있었다.

그러나 그에 대한 이론적 근거는 희미했다. 마침내 1487년 도미니크 수도승 2명이 마녀를 어떻게 다룰 것인가를 제안한 『마녀망치(Hexenhammer, 라틴어 원서명 Malleus Maleficarum)』라는 책을 써 마녀와 이교도 구별 안내서로 사용하게 했다. 마녀가 존재한다는 민간신앙이 교리로서 체계화되었고 신학적 정당성이 확보되었다. 이 책은 당대로서는 놀랍게도 약 3만 부나 인쇄되었다.[24] 이후 마녀사냥이 증가했을 뿐 아니라 특히 여성을 마녀로 처형하는 사례가 늘어났다. 마녀재판의 희생자는 80% 이상 여성이었다. 마녀재판은 사회적 약자를 희생양으로 삼아 정치 질서를 안정화하거나 내부 비판자를 제거하는 방법으로 이용되기 시작했다.

장 보댕(Jean Bodin, 1529~1596)은 자신의 경험을 이렇게 기록하고 있다. "흑사병으로 주민 수가 감소하자 노동력의 수요가 높아졌다. 피임과 낙태에 관한 산파들의 지식은 주민 수를 늘리려는 권력층의 이해와 대립했다. 여성의 건강은 임신 횟수가 많을수록, 그리고 가족의 생계는 살아남은 어린이들의 수가 많을수록 위험에 빠졌다."[25] 의료를 담당할 사람이 없는 시골에서 산파로 일하거나 허브를 잘 아는 여성들은 특히 위험한 마녀였는데 그들은 자연 치료제 외에도 출산을 조절하기 위해 독과 다른 수단을 이용할 줄 알았다. 여성 사망의 가장 높은 원인이 해산이었던 시기에 그들은 여성의 보호자였다. 또한 산파에 대한 민중의 신뢰가 높았다는 점도 산파가 마녀사냥의 대상이 된 원인이었다.

마녀를 구별하는 객관적 방법은 없었다. 마녀로 지목된 사람을 도르래 한쪽 끝에 매달아 강물에 내려서 살려고 물에서 헤엄치면 마녀이고 물속으로 가라앉으면 죄가 없었다. 혹은 무거운 돌을 달아 내려서 물속에 잠기지 않는 경우에만 죄가 없다고 판단했다. 바늘로 찔러 통증을 느끼지 못하면 마녀가 아니었다. 결국 고문에 의한 자백이 유력한 증거였다. 대중도 자신의 결백을 위해 다른 사람을 마녀로 지목하는 일이 발생했는가 하면 마녀로 지목된 여인에게 특정인을 해롭게 하는 고백을 강요하기도 했다.

종교개혁 시대에 루터는 면벌부 판매를 반대했고 미신적인 신앙에도 반대한 사람이었다. 그러나 1545년 루터가 쓴『로마교황청에 반대하여(Wider das Papsttum zu Rom)』의 표지에는 교황의 입에서 온갖 마귀들과 사탄들이 쏟아져 나오는 그림이 그려져 있다.[26] 루터 역시 마녀와 사탄의 존재를 믿었고 자신의 적대자들을 마귀나 사탄으로 보았다는 증거이다. 마녀사냥은 최소 5만에서 최대 20만 건에 이른 것으로 추정되는데 다른 어느 시기보다 16, 17세기에 비교할 수 없을 만큼 집중적으로 일어났다.[27] 이 사실은 종교개혁의 근대성을 의심하게 만들고 종교 분쟁이 마녀사냥을 더욱 부채질했다는 것을 의미한다.

스페인과 폴란드 사이 여러 지역에서 가톨릭과 프로테스탄트 가릴 것 없이 마녀사냥이 횡행했다. 특히 남, 서부 독일에서만 1561년부터 1670년 사이에 3229명의 마녀가 처형되었고 스위스 칸톤(canton, 주에 해당)의 하나인 보(Voud)에서만 1591년에서 1680년 사이 3371명이 형틀에서 죽었다.[28] 1660년대와 1670년대 사이에 한자동맹에 속한 독일 북부 도시 렘고(Lemgo)에서는 시장

헤르만 코트만(Herman Cothman, 1629~1683)이 마녀재판을 이용해 정적들을 모두 화형대에 매달아 죽이는 공포정치를 했다. 그는 '마녀시장'이라고 불렸다.[29] 이 지역들은 신앙심이 높은 지역들이지만, 고문을 통해 다수를 마녀로 처형해 신앙심이 마녀사냥을 막아주기는커녕 오히려 부추겼을 가능성을 높였다. 반면, 잉글랜드에서는 마녀로 조작하는 고문도 없었고 또 처형을 피할 수 있는 방법도 있었다.

결국 마녀재판의 종식은 18세기의 계몽주의를 기다려야만 했다. 그사이에 재판제도가 도입되었는데 비밀재판이 원칙이었고 성직자와 관료들이 재판관으로 활동했으며 반드시 증인(피해를 입은 사람, 피혐의자의 적대자, 이미 마녀로 지목된 사람, 어린이)의 증언을 청취한 후 판결을 내리도록 규정했다. 마녀재판에 대한 비판자들도 나타났다. 특히 프리드리히 폰 슈페(Friedrich von Spee, 1591~1635)는 1631년에 『범죄의 담보(Cautio criminalis)』라는 책을 익명으로 출판해 마녀라는 자백을 얻어내기 위해 동원하는 고문이 왜 진실을 밝히는 수단이 될 수 없는지를 자세히 논증함으로써 그 후 마녀재판이 줄어드는 데 이바지했다. 그에 이어 크리스티안 토마지우스(Christian Thomasius, 1655~1728)가 마녀재판에 반대했고 프로이센의 왕은 1714년 마녀 추방을 제한하는 법령을 공포했다.[30] 17, 18세기 계몽주의 저술가들은 개인의 인권을 존중해 마녀들을 추방하거나 박해하는 것에 반대했다. 몽테스키외(Montesquieu, 1689~1755)는 기독교도들에게 로마제국에서 소수자로 박해받았던 과거 기독교도들을 상기할 것을 주문했다. 볼테르(Voltaire, 1694~1778)는 교회의 비관용에 엄중한 경고를 보냈고 마법에 기초한 사고를 웃음거리로 만들었다.

근대적인 교육과 의학이 발전하면서 이상한 행동을 유발하는 히스테리(Hysterie)가 영적인(때로는 육체적인) 질병으로 받아들여진 것도 마녀사냥의 폐지에 이바지했다. 프랑스에서는 1745년, 독일에서는 1775년에 마녀사냥이 종말을 고했고 스위스에서는 1782년 안나 괼디(Anna Göldi, 1734~1782)가 독일어권 최후의 마녀로 기록에 남았다. 마녀사냥은 사라졌지만 오늘날에도 소수자를 배제하는 마녀재판 '관행'은 우리 곁에 서성이고 있어 마녀재판의 역사를 되새길 이유를 제공하고 있다.

3) 프로이센의 종교적 관용과 그 한계

30년 전쟁의 결과로 독일에서 가톨릭과 루터파 그리고 칼뱅파의 공존을 위한 토대가 마련되었다. 특히 프로이센은 하나의 영방 안에서 칼뱅주의를 인정했을 뿐 아니라 이에 그치지 않고 종교의 관용으로 전진한 좋은 예이다. 프로이센에서 종교의 관용이 정착한 중요한 계기는 선제후 자신과 그의 가족이 1613년 루터파에서 칼뱅파로 개종한 사건이었다. 프로이센 백성들이 이에 강력하게 반발했고 귀족들 또한 루터파로 남아 있었다. 사태를 진정시키기 위해 제후는 백성들에게 종교의 자유를 부여하는 관용을 베풀기로 결정했다. 이는 루터파와 칼뱅파의 충돌을 피하려는 정치적인 조치였다.

그 후 프로이센의 대선제후 프리드리히 빌헬름 1세(Friedrich Wilhelm I, 1620~1688)는 1685년 포츠담(Potsdam) 칙령을 발표했다. 프랑스의 루이 14세(Louis XIV, 1638~1715)가 개신교도들에게 종교의 자유를 인정했던 낭트(Nantes) 칙령을 철회한다고 발표하고 위그노를 추방하자 쫓겨난 위그노가 프로이센에 정착하는 것을 돕겠다고 선언한 것이었다. 그 결과 1만 5000명의 위그노가 프로이센으로 이주했다. 이러한 종교 관용의 전통은 흔히 '대제'라 불리는 프리드리히 2세(Friedrich II, 1712~1786) 시대에도 이어졌다. 그는 심지어 이렇게 말했다. "터키인들과 이교도들이 프로이센에 와서 정착하겠다고 한다면 우리는 그들을 위해 회교 사원과 이교 신전을 지어주어야 할 것이다. 사람들은 누구나 그들 나름대로 구원을 얻기 때문이다."[31] 그의 시대에 잘츠부르크 대주교 레오폴트 안톤 폰 피르미안(Leopold Anton von Firmian, 1679~1744)이 자신의 교구에서 1731년부터 1732년 사이에 2만 1000명의 프로테스탄트를 추방하는 사건이 일어났다. 이때 프리드리히 대제는 이들을 프로이센 동부 지역에 정착하도록 했다. 프로이센 동부 지역은 아직 개발이 이루어지지 않았고 인구도 적었는데 프로이센 정부가 종교 관용을 베푼 이면에는 이런 현실을 타개할 목표도 있었던 것 같다. 그곳은 환경이 워낙 열악해 이주 10년 안에 이주민의 약 25%가 수명을 다하지 못하고 사망했다.

프로이센에 정착한 위그노와 개혁교회 신자들 역시 이러한 관용 정책에 보답이라도 하듯이 프로이센의 학문과 문화 발전에 크게 이바지했다. 한 예로 베를린(Berlin)에 대선제후의 아내인 소피 샤를로테(Sophie Charlotte, 1668~1705)와 위대한 철학자 고트프리트 빌헬름 라이프니츠(Gottfried Wilhelm Leibnitz, 1646~1716)의 후원 아래 과학연구소가 창립되었을 때 창립회원 1/3이 프랑스 사람들이었다.*

이런 사례들을 보면 프로이센은 독일 국가들 중에서 종교 자유가 가장 잘 보장된 나라 중 하나였다. 그러나 동시에 프로이센은 정부가 교회에 대한 통제권을 확고히 틀어쥔 나라였다. 그래서 실제로 프리드리히 대제와 같은 계몽군주조차 자신이 "루터교의 황제"라도 되는 듯이 행동했다. 영주 아래 행정기구로서 비밀위원회를 설치했듯이 그는 영지 내 단위 지역들 차원에서도 그대로 적용되는 교회 통제 기구를 두고 감독했다. 이미 국가기구가 된 교회를

---

* 프로이센의 위그노는 프랑스의 백과전서를 집필하는 데도 중요한 역할을 했던 경력이 있어 독일의 학문 발전에 크게 이바지했다. 1689년 베를린에 개교한 프랑스 학교는 프로이센에서 가장 훌륭한 학교로서 수많은 귀족 자제에게 당대 선진 교육의 기회를 제공했다. 프리드리히 대제를 비롯한 유럽의 모든 "계몽 군주들"은 프랑스의 계몽주의에서 체제 개혁의 자극을 받고 있었다.

국가의 감독 아래 둠으로써 교회를 그야말로 이중으로 포위된 국가기관으로 만들었다.[32] 프로이센의 종교 자유는 국가 통제라는 울타리를 벗어날 수는 없는 제한된 자유에 지나지 않았다.

하지만 독일에서 세 교파 사이에 끔찍한 추방과 상호 공격은 일어나지 않았다. 종교적 예전을 두고 일어나는 논쟁이야 있었지만 그런 논쟁은 언제나 있었던 일상적인 일에 지나지 않았고 또 가톨릭 지역에서 프로테스탄트들을 추방한 사례도 있었지만 세 분파 사이의 관용은 기본 원칙으로 확고하게 자리를 잡았다. 특히 1740년과 1793년 사이 프로이센의 동방 팽창에 힘입어 주민의 2/5가 가톨릭교도가 됨으로써 루터의 영방 교회를 비롯해 가톨릭과 칼뱅주의 개혁교회 등 세 교파가 "동등 체제(Paritätssystem)"를 이루게 된 후에는 종교 관용이 더욱 강화되었고 1803~1806년에 이르기까지 개인의 신앙 양심과 종교 자유라는 원칙은 깨지지 않았다.

제2장

경건주의의 형성과 계몽주의의 도전

18세기 말까지 독일에서 교회는 개인 생활이나 공공 생활 모두를 지배하는 강력한 힘이었다. 루터교회와 개혁교회 그리고 가톨릭교회는 기독교의 전통을 보존하고 그 문화를 개인과 사회에 심었다는 점에서 여전히 종교적인 삶뿐 아니라 인문적(人文的) 관습을 지키고 지도하는 힘이었고 이를 토대로 직접 정치적 발언권을 행사하거나 세속 지배 질서와 강하게 결합해 절대주의적 영방 국가를 지원했고 그 대가로 교회도 실질적인 혜택을 입었다.

그러나 이 시기는 독일 사회가 근대화로 가는 시기였다. 근대 이전 사회에서 교회와 정치의 관계는 매우 밀접했지만 근대화는 이 관계의 재편을 요구하고 있었다. 무엇보다 교회 내부조차 근대화를 지지하는 세력과 근대화에 저항하는 움직임이 대립했다. 어떤 사람들은 "정통 교리의 수호"를 내걸었고 다른 사람들은 "경건주의(Petismus)"를 제안했다. 또한 계몽주의에 반대하는 움직임이 나타나 '신앙의 복고'를 시도했으나 사회의 변화와 함께 진행된 신학적 합리주의를 완벽하게 저지하지는 못했다. 물론 각 진영이 표면에 내세운 구호에는 언제나 그랬듯이 사회적 고려를 반영하고 있었다.

1. 성직자들의 삶과 사회적 역할

19세기로 넘어가는 시기까지 독일인 대부분은 농촌에 살았다. 그래서 농촌 지역 성직자들의 삶과 역할은 중요한 의미를 지녔다. 반면, 도시에서 생활한 성직자들의 수는 적었지만 도시가 농촌을 지배했듯이 도시 성직자들 또한 농촌 성직자들을 지도했고 또 정치 세력과 밀접한 관계를 맺으면서 농촌 교회들을 중앙 정치의 일부로 만들었다.

먼저 인구 변화부터 알아보자. 18세기 중엽 이전에 세 번째 확대기를 맞았던 유럽 인구와 마찬가지로 독일 인구 역시 이때부터 크게 증가하기 시작했다. 1750년경 독일 인구는 1600만 명에서 1800만 명 사이였는데 1800년경에는 2300만~2400만 명으로 증가했다. 이 성장기에 독일의 많은 시골에서도 인구 성장의 분명한 증거가 나타났다. 농촌의 사회적·경제적 환경 탓에 농촌 사회의 발전을 가로막는 족쇄들이 아직 존속했지만, 그리고 산업혁명이 그 족쇄들을 제거하기 훨씬 전이었지만 증가세는 뚜렷했다. 시골 지역의 인구가 1750년과 1800년 사이에 50% 이상 증가하는 일은 드물지 않았고 어떤 지역에서는 100%까지 증가했으며 그 결과 땅을 갖지 못하거나 부족한 농촌 하층이 폭발적으로 확대되었다.[1]

19세기로 넘어가는 시기에 독일 인구는 유럽의 다른 나라와 비교해도 적지 않았다. 프랑스만이 2700만 명으로 독일을 앞서고 있었고 영국은 1100만 명이었다. 이때 러시아는 3800만 명이었다. 독일의 1km²당 인구 밀도는 40~45명이었고 프랑스는 50명, 영국은 약 58명이었다. 독일 인구의 약 90%는 많아야 인구 5000명을 가진 지역을 포함하는 시골에 살고 있었던 것으로 보이고 도시에 사는 사람은 인구의 10% 정도였다. 도시 주민 중 47%는 인구 5000~2만 명 정도의 소도시에 살았고 약 38%가 주민 2만~10만 명 사이의 중간 크기 도시에 살고 있었는데, 브레슬라우(Breslau)와 뮌헨이 각각 4만 명과 6만 명, 뉘른베르크와 아우크스부르크가 각각 4만 5000명과 6만 명이었다. 도시 인구의 약 15%만이 인구 10만 명 이상 대도시에 살았는데 베를린의 인구는 20만 명이었고 함부르크는 10만 명의 인구를 갖고 있었다. 당시 독일 도시들은 인구 성장에 중요한 역할을 하지 못했다. 놀랍게도 신속한 고도성장은 기껏해야 작은 경작지를 소유한 부르주아의 도시들이 있는 "평면 지역"에서 일어났다. 예컨대 슐레지엔(Schlesien), 동프로이센(Ostpreußen), 폼메른 등의 연간 성장률은 1750년 이래 자주 인용되는 잉글랜드와 웨일스(Wales)의 성장률을 넘어섰다.[2]

이렇듯 농촌과 도시를 가리지 않고 증가하는 인구는 자연히 성직자들의 역할을 중요하게 만들었다. 성직자의 대부분이 시골에 거주했고 시골과 도시의 교구 담임 목회자들이 국가교회의 근간을 이루고 있었다. 루터파와 개혁파 목회자들은 각기 자신이 거주하는 지역 공동체에서 존중받는 사람들이었는데 그들에 대한 존중은 다른 무엇보다 독일어로 설교한다는 사실에 기인했다. 이 점은 이해하기 어려운 라틴어를 사용해 근엄하게 성례전을 집전하는 가톨릭 성직자들과는 두드러지게 대비되는 인상적인 요소였다.

그러나 농촌 교구 담임 목회자들은 예외 없이 자신이 속한 지역 공동체에서 낮은 지위를 차지했다. 새로 등장한 프로테스탄트 목회자 집단에는 귀족 출신이 전혀 없었던 것이 한 요인이었고 그 대신 프로테스탄트 목회자 수요가 아주 많아진 시대에 도시의 소부르주아지가 이 직업군으로 밀려들어 왔기 때문이다.[3] 18세기에는 아직 신학 공부가 신분 상승 사다리의 아주 낮은 계단에 지나지 않았다. 신학생들의 형편도 그다지 좋지 않았는데 능력이 뛰어나거나 후원자를 가진 학생들은 장학 재단이나 대학에서 장학금을 받았지만, 적지 않은 학생들이 배를 채우기 위해 자선의 손길을 기다려야 했고 빈자리가 나기를 기다렸다 개인 교습이나 글쓰기 아르바이트 혹은 성가대에 자리를 얻어 그 대가로 연명해야만 했다. 대학 졸업 시험을 통과한 후에도 많은 목사 후보자들은 가정교사나 학교 교사로 끼니를 이어야 했다. 때로는 전임자의 과부나 딸을 아내로 맞이하는 방법으로 좀 더 빨리 자리를 잡기도 했다.[4]

프로테스탄트 성직자 중 도시에 거주한 사람은 소수였다. 도시에서 그들은 궁정 설교가, 총감독, 대성당 설교가 등의 지위를 가졌다. 이들은 프로이센에서는 관료로서 국가의 차상위층을 이루는 부르주아적 상류층에 속하거나 함부르크에서는 존중받는 도시 부르주아지로 구성된 문벌 또는 명사 집단과 결혼할 수 있었다. 물론 신학대학 교수는 선망의 대상이었다. 교수직은 경제적 안정을 보장했을 뿐 아니라 젊은이들을 양육하는 일로 명망을 주었고 또한 신앙 문제로 열띤 논쟁을 벌일 때는 결정적인 역할을 할 수 있었기 때문이었다.

교구 담당 성직자들의 경제적 지위는 그다지 높지 않았다. 종교세나 각종 예전 비용 등에서 정기적으로 받게 되는 연봉이 기껏 150탈러(Tale), 많아야 300탈러 혹은 플로린(florin)에 지나지 않았다.* 이에 반해 대성당 설교가의 연봉은 600탈러를 넘었고 작위를 받은 일부 궁정 설교가는 무려 2000탈러를 받기도 했다. 연봉만으로 가족과 함께 생계를 꾸리기가 어려웠던 교구 목회자들은 부속 경작지에서 얻는 소득을 합쳐 겨우 살아야만 했다. 대부분 종래의 성직록(聖職錄) 외에 많은 시간을 들여야 하는 다양한 부업을 병행했다.[5]

프로테스탄트 성직자들에 비해 가톨릭 성직자들은 여전히 사회 특권층이었다. 가톨릭 선제후나 주교들은 귀족이거나 대부분 제국 기사들이었다. 트리엔트 공의회의 개혁 조치에도 불구하고 많은 성직자가 여러 개의 성직을 겸직

---

* 탈러는 15세기부터 19세기에 걸쳐 프로이센, 작센, 바이에른 등 독일 각지에서 발행된 공인 은화로 1탈러는 프로이센의 마르크(Mark)로 약 3마르크에 해당했다. 플로린은 1252년 피렌체에서 발행한 화폐였는데 후에 신성로마제국 여러 지역에서 이를 본떠 금화와 은화를 주형했다.

했고 심지어 신학 지식이 전혀 없는 사람도 있었다. 그들은 성직자로서의 임무는 아래 사람들에게 맡기고 세속적인 생활을 즐겼다.[6]

개신교 목회자 집단은 경제적 지위와 관계없이 다른 어떤 집단보다 긍정적인 사회적·문화적 역할을 담당했다. 당시 시골에서 목사는 거의 유일한 대학 졸업자였는데 교구 담임 목회자는 여러 학기 대학에서 수학해야 한다는 규정이 1544년과 1600년 사이에 만들어졌기 때문이다.[7] 그가 대학 교육을 받았다는 이 사실이 그에 대한 존중의 근거였다. 실제로 목회자들은 거의 고전 언어의 유일한 독해자였고 그래서 인문 교양을 갖춘 지성인이었다. 목회자는 그의 가족과 함께 매일 마을 사람들과 밀접하게 접촉하는 유일한 문화의 중심이었다. 신앙에 관련된 문제에 대해 목회자 가족이 자문에 응하는 것은 물론이었고 악기를 갖춘 교회 자체가 음악의 중심이었으며 책을 가진 지식인이 살고 있는 교회는 독서 문화의 구심점이기도 했다.

목회자들이 시골에서 누린 이런 지위는 목회자 가족의 문화 수준이 일반 가정에 비해 실제로 높았기 때문에 가능했다. 목사의 자녀들은 어린 시절부터 가정의 지적인 자극과 교양을 존중하는 문화적인 분위기에서 교육받으면서 자랄 수 있었다. 이를 통해 인문 교양인으로서 또는 목회를 담당할 학자로서의 자질이 오랜 세월을 거쳐 형성되었다. 이 과정에서 목회자 부인인 사모의 역할이 대단히 중요했다. 당시 목회자 사모의 절반 이상이 목회자 가정에서 자란 사람들이었기 때문에 이미 오랜 가정교육을 통해 교양을 쌓았고 힘든 역할을 견디면서 잘 감당할 인성 교육을 받은 사람들이었다.

목회자들이 문화적 역할을 담당했다는 사실은 두 가지 사회적 결과로 나타났다. 하나는 17세기 이래 독일 학자들과 저술가들 중 목회자 아들이 차지하는 비중이 압도적으로 높았다는 점이다. 안드레아스 그리피우스(Andreas Gryphius, 1616~1664) 고트홀트 에프라임 레싱(Gotthold Ephraim Lessing, 1729~

1781), 크리스티안 퓌러히테고트 겔레르트(Christian Fürchtegott Gellert, 1715 ~1769), 요한 크리스토프 고트셰트(Johann Christoph Gottsched, 1700~1766), 크리스토프 마르틴 빌란트(Christoph Martin Wieland, 1733~1813), 크리스티안 루트비히 렌츠(Christian Ludwig Lenz, 1760~1833), 크리스티안 프리드리히 다니엘 슈바르트(Christian Friedrich Daniel Schubart, 1739~1791), 마티아스 클라우디우스(Matthias Claudius, 1740~1815), 고트프리트 아우구스트 뷔러거(Gottfried August Bürger, 1747~1794), 장 파울(Jean Paul, 1763~1825), 하인리히 크리스티안 보이에(Heinrich Christian Boie, 1744~1806), 프리드리히 빌헬름 요제프 폰 셸링(Friedrich Wilhelm Joseph von Schelling, 1775~1854), 슐라이어마허 등이 모두 목사 아들이었고 사무엘 푸펜도르프(Samuel Pufendorf, 1632~1694), 헤르만 콘링(Hermann Conring, 1606~1681), 요한 슈테판 퓌터(Johann Stephan Pütter, 1725~1807), 아우구스트 루트비히 슈뢰처(August Ludwig von Schlözer, 1735~1809), 크리스티안 프리드리히 슈피틀러(Christian Friedrich Spittler, 1782 ~1867), 아르놀트 헤르만 루트비히 헤이렌(Arnold Hermann Ludwig Heeren, 1760~1842), 프리드리히 폰 뮐러(Friedrich von Müller, 1779~1849), 요한 구스타프 페르디난트 드로이젠(Johann Gustav Ferdinand Droysen, 1838~1908), 크리스티안 마티아스 테오도어 몸젠(Christian Matthias Theodor Mommsen, 1817~1903), 레온하르트 오일러(Leonhard Euler, 1707~1783), 빌헬름 에두아르트 베버(Wilhelm Eduard Weber, 1804~1891), 카를 프리드리히 싱켈(Karl Friedrich Schinkel, 1781~1841) 등 수백 명의 인물들도 마찬가지였다.[8]

　　사회적 결과의 다른 하나는 많은 목사와 사모가 목회자 가정에서 배출됨으로써 모집단(母集團) 충원율이 대단히 높았다는 사실이다. 18세기 폼메른 성직자 가운데 55%의 목사, 64%의 사모가 목회자 가정 출신이었고 뷔르템베르크에서도 그랬다. 목회자의 신분 자긍심이 이러한 두드러진 사회적 재생산을

낳았다.[9)]

그러나 교구 담임 목회자들은 중앙의 감독에서 자유롭지 않았다. 만약 정기적으로 '설교 리뷰'를 주도(主都)로 보내지 않으면 주교나 순시 감찰관의 통제를 받아야 했다. 게다가 한 영지 내 수많은 교구 목회자가 산재해 있어 그들을 행정에 동원하는 것이 영방국가에 대단히 유익했고 그 반대급부로 목회자들에게 정치적 기회가 주어졌기 때문에 영방국가 또한 그들에게 세속적인 임무를 부과했다. 목회자들은 국가와 그들 자신의 현실적인 필요 양쪽에서 떠밀려 어디에서나 점차 "국가의 행정 관료"가 되어갔다.

예컨대 바덴의 한 목사는 교회 관련 활동 외 마을 행정, 관리 선발, 산파 선택, 호적 등기, 주민 계수, 징집자 명단 작성, 극빈자 보호 등의 임무를 맡고 있었다. 또한 학교와 종교 법정을 관리했고 비행 청소년 처벌까지 담당했다. 브란덴부르크에서도 성직자가 징집을 위한 지역별 명단 작성, 주민 통계표, 세금 고지서 등을 맡고 있었다.[10)]

교구청은 "영방 군주를 위한 법규들의 출판 기구"였던 셈이고 목사가 '제복을 입은 경찰관'으로서 수행하는 역할을 감찰하기도 했다. 목사들은 학교 감독과 교회 양육을 통해 적지 않은 권위를 획득하고 있었지만 동시에 그들은 상급자에게서 감독받는 처지였다. 지역 성직자가 융커(Junker)* 에게 고용되듯이 교구청 책임자들은 국가에 고용되어 있었다.

이렇게 되자 영혼을 돌보는 목회자 본연의 임무는 뒤로 밀려나고 이른바 "경찰목사"(때로 사람들은 목회자를 "비밀경찰"이라고 불렀다)로서의 활동과 자신과 가족의 생존 보장 활동이 앞자리를 차지했다. 성직자들은 제후들을 지도

* 16세기 이래 독일 프로이센의 엘베강 동부에 대토지 소유자들이 나타났다. 이들 귀족은 예속 농민을 동원해 자신의 영지를 경작케 했는데 이러한 토지 경영을 구츠헤어샤프트라고 하고 융커는 이들의 후예로서 고위 관료와 군 장교로 진출했으며 의회에서는 자유주의적 개혁에 반대하는 보수주의자들로서 활동했다.

자로 인정하는 데 그치지 않고 설교 강단에서 제후들이 공포한 칙령을 교인들에게 읽어주면서 그 명령에 따를 것을 권유하는 일을 일상적으로 감당하고 있었다.[11]

한때 리페(Lippe) 교구청에서 근무했고 후에는 바이마르(Weimar)에서 교구 총감독으로 일한 바 있는 요한 고트프리트 헤르더(Johann Gottfried Herder, 1744~1803)는 이렇게 압축해서 말했다. "설교자는 국가의 권위와 영주의 절대 권력 아래 기껏 습관적인 설교가로, 농부로, 리스트 작성자로, 비밀경찰로서 존재할 뿐이다."[12] 곧바로 독일 프로테스탄티즘의 가장 중요한 인물 중 하나로 떠오르게 될 슐라이어마허는 당시 슈톨페(Stolpe)에서 궁정 설교가로 일하고 있었는데 이렇게 비탄했다. "일반화한 경멸, 상급자만을 바라보는 관행, 완전히 세속적인 사고방식 등은 목회자가 그 고유한 목표에서 동떨어지게 만드는 모든 요구 사항에서 나오는 자연스러운 결과이다."[13]

독일 칼뱅주의 개혁교회 역시 서유럽 국가의 개혁교회와 다른 조직으로 발전했다. 서유럽 다른 국가들에서 개혁교회는 총회를 거쳐 교회법을 만드는 '총회식 교회법(synodale Kirchenverfassung)'을 발전시켰다. 그러나 독일에서는 제후가 교회법을 만들었고 프로이센은 물론이고 나사우와 안할트 등지에서도 영주가 만든 교회법이 그대로 수용되었다. 독일 개혁교회는 영주의 통치권 아래 있다는 점에서 루터교회와 다르지 않았고 이 때문에 개혁파 신학자들은 때로 영주와 긴장 관계를 가질 수밖에 없었다.[14]

성직자들이 교회 관료인 동시에 국가 관료가 된다는 것은 직업의 소외(Verfremdung) 및 자유의 상실을 의미하는 대신 신분 유지와 영향력을 보장받는 방편이 되기도 했다. 이들 프로테스탄트 목사들은 국가의 공복(公僕)으로 일하는 것을 기꺼이 받아들였고 대토지 소유자가 농부들의 작은 땅을 매입한다거나 병사들의 노역 혹은 영주의 아내가 영향력을 행사하는 것에 대해 침묵했다. 그들 중 많은 이들은 실용적인 농부나 정원사로서 가축 사육 및 양봉 등을 개선하며 모범을 보이기도 했다. 마치 중세 수도원 수사들이 농사법에서 주변 농부들의 모범이 되었듯이 말이다.

2. 경건주의 운동의 전개

30년 전쟁의 잔혹성과 루터파의 교리중심주의적 신앙에 대한 비판적 인식에서 독일 경건주의 신앙 운동이 태어났다. 경건주의 운동은 18세기 유럽 지성계에 나타난 계몽주의에게도 자극받았다. 독일 계몽주의는 서유럽 계몽주의와 달리 두드러지게 종교의 중요성을 인정하기는 했으나 기존 신학의 도그마에 의문을 제기했고 결국 그 도그마의 지배를 느슨하게 만들었다. 경건주의 전통에 서 있던 신학자들은 이중의 비판자들이었다. 그들은 도그마적인 교리에 비판적이기는 했으나, 기독교 신앙조차 이성의 법칙에 합치해야 한다는 계몽주의 경향에 대해서도 마찬가지로 비판적이었다.

프로테스탄트 교회가 독일 사회에 뿌리내리는 과정에서 비텐베르크를 중심으로 하는 루터교회 정통주의와 예나를 중심으로 하는 온건한 경향 사이에 신학 투쟁이 일어났다. 루터교회 교의학 저서를 낸 마르틴 켐니츠(Martin Chemnitz, 1522~1586)를 시작으로 멜란히톤의 마지막 영향까지도 추방하려 한 레온하르트 후터(Leonhard Hutter, 1563~1616), 아홉 권으로 된『신학대전(Loci theologici)』을 쓴 예나의 요한 게르하르트(Johann Gerhard, 1582~1637), 비텐베르크의 아브라함 칼로프(Abraham Calov, 1612~1686)와 요한 안드레아스 크벤슈테트(Johann Andreas Quenstedt, 1617~1688) 등으로 이어지는 논쟁에서 양측은 의견을 달리했고 다른 한편으로 칼뱅주의자들과도 성례전 논쟁을 계속했다.

이론 투쟁에 지나치게 열정을 소비한 나머지 영적인 면에서 둔감해졌고 예전에서는 기계적 형식주의가 지배하게 되었다. 이에 대한 반작용으로 루터파와 개혁파 모두에서 경건주의 운동이 나타났다. 경건주의자들은 그저 교회에 나가는 관습적인 신앙생활을 거부하고 신앙 공동체 안에 생생하게 살아 있는 경건에 관심을 기울였다. 그들은 딱딱한 설교 대신 영적 돌봄, 성례전을 통한 집단 경험 대신 개인의 경건한 삶을 향한 열망으로 나아갔다. "그리스도를 따르는" 삶으로 가는 개인의 "회개"와 "각성"을 거쳐 신앙의 "내면성"을 계발하고 심리적 정화에 이르고자 했다. 그 방법은 소그룹을 이루어 기도하고 성서 공부를 하는 것이었다. 이 운동은 곧바로 베스트팔렌과 뷔르템베르크 등 독일 여러 지역에서 반향을 얻었고 19, 20세기를 넘어 현재까지 영향을 미치고 있다.

독일 경건주의의 뿌리가 된 요한 아른트(Johann Arndt, 1555~1621)는 안할트 출신으로 처음에는 첼레(Celle)에 있는 브라운슈바이크-뤼네부르크(Braun-schweig-Lüneburg) 영주 지배지의 교회를 관리하는 지도자였다. 그가 편찬한 『진정한 그리스도교에 관하여(Vom wahren Christentum)』(1610)라는 제목의 책은 루터교 교리의 영적 계몽서라고 할 만한 책으로 대중의 호응을 얻었는데 그는 회개를 설교했고 진정한 가르침보다 진정한 삶에 주목할 것을 요청했다.

경건주의를 하나의 신앙 운동으로 만든 사람은 필리프 슈페너(Philipp Spe-ner, 1635~1705)였다. 그는 1670년대에 이미 "경건한 모임(Collegia Pietatis)"을 결성해 개인적인 영적 계몽(Aufklärung)을 시도했고 후에는 성서를 실제로 사람들에게 안겨준 성서 읽기 운동으로 발전시켰다. 교리보다 성서 주석, 이론보다 실천에 더 많은 노력을 기울인 그는 『경건을 향한 열망(Pia Desideria)』(1675)을 출간해 헌신하는 삶과 더불어 예수 그리스도와 더 깊은 인격적 사귐을 갖는 데 새로운 관심을 가져야 한다고 주장했다.

이 책에서 슈페너는 예배에서 성서를 읽고 개인적으로 성서를 공부하고 새로 만들어진 공동체에서 성서를 두고 서로 대화함으로써 하나님의 말씀을 반드시 확산시킬 것, 루터가 지향했던 만인사제주의를 실현할 것, 이웃 사랑 등 기독교의 가르침을 실천할 것, 기독교 내부의 분쟁을 끝낼 것, 신학 연구에서 실천 지향성을 확보할 것, 설교에서 학자연하기보다 신앙을 강화할 것 등의 개혁을 제안했다.15)

슈페너의 주장은 곧바로 커다란 지지를 얻었고 독일 내 여러 지역에서 영적 계몽의 시간을 갖는 작은 모임들이 형성되었다. 이 작은 모임을 남부에서는 "시간(Stunde)"라고 줄여 불렀는데 이를 통해 슈페너가 라틴어로 "교회 안의 작은 교회(ecclesiola in ecclesia)"라고 부른 핵심 공동체가 만들어졌다.16) 경건주의 운동의 영향 아래 세례에 대한 새로운 이해가 나타났는데 아직 판단력을 갖추지 못한 어린이가 받은 유아세례는 소년이나 어른이 되면 스스로 신앙을 고백해 보완해야 한다는 생각이 등장한 것이다. 그러나 대부분의 경건주의자들은 유아세례를 그대로 따랐다.

한편, 슈페너 주변에서 자신들을 교회에서 격리하는 과격 분리주의자들(Separatisten)이 나타났다. 이 분리주의자들 가운데 요한나 엘레오노라 페터센(Johanna Eleonora Petersen, 1644~1724) 부인은 가장 탁월한 인물이었다. 그녀는 원래 슈페너 주변 귀족 가문 출신으로 다섯 살 아래 시민 계층 출신 신학자와 결혼했고 그의 남편은 뤼네부르크에서 영방 교회 관리인이 되었지만 1692년 신학적 입장 때문에 그 지위를 잃어버렸다. 그녀는 남편과 함께 종교적 자서전을 펴냈는데 이 책에서 그녀는 자신의 종교적 발전을 서술했을 뿐 아니라 수많은 '비전들'에 대해 썼다. 그녀는 다른 사람에게는 감추어진 "신의 비밀들"을 보게 되었고 그중에는 성령으로서 신은 여인의 모습을 하고 있었다거나 성령의 히브리어인 "루아흐(רוח)"는 여성이고 구약성서에서도 여성의 품성을 가진 분으로 그려지고 있다는 등의 내용을 자서전에 서술했다.[17] 그녀 주변 인물들은 교회에서 나와 독립 공동체를 세웠다.

할레(Halle)에서 경건주의 운동을 지도한 인물은 아우구스트 헤르만 프랑케(August Hermann Francke, 1663~1727)로 아직 수세를 면치 못했던 경건주의를 확장시켰다. 그는 할레를 경건주의의 높은 성으로 만들었고 "보이지 않는 교회"라는 이상을 실현하기 위해 가난한 자들의 학교, 시민 학교, 고아원, 라틴 어학원 등을 설립했다. 이 학교들은 30년이 경과하는 동안 할레를 진정한 교육 도시로 만들었고 1727년에는 170명의 교사들이 1700명의 학생을 가르치고 있었다. 프랑케는 독일에서 처음으로 교사라는 직업을 가질 사람들을 가르친 사람이었고 처음으로 수업에 실습을 도입한 사람이었다. 그는 학생들이 책으로만 공부하는 것이 아니라 주변 사물과 동식물을 통해 배우게 했다. 또한 그는 소녀 교육을 지원했다.

한편, 프랑케는 자기 학생들이 회심했기를 그리고 회심하기를 기대했을 정도로 회심을 강조했는데 그에게 회심은 진정한 그리스도인이라는 증거였기 때문이다. 1687년 프랑케는 뤼네부르크에서 학생으로서 설교 준비와 관련해 깊은 종교적 위기를 겪었고 갑작스러운 회심을 경험하게 되었다. 그의 표현에 따르면 "회개"와 "계시"가 나타났다. 그리고 의심이 사라지고 양심이 되살아났다. 프랑케와 그의 추종자들이 이룩한 또 하나의 특별한 공헌은 사람들에게 성서를 배포해준 것이었다. 1710년 "성서제작협회(Bibelanstalt)"를 세워 3년 반 만에 3만 8000부의 신약성서를 배포함으로써 종교개혁 200년 후 독일 프로테스탄트 교회에서 성서가 "민중의 책"이 되게 했다.

부퍼탈(Wuppertal)과 라인강 저지대과 뷔르템베르크에서는 시민층과 농민들이 이 운동에 결합했지만 북동 독일 도시들에서는 특히 귀족 집단 안에 경건주의의 중심지가 형성되었다. 작센에서 귀족 출신의 니콜라우스 루트비히 폰 친첸도르프(Nikolaus Ludwig Graf von Zinzendorf, 1700~1760) 백작이 이 운동에 활력을 불어넣었다. 그는 슈페너와 할레인들에게서 영향을 받았으나 후에는 독립적인 경건주의 생활 공동체를 만들었다. 1722년 헤른후트(Herrnhut)에서 시작한 이 공동체의 기본 규칙은 모라비아 형제단(Brüderhof Mähren)* 전통에 뿌리를 두고 있었지만 그의 지도력이 중요한 역할을 했고 헤렌하그(Herrnhaag), 마리엔보른(Marienborn), 몽미라일(Montmirail), 차이스트(Zeist), 니스키(Niesky), 사렙타(Sarepta) 등 독일 여러 지역과 스위스, 러시아, 아메리카 등지에 많은 공동체가 형성되는 계기가 되었다. 친첸도르프는 루터주의에 깊이 뿌리를 내리고 있었지만 다른 분파, 심지어 유대교에 대해서도 아주 개방적이었다. 그가 보기에 각종 분파들은 원칙적으로 똑같은 정당성을 가졌고 인간을 인도하는 신의 도구일 따름이었다.

많은 경건주의자에게 나타나는 특징 중 하나는 그들이 미래와 관계를 갖는 종말론을 강조했다는 사실이다. 그들은 개인의 미래보다는 세상의 미래에 관심을 가졌고 평화롭고 정의로운 새 세상, 즉 하나님의 나라가 지상에 실현되기를 기대했다. 이런 종말론적인 희망과 고려는 뷔르템베르크의 경건주의자들과 급진적 경건주의자들에게 특별히 강력하게 대두했지만 슈페너 역시 "새로운 시대"를 향한 희망을 말했고 유대인의 기독교화와 교황제의 종언이 있을 것으로 전망했다.[18]

경건주의자들은 가정생활에서도 가족 간의 돈독한 사랑과 엄격한 가정교육을 실천했다. 그들은 자신들의 집단 내 신분 장벽을 경멸해 철폐했고 모든

---

* 후브마이어가 이끌었던 니콜스부르크의 재침례파 생활 공동체에는 메렌(모라비아)에서 온 사람들이 많았다. 그래서 메렌의 형제단으로 부르기도 한다. 메렌은 한때 인구 감소로 토지를 경작할 사람이 없어 재침례파를 비롯해 많은 이주민을 받아들였으나 경제 상황이 호전되자 재침례파가 떠나기를 종용했다.

신자가 신 앞에서 평등하다는 평등사상을 실천했다. 루터의 만인사제주의는 경건주의 안에서 '처음으로' 실현되었다. 나아가 경건주의자들은 영방 교회 교리에 피상적으로 만족하는 것에 공공연한 불신을 드러내 관청 교회에 대한 항의를 가르치고 실천했다는 점에서 사회 비판적 역량이 있었다고 볼 수 있다.[19] 경건주의가 이룩한 신앙의 개인화는 실제로 인간의 미래에 대한 낙관주의적 전망을 열었다. 이런 점에서 경건주의는 곧이어 나타난 계몽주의와 결합해 신학과 정신의 역사에서 "진보"를 지향하게 만들었다고 할 수 있다.

그러나 경건주의자들은 동시에 이성적 사고 역시 달갑게 보지 않았다. 후에 독일에서 합리주의적·계몽주의적 사상 흐름이 나타났을 때 경건주의는 이에 대한 단호한 반대 세력으로 성장했다. 경건주의자들은 그 개인주의적 경향에도 불구하고 1815년 이후 독일에서 정치적 자유주의가 등장하자 이에 반대하는 사회 세력이 되었다. 당시 프로이센의 부르주아들은 진보적인 정치 문화를 정착시키려 시도했고 프로이센 군대를 장악하고 있던 귀족들은 이에 완강히 반대해 자유주의를 진압하려고 했는데 이때 경건주의 집단이 비록 규모는 작았지만 귀족들의 이데올로기를 강력하게 지지함으로써 그들의 보호막이 되었다.[20] 경건주의자들은 교회와 관료 계층 여러 분야를 폭넓게 지배했고 통일제국 수상을 지내게 되는 오토 에두아르트 레오폴트 폰 비스마르크(Otto Eduard Leopold von Bismarck, 1815~1898)를 비롯해 19세기 수많은 탁월한 보수주의자들의 보수주의 경향을 강화했다. 독일 경건주의는 신앙의 개인화와 실천에 긍정적 영향을 미쳤지만 동시에 독일 계몽주의와 합리적 신학 발전에 본질적인 제한을 가했다고 할 수 있다.

3. 독일 계몽주의와 신학적 합리주의의 등장

　18세기는 계몽의 시대였다. 유럽 여러 나라에서 계몽주의 사상이 발전해 인간과 사회의 변화와 진보에 이바지했다. 그러나 독일 계몽주의는 다른 나라의 계몽주의와 다른 환경에서 발전했고 그로 인해 고유한 특성과 한계를 지니고 있었다.

　다른 무엇보다 18세기 독일 계몽주의 주창자들은 당대 유럽 계몽주의자들을 지배하던 프랑스의 언어와 교육을 배우려는 지배적 경향에 맞서 독일적인 가치를 향한 열망을 드러냈다. 18세기 마지막 3분기에 만개한 독일 철학, 시, 음악은 종교개혁 이후 처음으로 독일을 유럽 지성의 중심지로 만들었는데 계몽주의에서의 이탈과 그에 대한 거부 속에서 내적 동력을 성장시켰다.[21]

　더구나 독일 계몽주의는 정치적·사회적으로 프랑스와 전혀 다른 상황에서 나타났다. 프로이센의 프리드리히 2세가 독일 계몽주의를 이끌었다. 그는 계몽주의에 확신을 가진 사람으로 교회와 학교에 계몽주의를 확신시키는 것을 자신의 의무로 생각하는 계몽 군주였다. 물론 그는 종교적 열광주의와 모든 기독교 분파의 분쟁을 혐오했던 군주였다. 다시 말해 독일 계몽주의는 "아래로부터" 형성되어 사회적 혁명을 추동하기보다는 "위로부터" 주어진 변화였다. 다른 나라에서는 부르주아들이 뒷받침하는 자유 저술가와 저널리스트들이 계몽주의 철학과 사상을 계발하고 전파하는 세력이었던 데 반해 독일에서는 레싱을 예외로 하면 대학 교수들이 그것을 주도했다.[22] 그만큼 기존 질서와 규율을 벗어나지 못했다.

　또 하나의 특징은 독일 계몽주의는 반기독교적인 경향을 보이지 않았다는 점이다. 독일 도시 중 가장 세계에 열려 있는 도시, 서적상과 출판의 도시로 독일 계몽주의를 주도한 라이프치히에서 종교의식의 핵심에 말과 음악을 함께

놓은 루터의 가르침에 충실한 교회음악이 발전한 것은 우연이 아니었다. "모든 시민이 사회학적으로 기독교도"였고 시민 생활과 종교 생활은 구별되지 않았다.[23] 높은 누대에 오른 오르간 연주자는 연주를 하는 것이 아니라 마치 목사처럼 설교를 하는 것 같았다. 이런 도시 분위기를 배경으로 요한 제바스티안 바흐(Johann Sebastian Bach, 1685~1750)는 라이프치히에서 성 토마스 학교의 성가대 지휘자, 라이프치히의 음악 감독 등 여러 가지 일을 했고 후기 루터 교리주의에 가까운 작품들로써 개신교 교회음악의 위대한 전통을 최정상에 올려놓았다.*

라이프치히에서 가까운 도시 할레에서는 크리스티안 볼프(Christian Wolff, 1679~1754)가 계몽된 이성을 강조함으로써 독일 계몽주의의 길을 충실히 예비하고 있었다. 그러나 볼프는 이성과 계시의 조화를 도모했을 뿐 신학을 버리거나 폄하하는 등 기독교에 대립하는 일은 결코 하지 않았다.[24] 독일 계몽주의의 이런 특성은 프랑스혁명 당시 프랑스 계몽 사상가들과 부르주아 세력이 기독교에 적대적이었던 것과 아주 대조된다.

독일 계몽주의는 1740~1750년대 이후 몇십 년 만에 절정기에 도달했다. 교육을 받은 시민 계층이 독일 정신문화의 발흥에 나서면서 새로운 문화 시대를 열었다. 그러나 18세기 독일 정신사를 압도적으로 지배한 사람들은 거의 모두 프로테스탄트들이었다. 유일한 가톨릭 신자는 볼프강 아마데우스 모차르트(Wolfgang Amadeus Mozart, 1756~1791)로서 그만이 자신의 시대와 나라를 넘어 자유롭게 활동했다. 이 점이 독일 계몽주의의 성향을 규정하고 한계를 설정했다. 먼저 주요 인물들의 사상을 간단히 살펴보자.

---

* 그렇다고 바흐의 음악이 전근대적이라는 의미는 전혀 아니다. 바흐는 성악곡 외에 <커피 칸타타(Coffee Cantata)>와 <농부 칸타타(Peasant Cantata)> 등 평범한 일상생활에서도 음악의 주제를 찾았고 특히 <커피 칸타타>에서 부르주아 음료인 커피가 마침내 대중 음료가 될 것이라는 전망을 노래하는 등 근대적 변화에 열린 자세를 보여주었다.

독일에서 경건주의 시대에 계몽주의 철학을 개척한 사람은 라이프니츠였다. 슈페너와 한때 친밀한 교류를 가졌던 라이프니츠는 서유럽의 새로운 철학 사조와 근대 자연과학에서 출발한 인식론을 받아들인 최초의 독일인이었지만 이성과 계시의 대립이 아니라 양자 사이의 조화를 기본 전제로 삼았고 신은 자연적 인과관계를 없애고 기적을 행할 수도 있다고 보았다.[25]

18세기 중엽 영국 이신론과 볼프의 영향으로 독일 신학에 새로운 조류가 형성되었다. 새로운 신학의 전제와 방법론을 받아들인 이 "신해석학(Neologie)"의 대표자는 요한 잘로모 젬러(Johann Salomo Semler, 1725~1791)였다. 그는 구약성서와 신약성서가 역사적 문서로만 의미가 있을 뿐이라고 주장하면서 원래 기독교 역사를 정확하게 복원하고자 노력했다.

신해석학은 기독교의 본질과 가치에 대한 질문을 주요 화두로 삼았다. 교회의 역할과 의미에 관한 논의에서 사회윤리적 동기들을 중요 주제로 전면에 부상시켰고 기독교는 훌륭한 관습과 교양 형성에 기여해야 하고 정치적 진보를 지원해야 하며 실질적인 삶에 이바지해야 한다는 인식을 제기했다. 사실 당시 예배는 많은 경우 국민교육을 위한 하나의 행사에 지나지 않았고 교양인들이 예배를 떠나고 있었다.

1770년대 독일 여론이 주목한 것은 비판 성서학의 발전 초기에 있었던 단편논쟁(Fragmentenstreit)이었다. 이 논쟁에 불을 지핀 사람은 레싱이었다. 레싱은 동양학자인 헤르만 사무엘 라이마루스(Hermann Samuel Reimarus, 1694~1768)가 쓴 『하나님을 합리적으로 경배하는 자들을 위한 변증 또는 옹호서 (Apologie oder Schutzschrift für die Vernünftigen Verehrer Gottes)』(1735~1768년 사이에 저술되었으나 유고로 남겨졌다. 1814년부터 출간을 시작해 1972년에야 완간되었다)라는 방대한 유고집 중 일부 내용을 발췌해 『한 익명인의 단상(Frag-menten eines Ungenannten)』(1774)이라는 책으로 편집해 출판했다. 함부르크에서 교수 생활을 한 라이마루스는 생전에 교회에 충실한 존중을 받는 인물이었는데 그가 남긴 유고집에서 그는 복음서에 있는 모순들을 파헤쳐 기독교의 출현은 예수의 제자들의 속임수라는 주장을 폈다. 지상에 메시아의 나라를 건설하려던 희망을 잃게 된 예수의 제자들이 예수의 시체를 훔쳐 예수가 부활했다는 거짓 주장을 폈고 천국이라는 비정치적인 저승 세계를 향한 신앙을 조작했다는 것이다. 예수 자신이 교회를 만든 것이 아니라 그의 제자들이 교회를 조작했다는 이 책의 주장은 교회의 본질과 가치를 되돌아보게 하려는 의도를 담고 있었다.

레싱이 신해석학을 그대로 따른 것은 아니지만 동시에 교조주의에도 비판적이었다. 인간의 목표인 구원은 단지 이성의 사용이 아니라 완전한 교육과 자신의 역량과 가능성의 자유로운 사용에 있으며 우리 안에 그리고 모든 사물 안에 계시는 절대적인 힘의 작품으로서 이해되어야 한다고 그는 생각했다.[26] 또한 모든 긍정적인 종교는 이런 목표와 관련해 단순히 오류일 수 없고 인류가 완전해지기 위해서는 결정적으로 길을 벗어난 주장들에 오히려 빚을 질 수밖에 없다고 보았다.[27]

이마누엘 칸트(Immanuel Kant, 1724~1804)는 이성주의 신학을 비판적으로 인식했다는 점에서 교회사와 신학에 의미 있는 기여를 했다. 그는 『순수이성비판(Kritik der reinen Vernunft)』(1781)에서 인간의 인식을 분석했다. 영혼, 세계, 신과 같은 궁극적인 인식 대상은 그것을 인식하는 인간 이성이 시간과 공간에 의해 제한되기 때문에 인간의 경험을 통해 무조건 긍정하거나 부정할 수 없다. 예컨대 실재성, 개인성과 같은 여러 속성을 지닌 존재로 스스로를 확인하는 것은 우리의 경험을 넘어서는 것이다. 세계를 하나의 전체, 즉 우주로 파악하는 것 역시 모순으로 이어질 가능성이 크다. 창조된 것들의 존재에서 창조자의 존재로 돌아가고자 하는 모든 신 존재 증명 역시 불가능하다. 이것이

칸트의 선험적 변증법(Transzendentale Dialektik)의 요체였다. 칸트는 신 존재와 영혼의 불멸성의 이성적 증명 가능성을 '이론적' 혹은 '실천적' 이성의 도움으로 이룰 수 있다고 주장하지 않는다는 점에서 계몽주의를 넘어선다. 그 대신 칸트는 윤리적 완성을 향한 양심의 끊임없는 추구가 인간의 불멸성을 드러내는 한 증거로 보았다.[28]

　앞에서 간단히 살핀 대로 독일 계몽주의는 전혀 통일된 이론이나 경향이 아니었다. 그러나 계몽주의에 뚜렷한 한 공통점은 지성주의(Intellktualismus)였다. 이전 세대의 맹목적·권위적 신앙이나 전통에 대한 무조건적 신뢰 대신 개인의 독자적인 이성적 판단이 그 자리를 차지했다. 종교, 도덕, 국가, 헌법, 경제 질서 등은 모두 '자연' 혹은 '이성'에 근거를 두어야 하고 이성의 요구와 일치해야 했다. 국가는 더 이상 종교적으로 정당화되지 않았고 국민과 정부 사이의 '계약'으로 인해 나타난 자연스러운 결과로 이해되기 시작했다. 이러한 생각은 비록 제한적이기는 했지만 절대왕권에 도전하는 정치적 자유주의를 배태할 힘이었다.

　사회적으로 보면 계몽주의는 시민 계층의 등장과 밀접한 관련을 맺고 있다. 절대군주와 귀족들을 권좌에서 몰아내고 시민 계층이 재산의 소유주가 되고 사회를 주도하는 세력이 되고자 했다. 그들의 경제성장이 그것을 가능하게 했고 경제문제를 신학적 진술로 표현하는 대신 사회적·경제적 상황에 대한 과학적 연구를 주창한 경제 이론가들의 뒷받침을 받고 있었다. 계몽주의 사상가들 사이에 강도의 차이는 있었지만 계몽주의는 교회에 의해 선포되었던 종교와 신학 대신 '자연종교'와 '자연신학'으로 그것을 대체하려고 했다. 관습적인 신앙과 기적 신앙을 의문 대상으로 삼고 있다는 점에서 전통 신앙과의 대립은 불가피해졌다.

　실제로 교양 계층의 신인문주의(Neuhumanismus)는 교회의 도그마를 시대착오적인 것으로 보았다. 신인문주의와 함께 전면에 등장한 신학적 합리주의는 교양부르주아 계층의 "탈교회화(Entkirchlichung)"를 촉진했다.[29] 계몽주의가 독일에서 승리를 거두는 것처럼 보였다. 그러나 소수 지식인들을 제외한 여타 계층에서는 종교적 경건이 여전히 지배적인 경향이었다. 신앙이 죽어버린 것이 아니라 오히려 새로운 종교적 부흥이 태동하고 있었으니 경건주의가 18세기 말 이래로 다시 활기를 띠기 시작한 것이다.

계몽주의는 장기적으로 보면 독일 이상주의(Idealismus) 혹은 관념주의가 종교를 대체할 길을 닦았다고 할 수 있고 그 전성기인 19세기 초에는 전통적인 독일 민족의 종교성마저 위협하기에 이르렀다.

아직 그런 사태에 이르기 한참 전에 신학적 합리주의의 도전에 대한 반격이 시작되었다. 반격의 포문은 프로이센에서 열렸다. 프리드리히 대제의 종교 담당 장관 카를 아브라함 체드리츠(Karl Abraham Zedlitz, 1731~1793) 백작이 교회의 합리주의에 공공연히 우호적인 입장을 보였던 것이 화근이었다. 게다가 개혁교회와 정부는 당시 낡은 루터주의의 경직된 신앙에 공동으로 맞선 바 있었다. 프리드리히 대제가 살아 있을 동안에는 국가와 교회가 손잡고 조용히 이런 방향으로 움직이고 있었다. 그러나 프리드리히 대제가 사망하자 심기가 극도로 불편했던 보수주의자들이 반격에 나섰다. 프리드리히 대제의 사망 2년 후 프로이센 종교 담당청 책임자인 요한 크리스토프 폰 뵐너(Johann Christoph von Wöllner, 1732~1800)가 그 반격을 주도했다. 그는 1788년 종교 칙령을 반포해 당국 차원에서 신학적 합리주의를 약화시키고자 했다. 뵐너가 이끄는 종교 담당청은 국가와 교회의 합리주의적 연대를 중단시켰고 정통 신앙인을 비신앙인에게서 분리하기 위해 1791년 일종의 종교재판소 같은 곳을 설치했고 국가 법령이 신앙생활을 배타적으로 규정한다는 점을 분명히 했다.[30]

이러한 복고에 반대해 일단(一團)의 존경받는 궁정 설교가들과 5명의 교구청 고위 관리가 국가가 주도하는 신도그마주의에 용감하게 맞서 노골적인 비판을 제기했다. 이 비판은 대주교에 의해 거부당했지만 그렇다고 뵐너가 승리를 거둔 것도 아니었다. 뵐러의 반계몽주의 계획 또한 폐기됨으로써 사태는 일단락되었다.

합리주의적 경향에 대한 맹목적 저항은 프리드리히 빌헬름 2세(Friedrich Wilhelm II, 1744~1797) 시대에 다시 활기를 찾은 "장미십자형제단(Rosenkreuzer)"*이 하나의 전형이었으나 대중적인 호응을 얻지 못했고 뵐러의 복고 시도 역시 효과를 거두지 못했다. 19세기로 가는 전환기에 베를린대학을 방문했던 철학자이자 과학자인 헨리크 슈테펜스(Henrik Steffens, 1773~1845)는 "교회는 텅 비어 있었고 극장은 사람들로 넘쳐났다"라고 적었다.[31] 유명한 프로테스탄트 목사인 크리스토프 암몬(Christoph Friedrich von Ammon, 1766~1850)은 "그리스도인들의 공동체 의식이 거의 사라지고 있다는 점만이 한심한 게 아니다. 근본 진리에 대한 믿음은 점점 확신과 힘을 잃어가고 그 자리엔 의혹과 무관심이 넘치고 있다"[32]라고 한탄했다.

---

* 1378년 독일에서 태어난 크리스티안 로젠크로이츠(Christian Rosenkreuz, 1378~1484)라는 인물이 창설했다고 전해지는 비밀단체로 1614년 『위대한 장미십자형제단의 선언(Fama Fraternitatis)』(1614)과 이듬해 『장미십자형제단의 고백(Confessio Fraternitatis)』(1615)이 출판되면서 다시 세간의 관심거리가 되었다. 가톨릭에서 이미 등을 돌렸으나 루터주의조차 대안이 될 수 없다고 판단한 독일인들이 유토피아에 연계될 수 있는 새로운 상징체계를 찾으면서 주목받기 시작했고 연금술과 신비주의에 깊은 관심을 보인 것으로 알려져 있다.

제3장

국가교회의 정비와 신학적 대립의 시대

1770~1780년 이래 수십 년 동안 유럽은 "이중 혁명"의 시대를 맞았다. 아메리카와 프랑스에서 시작된 국민국가 건설이라는 정치혁명과 영국이 "세계 최초의 공장"이 되면서 시작된 산업혁명이 그것이었다. 기본적으로 이 이중 혁명은 자본주의화한 시장경제와 시장사회(Marktgesellschaft)에 의해 동력을 제공받았고 동시에 사회적 갈등을 증폭시켰다. 독일 역시 예외가 아니었다. 바로 이 시기에 독일도 독일사를 규정하는 중요한 변화를 경험했다. 근대적 해방운동을 둘러싼 논란과 투쟁이 사회 곳곳에서 벌어졌다. 근대화를 추동한 것은 시민운동이었다. 이익단체들, 정당의 초기 형태, 교육과 학문의 발전, 여론의 소통을 위한 제도들 등을 통해 시민들은 "계몽주의적"·"애국적"·"민족적"으로 사고했고 자유주의와 민족주의를 투쟁의 통합 이데올로기로 삼았다. 산업화가 크게 진전되고 노동자들이 하나의 계급으로 형성됨에 따라 노동자 문제 역시 비켜갈 수 없는 현안 중 하나가 되었다.

"3월 전기(前期)(Vormärz, 1848년 3월 혁명 이전의 시대, 1830~1848년 3월까지를 말한다)"로 가는 도중에 이미 시민 자유주의와 프롤레타리아 노동운동 사이의 공동보조조차 원만하게 이루어지지 않을 것이라는 전망이 나타나는 등

사회적 갈등이 점차 첨예화하고 있었다.

　1830년경 프로이센의 성직자들에게는 보수적인 정치, 사회 제도와 자신을 동일시하는 경향이 있었다. 심지어 종교에 관한 공공 정책에 대해서는 상당히 공격적인 자세를 보였다. 그들은 자유주의적 견해를 무시했고 견해가 다른 사람에 대한 인신공격도 서슴지 않았다. 대립을 피하기 어려운 국면이 곧 도래했다. 독일 프로테스탄티즘에 정통 도그마를 지키려는 세력, 각성 운동, 루터파와 개혁파의 "연합(Union)"을 둘러싼 논쟁 등이 나타났다. 정통주의가 승리를 자축하는 한편, 정치적 자유주의와 결합한 교회 내 자유주의 또한 좌절하지 않았고 세속화라는 지속적인 경향의 관점에서 보면 오히려 극복당하지 않는 세력을 유지하고 있었다고 볼 수 있다. 특히 중요한 변화는 교회의 가르침을 무조건 받아들이는 대신 개인의 독자적인 판단 근거가 될 독일 주민들의 문해력이 상당한 수준으로 성장했다는 것이다. 프로테스탄트 영방국가들에서 문해력은 이 기간 국제적으로 비교하더라도 최상의 위치에 있었다. 김나지움(Gymnasium)은 유능한 학생들에게 사회적으로 개방되어 있었고 개혁적인 대학들은 19세기 후반에 이르면 세계적인 인정을 받을 만큼 최정상의 위치로 발전해 더디기는 했지만 많은 학과가 새로운 사회적 요구에 부응하고 있었다.[1] 18세기에 이미 두터워진 공적인 커뮤니케이션 관계망은 더욱 빨라져 책의 생산이 예상하지 못한 수준으로 신속해졌고 일간신문과 주간잡지의 창간과 발행이 이어졌고 문학, 출판 시장 확대에 힘입어 저널리스트와 저술가 등 시장 종속적인 새로운 직업군이 등장했으며 성공적인 출판사들이 그들의 제국을 건설했다.[2]

1. 프로테스탄트 국교회의 정비

1815~1816년 새로 정비된 독일 영방국가들의 개혁과 통합 과정에 국가는 프로테스탄트 교회의 국교화를 지속적으로 추진했다. 전체 프로테스탄트 교회를 하나의 통합된 관리 조직으로 편성해 단일 조직의 위계질서 맨 상층부에 영주가 총대주교로서의 지위를 갖는다는 계획이었다. 프로이센에서는 그 재조직 과정에 프리드리히 빌헬름 3세(Friedrich Wilhelm III, 1797~1840)가 참여했다. 우선 그는 1817년 9월 다가오는 종교개혁 300주년 기념행사를 개신교의 연합 행사로 치르자고 제안했다.

이 선언이 있기 전 이미 경건주의자들과 계몽주의자들 모두 양 분파의 연합에 찬성하고 있었다. 경건주의자들은 신앙의 복음주의적 내면화를 통해 제도적 전선을 넘어서려고 했고 계몽주의자들은 무의미한 교리적 대립을 무너뜨리려고 노력했다. 자유주의 옹호자들은 교회 '총회법(Synodalverfassung)'을 통해 오히려 국가교회가 완화되지 않을까 기대했다. 이 덕분에 신앙고백에 기초한 개신교 내 분파주의는 상당한 수준으로 약화되었다.

교회의 자율 관리와 독립을 위해 투쟁해온 슐라이어마허 또한 루터주의 교회와 칼뱅주의 개혁교회의 연합을 준비하는 데 온 힘을 기울이고 있었다. 여러 차원에서 이어진 연합 노력은 헛되지 않았다. 바덴, 헤센, 베스트팔렌, 브란덴부르크에서 루터주의와 칼뱅주의의 연합에 동의했다. 1817년 종교개혁 300주년 기념을 앞두고 이미 많은 연합교회(Unierte Kirche)가 탄생했다.[3] 그러나 연합운동은 예전을 둘러싸고 분쟁에 휘말리게 되었다. 킬(Kiel)의 루터파 목사 클라우스 하름스(Klaus Harms, 1778~1855)가 1817년 바르트부르크에서 열린 기념 축제에서 정통주의 루터교의 갱신을 강력하게 요청하는 문건을 돌린 것이 결정적인 영향을 미쳤다. 루터의 95개 논제를 본보기 삼아 95개 논제로 정리한 이 문건에서 하름스는 합리주의와의 연합을 단호하게 반대하는 논지를 폈고 결국 개신교 전체의 연합은 다시 미루어지고 말았다.[4]

이런 논쟁 와중에 프로이센 왕은 총대주교권의 실현을 완전히 관철시켰다. 총대주교로서 영주가 각 교구에 총감독을 임명하도록 한 그의 조치는 영주 절대주의의 마지막 승리였다. 슐라이어마허는 총감독을 "정부의 교회 제독"이라고 풍자했다.[5] 이 총감독이 교구청 수장으로서 교구청 위원들을 지휘하도록 했다. 영주에게 충성스러운 관리가 주교 칭호를 받았다. 이 위계의 일부를 이루는 '관리들'은 고유한 관복을 입고 법적 지위를 갖는 종교 관료가 되었다. 급료는 형편없는 수준이었지만 종교 관료의 지위 자체는 베를린의 종교 담당 장관에게서 직접 수여되는 것이었다. 자유주의적 개혁가들이 주장한 자율 관리는 정통주의자들에게는 "교회의 민주주의"로 통했는데 이를 포기할 수밖에 없게 되었다.

1829년 프리드리히 빌헬름 3세는 다시 프로이센 전역에서 실시할 '예전법'을 요청했다. 이를 통해 왕은 논란의 여지가 없는 최고의 법적 지위를 갖고 마치 최고사령관과 마찬가지로 교회에 명령을 내리게 될 것으로 기대했지만 그것은 왕의 오해였다. 이번에는 그동안 개신교 연합에 조심스럽게 저항하던 이른바 "구(舊)루터교도들(Altlutheraner)"이 낡은 절대주의적 교회 체제로의 회귀에 반대하는 입장을 분명히 했다. 영방국가는 목사의 해고와 자격 박탈과 투옥으로 대응했고 슐레지엔에서는 무장한 군대를 동원하기도 했다. 추방당한 위그노와 잘츠부르크의 개신교도들과 칠러탈러들(Zillertaler)*까지 포용해

---

* 칠러탈러는 티롤 남부 지역 중앙 알프스에 속하는 산들 중 하나로 이 산의 계곡에 살던 사람들은 1525년 가톨릭에 반대해 봉기를 일으켰다가 제압당했다. 그러나 가톨릭 지역이 된 이곳 주민들은 1809년 프랑스와 바이에른(후에 개혁교회를 배제한 순수한 루터주의적 국교회의 전형을 만들었다)의 지배에 반대해 다시 봉기를 일으켰고 그 결과 많은 사람이 이곳을 떠나야만 했다.

받아들였던 관용의 나라는 이제 관용은 고사하고 가차 없는 처단을 채택했다. 이 사건을 계기로 구루터파 교회들은 1841년 브레슬라우에서 총회를 열고 "프로이센 개신교 루터파 교회"로 결합했다.

서부 독일의 개혁교회는 사정이 달랐다. 라인 유역과 베스트팔렌의 교회들은 많은 노력을 들인 결과 자율적인 '교회 총회법'을 지키는 데 성공했다. 이때부터 서부 독일의 장로들과 교회 총회단은 교회 내 공동 결정의 본보기로 작용했는데 이 모범은 1846년 프로이센 최초의 총회에서 다수의 지지를 얻었다.

그러나 교리주의자들은 교회의 자율에 기초하고 있다는 점에서 총회주의를 의회주의의 "교회 내 쌍둥이 형제"로 보고 있었고 교리주의의 대변자인 에른스트 빌헬름 헹스텐베르크(Ernst Wilhelm Hengstenberg, 1802~1869)는 신은 민주적인 구성체가 아니라 통치권에 기초한 국가를 통해 자신의 뜻을 펼친다고 강력하게 주장했다.[6] 왕은 총회를 해산하는 것으로 대응했다. 변화를 꾀하려던 개혁파 성직자들은 통일된 의회, 정치적 자유주의자들 혹은 빛의 친구들 등 다른 개혁 세력에게서 고립되어 있었다. 결국 그들의 노력은 성과 없이 끝나고 말았다. 하지만 그 노력은 여론에 영향을 미쳤고 완전히 무시되지도 않았다.

1820년경 프로이센의 목회자 수는 국가에 의해 5714명으로 정해져 있었다. 이 숫자는 1848년까지 겨우 5783명으로 늘었다. 주민 수는 1000만 명에서 1600만 명으로 교인 수는 600만 명에서 1000만 명으로 증가했다. 대부분 교구의 크기가 폭발적으로 증대함에 따라 성직자들의 역할에 대한 요구 역시 크게 높아졌다. 할 일이 많고 바쁘게 움직여야 했다. 그럼에도 목사의 아들이 목회자가 되는 충원 비율은 대단히 높았다. 한 예로 프로이센 신학 교육의 중심지 비텐베르크에서 1815년부터 1848년까지 목회자 가정 출신 학생은 전체의 33%에 이르렀다. 이에 비해 수공업자 가정 출신은 20%였고 교사 가정 출신

은 15%였고 관료, 장교, 지주 가정 출신은 모두 합해 20%에 지나지 않았다.[7]

주목할 것은 1/3 이상의 학생이 소부르주아 출신이라는 점인데 이들 중 많은 사람이 긴 시간이 걸리기는 했지만 대학 종사자가 되거나 관료로 진출했다.[8] 이들에게 성직자라는 직업은 훌륭한 징검다리 역할을 하는 직종이었다. 신학생 수는 1790년과 1830~1831년 기간 중 1820년에 740명으로 정점에 달한 후 1848혁명의 분위기가 높아가는 시기를 맞아 국가는 교회가 자유주의를 옹호할지도 모른다고 우려했고 교회 억제책의 하나로 목회자 수를 700명으로 오히려 줄였다. 그래서 할레-비텐베르크, 베를린, 쾨니히스베르크(Königsberg), 본(Bonn) 등에서 대학 신학부를 마치는 것이 기회를 잡는 첩경이었다.

한편, 이들 대학에는 모두 30~32명의 정교수, 5~10명의 외래 교수, 학과별 5명까지의 강사들(Privatdozenten)이 학생들을 가르쳤다. 1815년 이후 모든 교수가 같은 급료를 받지는 않았다. 1822년 베를린대학 신학 교수이자 궁정 설교가였던 게르하르트 프리드리히 아브라함 슈트라우스(Gerhard Friedrich Abraham Strauss, 1786~1863)는 1500탈러를 받았다.[9] 훔볼트(Humboldt)대학의 평균 급료는 약 1500탈러였는데 슐라이어마허, 프리드리히 아우구스트 고트레우 토룩(Friedrich August Gottreu Tholuck, 1799~1877), 헹스텐베르크, 카를 임마누엘 니츠(Karl Immanuel Nitzsch, 1787~1868)[10] 오토 폰 게를라흐(Otto von Gerlach, 1801~1849) 등의 인사는 2000탈러 이상을 받았다.[11] 주교 프리드리히 사무엘 고트프리트 자크(Friedrich Samuel Gottfried Sack, 1738~1817)는 주교로 1000탈러, 궁정 설교가로 1600탈러, 감독관으로 300탈러를 받았다.[12] 고액 연봉을 받는 교수들은 "지위와 역할과 권위에 힘입어 공공 생활에서 중요한 역할을 한" 소수 엘리트 신학 교수들에 속하는 사람들이었고 그들의 종교적·정치적 자문 활동과 공적인 입장 표명은 점차 증대하는 교회 내 갈등을 고려하면 중요한 일이었다. 학문적 성과와 영향력 모두에서 가장 두드러진 교수는 슐라이어마허였다.

2. 슐라이어마허의 신학적 대응

1800년경 독일의 정신적 풍토는 서유럽과 대단히 달랐다. 대부분의 서유럽 국가들은 프랑스혁명의 정신과 그 결과를 환영했지만 정치, 경제 구조가 후진성을 벗어나지 못한 독일 사람들은 프랑스혁명의 정신에 동의하기는커녕 오히려 반대하는 경향을 뚜렷이 보여주었다. 계몽주의와 거리를 두려는 지적 분위기는 이미 오랜 전통이 되어 있었다. 이런 환경에서 소수 엘리트 집단이 나타나 정신과 문화의 위대한 시대를 형성하는 데 이바지했다. 독일의 고전주의(Klassik)와 낭만주의(Romantik) 시대가 열린 것이다.

독일의 고전주의와 개신교의 역사에서 첫 번째로 중요한 인물은 헤르더였다. 그는 『인간의 역사철학에 관한 생각(Ideen zur Philosophie der Geschichte der Menschheit)』(1784~1791)을 통해 과거 삶의 표현들에 나타난 개인, 아름다움, 신과의 연대가 갖는 의미를 전혀 새로운 방식으로 이해했다. 그것들은 이제 폄하되어야 할 것이 아니라 존중받아야 할 것들이었다. 그는 처음으로 고딕의 찬란함과 종교개혁기 독일의 대표적인 화가 뒤러의 의미를 재인식했고 고대 민중시의 아름다움으로 가는 출구를 발견했다.[13]

헤르더는 여기에서 나아가 성서에 새로운 빛을 비추었다. 그는 성서의 예언자들과 신앙 개혁가들은 그들의 신앙으로 용기를 낸 신의 사람들로 보았고 구약성서의 지혜로운 말씀은 신의 왕국의 미래를 보여주는 전망이었으며 복음서를 역사서가 아니라 믿음을 다룬 책으로 재인식하고자 했다.

그러나 독일 문학을 세계 문학의 반열에 올려놓은 대문학가들은 기독교에 우호적이지 않았다. 요한 볼프강 괴테(Johann Wolfgang Goethe, 1749~1832)는 기독교에 냉담했을 뿐 아니라 오히려 맞섰다고 할 수 있고 프리드리히 쉴러 (Friedrich Schiller, 1759~1805)는 고전 시대 이래 독일의 시(詩), 좀 더 폭 넓게 말하면 예술이 교회의 자리를 대체하는 데 영향을 미쳤다.

이 두 거목이 미친 영향을 간과할 수는 없지만 그럼에도 머지않아 독일에서 열린 마음으로 종교를 대하는 새로운 경향이 나타났는데, 모든 종교를 하나로 보는 계몽주의 시각과 달리 기독교 자체에 주목하기 시작했고 기독교를 당대 에 의미가 있는 것으로, 그리고 기독교의 실제 구성 요소들이 존중할 만한 가 치를 지닌 것으로 새롭게 조망하기 시작했다. 새로운 시대정신을 대변한 것은 슐라이어마허였다.

슐라이어마허는 1799년 『종교를 경멸하는 사람들 속에 사는 교양인들에게 보내는 종교에 관한 글(Über die Religion an die Gebildeten unter ihren Verächtern)』 이라는 책을 써 결정적인 영향을 미쳤다. 이 책으로 그는 혜성처럼 등장해 그 후 수십 년 아니 19세기 내내 가장 영향력이 큰 신학자가 되었다. 역사가 벨러 는 "그의 영향력이 미친 셀 수 없는 파생 효과를 감안하면 그의 저작과 함께 1800년경 독일 프로테스탄티즘의 새로운 시대가 열렸다는 인상을 받게 된 다"[14]라고 썼다. 교회사가인 융은 최근의 책에서 슐라이어마허를 "19세기 교 회의 아버지"라고 부르는 것이 부당하지 않다고 서술했다.[15]

개혁교회에서 자란 슐라이어마허는 문자에 갇힌 루터 정통주의에 반대했 을 뿐 아니라 계몽주의의 무종교적·합리주의적 주장에도 비판을 가했고 나아 가 초기 낭만주의적 감정의 해방 역시 거부했다. 이 점에서 그의 신학적 위치 는 독특하고 창의적이었다. 평생 동안 루터교회와 개혁교회의 연합을 이루고 자 끊임없이 노력했던 그는 다른 무엇보다 종교에 고유한 영역을 부여하는 데 성공한 사람이었다.

그에 따르면 종교란 인간의 본질로서 이전의 신학자들이 주장한 교리, 즉 도그마가 아닐 뿐 아니라 생활 규칙, 즉 윤리도 아니다. 그에게 있어 종교의 고유한 자리는 "느낌의 영역(Provinz im Gemüt)", 즉 "무한자를 향한 욕망과 지향을 소유하고 있다"는 감정(Gefühl)에 있었다.[16] 슐라이어마허에게 신을 믿는다는 것은 신을 신뢰하고 그와 함께 그리고 그를 위해 사는 것이었다. 달리 말하면 종교란 머리와 손이 아니라 가슴과 관련된 것이었다. 그에게 종교란 근본적으로 사고나 행동이 아니라 직관이고 감정이었다. 종교적 진실은 명백한 진리를 담은 문장들에서 파악할 수 있는 것이 아니었다. 그것은 긍정적인 역사적 종교들에서, 그중에서 가장 고도의 단계에 이른 기독교에서 드러나는 것이었다. 그럼에도 종교적 개념 구조는 비록 인간에게 뿌리를 내리고 있기는 하지만 각성(Erweckung)과 추동(Anlegung)을 필요로 하는 것이었다.[17]

슐라이어마허는 1821년 『기독교의 신앙교리(Der christliche Glaubenslehre)』에서 이런 생각을 발전시켜 인간의 종교적 개념 구조는 "절대적 의존의 감정(Gefühl der schlechthinnigen Abhängigkeit)"이라고 정확하게 규정했고 기독교 신학을 구성하는 낱낱의 개별 문장들은 이 의존의 감정을 추동해야 한다고 주장했다. 슐라이어마허에게 삼위일체론이나 종말론 등의 교리는 그다지 중요하지 않았다.

그런데 절대적 의존의 감정이 누구에게나 나타나는 것은 아니라는 데 이 주장의 결함이 있다. 슐라이어마허는 이 문제를 해소하기 위해 죄의 개념을 새롭게 정의한다. 그는 인간에게 있는 절대적 의존의 감정을 방해하는 것 역시 죄라고 본다. 그 감정이 방해를 받는다면 육체가 정신을 지배하게 된다. 죄란 특수한 것이 아니라 인간적인 "삶 전체(Gesamtleben)"가 죄이다. 죄의 극복, 즉 해방은 신이 그 사람과 함께하는 신앙 공동체의 '새로운' 삶 전체, 즉 새로운 신 의식(Gottesbewußsein)을 사람들에게 심어줄 때 성공적으로 이루어진다. 그리스도에게 이런 일이 일어났는데 그것은 신 의식이 그에게서 언제 어디에서나 지배력을 가졌다는 것을 통해 드러났다.

여기에서 슐라이어마허는 교회를 지원한다. 그 교회는 생활 공동체를 이룬 교회로서 개별 그리스도인들로 하여금 하나님의 전체 상에 도달하게 하고 종교적 감정을 일깨우고 죄성(罪性)을 극복할 수 있게 하고 윤리적 새 출발을 돕고 그리스도와 함께하는 공동체 안으로 그리고 새로운 신 의식으로 들어가게 하는 역할을 하는 도구였다.[18] 슐라이어마허의 신학은 이 점에서 교회를 지지하고 강화하는 데 크게 이바지한 신학이었다.

1834년까지 누구도 슐라이어마허가 가진 특별한 지위를 누리지 못했는데, 그가 개신교 신학을 그 시대의 생생한 영적 삶으로 인도하는 데 성공했기 때문이었다. 그는 19세기 독일 프로테스탄트의 가장 중요한 신학자로서 교육 부르주아지(bildungsbürgerlich)의* 세계에서 자리 잡은 "문화 신학"을 대표했다. 계몽주의에 대응하는 과정에 새로운 철학과 문화에 개방적인 태도를 가진 이 프로테스탄티즘에 흔히 "새 프로테스탄티즘(Neuprotestantismus)" 혹은 문화 프로테스탄티즘이라는 이름을 붙이기도 한다.

아무튼 슐라이어마허는 저작과 설교 활동을 통해 선구적으로 이를 자극했고 19세기 여러 세대의 신학자들에게 영향을 미쳤으며 그 후 신학의 모든 방향은 그에게서 출발했다고 해도 지나치지 않다. 20세기 전반에 중요성을 상실한 것으로 보이던 그의 신학에 대해 20세기 중엽 이후 카를 바르트(Karl Barth, 1886~1968)조차 다음과 같이 평가했다. "슐라이어마허를 비판할 수 있을 뿐 아니라 그와 비교될 만한 사람은 아직 나타나지 않았다."[19] 슐라이어마허는

---

* 고등교육을 받음으로써 사회적 신분 상승을 이룩한 부르주아 계층으로 이 사회계층이 점차 독일의 문화와 지적 생활을 선도했다. 예컨대 대학의 교수, 과학자, 연구원, 저널리스트, 정치 평론가 등이 이에 속했다.

오늘날 다시 주목받고 있는데, 그것은 아마도 20세기 이후 현대의 종교 문화에 그가 할 말이 있기 때문으로 풀이된다.

슐라이어마허와 동시대인이면서 신학과 철학, 나아가 역사와 사회과학에까지 두루 깊은 영향을 미친 사람은 게오르크 프리드리히 빌헬름 헤겔(Georg Friedrich Wilhelm Hegel, 1770~1831)이다. 슐라이어마허의 신학과 낭만주의 시대를 지배한 철학 학파인 독일 관념론 간에는 상당한 친연성(親緣性)이 있었지만 동시에 차이점도 있었다. 헤겔은 기본 전제에서 이미 슐라이어마허를 넘어섰다.

헤겔은 슐라이어마허의 신 인식의 기초에 반대해 각성을 필요로 하는 감정을 문제 삼았다. 헤겔에 따르면 신은 알 수 없는 존재가 아니라 슐라이어마허의 주장보다 훨씬 더 직접적·포괄적으로 인식 가능한 존재이다. 헤겔에게 신은 현실의 체화인 정신과 일치하는 것이다. 신에게로 가는 길은 인간에게 열려 있는데 인간 이성이 사물 안에 살아 있는 이성을 충분히 인식할 능력이 있기 때문이다. 정확히 말하면 사고 행위 속에서 사물 이성과 인간 이성이 하나로 통합되기 때문이다. 이런 사물 이성과 인간 이성의 통합, 즉 "논리적 관념"은 정신과 신의 사건이고 "그 자체"와 같다.[20]

그러나 헤겔에 따르면 이성의 활동과 최종 목적인 신의 포착은 단순하고 정체적인 과정이 아니다. 그 과정은 끊임없이 움직이고 변증법적이며 그렇게 함으로써 사물의 본질 자체에 조응한다. 헤겔은 그 운동 법칙, 즉 인식의 열쇠를 알아야 한다고 주장한다. 그것은 요한 고틀리프 피히테(Johann Gottlieb Fichte, 1762~1814)가 처음으로 발전시킨 변증법적 과정이다. 그 세 단계는 사고의 통일인 정(Thesis)에서 그 이후의 전개에서 모순되는 요소들의 대립인 반(Antithesis), 그리고 더 높은 종합인 합(Synthesis)으로 돌아가는 과정이다. 헤겔에 따르면 이러한 변증법은 모든 존재의 구조에 반영된다. 이것이 역사의 운동

법칙이다.

헤겔은 세계 역사를 정신의 자기실현으로 보았고 그 '세계정신(Weltgeist)'의 본질을 자유로 이해했다. 역사란 결국 자유의 실현이고 그 과정은 변증법적 변화와 발전의 과정이었다.[21] 이러한 역사 이해를 맞아 계몽주의적 역사 이해는 이제 설 자리를 잃어버렸다. 계몽주의는 가까운 과거 역사를 어두운 시대로 폄하하고 먼 고대를 모델로 삼아왔다. 그러나 헤겔의 역사철학에 따르면 현재와 현재의 평가가 극도로 불안해진다. 다시 말해 이성에 기초한 계몽주의적 역사 이해는 동시대의 자기중심적인 역사 이해로서 전체 역사에 대한 이성적인 이해를 오히려 방해했다고 할 수 있다.

과거가 새로운 의미를 갖게 되면서 과거 기독교의 신앙교리 또한 철학적으로 재해석되었다. 신이 인간이 되었다는 그리스도론은 헤겔이 보기에 관념론적인 철학의 진실에 종교의 옷을 입혀 이해하게 해준 것이었다. 헤겔은 자신의 철학 체계가 기본적으로 기독교적이라고 이해했고 오랫동안 추구해온 기독교와 근대정신의 완전한 종합이 마침내 형성되었다는 확신에 이르렀다. 이 연장선에서 헤겔은 사도 바울과 고대 교회의 삼위일체 교리를 복권시켰고 나아가 루터교의 성만찬조차 정당화했다. 다른 한편으로, 헤겔의 자유에 대한 강조를 포함한 철학적 개념들은 그 후 독일 신학과 교회사 연구에 다른 방향에서 커다란 영향을 미쳤다.

과거가 다시 그 자체로서 중요한 의미를 갖는다는 새로운 인식이 널리 퍼진 이 시대를 배경으로 과거를 있는 그대로 복원하려는 새로운 역사가들이 등장했다. 랑케가 그 대표자였다.

3. 각성 운동과 빛의 친구들의 대립

1) 각성 운동의 재무장

슐라이어마허의 신학이 압도적인 영향을 미친 동시대에 다른 한편에서는 새로운 "각성 운동(Erweckungsbewegung)"이 나타났다. 이미 1817년 이후 단순한 신앙과 경건한 도덕성 그리고 성서적·초자연적인 신심으로의 전환이 급진적 형식을 띠고 나타났고 뷔르템베르크를 중심으로 꾸준히 전개되었다. 그러나 그 세력은 수십 년 동안 프로테스탄트 내에서 구심점을 만들지 못해 오히려 좌절을 경험했다고 할 수 있다. 하지만 "기본적인 회개 운동"과 교회 갱신 노력을 통해 프로테스탄트 내에서 이전보다 훨씬 더 활발하게 활동을 재개하면서 중요성을 띠게 되었다.

이 운동은 신자 개인의 신앙적 각성과 경건을 우선 목표로 해 신자들이 성서를 이해하고 성서를 토대로 삼아 자신의 삶과 사고를 재구성하려는 의도에서 출발했다. 그다음에는 교회를 재발견하고 강화하는 평신도 운동으로 발전했다. 나아가 선교에 열정을 쏟는 새로운 풍토를 만들었다.

그들은 경건주의적 기원을 가진 수많은 작은 집단과 연결되었는데 저지(低地) 라인, 베스트팔렌, 지거란트(Siegerland), 뷔르템베르크, 슐레지엔, 함부르크, 베를린, 하노버 등에서 "시골에 있는 조용한 사람들"을 지지자로 모았다. 1820년대의 각성 운동은 모든 프로테스탄트 지역으로 신속하게 퍼졌고 1830년대에는 눈에 띄게 강화되었다. 그러는 동안 이 운동은 세 가지 변종으로 확대되었다. 서로 뒤섞이는 일이 흔히 일어났지만 나누어보면 하나는 특히 뷔르템베르크의 성서주의자들이고 다른 하나는 유명한 개종 설교가들 주변에 모인 감성주의자들이고 마지막 하나는 분파주의자들이다.[22]

각성 운동은 엘베강 동부의 귀족들을 유력한 회원으로 얻음으로써 크게 약진했다. 그 중심지는 폼메른이었는데 이 지방 트리그라프(Trieglaff)의 아돌프 폰 타덴(Adolf von Thadden, 1796~1882), 젠프트 폰 필자흐(Senfft von Pilsach, 1774~1853), 알렉산더 폰 벨로브(Alexander von Below, 1801~1882), 카를 하인리히 폰 게를라흐(Carl Heinrich von Gerlach, 1783~1860) 등 같은 성향을 가진 사람들을 모았다. 그들은 1829년부터 트리그라프에서 100명이 참여하는 사경회(査經會)를 열었고 여기에서 새로운 완고한 보수주의와 결합한 기본 입장을 만들어냈다. 이 기본 입장은 사회정치적 기존 질서가 의심받고 도전받지 않도록 철저히 방어하는 것을 '주님이 각성시킨 자들의 임무'로 보았다.[23]

각성 운동은 교회 내의 신학적 합리주의를 말하는 계몽주의 기독교에 대한 반대이자 '세속적'인 문화 신학과 그 이후 곧 도래한 학문적 성서 비판에 반대하는 근본주의적 저항을 구체화한 운동이었다. 혁명과 전쟁 및 곤궁의 시대에 대한 대응으로서 계몽주의와 합리주의를 완전히 사탄의 활동으로 보는 격렬한 반응에서 그 실체가 더 분명히 드러났다. 각성 운동에 심취한 사람들은 심지어 처음으로 놓인 철도를 사탄의 기계로 몰아붙이기도 했다.[24]

그러니 신학적 합리주의는 당연히 신앙의 주적(主敵)이자 투쟁의 대상이었다. 합리주의의 '이해에 기초한 신앙(Verstandesgläubigkeit)'이란 기껏 신앙의 고갈을 의미할 따름이었고 그것을 '감정의 신앙심(Gemütsfrömmigkeit)'으로 대체하는 것이 그들의 의무였다.

교회의 각성 운동과 밀접하게 연대해 대학에도 각성 신학(Erweckungstheologie)이 뿌리를 내렸다. 각성 신학의 중요한 특징은 무엇이든 성서로 돌아가 해답을 얻고자 했고 기독교적인 삶의 양식과 종교와 관련한 역사적 사건에 커다란 의미를 두고자 했다. 이런 태도에서 성서의 역사적 맥락의 고려 없이 모든 신학적인 문제 및 삶의 문제에 문자적으로 성서를 들이대는 성서주의가 처음으

로 등장해 유행어로 자리 잡았다.[25]

비텐베르크의 신학 세미나는 이 새로운 유형의 경건주의를 지지하는 세력의 중심지로 발전했다. 토룩은 교수이자 목회자로 활동함으로써 영향력을 넓혔고 특히 그의 설교가로서의 열정은 여러 대에 걸쳐 비텐베르크 학생들에게 영향을 미쳤다.

그러나 19세기 프로테스탄티즘에 나타난 신교조주의(Neoorthodoxie) 신학과 경건주의 세력의 구심점을 형성한 핵심 인물은 그의 동료였던 헹스텐베르크였다. 헹스텐베르크는 독일 프로테스탄트 교회의 신성함을 확신했을 뿐 아니라 「아우크스부르크 신앙고백서」에 그것이 완벽하게 표현되었다고 확신했던 루터주의 신학자였다. 따라서 그는 열정적으로 독일 개신교 신앙을 옹호했고 역사적 성서 비판은 불신앙과 같다는 취지의 설명을 가했다. 성서와 신조의 권위에 대한 절대적인 복종을 요구한 그의 신학적 입장은 성서학 연구의 수레바퀴를 17세기로 되돌리려 했다.

이 신학자들은 새로운 신학 경향에 대한 두려움에서 보수적인 그룹과 손을 잡고 교조주의 시대의 신학을 복원하기 위해 대학 내 그 구심력을 형성하려고 노력했다. 다른 무엇보다 자신의 제자들을 교수직에 앉히는 것이 신학대학 교수들이 해야 할 중요한 역할임이 강조되었다. 교수들의 도움을 받은 젊고 "각성된" 목회자들은 응집력이 강한 세력을 형성했다. 특히 헹스텐베르크는 신학적 합리주의(특히 구약성서 비평의 합리주의)와 정치적 합리주의 등 모든 종류의 합리주의에 반대하는 방어 동맹을 결성했다. 이 방어 동맹은 교회 및 정치 영역에서 일어나는 자유화에 대해 신의 뜻에 따라 확실히 반대한다는 감정으로 아주 긴밀하게 결합한 소수 "성직자들 및 귀족들의 군사적 보수주의 그룹"이었다. 그들은 스스로를 회개 경험을 한 신앙인들 중 신이 선발한 비밀결사대의 "최후 방패"라고 여겼다.

"헹스텐베르크 학파"는 1820년대 후반 이래 적극적으로 행동하는 행정 담당 신학 엘리트들을 구성했고 이들을 통해 헹스텐베르크는 42년 동안이나 "그가 합리주의로 매도한 모든 것에 반대해 진정한 테러"를 가했다.26) 이를 위해 그는 1829년 ≪개신교 신문(Evangelische Kirchen-Zeitung)≫을 창간해 실질적으로 스스로 편집을 담당했는데 이 신문은 베를린의 ≪주간 신문(Wochenblatt)≫, ≪십자가 신문(Kreuzzeitung)≫(원래의 이름은 Neue Preußische Zeitung이었다)과 함께 북부 독일에서 보수주의의 중요한 대변지가 되었다.

이전의 경건주의자들과 달리 신각성 운동에 동참한 사람들은 관용을 보이지 않는 아주 공격적인 사람들이었다. 그들의 "충성스러운 헌신"과 성서 문자주의 도그마는 그들의 공격성을 강화했다. 이 각성 운동은 교회 안으로 들어와 국가기관인 교회에서 교리주의를 강화 또는 복고시키거나 혹은 신루터주의자들의 교파주의(Konfessionalismus)와 결합해 완고한 신앙심을 형성했다.

사실 각성 운동의 초기 역사에서 이 운동은 기존 교회의 결함을 보정할 힘이 될 수도 있었다. 특히 19세기에는 처음으로 새 경건주의자들 주변의 현실 참여적인 개신교인들 중 국가교회에서의 분리를 주장하는 작은 집단이 나타났다. 그들은 자유교회 주창자들이었는데 장인, 가내수공업자 특히 대부분 직인(職人)들이었던 그들은 개인주의적 경향이 강했고 관용적이기도 했다.27) 그러나 이들은 영국 비국교도들이 노동계급의 삶에서 사회적·종교적으로 결정적 역할을 한 것과 비교할 만한 역할을 하지 못했다. 독일의 분리주의자들은 기존 질서와 스스로를 동일시한 각성 운동의 주류와 자신들을 뚜렷이 구별하지 못했고 사회의 기득권 세력을 정당화하기는 마찬가지였다.

각성 운동 세력은 제도적 결속력을 가졌을 뿐 아니라 강고한 집단의식으로 무장한 채 매사에 열정과 응집력을 보인 집단이었다. 이에 반해 신학적 합리주의와 자유주의의 대표자들은 그들과 같은 열정이나 결속력을 보여주지 못했다. 그래서 수세에 내몰리거나 심지어 직업과 교직에서 쫓겨나는 일까지 겪어야 했다.

2) 빛의 친구들의 등장

각성 운동이 모든 자유주의적 움직임을 국가와 신앙에 반대하는 것으로 간주하는 과격성을 보이자 그에 대한 반동으로 이전에 합리주의를 지지한 세력이 오히려 새로운 관심을 끌었다. 프로테스탄티즘은 처음부터 그 가르침에서 자유주의를 지지하는 많은 요소를 그 속에 포함하고 있었고 일상 세계의 세속성을 정죄하는 대신 자연스러운 것으로 받아들였기 때문에 실은 자유주의 이념들을 발전시키고 두둔해왔다고 할 수 있다. 이런 프로테스탄티즘의 경향은 독일에서도 크게 다르지 않았다. 독일에서 역시 18세기 마지막 3분기에 개신교적 기독교인의 자유와 계몽주의적·초기 자유주의적 명제는 친연의 관계를 맺으면서 등장하고 발전했다.

신학적 합리주의는 이러한 토대 위에서 배양되었고 그 지원을 받아 급진적이고 과격한 복고에 단호하게 반대했다. 카를 고틀리프 브레트슈나이더(Karl Gottlieb Bretschneider, 1776~1848)는 이미 1820년에 "자유주의적"이란 단어를 사용해 합리적이고 계몽된 신학을 주장하고자 했을 뿐 아니라 종교, 정치적 자유주의를 받아들일 것을 강조했다. 빌헬름 트라우고트 크루크(Wilhelm Traugott Krug, 1770~1842) 또한 1823년에 프로테스탄트는 그 본질에서 종교적·교회적 자유주의이고 오늘날 정치적 자유주의와 연결되어 있다고 힘주어 말했다.[28] 이러한 이해에 따라 두 자유주의는 밀접하게 연결된 활동 공간의 확보를 공동의 목표로 삼았다. 말하자면 개인적 자유의 공간 확보, 국가의 지시에 대한 방어, 쓸모없는 신분 제한 철폐 등이 그들을 결합시킨 힘이었다.[29]

곧이어 독일 자유주의자들의 함바흐 축제(Hambach Fest)가 열렸다. 1832년 5월 27일 함바흐에서 열린 이 축제는 독일 최초로 2만~3만 명에 이르는 자유주의자들이 모인 대규모 집회로서 삼색 깃발을 높이 들어 독일이 민주주의 원칙에 입각해 통일되기를 바라는 염원을 표현했고 독일 통일과 민주 유럽을 위해서는 우선 언론의 자유가 실현되어야 한다고 요구했다.[30] 이 함바흐 축제 바로 직전 할레에서 열린 신학자들 사이의 격렬한 논쟁은 보수주의 입장이 여전히 훨씬 강력하다는 사실을 확인시켜주었다. 그러나 루돌프 하임(Rudolf Haym, 1821~1901)은 자신의 경험을 통해 "교회의 자유주의는 정치적 자유주의를 위한 연습장이 되었다"라고 판단했고 루트비히 포이어바흐(Ludwig Feuerbach, 1804~1872)도 "신학은 당분간 독일에서 정치의 유일한 생산적·효과적인 바퀴"라는 데 동의했을 정도로 교회의 일부는 정치적 자유주의의 보루가 되어 있었다.[31]

1841년 6월 교리주의자들의 압력에 반대해 자유주의적 목회자들이 하나의 단체를 결성하기에 이르렀다. 각기 자신이 속한 교회의 동의를 얻어 목회자들은 양심의 자유, 종교의 자기 결정, 인간성에 바탕을 둔 합리적 윤리 등을 공개적으로 천명했다. 레베레히트 울리히(Leberecht Uhlich, 1799~1872), 구스타프 아돌프 비스리체누스(Gustav Adolf Wislicenus, 1803~1875), 프리드리히 율리우스 레오폴트 루프(Friedrich Julius Leopold Rupp, 1809~1884) 등 지도적 인사들의 호소가 폭 넓은 반향을 얻었고 이를 바탕으로 독일 프로테스탄트 교회에 빛의 친구들이란 운동이 탄생했다.

빛의 친구들은 프로테스탄트 국가교회 안에서 '교회 내 자유주의'의 선구자였을 뿐 아니라 정치 일반의 자유주의 또는 민주주의 해방 이념의 주창자로서 선풍적인 인기를 누렸다. 그러나 이 운동은 보수주의자들의 반대에 부딪혀 오래 지속되지 못했다. 예상보다 빨리 빛의 친구들은 지역 교회에서 밀려났고 그래서 그들은 어쩔 수 없이 독립적인 "자유 신앙 공동체(Freie Gemeinde)"를 설립했다.

비록 단명했지만 빛의 친구들은 주목할 만한 영향을 미쳤다. 중부 독일에 있는 그들의 근거지에서 무엇보다 작센, 안할트, 슐레지엔 그리고 수많은 프로이센의 도시에서 그들의 캠페인은 특히 부르주아 중산층의 정치화를 이끌어냈다. 수없이 발표된 탄압 반대 결의문에서 보이듯이 그들의 참여 활동은 여러 지역과 도시에서 때로는 고위 관료와 시장까지 그들 편에 섰을 정도로 사회 계층을 망라해 커다란 반향을 얻었다. 자유를 지향한 지식인들의 움직임에 수동적이었던 사회집단까지 공감한 결과였다. 당시 발표된 수많은 결의문은 교회와 정부에 대한 여론 압력이 어떤 정치적 행동을 낳았는지를 보여주고 있고 개인의 이름을 명기한 서명부들은 정치 경찰을 당혹스럽게 할 만큼 시민의 용기와 위험 감수의 자세를 여실히 드러내고 있다.[32] 사실 빛의 친구들은 강고한 보수주의자들의 방어벽에 막혀 대중운동으로 성장하지는 못했다. 그럼에도 그들은 정치적 변화에 힘을 실어주었고 동시대인들에게 교회와 정치적 자유주의 사이에 깊은 관련이 있다는 사실을 확인시켜주었다.

1846년 자유주의 저술가 로베르트 프루츠(Robert Prutz, 1816~1872)는 잡지 ≪신학(Theologie)≫에서 "오늘날 종교적 운동이라고 여겨지는 것은 전혀 종교적이지 않다. 그것은 하나의 정치 운동이다"라고 갈파했고 그래서 그는 솔직하게 요구했다. "이 투쟁의 밑바탕이 되는 실질적 동기가 밝혀지는 날이 곧 와야 한다. …… 왜 우리는 현실 정치에 솔직하게 대응하지 못하는가? 우리는 빛의 친구들로서 경건주의자들로서 그리고 독일 가톨릭 신도로서* 각기 나름의 집회를 갖고 있는데, 왜 우리는 정치를 정치로 대하지 못하는가?"[33]

---

* 모든 기독교 분파가 하나같이 정치적 입장을 분명히 하지 못하고 있다는 얘기를 하기 위해 가톨릭을 끌어들이고 있다.

그의 글은 날카로운 지적이었고 독일의 상황에서 볼 때 용감한 발언이었다.

물론 정부와 교회의 고위 보수주의자들은 그런 주장을 수용할 수 없었다. 국가는 1847년 3월 "새로운 종교사회" 법령을 공포하고 이 법이 자유 신앙 공동체에 분리(국가교회에서의 탈퇴)의 권리를 인정하고 있다고 선전했다. 하지만 그것은 자유주의자들에게 관용을 베푼 것이 아니라 실제로는 국가교회에서 폭력적인 요소들의 제거를 다소 완화하는 역할을 했을 뿐이다. 그리고 프로이센의 수도 베를린의 권력 카르텔은 정치적 자유주의에 대해 무언가를 양보하겠다는 생각과 어차피 거리가 멀었다. 1840년대의 이런 경험은 빛의 친구들의 지도부 그리고 그들의 자유 신앙 공동체들이 1848혁명기에 자유적·민주적 운동의 특별히 적극적인 선도 투사들이 되도록 자극했다. 말할 것도 없이 당시의 정치적 프로테스탄티즘은 각성 운동의 도그마와 자유주의적 빛의 친구들, 이 양극단 외에 다른 여러 대응을 동시에 불러왔다.

4. 사회 선교, 1848혁명, 여성, 교회

1) 사회 선교의 역할

독일 프로테스탄트 교회는 정치적 근대화라는 시대적 과제에 반자유주의적 입장을 견지함으로써 정치의 발전에 이바지하기는커녕 오히려 낡은 세력들과 함께 역사를 과거로 되돌리려는 일에 힘을 쏟았다. 마찬가지로 산업화와 그 결과로 나타난 도시화, 대중 기아, 끊임없이 늘어나는 농민들과 도시 하층의 물질적 빈곤뿐 아니라 정신적인 빈곤화 등 여러 사회문제를 맞아 진지하게 발언하고 사람들의 삶의 환경을 개선하고 생활수준을 높이려고 노력하는 대신 오로지 침묵으로 일관했다. 확실히 교회는 국가 관청과 마찬가지로 급격한 인구 증가 규모와 그 사회윤리적 결과에 상당히 놀라고 있었던 것 같다. 일간 신문과 잡지들은 기아 관련 자료를 홍수처럼 쏟아내고 있었고 사회문제의 심각성은 가히 공포를 불러일으킬 정도였지만, 이웃 사랑을 존재 이유의 한 축으로 스스로 주장해온 사회제도였음에도 교회는 그 현실을 여전히 외면하고 있었다. 주민들의 긴급 상황을 바로 눈앞에서 보는 현장 목회자들이 도움을 호소하기는 했지만 그 말에 귀를 기울이는 사람은 많지 않았다.

교회의 지도자들은 무익한 분파 싸움에 골몰했고 자유주의자들은 자기 방어에 급급한 나머지 사회적 보호를 필요로 하는 사람들을 배려하는 일에 그다지 관심을 쏟지 못했다. 아마도 교리주의자들과 자유주의자들 양쪽 모두 지나치게 비현실적인 문제에 과도하게 힘을 소진했던 것 같다. 그나마 취약 계층에 관심을 기울인 것은 신각성 운동의 성직자와 평신도들이었다. 그들에게는 실질적인 빈민 돕기와 이웃 돌보기라는 경건주의적 전통이 살아 있었다. 1836년부터 카이저스베르트(Kaiserswerth)에서 나타난 테오도어 플리드너(Theodor Fliedner, 1800~1864)의 디아코니아(diaconia) 활동과 1833년부터 함부르크에서 보호자 없는 청소년을 받아들인 요한 힌리히 비헤른(Johann Hinrich Wichern, 1808~1881)이 주도적인 역할을 했다. 특히 비헤른은 사회적 출신 배경은 변변찮았지만 보육원(Rauhes Haus, 초라한 집)을 세워 원생들이 그들의 불행한 조건을 딛고 유용하고 존중받는 사회의 구성원이 되도록 양육했다. 그는 지치지 않는 조직가였고 탁월한 설득력을 보여주었다. 그는 자신의 본보기를 따라하도록 만든 잡지 《날아다니는 양탄자(Fliegenden Blättern)》란 잡지에서 그 보육원에 있는 어린이들에게는 그것이 기독교 가정을 대체하는 것이고 평신도 조력자들의 도움으로 민중 가까이 가는 교회라는 이상에 접근할 수 있을 것이라고 선전했다.[34] 그는 모든 계급의 종교적 열정을 "자선" 활동에 쏟아 붓고 또 그 혜택을 받는 것으로 바꾸려고 노력했다. 이런 생각은 1850년대 독일 대부분 영방국가로 퍼져나갔고 마침내 그는 "내적 선교(Innere Mission)"[35]의 초석을 놓은 사람들 중 한 사람이 되었다.

그러나 비헤른의 내적 선교에서 핵심 개념인 자선에 문제가 있었다. 그에게 사회적 약자의 "권리"는 없었다. 그를 비롯한 참여자들은 교회의 충실한 "종복"으로 자신들을 이해했고 기득권과 공존하려는 독일 교회의 보수적 사회 이해를 그대로 복기했다. 그들은 교회의 종복이었던 것과 마찬가지로 사회의 종복이지 사회를 개혁하고자 한 세력은 결코 아니었다. 유복한 사람들이 그렇지 못한 사람들의 구제를 의무로 받아들여야 하듯이 상대적으로 가난한 사람들 역시 사회적 빈곤을 예정된 운명으로 받아들여야 할 의무를 지고 감사함으로 자선을 받아들여야 한다고 그들은 믿었다. 급격한 산업화의 희생자들에게 사회 선교는 권리 대신 "감사"와 "인내"를 요구하고 있었다.

사회적 약자들의 가난은 산업사회로의 이행 과정에 나타난 구조적 모순이거나 불가피한 결과가 아니라 그 자신의 불성실성이 가져온 대가로 보였다. 국가 엘리트들은 가난한 사람들의 음주와 부도덕이 바로 가난의 원인이라고 지적하면서 그들을 비난했는데 그와 꼭 마찬가지로 내적 선교 역시 가난한 사람들의 도덕성을 가난의 원인으로 지적하면서 도덕적 회심을 촉구했다. 비헤른은 자신의 내적 선교의 동기가 이웃에 대한 사랑에서 온 것만이 아님을 공공연히 드러냈다. 그는 사회주의적·공산주의적 사상들의 출현과 그 전진을 걱정스럽게 바라보았을 뿐 아니라 기독교의 사회복지사업이 효과적인 사회주의 반대 투쟁을 의미한다는 사실을 오히려 자랑스럽게 밝혔다.[36] 1848년 비텐베르크에서 열린 개신교 대회(Kirchentag)에서 비헤른은 교회의 대응혁명을 주창했고 내적 선교를 사회적 안정성을 방어하는 교회의 군사적 자녀들이라고 내세웠다. 그의 사회적 이상은 복고적 국가 이데올로기와 결합했다. 따라서 그의 내적 선교는 보수주의자들의 "기독교적 국가"를 직조하는 데 도움이 되는 국가온정주의(Paternalismus)에 지나지 않았다. 비헤른에게 노동자의 해방 혹은 노동 해방은 일고의 가치도 없는 위험한 주장일 따름이었다.

젊은 시절 내적 선교를 자신의 과업으로 삼았던 프로이센의 빌헬름 2세 (Wilhelm II, 1859~1941)는 한 전보에서 이렇게 타전했다. "기독교적·사회적이란 말은 부조리하다. 성직자들은 모름지기 자기 교구 신자들의 영혼을 돌보는 일에 전념해야 한다. 기독교적 자선을 계발하라. 그러나 정치에 관해서는 잊어버려라! 당신들은 정치와 무관하기 때문이다."[37] 이 선언보다 종교적인 관점에서 더 심각한 발언이 독일 개신교 지도부에서 나왔다. 프로이센의 고위 교회지도위원회는 기독교적·사회적 정책을 교구 목회자들에게 따뜻하게 권고한 바 있었으나 황제의 지도 지침이 전달되자 곧바로 태도를 바꾸어 총회 대의원들이 황제의 노선을 따라야 한다고 설득했다. 철학자 빌헬름 딜타이 (Wilhelm Dilthey, 1833~1911)는 이렇게 비판했다. "고위 교회지도위원회는 역겨울 정도로 자기 확신을 잃어버리고 노예근성에 젖어 마치 <돈 카를로스 (Don Carlos)>의 종교재판관처럼 행동했다."[38]

사회문제의 압박을 받은 프로테스탄트 교회는 전보다 더 사회의 일부만을 회원으로 인정하는 태도를 보였고 초기에는 농촌보다 도시에서 계층 상승의 결과로 더 이상 종교의 "경멸자들"에 속하지 않게 된 자산 계층과 교양 계층의 교회로 바뀌었다. 교회 자체의 황폐화에 마주한 교회는 보수적인 "역사, 사회 이데올로기"를 "복음의 정신"과 동일시하면서 그 시대 흐름을 따라갔다. 그러나 이런 상황을 맞아 사회적으로 개방적인 자세를 가진 신학자들 중 그토록 용감했던 소수조차 아무것도 변화시키지 못했고 오히려 밖으로 밀려나는 신세를 면치 못했다.

2) 1848혁명과 교회

이 시기는 정치적으로도 대변동의 시기였다. 1848년 프랑스에서 다시 혁명이 일어나자 독일에서도 신속하게 이에 호응하는 봉기가 있었다. 민주주의자들이 모든 검열의 폐지와 의회 소집을 요구했다. 그러나 독일의 부르주아 집단은 독일 사회에서 정치적 기반을 확보하기는 했지만, 스스로 혁명의 주체로 나서는 대신 군부와 토지 귀족을 중심으로 한 기존의 엘리트 집단에 편입되었고 그것에 만족해 새로운 질서를 대변하고 형성할 힘을 상실했다. 프롤레타리아트는 비록 형성되기는 했지만 산업의 발달이 다소 늦었던 만큼 아직 조직화에 이르지 못해 미숙한 상태에 머물러 있었다. 혁명을 주도한 세력은 사회적으로 다양하게 분포하고 있어 정치적·사회적·경제적 목표가 서로 달랐고 뚜렷한 행동 지침도 마련하지 못했다. 산업 세력과 구세력 사이에 타협이 이루어질 수도 있었지만 왕과 그 주변 그리고 독일 사회에 강고하게 뿌리를 내린 보수주의자들이 그 타협을 방해했다.

교회 내 일부 자유주의자들은 1840년대 초부터 국가에게서 더 많은 자율을 확보하고자 노력했다. 이를 위해서는 개혁교회의 장로직제 도입을 성사시키는 것이 우선 과제였다. 1846년 국왕의 소집으로 최초의 프로이센 국교회 총회가 소집되었다. 그러나 총회는 자유주의와 민주주의에 대한 막연한 두려움을 강화시키고 성과도 없이 끝났다. 2년 후 1848혁명이 일어나자 이 혁명의 정신에 따라 교회 역시 자유를 획득할 것으로 기대했다. 마침 슐라이어마허의 사위인 자유주의자 그라프 막시밀리안 폰 슈베린(Graf Maximilian von Schwerin -Putzar, 1804~1872) 백작이 프로이센왕국의 문화부 장관이 되었고 그는 교회를 관리하던 종교국을 해체하고 장로직제에 기초한 교회법을 초안하기 위한 위원회를 구성했다. "개헌을 할 때 헌법의 범위 안에서 교회의 독립과 자유를 유지할 방도를 찾는 것"이 위원회의 임무였다.[39] 1848혁명이 일어난 후 프랑크푸르트의 바울 교회(Paulskirche)에 모인 자유주의자들은 "각 교회 공동체는 헌법 아래 있으나 교회 문제는 교회가 독자적으로 해결하고 관리한다"라고 자신들의 입장을 정리했다. 그러나 그들의 요구는 받아들여지지 않았다.

이런 움직임과 반대로 프리드리히 빌헬름 4세(Friedrich Wilhelm IV, 1795~1861)는 프로테스탄트 교회가 혁명을 저지하는 데 나서주기를 기대했다. 그는 1848년 9월 비텐베르크에서 최초의 개신교 대회를 개최해 프로테스탄트 교회 연합이 혁명에 대한 반대를 의제로 삼도록 촉구했다. 그의 시도는 즉각 성공을 거두지는 못했다. 그러나 그는 유능한 대변인을 통해 자신의 의지를 확산시키는 데 성공했다. 바이에른의 루터교 지도자 아돌프 하를레스(Adolf Harleß, 1806~1879)는 혁명 가담이야말로 아담과 이브가 하나님의 명령에 불순종하고 선악과를 따먹은 죄를 저지른 것과 같다고 말했고 그는 이 말로 국왕 대신 청중을 설득하는 데 성공했다. 하를레스의 "혁명은 곧 불순종"이라는 등식은 그 이후 세대에게도 오랫동안 인기를 누린 설교 주제가 되었다.[40]

프로테스탄트 교회 내에서 특히 신경건주의 분파는 사람들이 프로이센의 국가교회와 기존의 정치, 사회 제도가 같은 것이라고 믿을 정도로 적극적으로 혁명에 반대했다. 그들은 서슴없이 하나님을 끌어들여 기존 질서를 지키기 위해 군대를 사용하는 것을 정당화했다. 군대를 동원해 베를린의 혁명군을 진압하라는 명령을 내린 프리드리히 빌헬름 4세는 1848년 11월 9일 친구에게 이렇게 말했다. "오늘 큰일이 벌어질 걸세. 신의 섭리의 보호 아래 공은 이미 구르기 시작했어. 나는 우리 주 구주의 이름으로 이 일을 하지. 내가 거짓말하지 않는다는 것을 그는 알고 있어."[41] 프로이센의 왕은 교회가 자신을 굳건히 도울 세력이라는 사실을 이미 오래전부터 잘 알고 있었다.

프리드리히 빌헬름 4세는 군대를 동원해 혁명에 나선 시민들을 진압했고 이 과정에 베를린에서 230명이 목숨을 잃었을 뿐 거리로 나선 사람들은 직접적인 성과를 얻지 못했다. 결국 독일의 1848혁명은 실패로 돌아갔고 일찍이 정치적 민주화와 산업화라는 이중 혁명에 성공한 서유럽, 특히 영국과 프랑스의 경로와 달리 독일은 "특수한 길(Sonderweg)"*을 걷게 되었다.

혁명이 실패로 돌아간 후 헹스텐베르크는 그의 많은 추종자들과 함께 독일의 정치적 보수주의를 독려해 1867년 마침내 독일제국당(die deutsche Reichspartei)의 창당을 이끌어냈다. 독일제국당은 군주제 보존에 앞장설 만큼 베를린에서 전설이 된 "대단히 종교적이고 반동적인 정당"**으로서 전통적인 독일 보수주의를 대변했다.

그 이래 19세기 후반 내내 교회는 혁명, 공산주의, 사회주의, 1880년대 이후부터는 자유주의를 통한 사회와 국가의 "자연스러운 조화"에서 오는 위협을 막아내는 마지막 보루라는 생각이 널리 퍼졌다. 개신교 대회는 혁명 이후 시대에 이런 생각을 널리 확산시키는 중요한 기회로 이용되었다. 1849년 비텐베르크에서 열린 개신교 대회를 비롯해 그 후 엘버펠트(Elberfeld), 브레멘, 베를린, 프랑크푸르트에서 연이어 열린 모든 개신교 대회 역시 다르지 않았다.[42] 정치적 보수주의를 양성하고 강화한 곳은 바로 교회였다.

---

* 영국과 프랑스가 각기 청교도혁명과 프랑스혁명을 통해 자유민주주의적 정치혁명을 경험했고 산업혁명이라는 경제 변혁 또한 이룸으로써 이중 혁명을 거쳐 근대사회로 진입한 데 비해, 독일 부르주아들은 권위적 국가에 순응함으로써 '특수한 발전 과정'을 거쳤다는 역사 이해를 표현하는 개념이다.
** 1867년에 창당해 1871년 독일제국당으로 개명했다. 독일제국당은 1876년 창당한 프로이센의 구보수당(Altkonservative Partei)을 개명해 만든 독일보수당(die deutschkonservative Partei)과 함께 독일제국 시기에 융커를 비롯한 귀족들과 대토지 소유주들의 이익을 대변하는 독일 보수주의를 대변했다. 독일제국당과 독일보수당은 1918년 독일민족국민당(die Deutschnationale Volkspartei)으로 통합했는데, 독일민족국민당은 군주제로의 복귀를 정강 정책으로 삼을 만큼 대단히 보수적인 정당이었다.

3) 여성과 교회

신경건주의의 시대는 여성의 지위와 권리에 어떤 변화를 가져왔을까? 사실 경건의 경험을 가진 사람들은 만인사제주의를 처음으로 실현한 사람들이라는 데서 드러나듯이 교회의 일원인 여성의 지위와 권리에 대해 전향적인 태도를 가질 여지가 없었던 것은 아니다. 영국과 미국의 각성 운동에서 볼 수 있듯이 각성 운동은 신앙의 주관적·주체적 체험을 통해 여성이 한 인간으로서 주체성을 획득할 기회를 제공할 수 있고 나아가 만인사제주의가 현실적으로 실현되어 교회 내 여성 역할을 한층 강화할 여지가 충분했다. 영국의 존 웨슬리(John Wesley, 1703~1791)가 주도한 감리교 운동이 여성 신자들에게 중요한 소임을 맡기는 계기가 되었고 미국의 개신교 대각성 운동 역시 교회 내 여성의 지위를 높임으로써 여성 진출의 기회가 되었다.[43] 독일에서도 경건 운동 주변에서 처음으로 실질적으로 만인사제주의가 실현되었다는 것은 이를 뒷받침하는 증거이다.

그러나 독일에서는 각성 운동이 교회 내 여성의 역할과 지위에 끼친 영향은 제한적이었다. 다만 경건의 경험을 통해 여성의 감각이 남성과 다르다는 사실, 가정 외부에서 그들의 개인성을 가질 수도 있으리라는 사실, 결혼은 아버지와 딸의 관계를 연장하는 것이 아니라 동등한 동반자 관계를 형성할 수도 있다는 사실 등을 고려하게 만들었을 뿐이다.

신경건주의자들은 실제로는 대단히 보수적인 여성관을 그대로 견지했다. 1848혁명 당시 여성의 권리와 양성 평등에 관한 생각이 "젊은 독일인들(Junges Deutschland)"로 알려진 저술가들 사이에서 고개를 들었다. 이 그룹은 프랑스를 자신들의 모델로 삼았고 특히 생시몽(Saint Simon, 1760~1825)을 따르는 생시몽주의자들과 가까웠고 그들에게서 배운 양성평등을 널리 설파해야 한다는 생각을 갖고 있었다. 이 생각이 젊은 독일인들을 비판하는 사람들을 크게 흥분시켰다. 결국 젊은 독일인들의 저작은 1848혁명의 이념을 실현하기 위해 모인 프랑크푸르트 의회에서 소각되는 운명을 맞았다.[44]

보수주의자들과 교회 주변 인물들은 프랑스혁명의 영향, 특히 여성의 교육과 결혼 상대자를 스스로 선택할 자유를 요구하는 것이 가정생활에 얼마나 위험한 일인지를 강조하고 있었다. 브레멘의 인기 있는 신경건주의 설교가 프리드리히 아돌프 크룸마허(Friedrich Adolf Krummacher Krummacher, 1767~1845)는 자기 딸들에 관해 자랑스러워하면서 이렇게 말했다. "내 딸들은 교육이라고 부를 만한 것을 받은 적이 없고 문학에 관해 아무것도 모르고 외국어라고는 단 한 마디도 못하지요. 그래서 그들은 큰소리로 떠드는 법이 없고 낯선 사람이 오면 부끄러워하지요. 그래도 멘키의 『성서독본(Homilies)』를 즐겨 읽고 일을 하면서 온갖 명랑한 노래를 부른답니다."[45]

1830년대 말 이래 프로이센과 작센의 교회에서도 자유주의 운동이 고개를 들었고 이 운동의 영향 아래 여성들 역시 인기 있는 설교가의 대중 집회에 참가하는 일이 늘었다. 그러나 당시 보수적인 인사들은 여성이 대중 집회에 참석하는 것을 못마땅하게 여기고 있었다. 여성의 지위는 아직 공중 집회에도 갈 수 없는 상황이었다.

독일 여성의 사회적 지위는 전반적으로 아직 대단히 낮았다. 여성이 공중 앞에 나서 대표권을 행사하는 것은 상상하기 어려운 일에 속했다. 심지어 후에 여성이 재산권을 갖게 되었을 때조차 여성이 공중 앞에서 그것을 행사하는 것은 일종의 사회적 금기였다. 영국에서 결혼한 여성의 재산권이 도입된 것과 마찬가지로 독일에서도 결혼한 여성은 법에 따라 재산을 획득할 수 있었다. 그러나 독일의 보통 여성은 남편이 외지로 갔거나 감옥에 있을 때는 그것을 관리할 남자를 필요로 했다. 다만 수공업 장인들의 경우는 달랐다. 장인의 상속자나 과부로서 능력을 갖춘 여성은 그 장인의 사업을 관리할 지위에 오를 수 있었다. 그러나 독일에서는 시민을 인정할 뿐 여성 시민을 인정하는 것은 아니라는 전통적 관념에 맞추어 여성이 자신의 권리를 주장하기 위해 길드 회의에 참석할 수는 없었다. 그는 자신이 회의에 참석하는 대신 자신을 대표하는 남성을 대신 보내야만 했다.

프로이센의 수도 베를린에서 있었던 일이다. 저술가의 부인, 재단사, 자수공(刺繡工) 등 여성이 신앙 집회에 다수 참석했다. 그 여성들이 저술가의 부인, 재단사, 자수공이라고 해서 달라질 것은 없었다. 신앙 집회인데도 여성들이 집회에 참석했다는 사실만으로 헹스텐베르크는 도덕적으로 있을 수 없는 일이 벌어졌다는 듯이 격노했다. "목회자가 대중 앞에 나서는 여성의 부끄러운 광경을 환영해야 한다는 것은 터무니없는 일이다."[46] 헹스텐베르크가 한 말이다.

프로테스탄트 교회는 독일 사회에서 여성이 수동적 역할에 만족하게 하는 데 강력한 영향력을 행사했다. 이 영향력은 사회 부문에서도 그랬지만 특히 종교 부문에서 다른 유럽 국가들과 비교해 훨씬 오래 지속되었다. 시대가 흐른 후 신경건주의자들을 비롯한 보수주의자들 역시 여성에게 교육을 할 필요를 인정하기는 했지만 자유를 주어서는 안 된다는 생각을 버리지는 않았다. 그래서인지 여성의 권리 운동에 대한 주요 추동력은 자유가 아니라 교육에 관심을 가진 사람들에게서 나왔다.

제 3 부

국가 프로테스탄티즘의
시대

* * *

제3부는 독일 프로테스탄티즘이 국가 프로테스탄티즘으로 전락하는 과정을 서술한다. 그것은 1870년 독일이 통일국가를 형성하면서 시작된다. 독일 통일은 유럽 내 독일 문화권을 모두 포함하는 대독일주의의 승리는 아니었지만 오스트리아와 프랑스를 군사적으로 패퇴시킨 승리의 결과였다. 독일 프로테스탄트 교회는 이 승리를 가톨릭에 대한 프로테스탄트 교회의 승리로 받아들였다.

루터의 프로테스탄트 신앙과 독일 민족문화를 동일시하는 국가 프로테스탄트적 신학이 나타나 민족에 '성스러운 성격'을 부여한 국가 프로테스탄티즘의 정치-종교적인 사회적 심성이 서서히 태어났다. 이로써 프로테스탄트 교회 내 다른 견해들이 설자리를 잃어버렸다.

그러나 이 시대에 독일 사회의 발전은 다른 방향에서 교회를 압박하고 있었다. 제2장은 이 문제를 다룬다. 근대화가 가속화되어 사회적 발전과 진보가 뚜렷이 나타났고 노동운동을 비롯한 사회운동 역시 점차 활기를 띠게 되었고 대도시화가 진행되면서 시민들이 교회를 떠나는 탈교회화 현상이 나타났다. 그 배경과 원인을 이해하는 것은 오늘날 한국 개신교의 교인 이탈 현상을 이해하는 데 도움을 줄 것으로 기대한다. 이 시대에 대한 신학적 대응이 문화 프로테스탄티즘이었다.

제3장은 제1차 세계대전을 전후한 긴급한 상황에 어떻게 대처했는지에 관심을 기울인다. 독일 프로테스탄트 교회는 유감스럽게도 '민족'의 전쟁을 강력하게 지지했고 바이마르공화국에 강고하게 반대하면서 이른바 '정치신학'을 발전시켰다. 이어서 정치신학에 반대한 바르트의 신학을 다룬다. 그의 왕성한 활동은 주로 제2차 세계대전 후에 전개되었지만 신학적 도전은 이미 젊은 교수 시절에 시작되었기 때문에 여기에서 그의 '계시'와 '왕적 통치'등을 간단히 이해하기로 한다.

제4장은 독일 프로테스탄트 교회가 국가사회주의를 지지하게 되는 과정을 살펴보기로 한다. 역사를 뒤돌아보면 교회의 나치(Nazi) 지지는 전혀 납득하기 어려운 일이지만 독일 프로테스탄트 교회는 나치의 집권을 돕고 전쟁범죄마저 방조한 사회집단이라고 할 수 있다. 그 배경과 원인에 관심을 기울이는 것은 교회가 어떤 신앙 내용을 갖느냐에 따라 어느 사회에서나 그런 행동을 할 수 있다고 보기 때문이다. 왜곡된 민족주의와 국가주의 및 인종주의는 물론이고 기독교 내 분파주의가 독일

프로테스탄트 교회의 나치 지지를 부채질했다는 사실은 되새겨볼 일이다.

가톨릭에 대한 프로테스탄트들의 경쟁심과 두려움은 선거에서 더욱 열렬한 나치 지지로 이어졌다. 제국 의회 선거에서 프로테스탄트 강세 지역은 가톨릭 지역보다 훨씬 더 많은 표를 나치에게 주었다. 프로테스탄트들의 신앙고백적 분파주의 경향은 목회자나 신자 사이에 차이가 없었다.

제5장은 국가사회주의를 둘러싼 교회 내부의 각기 다른 대응에 주목한다. 국가사회주의를 추종하는 프로테스탄트 운동을 대변한 기구는 '독일적 그리스도인의 신앙 운동(Glaubensbewegung Deutsche Christen, 약칭 독일적 그리스도인 운동)'이었다. 이미 바이마르공화국 시기에 출발한 이 운동은 시작하자마자 프로테스탄트 교회 내부에 발을 붙였다. 한편, 나치에 저항하는 운동 역시 자연스럽게 형성되었다. 이 운동의 대변 기구는 '고백교회(Bekennende Kirche)'였다. 이 운동은 나치의 반기독교적인 성향이 드러나면서 목회자와 신자 사이에 비록 소수이기는 했지만 강고한 지지 기반을 가졌다. 그 둘 사이의 갈등은 불가피했다.

여기에서 독일적 그리스도인의 악마화나 고백교회의 신성화 대신 서로 다른 신학과 신앙이 어떤 사회적 결과를 가져오는지에 관심을 둘 필요가 있을 것 같다. 독일적 그리스도인의 명백한 오류야 익히 알고 있는 일이지만 그럼에도 그런 경향이 형태와 논리를 달리해 재현될 여지가 전혀 없다고 말하기는 어렵다. 다른 한편, 고백교회 운동에도 한계는 있었다. 가장 눈에 띄는 한계는 유대인들에 대한 그들의 대응이었다. 이는 소수자와 주변부 사람들에 대해 교회가 어떤 입장을 가져야 할지를 새삼 기억하게 한다.

독일 통일 시대의 교회

1845년부터 1873년까지 약 30년에 걸쳐 지속된 산업혁명으로 산업 시스템이 독일에 제도적으로 정착했다. 1850년대부터 경제성장의 시대가 시작되었다. 중공업과 기계 제조를 중심으로 프로이센이 경제성장을 주도했다. 1848년부터 1873년 시기는 인구 폭발의 시기이기도 했다. 프로이센 인구를 예로 들면 1850년 1660만 8000명에서 1860년 1826만 5000명, 1866년 1950만 2000명, 1867년 2397만 1000명, 1870년 2456만 8000명으로 증가했다. 알자스-로트링겐(Elsaß-Lothringen)을 제외한 독일제국의 인구는 1850년 3374만 6000명에서 1860년 3604만 9000명, 1870년 3923만 1000명, 1871년 4102만 8000명으로 증가했다. 인구 증가는 자연스럽게 도시화를 불러왔고 도시에서 빈곤 문제 등 사회문제가 점차 커지고 있었다.

1848혁명이 실패로 끝난 후 독일의 정치 지형은 자못 복잡하게 전개되었다. 왕정주의 지지자로서 오스트리아를 배제한 소독일주의자이기도 한 비스마르크가 1866년 오스트리아와의 전쟁을 승리로 이끌면서 정치의 중심으로 부상했다. 이어 1870년 9월 프랑스를 상대로 한 전투에서도 승리를 거두었다. 프랑스의 나폴레옹 3세(Napoleon III, 1808~1873)를 10만 명의 병사와 함께 포로로 잡은 이 전투의 승리로 독일 민족주의가 자유민주주의를 완전히 압도하고 말았다. 1871년 1월 18일 바덴의 대공 프리드리히 1세가 베르사유(Versailles) 궁전에서 당당하게 독일 황제로 등극해 빌헬름 1세(Wilhelm I, 1797~1888)가 되었다. 25개 연방 회원국, 4개 왕국, 6개 대공작령, 5개 공작령, 7개 공국, 3개 자유도시로 이루어진 독일제국의 탄생이었다.

군인들은 승리에 도취했고 군사주의를 막을 세력은 없었다. 산업화와 정치 안정으로 더욱 부유해진 기업가들은 다른 유럽 나라처럼 자유민주주의 실현을 위해 사회 세력을 규합하는 대신 낡은 국가권력에 순응하는 길을 택했다. 대부분의 지식인들조차 민족적 열정에 사로잡혀 있었다.

그러나 한편에서 자유주의적 시민 계층의 정치적 자의식 역시 계발되고 있었다. 1863년 페르디난트 라살(Ferdinand Lassalle, 1825~1864)은 독일노동자협회(Algemeine Deutsche Arbeiterverein)를 결성했고 정통파 마르크스주의자 아우구스트 베벨(August Bebel, 1840~1913)과 빌헬름 리프크네히트(Wilhelm Liebknecht, 1826~1900)는 사회주의자들과 급진자유주의자들을 연결해 1869년 사회민주노동자당(Sozialdemokratische Arbeiterpartei)을 설립했다. 이 두 단체는 1875년 사회주의노동자당(Sozialistische Arbeiterpartei Deutschlands)으로 통합했다. 1891년 독일사회민주당(Sozialdemokratische Partei Deutschlands: SPD)으로 당명을 바꾼 이 당은 비록 정강 정책 내용은 바뀌었지만 현재까지 독일 주요 정당으로 남아 있다. 이 시기 독일에서 복고적·퇴행적인 경향이 강해지는 한편, 다른 한편으로는 근대화가 가속화되어 발전과 진보를 선명하게 부각시켰다.

이 시기에도 교회의 지위는 흔들림이 없었다. 프로테스탄트 교회의 국가교회 체제는 전혀 흔들림이 없었고 이에 따라 영주가 지닌 총대주교 지위 역시 '입헌 국가'에서도 그대로 관철되었다. 사회적으로 보면 교회의 퇴행적인 순응이 이런 체제 유지에 이바지하고 있었다. 프로테스탄트 교회는 혁명과 자유주의에 대한 증오감에서 극단적인 보수주의 도그마를 지지했는데, 이러한 보수적 입장이 비록 통일을 달성했지만 권위국가에 멈추어버린 독일제국에서 교회가 거의 절대적인 지위를 차지하게 된 배경으로 작용했다. 모든 자유주의적 경향의 운동은 교회 내에서 탄압을 받았다.

1. 국가교회의 강화

1848~1849년의 혁명이 실패로 끝나자 프로테스탄트 교회의 독립을 위한 노력도 성과를 얻지 못한 채 국가 종속성이 오히려 강화되었다. 프로이센왕국의 헌법은 겉보기에 교회의 자유를 확대하는 것으로 보일 수 있었으나 그 내용은 아무것도 달라지지 않았다. 프로이센 교회는 1850년 '수정헌법'에서 국가와 교회의 분리를 가져올 기본 원리를 천명했다. 이 법 15조에 따르면 교회는 앞으로 "교회 관련 사안을 독립적으로" 결정하고 집행할 수 있었다. 이렇게 겉으로는 자유주의적 정책처럼 보이는 제도가 도입되었으나 실제로는 영주가 지배하는 교회 체제는 전혀 아무것도 폐기되지 않았다.

프로이센 왕은 1850년 6월 종교국을 해체했으나 '개신교 고위 지도위원회(Evangelischer Oberkirchenrat: EOK)'를 새로 만들어 종교국이 하던 임무를 맡겼다. 이 개신교 고위 지도위원회는 교회 관리 담당 최고 기관으로서 영방 교회 체제의 권위를 여전히 행사했고 왕은 변함없이 그 위에 군림하는 총대주교로서의 역할을 담당했다. 교회와 국가의 분리라는 외피 뒤에 실질적으로는 왕이 갖고 있던 전통적인 '교회 절대주의'가 교회법의 권위적인 성격과 함께 그대로 유효했다. 그래서 이 법은 "의회의 모든 개입에서 제왕적 교회 체제의

완벽한 독립"을 보장하는 것에 지나지 않았다.[1]

슈베린에 이어 문화부 장관이 된 프리드리히 폰 라우머(Friedrich von Raumer, 1781~1873)*의 언급은 이 사실을 분명하게 드러냈다. "특별 교인인 국왕은 헌법과 기타 국가권력에서 완전히 독립해 있는 교회 문제에 대해 전적인 통치권을 갖는다. 헌법 제15조의 집행이 필요할 경우 국왕은 내각에서 독립해 국왕이 국교회에 대한 최고 지배권을 행사하며 신앙 문제를 결정한다."[2] 그것은 교회의 독립이 아니라 국왕의 절대적 지위의 보장이었다.

따라서 개신교 고위 지도위원회는 국가에서 재정 지원을 받는 집행 기구일 따름이었다. 그러나 그 위원장은 가톨릭 주교의 위치와 위엄에 맞먹는 것이 되었다. 그 틀 아래에서 '교회 감독관법(Konsistorialverfassung)'이 효력을 가졌다. 프로이센 영방의 교회 감독(Konsistorien)은 형식상 왕에게서 임명을 받았고 문화부 장관의 확인 결재를 거치도록 했는데 장관은 인사 정책에 영향력을 행사했다. 교회 감독청은 개신교 고위 지도위원인 총감독들의 지도를 받았고 영방의 각 지역 단위에서는 감독들이 관청 교회 운영과 학교교육을 감찰했다. 국가 관료제와 마찬가지로 특권을 가진 관리들이 왕에 의해 교회 조직 최상위에 임명되어 교회 관리청 담당자들과 밀접하게 협력했다. 1850년 당시 교회에 봉직하던 약 5800명의 목사들이 그 관리들 밑에 있었다.[3]

개혁파가 끊임없이 요구한 '교회 총회법(Synodalverfassung)'은 1873년에야 비로소 효력을 발휘했고 곧이어 프로이센의 전체 교회를 대표하는 전체 총회(Generalsynode)가 교회 내 최고 입법 기구로서의 지위를 가졌다. 수십 년에 걸쳐 노력한 끝에 획득한 이 법은 평신도와 목회자들이 국가 위원회에 참여할

---

* 1848혁명 당시 프랑크푸르트 국민 의회에서 "독일은 항복하거나 나라의 일부를 넘겨주기보다 차라리 멸망하는 쪽을 택할 것이다"라는 민족주의적 연설로 많은 의원을 감동시킨 사람이다. 프랑크푸르트 국민 의회는 민주주의나 자유주의 경향이 아니라 민족주의 경향이 압도하고 있었고 라우머는 민족주의적 경향을 대변한 사람이었다.

수 있는 길을 드디어 보장했다는 점에서, 그리고 이때까지 국가의 관리 시스템으로 수행되어온 업무들이 교회 행정 기구로 이양되었다는 점에서는 부정할 수 없는 하나의 진전이었다. 하지만 개신교 고위 지도위원회가 과도한 권력으로 여전히 각 영방 교회 회의 의장의 결정권 행사의 자유를 크게 제한하고 있었고 군주적 총대주교라는 시대착오적 지위는 전혀 위축되지 않고 온존했다.[4] 교회 관리청의 법적 권리와 교회 소속 인사들 길들이기가 계속되었다.

따라서 자유정신을 가진 사람들의 교회 내 활동에도 한계가 따랐다. 예컨대 로스토크(Rostock)의 신학 교수 카를 아우구스트 루트비히 헤르만 바움가르텐(Karl August Ludwig Hermann Baumgarten, 1825~1893)은 시험 과제로 왕비 아탈야(Athalja, 기원전 841~835)의 폭정과 몰락에 관한 시를 요구했다가 혁명을 인정하는 것이 아니냐는 문책을 받았을 뿐 아니라, 그 뒤 "루터의 견해에서 벗어났다"라는 이유로 직위를 박탈당했다. 새로운 입헌 국가에 대한 반대는 철저하게 억압되었다. 심지어 당시 신학계에서 "전능한" 인물로 묘사될 만큼 권위와 권력이 대단했던 베를린의 신학 교수 헹스텐베르크를 저항의 괴수로 몰아가기까지 했다.[5]

하지만 독일제국 통일에 즈음해 프로이센 자유주의 역시 다시 상승할 기회를 맞았고 이때 처음으로 자유주의적 프로테스탄티즘이 입헌 국가, 근대 문화, 교육 지향적인 부르주아 계층과 화해를 시도하는 등 새로운 면모를 보이기 시작했다. 그 주창자 중 몇 명이 1863년 독일프로테스탄트협회(Deutscher Protestantenverein)를 설립했다. 그들은 신학 교수 리하르트 로테(Richard Rothe, 1799~1867)와 다니엘 셴켈(Danial Schenkel, 1813~1885)의 지도 아래 개신교적 국민교회(Nationalkirche)의 건설, 장로회-교회 평의회 기구 설치, 교회 자율관리위원회에서 평신도의 비중을 높이는 작업 등을 시도했다. 이로써 개신교 신앙 분파들 사이의 정치적 지향이 뚜렷하게 갈라졌다. 한편으로는 개혁

교회의 정치적 자유주의로의 접근이 두드러지게 드러났고, 다른 한편으로는 이에 반대하는 루터교회의 반자유주의적 저항이 더욱 강력해졌다.

2. 독일 통일과 프로테스탄트 교회

오스트리아와 프랑스에 승리한 두 번의 전쟁은 프로테스탄티즘에 지대한 영향을 미쳤다. 프로이센 군대가 오스트리아군과의 전투에서 승리하자 프로테스탄트 교회는 그 승리를 가톨릭의 대응종교개혁에 대한 프로테스탄트의 승리로 받아들였다. 신앙의 자유를 위해 투쟁했던 자유주의자들마저 그것을 프로테스탄트 자유사상의 승리로 인식했다. 독일프로테스탄트협회는 "루터에서 비스마르크로"라는 모토 아래 전승 축제를 벌일 정도였다.[6] 보수주의자들은 앞으로 탄생하게 될 독일제국에서 프로테스탄트가 가톨릭을 완벽하게 누르고 우위를 차지하리라는 희망에 차 있었고 대부분의 성직자는 오랜만에 처음으로 국민 대다수와 공감에 이른 것에 대해 기쁨을 감추지 못했다. 프로테스탄트 교회에 민족적인 색채가 점차 진하게 덧입혀졌다.

이어 1870~1871년 프로이센 군대가 프로이센보다 강력한 선진국이라고 믿었던 프랑스 군대에 승리를 거두었을 때 교회는 이 승리를 열광적으로 환호했다. 이때 처음으로 전쟁 결과의 이데올로기화가 완성되었다. 독일과 프랑스의 전쟁은 '개신교와 가톨릭의 종교전쟁'으로, 프로테스탄트 국가가 파리, 영적·세속적으로 타락한 로마와 싸운 전쟁으로 양식화되었다. 물론 여기에는 민족국가가 중요한 위치를 차지하고 있었다. 베를린의 궁정 설교가 에밀 프로멜(Emil Frommel, 1828~1896)은 "군대의 주님께서, 이스라엘의 보호자께서, 성부께서 친히 돌보시어 라인에서 우리를 지켜주셨다"라고 찬양했다. 가톨릭의 프랑스가 무자비한 전쟁을 시작한 후 슈투트가르트의 궁정 설교가 카를 폰 게 록(Karl von Gerok, 1815~1890)이 했던 "친애하는 하나님, 조용히 굳게 서서, 라인에서 지켜주소서"라는 기도를 신이 들었다는 이해가 성직자들 사이에 널 리 퍼졌다.7) 곧이어 베를린의 궁정 설교가가 되는 아돌프 슈퇴커(Adolf Stoec-ker, 1835~1909)는 이런 판에 박힌 교만을 훨씬 뛰어넘었다. 그는 "독일인들 은 최후의 안식일에 드릴 기도를 위해 전쟁을 수행했고 …… 게르만 혈통의 자질과 특성이 종교와 내적으로 결합했다"라고 주장했다. 베르사유에서 프로 이센 왕이 독일 황제에 오른 제국 건설 장면은 슈퇴커와 그의 동지들에게는 "독일 민족의 신성한 개신교 제국"의 완성이었다. 모든 사람이 이제야 "1517 년부터 1871년까지 신의 흔적"이 역사에서 드러낸 그 진리를 이해할 수 있게 되었다고 그는 의기양양하게 덧붙였다.8)

이런 종교-민족주의적 열광에 반대하는 항의가 전혀 없었던 것은 아니다. 확신에 찬 태도로 신학자 마르틴 퀼러(Martin Kähler 1835~1912)는 "국가의 신성화(Vergötzung des Staates)"에 대한 경고를 보냈고 에른스트 루드비히 폰 게를라흐(Ernst Ludwig von Gerlach, 1795~1877)는 "애국주의의 폐해(Laster des Patriotismus)"를 선명하게 지적했다.9) 그러나 개신교의 전쟁 설교, 전승 축제, 출판물에서 나타난 승전에 관한 표현 등은 분명하고 우렁찬 목소리를 내고 있 었다. 프로테스탄티즘이 마침내 가톨릭에 최종적인 승리를 거두었다는 찬양 이 어디에서나 울려 퍼지고 있었다. 전쟁을 승리로 이끈 호엔촐레른(Hohenz-ollern) 왕가의 제국은 "세계와 역사에 대한 하나님의 의지의 결과"로 받아들 여졌다. 이 제국에 기여하는 것이 개신교 기독교도들의 의무였다.

프로이센의 황제 국가를 신성로마제국에 비유해 "독일 민족의 개신교 제 국"으로 받아들임으로써 독일 개신교는 국가 프로테스탄티즘으로 가는 길을 닦았다. 이미 1871년 철학 교수 빌헬름 하인리히 릴(Wilhelm Heinrich Riehl,

1823~1897)은 "우리의 신앙고백은 민족적이다"라고 언명함으로써 새로운 민족주의적 신앙을 고백했다. 이 분명한 주장은 프로테스탄트 신앙 교리와 민족주의가 혼합된 정치 종교에 다름없다. 이런 식으로 "제국에 적대적인" 가톨릭에 대항하는 '문화투쟁(Kulturkampf)'이 프로테스탄트 지도자와 평신도 사이에 자리를 잡았고 '권력 국가'를 정당화하는 뒤틀린 교리와 독일 민족주의가 그들 안으로 밀려들어왔다.

하지만 이러한 전승의 도취가 곧바로 개신교 제국 교회(Reichskirche)의 건설로 이어지지는 않았다. 1871년 10월 1300명의 교회 관료들과 200명의 평신도들이 베트만 홀베크(Bethmann Hollweg, 1856~1921)와 비헤른의 지도 아래 베를린의 주둔군 교회에서 대규모 집회를 가졌다. 제국 교회 건설을 위한 준비 집회였다. 그러나 그 시도는 완전히 실패로 끝나고 말았다. 930개에 달하는 서로 분리된 개신교 영방 교회를 하나로 묶는 일은 쉽지 않았다. 영방 교회의 법적 지위와 상태는 1918년까지 그대로 유지되었다. 제국 교회는 실패로 끝났지만 프로테스탄트 교회와 국가의 결합은 느슨해지지 않았다.

제2장

국가 프로테스탄티즘과 문화 프로테스탄티즘 사이에 선 교회

독일 통일 시대에 민족국가와 연합한 독일의 프로테스탄티즘은 민족적 성취에 도취해 독일 사회의 변화를 제대로 감지하지 못했다. 산업화는 시장 자본주의의 비인간적인 얼굴을 드러냈고 아무런 대안을 마련하지 못한 산업 및 농업 프롤레타리아트를 양산했다. 그러나 제국 시민의 2/3가 프로테스탄트 신앙을 고백한 사회에서, 그것도 산업 및 농업 프롤레타리아트가 대부분을 차지하고 있었음에도 독일 개신교는 그들이 당면한 사회문제에 대해 거의 아무것도 이해하지 못했던 것 같다. 교회는 산업화의 성공을 민족의 성취로 찬양하는 한편, 그것이 남긴 깊은 상처에 대해서는 철저하게 침묵했다.

프로테스탄티즘 자체가 루터의 종교개혁 이래 초기 근대의 새로운 사회적·문화적 변화를 수용해 성립한 것이었지만, 독일 프로테스탄티즘은 근대 세계와 새로운 정치적 자유주의에 방어적이었다. 독일의 정치, 경제, 사회, 문화의 변화에 조응해 기독교를 재해석하려는 움직임은 이른바 문화 프로테스탄티즘*으로 부를 수 있는 경향뿐이었다. 문화 프로테스탄티즘만이 근대 세계와

---

* 이 경향의 프로테스탄트즘은 슐라이어마허에게서 시작되었으나 19세기 후반 독일에서

자유주의적 정치에 대해 개방을 시도했고 그것을 실현하려고 노력했다. 독일 개신교 주류는 합리주의와 자유주의를 비롯한 근대성에 대해 오로지 방어적인 자세로 일관했다. 그럼에도 교회는 교인들의 탈교회화를 효과적으로 방어하는 일조차 성공하지 못했다. 19세기는 도시화의 시대였고 동시에 19세기 후반은 탈교회화 현상이 두드러지게 나타난 시대이기도 했다. 이에 대한 개신교의 대응은 신속하지도 효과적이지도 않았다.

따라서 우선 국가 프로테스탄티즘이 어떻게 국가교회에 뿌리를 내렸는지 살펴보려 한다. 다음으로 산업화와 도시화로 발생한 사회문제에 대한 프로테스탄트 교회의 대응이 관심의 대상이지만, 이 주제는 이 책의 마지막 장에서 따로 다루기로 하겠다. 그 대신 이 장에서는 대도시에서 주로 진행된 탈교회화 현상의 정도와 원인을 검토하겠다. 마지막으로 이 시대의 신학은 어떤 내용을 두고 서로 논쟁했는지 문화 프로테스탄티즘을 중심으로 알아본다. 문화 프로테스탄티즘의 형성과 그 신학적 전개를 이해하기 위해 이 시대를 넘어 바르트의 변증법적 신학(dialektische Theologie)까지 포괄해 미리 서술할 것이다.

1. 국가 프로테스탄티즘의 정착

1873~1875년에 효력을 갖는 새로운 교회법은 교회 관료제와 제한적인 자율 관리의 혼합 제도였고 그 시대의 자유주의적 이상에 한 걸음 다가서는 것

주류 프로테스탄티즘과 달리 합리주의와 자유주의에 기초해 정치적 자유주의의 수용과 사회문제에 대한 깊은 관심을 표명한 경향들을 모두 아울러 표현하는 용어로 사용한다. 문화 프로테스탄티즘은 "문화와 그리스도 신앙의 관계, 더 넓게는 문화와 종교의 관계"에 관심을 집중하는 폴 틸리히(Paul Tillich, 1886~1965) 등의 이른바 문화 신학(theology of culture)의 범주를 넘어선다.

이었다. 원칙적으로 영주의 교회 지배 체제는 손상을 입지 않았고 프로테스탄티즘의 "국가교회 기관으로서의 성격"도 유지되었다. 하지만 균형추는 개신교 고위 지도위원회와 교회 관리자들의 관리 쪽으로 기울었다. 개별 지역 교회는 교회 지도위원을 선발하고 때로는 자신들의 목사까지도 선택했다. 하지만 시골에서는 귀족들이 교회 후원자로서 강력한 지위를 유지했다.

각 지역에서는 동수의 성직자와 평신도로 구성되는 교회 회의를 열었는데, 그 참석자들을 개별 교회의 지도위원들이 간접 선거로 선발했다. 여러 지역을 포괄하는 한 지방의 교회 회의도 마찬가지 방법으로 구성되었으나, 여기에는 주교가 대의원 5명마다 추가로 1명을 임명하도록 해 1/6에 이르는 대의원들이 주교의 의사를 관철할 보호 장치 역할을 했다. 국가 차원의 전체 교회 회의는 각 50명의 목사, 평신도, 대학 대표, 왕이 선발한 영방 주교 등이 참석했는데 왕이 선발한 50명이 회의 결과의 향방을 좌우했다.

이 새로운 교회 기구는 지금까지 국가 관리 아래에 있던 업무의 일부를 떠맡았고 평신도의 정치적 참여에 비록 제한적이기는 하지만 약간의 자유 공간을 마련해주었다. 교회 회의 구성에서 교회 내 각 분파의 영향이 반영되었다. 베를린의 궁정 설교가 루돌프 쾨겔(Rudolf Kögel, 1829~1896)의 지도 아래 있는 신앙고백주의 성향이 강한 루터주의자들과 보수적인 연합파가 빌리발트 바이슈라그(Willibald Beyschlag, 1823~1900)의 지도 아래 있는 문화 프로테스탄트적 중도파와 대립하고 있었다. 교회 내 양대 보수주의 분파들은 언제나 협력의 여지가 있었는데, 교회 지도위원회와 교회 회의에서 자유주의자들을 몰아낼 일이 생길 때 더욱 그랬다.

그럼에도 새 교회법은 자유의 공간을 만들어주고 있었다. 새 교회법 아래 압도적으로 자유주의 신학이 대부분의 신학과에서 계속 유지되고 확대될 수 있었다. 개신교는 "신학 교회"였고 대학 교육을 받은 성서해석자들과 세계해석(Weltbedeutung) 전문가들의 교회였기 때문에 이 활동 공간은 깨어 있는 정신적 삶을 유지하는 데 커다란 의미를 지녔다. 예컨대 자유주의 신학의 대가인 아돌프 하르낙(Adolf Harnack, 1851~1930)이 1888년 개신교 고위 지도위원회의 명백한 의지에 반해 베를린대학에 초빙되었다. 그 결과 젊은 세대의 사회 개혁적인 목사들이 알브레히트 리츨(Albrecht Ritschl, 1822~1889)과 하르낙의 수강생 중에서 배출되었다. 자유주의를 강조하는 문화 프로테스탄티즘과 같은 명백한 세력 요소가 경고를 받거나 금지되는 일은 일어나지 않았다.[1] 그러나 이러한 관용은 신학 교육에 무제한의 자유를 허용하려는 의도에서 나온 것이라기보다 가톨릭교회와의 싸움에서 자유주의자들의 도움을 얻기 위한 방편이었을 뿐이다.

1873년 5월의 교회법은 가톨릭 예수회를 금지하는 내용을 포함하고 있었다. 이로써 가톨릭교회와 문화투쟁이 시작되었다. 교황청은 독일 가톨릭 주교들에게 그 법령을 무시하라고 지시했다. 프로이센 정부는 저명한 가톨릭 성직자들을 체포하거나 망명을 떠날 수밖에 없도록 만들었다.[2]

한편, 문화투쟁은 비스마르크가 제출한 '반사회주의자 법'이 의회에서 좌절하게 된 계기로 작용하기도 했다. 1878년 의회 선거를 거친 후 비스마르크는 반사회주의자 법안을 새로 구성된 의회에 제출했다. 그러나 당선에 성공한 보수주의자는 106명이었고 자유주의자들이 125명에 이르렀다. 가톨릭중앙당(Deutsche Zentrumspartei: Zentrum or DZP)*의 선택이 변수였다. 이때 가톨

---

* 1848혁명 당시 프랑크푸르트 국민 의회에서 "가톨릭 모임"을 만든 것이 정당 창설의 토대가 되었다. 1870년대 초 프로이센의 문화투쟁에 대응해 가톨릭 교도들의 이익을 옹호하면서 본격적인 가톨릭 정당으로서 활동을 시작했다. 독일제국 국가 의회 의석의 1/4을 차지하기도 했고 정치적으로는 중도적인 입장을 취했다. 1933년 히틀러에 의해 해체당해 제2차 세계대전 후 재창당했으나 당원 대부분이 독일기독교민주연합(Christlich-Demokratische Union Deutschlands: CDU, 약칭 기민당)의 당원이 되면서 소수 정당으로 전락했고 지금은 독일 의회에 의석을 갖고 있지 않다.

릭중앙당은 독일사회민주당의 무신론과 물질주의 철학에는 반대했지만 문화투쟁의 생생한 기억 때문에 이 법안에 찬성표를 던지지 않았다.

이런 가운데 독일 개신교를 하나로 결집시킨 것은 국가 프로테스탄티즘이었다. 비스마르크를 일찍이 "제국 건설의 선구자"로 추앙하면서 비스마르크의 군국주의와 제국주의 정책을 강력하게 지지함으로써 독일의 권력 국가 사상을 고취한 하인리히 폰 트라이치케(Heinrich von Treitschke, 1834~1896)가 그 선봉에 섰다. 그는 독일 통일을 "독일 민족의 개신교 제국"에 유익한 "신의 판단"이라고 보았다. 그의 주저인 『19세기 독일사(Deutsche Geschichte im 19. Jahrhundert)』(1879~1894)는 민족주의적 반유대주의 파토스를 각인시킴으로써 독일 시민 계층의 민족주의적 역사상을 한층 강화해 후대의 역사 이해에까지 영향을 미쳤다.3) 프로이센의 총감독은 1872년에 이미 종교란 "독일 민족의 성스러운 유산"에 속한다고 천명했다. 새로운 통일 국가에서 바람직한 종교적 갱신이 일어나는 대신 교회와 민족국가의 혼합이 준비되고 있었다. 이 혼합은 문화투쟁 시기에 경험한 "반로마가톨릭 선전전(宣傳戰)의 중독"과 "참을 수 없는 루터 열기"에 힘입어 더 이상 분리할 수 없을 정도로 강고한 "합금(合金)"이 되고 있었다.

프로테스탄트 신앙과 독일 민족의 기본자세, 독일 문화와 종교개혁의 영향을 동일시함으로써 "국가 프로테스탄트적 역사신학"뿐 아니라 민족에 "성스러운 성격"을 부여한 국가 프로테스탄티즘의 정치-종교적인 사회적 심성은 이렇게 태어났다.4) 바젤의 비판적 신학자 프란츠 오버베크(Franz Overbeck, 1837~1905)는 트라이치케가 말한 "애국적 국가 종교"와 민족이 강조된 그 시대의 프로테스탄티즘 사이의 유사성에 일찍이 주목했는데, 그것은 불행으로 치달은 미래와의 공존이었다. 1870년대 이래 숨 쉴 틈 없이 신속하게 등장한 '제국 민족(Reichsnation)'은 독일 프로테스탄티즘에서 신성화되고 있었다.

이 국가 프로테스탄티즘은 황제 제국에서 모든 다른 경향을 압도한 "교회의 가장 강력한 세력"이었다. 1886년 국가 프로테스탄티즘을 대변하는 기구인 '독일 프로테스탄트적 이해관계 방어를 위한 개신교 연맹(Evangelicher Bund zur Wahrung deutsch-protestantischer Interessen)'이 호전적인 이름을 달고 출범했다. 이 기구는 프로테스탄티즘을 위한 문화투쟁을 전개할 발판이 되어 혼란을 야기하는 관용과 평등의 개념에 맞서 싸움을 이끌어갈 견인차 구실을 했고 조직적인 반가톨릭주의를 구현했다. 그들의 핵심 관심은 "하나의 인민, 하나의 제국, 하나의 신"이라는 표어에 잘 드러나듯이 국가 프로테스탄트적이었다. 눈 깜작할 사이 회원이 1890년까지 6만 명, 1911년까지 무려 47만 명으로 급증했다. 이로써 독일 프로테스탄트적 이해관계 방어를 위한 개신교 연맹은 제국 독일에서 가장 큰 이익 단체가 되었다.[5]

기이하게도 자유주의적 성향을 가진 프로테스탄트들 역시 이 단체에 가입해 있었다. 그들 역시 민족주의에 의해 보수적인 프로테스탄티즘으로 변형되었는데, 이는 독일 개신교 자유주의의 취약성을 보여주는 사례 중 하나다. 트라이치케가 사회민주주의의 적대자로서 모범을 보였듯이 독일 프로테스탄트적 이해관계 방어를 위한 개신교 연맹은 반혁명적인 기본 입장을 토대로 좌파적인 "제국의 적들"에 대한 가차 없는 체포와 사회민주주의자들의 추방을 지지했다. 그런데도 그 모든 것이 프로테스탄트 교인들이 일치해서 맞서 싸워야 할 민족적 이론 투쟁이라는 명분으로 정당화되고 있었다.

2. 탈교회화 현상

19세기 유럽에 런던, 파리, 베를린, 페테르부르크(Peterburg) 등과 같은 대도시의 시대가 열렸다. 대도시의 문화적 영향력이 크게 증가했고 이런 사회혁명은 종교 생활에도 드라마 같은 변화를 낳을 것이라는 기대와 우려를 동시에 불러왔다. 한 예로 19세기 베를린의 성장은 특히 신속했다. 1848년 45만 명이던 인구가 1871년 90만 명으로 증가했고, 20년 후에는 다시 2배로 증가해 1890년에는 약 200만 명에 가까웠다. 제1차 세계대전 전야에는 거의 400만 명에 육박했다.[6] 베를린을 비롯한 대도시화라는 사회혁명은 기독교에도 상당한 영향을 미쳤다. 대도시를 중심으로 탈교회화라는 종교적 변화가 일어났다. 도대체 그 변화는 어떤 것이었는지부터 알아보자.

탈교회화란 근대화 과정을 거치면서 교인들이 교회와 교회 생활에서 심리적·사회적으로 거리를 두게 되고 교회가 교인들에 대한 지배력과 영향력을 상실하는 현상이다.[7] 교회 생활에의 참여도를 계량화한 지표로 탈교회화 정도를 설명할 수 있다. 무엇보다 대도시 노동자 거주 지역에서 탈교회화와 탈기독교화가 눈에 띄게 두드러졌다. 산업 중심지에서 성인의 2% 이상 또는 8%만이 교회에 참석했고 그중 프롤레타리아트 구역에서 교회 참석률은 1%에 머물렀다. 교회를 떠난 사람들 다수는 이런 사회 환경 출신이었고 교회를 떠난 사람들은 매년 약 1만 7000명 정도였는데, 1908년에서 1913년까지는 매년 거의 3만 명에 이르렀다.[8] 독일제국에서 프로테스탄트의 교회 출석은 1914년까지 전체 교인의 15% 또는 20%로 떨어졌다. 축제일에만 30%까지 오르곤 했다. 대도시에서는 많아야 대충 약 20%만이 교회 생활에 참여했다. 시골에서는 그 수치가 20%에서 40% 사이를 오갔다.[9]

예전 참석의 문제는 개인이 어떤 특정한 예전을 피하거나 따르는가에 따라서 혹은 지역 상황, 농촌과 도시 간 차이에 따라 다르게 나타날 수 있다. 그러나 1874년 3월 세속 결혼식, 즉 민사혼(民事婚)이 허용되자 교회혼(敎會婚)은 특히 대도시에서 급격하게 떨어지는 추세를 확실히 보였다. 베를린의 경우,

1874년에서 1879년 사이 매년 그 수가 1만 1000명에서 2640명으로 낮아졌고 세례자 수 역시 같은 기간에 3만 2700명에서 1만 9290명으로 줄었다. 그러나 1890년부터 1914년까지 25년 동안 부부 양쪽 모두 개신교인일 경우, 거의 90%가 교회혼을 선택했고 아이들의 세례식과 견진례에도 참석했다. 교회 장례식 관습 역시 이와 아주 비슷한 양상을 보였다. 1880년과 1914년 사이 프로이센에서 교회 장례는 64%에서 86%로, 뷔르템베르크에서는 79%에서 94%로 오히려 높아졌다. 교회 예식에 대한 이런 집착은 깊이 뿌리박힌 전통에 대한 반응이기도 하고 겉으로 나타나는 순응을 의미할 수 있어 종교성을 제대로 보기 어려운 측면이 있다.

한편, 성찬식 참여 빈도는 탈교회화 추세를 여실히 보여준다. 1866년에서 1910년 사이 성찬식 참석률이 극적으로 줄었다. 독일제국 전체를 보면, 1862년 58.5%를 기록한 이후 이 수치는 지속적으로 감소세를 보였다. 1880년 45.3%, 1890년 42.4%, 1900년 40.3%, 1918년 27.9%로 점차 떨어졌다. 특히 이러한 감소세는 대도시에서 두드러졌다. 시기나 지역에 따라 편차가 약간 있으나, 대도시의 성찬식 참석률은 각각의 최고치를 비교하더라도 독일제국 평균치에 비해 매우 낮은 20%대와 10%대를 기록했다. 그뿐 아니라 대부분 대도시에서 성찬식 참석률 최저치는 거의 10%대 이하였다.[10] 대체로 시골 지역 평균은 다소 높지만, 대도시의 훨씬 낮은 평균으로 전체 평균이 낮아졌다. 따라서 대도시에서는 집중적인 도시 선교를 펼 수도 없는 지경에 이르렀다.

대도시에서 일어난 탈교회화 현상은 사실 농촌에서도 그다지 특별한 일이 아니었다. 농업 노동자들이 예배에 참석하는 일은 대부분 경축일로 제한되었기 때문이다.[11] 남자들은 물론이고 여자들도 1년에 한두 번 교회에 나가곤 했다.[12] 많은 경우 교회 생활은 오래된 관습이자 좋은 풍속에 지나지 않았다.

그렇다면 이와 같은 교회 출석률과 예배 참석률 등의 감소가 보여주는 탈교회화의 원인은 무엇이었을까? 19세기에 많은 프로테스탄트와 가톨릭 신자들의 종교적 심성에 대단히 중요한 변화가 일어났다는 점을 우선 지적해야 하겠다. 전통적인 경건의 '환상적'·'미신적'·'비합리적'·'바로크적' 측면을 거부하고 깊이 있는 영적 실재를 발견하려는 새로운 경향이 뚜렷이 나타났다.[13] 따라서 교회 출석이나 성찬식 참여 같은 외적 종교 행위의 중요성이 그만큼 줄었다.

다음으로, 국가교회가 비록 의욕은 있었지만 도시화와 인구 증가에 발맞추어 교회 공동체 설립과 보호 등 사목 활동을 제대로 하지 못했다는 사실이 부분적인 설명이 될 수 있을 것이다. 전(前)산업 지역에 뿌리를 둔 기존 교회는 새로운 건물을 짓고 성직자를 모집하는 등 새로운 목회적 요구에 부응하려고 노력했다. 그러나 인구 증가와 대도시의 유동성이 증대한 베를린의 프로테스탄트 교회는 이런 급속한 인구 성장이 시작될 때까지 교회와 성직자의 심각한 부족을 겪고 있었다.

프로테스탄트 교회는 그동안 빌헬름 1세와 프리드리히 빌헬름 1세에게서 많은 지원을 받았는데 그것이 변화에 대응하는 교회의 역량을 떨어뜨렸다. 1739년에서 1835년 사이 단 하나의 프로테스탄트 교회도 건축되지 않았다. 왜냐하면 황제들은 프로테스탄트 교회에 적대적이지 않았지만 우호적이지도 않았고, 그들 후에 황제가 된 프리드리히 빌헬름 3세 또한 교회 건축에 재정을 쓰려 하지 않았다.[14] 1890년대에 들어서야 교회 건축을 하느냐 마느냐라는 논쟁이 끝나고 교회 건축이 시작되었다. 새 황제비(妃)의 우호적인 태도가 영향을 미쳤고 1889년 총회에서 보수주의자들이 성공했으며 사회민주주의자들의 위협이 고조되자 노동자계급 지역이 사회주의로 경도되지 않도록 해야 한다는 경각심이 생겨 상류층과 중류층에서 교회 건축 지원금을 얻을 수 있었기 때문이다.[15]

교회 건축의 지연을 비롯한 변화 부적응의 결과로 1700년경에는 1명의 성직자가 1000명의 신자를 돌보았는데, 그것이 1800년경에는 3000명, 1850년에는 4300명, 1890년에는 9593명에 이르렀다. '거대 교구의 시대'가 시작되었다. 루이젠슈타트(Luisenstadt)의 노동자 교구는 신자수가 12만 8000명을 기록했고 6만 명 혹은 그 이상의 신자를 가진 교구가 보통이었다.[16]

탈교회화의 다른 원인으로 1878년 이래 사회민주당이 벌인 교회 탈퇴 운동(Kirchenaustrittsbewegung)을 들 수 있다. 독일사회민주당이나 그 영향을 받은 노동자들은 왕정 국가와 이를 떠받친 전통적 종교 엘리트들 사이의 밀접한 결속을 목도하고 프로테스탄트 교회를 "부자와 권력자의 교회"로 인식하기 시작했다.[17] 독일사회민주당의 충동을 탈교회화의 주요 원인으로 볼 수 없다는 주장이 있지만,[18] 그 배경의 하나로 작용했음은 확실해 보인다. 교회 탈퇴 운동은 초기에는 실패했지만, 1906~1914년 사이에 상당한 성공을 거두었다.

이때 독일사회민주당은 "종교는 사적인 영역이다"를 공식적인 당의 정책으로 선언했는데, 이 선언은 무신론 집단이라는 공격을 피하면서 실제적으로 신앙생활을 약화시키는 성과를 얻었다. 독일사회민주당원은 어느 종교 집단에 속하거나 혹은 아무 데도 속하지 않을 수 있었으나, 당내의 압도적인 분위기는 강력한 세속주의였고 당의 활동가 중에 교회나 회당에 관계하는 사람은 거의 없었다.[19] 제도적인 변화 역시 영향을 미쳤을 것이다. 1905년 7월 4일 국법을 통해 더 많은 가족, 특히 노동자 가족에게도 종교세가 부과됨으로써 종교세를 내지 않기 위해 아예 교회를 탈퇴하는 사람들이 늘어났다.[20]

좀 더 넓게 보면 기독교를 대체할 수 있는 사상이나 활동이 많아졌다는 점을 탈교회화의 원인으로 들 수 있을 것이다. 직접적인 교회 탈퇴 운동이 아니라 새로운 정치사상 혹은 과학적인 사고가 사회 전반에 확대되어 프로테스탄트 신앙을 대체함으로써 그 구성원들이 프로테스탄티즘에서 이탈하는 데 일정부분 작용했다. 무신론 조직들이나 다른 경쟁자들이 대단한 인기를 누렸다는 사실은 이를 뒷받침하고 있다. 루트비히 뷔흐너(Ludwig Büchner, 1824~1899)의 '자유사상가협회(Freidenkerbund)', 에른스트 헤켈(Ernst Haeckel, 1834~1919)과 빌헬름 오스트발트(Wilhelm Ostwald, 1853~1932)의 '일원론연맹(Monistenbund)', 루돌프 슈타이너(Rudolf Steiner, 1861~1925)의 융합인지학(synkretistische Anthroposophie), 독일 문화와 교육을 반(半)종교 차원으로 찬양함으로써 위기 상황에 대응하고자 했던 파울 데 라가르데(Paul de Lagarde, 1827~1891)와 율리우스 랑벤(Julius Langbehn, 1851~1907) 주변에 모인 문화비관론적인 부류 등이 그들이다. 프리드리히 니체(Friedrich Nietzsche, 1844~1900)와 찰스 다윈(Charles Darwin, 1809~1882) 등 학문과 정신사의 거장들은 프로테스탄트 부르주아 계층 안에서도 진지한 논의 대상이었을 뿐 아니라 신학적 대응을 불가피하게 만들었다.

독일 사회의 전반적인 근대화 과정은 가톨릭보다 프로테스탄트 교회의 해체에 더 큰 영향을 미쳤다. 합리화의 승리는 교회의 가르침을 무조건 받아들이던 관습적 신앙을 파괴했고 학교와 교회를 통한 종교교육에 대해 침묵으로 수용하던 관행 역시 서서히 무너져버렸다. 기독교의 세계상은 해체되거나 수정되었으며 교회 활동을 대체할 축제와 여가 활동이 크게 증대했다. 교회 축일의 매력이 감소한 것은 당연한 결과였다.

교회는 새로운 상황에 적절하게 대응하지 못했다. 사회의 전반적인 합리화와 노동 세계에서 일어난 새로운 변화를 맞아 교회는 현실에 눈을 가리고 오히려 신앙 교리에서 천년왕국주의나 초월주의적 요소들과 근본주의적이고 완고한 믿음 등으로 도피했다. 혹은 "주님"께서 이 하락을 막아줄 것이라는 믿음 속에 안주함으로써 현실에 적절하게 대응하지 못했다.

그러나 탈교회화가 세속화로 이어졌는지에 대해서는 논란의 여지가 있다. 세속화를 개인이나 사회집단의 가치관이나 생활 측면에서 종교성이 약화하거나 소멸한다는 의미에서의 탈종교화 또는 탈기독교화, 다원화와 분업화를 겪는 근대사회에서 종교의 기능이 주로 개인적이고 사생활의 영역에 머물게 되는 종교의 사사화(私事化)라는 사회현상을 포괄하는 것으로 본다면,[21] 탈교회화가 기독교 자체의 쇠퇴나 기독교의 전통적 기능이나 역할의 완전한 상실로 이어지지는 않았기 때문이다. 신앙 활동이 다양해졌고 따라서 오로지 교회에서 이루어지는 활동만을 신앙생활로 볼 수 없게 된 새로운 환경이 나타났다는 사실을 기억하면 탈교회화를 곧바로 탈기독교화로 보는 것은 지나치게 성급한 결론일 수 있을 것이다.

여러 가지 측면에서 교회의 프로테스탄티즘은 수세에 내몰렸지만, 노동자층에서 나타난 교회의 극적인 해체와 교육 부르주아 계층이 보인 교회에 대한 무관심을 제외한다면, 프로테스탄티즘이 여론에 미치는 사회윤리적 영향력은 여전히 유지되었다. 제국독일 사회에서 수많은 문제가 관료적으로 결정되었고 권위적인 군주제 아래에서 실질적인 정치 참여는 아주 미미한 역할을 했기 때문에 문화 영역만이 시민에게 열려 있는 거의 유일한 부문이었다. 그래서 고전적인 종교개혁과 교육 부르주아지의 나라에서 프로테스탄티즘의 문화적 권위에 대한 높은 기대가 유지되고 있었다.

3. 문화 프로테스탄티즘의 제안

19세기 중반 독일에 닥친 사회적인 위기와 함께 전통적인 사고방식에도 위기가 도래했다. 실증주의적·물질주의적 문헌들이 점차 대중적으로 읽히기 시작했다. 삶은 하나의 물질적 과정에 지나지 않는다는 표상과 전제를 가장 극적으로 드러낸 것은 다윈의 『종의 기원(On the Origin of Species)』(1859)이었다.

이 책에 따르면 유기적 생명체의 발전은 자연처럼 관찰 가능한 요소들로 구성된 것에 지나지 않았다.

포이어바흐는 종교의 설명에 이런 견해를 적용했다. 그는 신에 대한 신앙과 이미지를 생산한 것은 바로 인간 자신이라고 주장했다. "그가 먹은 것이 바로 그 사람이다(der Menschheit ist, was er ißt)"라는 유명한 말로 구체적인 현존재(Dasein) 위에 있는 것처럼 주장되어온 모든 관념주의적 형이상학을 거부한 그는 인간 현존재의 불완전성과 한계를 극복하려는 인간의 이기적 열망이 신을 절대화한 동기였다고 설명했다.

산업사회의 자본주의 경제 시스템과 부르주아적 진보적 성향에 본격적으로 의문을 제기한 사람은 카를 마르크스(Karl Marx, 1818~1883)였다. 그는 자본주의 생산양식이 지배하는 사회에서 노동자는 거의 강제 노동을 수행해야 한다는 점에서, 자신이 생산한 이윤에서 정당한 몫을 되돌려 받지 못한다는 점에서, 그리고 인류라는 "유적 존재"로서의 공존과 협력 대신 경쟁에 내몰린다는 점에서 경제적·계급적 소외에 직면할 수밖에 없고 인간성의 완전한 회복을 위해서는 혁명이 불가피하다고 역설했다. 마르크스는 종교와 기독교에 대해 누구보다도 날카로운 비판을 가했는데, 노동자들이 생활환경과 생활 조건의 와해를 맞은 상황에서 교회가 아무런 도움을 주지 못한다고 판단한 것이 한 이유였다.

이런 지적 상황을 배경으로 독일 신학에 역사적-비판적(historisch-kritisch) 성서 연구가 태어났다. 좀 더 넓게 보면 계몽주의에 대한 신학의 대응이기도 한 역사적-비판적 방법론은 성서를 포함한 신학 저술들이 인간이 창조해 역사적으로 형성한 것이므로 그 각각의 역사적 정황을 이해하고자 했다는 점에서 역사적이었고 그것을 분석하고 구별하고자(κρινετν) 했다는 점에서 비판적이었다. 이 새로운 방법은 신학 방법론에 하나의 혁명을 가져왔고 이로 인해 많은 경건한 기독교인이 신앙의 위기를 겪게 되었다(그럼에도 가톨릭은 1943년 성서에 대한 역사적-비판적 작업을 허용했다).[22]

역사적-비판적 성서 연구의 선구자는 다비드 프리드리히 슈트라우스(David Friedrich Strauß, 1808~1874)였다. 그의 문제작 『비판적 시각으로 본 예수의 생애(Das Leben Jusu: kritisch bearbeitet)』(1835~1836)에 따르면, 예수는 메시아사상을 배경으로 등장한 유대의 현자일 따름이고 그의 신성은 복음서 저자들이 신화화한 결과에 지나지 않았다. 그리고 교회의 그리스도 신앙은 역사적 내용을 결여한 것으로 기독교의 기원은 "세계사적인 사기(詐欺)"였다.[23]

슈트라우스의 연구 결과를 극단적인 견해로 보고 이를 수정하고자 한 역사가는 페르디난트 크리스티안 바우어(Ferdinand Christian Baur, 1792~1860)였다. 그는 정확성과 시각이란 측면에서 슈트라우스의 복음서 연구를 뛰어넘은 성과를 냈는데, 특히 신약성서를 초기 기독교 발전의 역사적 원천으로 해석했다는 점에서 이후 역사적-비판적 연구의 본보기가 되었다. 바우어는 슈트라우스와 달리 사도 바울의 역할에 주목했다. 바우어에 따르면 처음 두 세대 동안 베드로와 야곱이 주도하는 율법주의적인 유대 그리스도교와 율법에서 자유로운 바울의 이방 그리스도교 사이에 긴장과 대립이 있었다. 이 대립은 영지주의(Gnosticism) 등 이단들의 발호를 맞아 화합을 모색하려는 노력으로 이어졌고 2세기 초에 가톨릭교회라는 종합으로 나타났다.

신약성서는 이러한 투쟁과 관련한 여러 경향과 사건을 반영하고 있다는 것이 그의 해석이었다. 그는 과거 사건들을 동시대의 상황에서 고려했다는 점에서, 다시 말하면 모든 교회사적 사건을 역사적 관계망에서 파악하는 연구 방법과 노력에서 돋보였다. 오늘날까지 교회사 서술에서 그의 분명함과 깊이를 넘어서는 연구 성과가 아주 드물다는 사실은 그의 학문적 탁월함을 입증해주고 있다.

좀 더 폭넓은 프로테스탄트 신학자로 리츨을 꼽는 데 이의를 제기할 사람은 거의 없을 것이다. 1848혁명의 실패와 반동 세력의 승리는 '지성의 무력기'로 이어져 1850년부터 약 20년 동안 새로운 신학 사조가 등장하기 어려운 신학의 침체기를 맞았을 때, 종교개혁의 교의적 가르침을 새로 발견함으로써 리츨은 부르주아적 윤리의 신학을 기독교 신앙에 정착시켰다. 그는 종교개혁과 프로테스탄티즘을 시대에 부응한 교양으로 구성했다는 점에서 독일 문화 프로테스탄티즘의 가장 의미 있는 대표자였다.24)

이를 뒷받침하는 그의 작업 중 하나는 1870년과 1874년 사이에 출간한 『칭의와 화해(Rechtfertigung und Versöhnung)』라는 3권짜리 교의학 서적이었다. 그리스도 공동체가 믿고 성서가 증언하는 예수 그리스도 안에 나타난 역사적 하나님의 계시를 토대로 자신의 신학과 역사 연구를 출발하는 리츨은 이외에도 1857년에 『고대 가톨릭교회의 등장(Entstehung der altkatholischen Kirche)』의 제2판을 펴냈고 1875년에는 『그리스도교 신앙 안에 있는 교훈(Unterricht in der christlichen Religion)』을 출판했다. 또한 말년에는 3권으로 된 『경건주의의 역사(Geschichte des Pietismus)』(1880~1886)라는 대작을 집필하는 등 저술 활동과 교수로서의 역할을 통해 현대 인간의 종교적·윤리적 확신을 존중하고 기독교의 가르침을 선포함으로써 그것을 강화하고 심화해 교회와 사회의 접촉을 지켜내고자 했다. 그가 리츨 학파를 이룰 정도로 수많은 제자를 얻은 것은 당연한 결과였다.

리츨의 영향을 받은 사람 중 교회사 연구에서 단연 돋보이는 성과를 낸 사람은 하르낙이었다. 고위 교회지도위원회의 반대가 있었음에도 1888년 베를린대학 교수로 임명되었을 정도로 그의 학문적 역량은 일찍부터 인정받고 있었다. 하르낙의 『교리의 역사 입문(Lehrbuch der Dogmengeschichte)』(1888)은 사료 탐구와 서술 모두에서 누구도 도달하기 어려운 명작이었다. 하르낙은 이 책에서 교리란 "그 등장과 심화 과정을 고려하면 복음의 토대 위에 있는 헬레니즘 정신의 산물"이라고 주장해 교리의 중요성을 상대화했다. 그는 이 사실을 역사적 근거를 들어 입증했다. 고대 교회는 그들의 방식과 언어로 복음을 해석하고자 했고 여전히 유효한 것은 아니라고 그는 주장했다.[25] 1900년에 낸 『기독교의 본질(Das Wesen des Christentum)』은 원래 강의록이었으나 14개 국 언어로 번역되기도 했다.

그러나 19세기 기독교에 대한 비판은 점차 격렬해졌다. 우선 덴마크의 신학자 쇠렌 오뷔에 키르케고르(Søren Aabye Kierkegaard, 1813~1855)가 그 대변인 중 한 사람이었다. 키르케고르는 박해당하고 순교했던 원래 기독교의 흔적을 더 이상 찾아볼 수 없다는 사실을 근거로 19세기 부르주아적 기독교의 가증스러운 전도성(顚倒性, Verkehrtheit)이 적나라하게 드러났다고 주장했다.[26] 그가 보기에 교회는 더 이상 현실에 "격분"을 나타내지 않고 있었다. 그리스도인의 삶은 그리스도를 따르는 것이고 그리스도는 당시 세상에 대해 가장 크게 격분했던 분이기에 그리스도인은 세상의 외부에 서는 것이 마땅함에도 당대 교회는 그렇지 않았다. 키르케고르는 자신의 방법을 찾았다. 그러나 그는 사인(私人) 기독교(Privatchristentum)로 돌아가거나 새로운 분파를 만드는 대신 고통을 감수하는 고독한 저항을 기독교적 실존의 가능성으로 보았다. 그는 덴마크의 국교회와 불화한 채 사망했다.

19세기는 흔히 세기말(Fin de siècle)이라고 부르는 시대 분위기에 휩싸였다. 위기감과 불안으로 표현되는 시대사조는 퇴폐와 타락으로 이어졌고 비관주의와 허무주의가 정신세계에 팽배했다. 니체는 이런 분위기를 배경으로 등장해 이 분위기를 강화한 사람이었다. 니체는 키르케고르와 마찬가지로 동시대의 공허함과 거짓됨을 인지(認知)했으나 기독교의 근원적 해방 역량을 신뢰해 쇄신을 주창한 키르케고르와 달리 인류 역사에서 기독교의 시대는 끝났다고 판단했다. "현대의 인간은 거짓의 사생아이어야 하는가, 그래서 그리스도인이라는 것을 부끄러워하지 말아야 한단 말인가?"라고 묻고 니체는 "신은 죽었다"라는 말로 자신의 확신을 표현했다. 니체에게 모든 인간은 평등하다는 기독교 사상은 신에 대한 신앙의 와해와 함께 의미를 상실했다. 마침내 "초인(超人, Übermensch)"의 새로운 창조의 시대가 열린 것이었다. 초인은 인간 대중 위에 군림하는 영웅으로 존중받아야 할, 그리고 세속 인류에게 신을 대체해야 할 존재였다.[27]

에른스트 트뢸치(Ernst Troeltsch, 1865~1923)는 키르케고르나 니체와 전혀 다른 길을 모색한 신학자였다. 하이델베르크대학과 후에 베를린대학에서 가르친 트뢸치는 종교개혁과 프로테스탄티즘에서 해답을 찾은 리츨과 견해를 달리했고 키르케고르처럼 기독교의 역사성을 부정하지도 않았으며 나아가 기독교는 아무런 쓸모가 없게 되었다는 니체의 주장 또한 뒤집고자 했다.

기독교 전통에서 출발해 사회문제의 적절한 해결책을 얻어내는 것이 그의 과제였다. 「그리스도 교회와 집단의 사회 교리(Die Soziallehre der christlichen Kiechen und Gruppen)」(1912)라는 교회사 논문에서 트뢸치는 자신의 확신을 역사적으로 증명해 보이고자 했다. 그는 그리스도교로 가는 새로운 가교를 제안하기 위해 다시 한 번 슐라이어마허에 접속하고자 했으며 인간 정신의 구조 속에 필연적으로 존재하는 종교적 삶의 선착장까지 그를 연결하고자 시도했다. 그는 영적인 삶과 사회적 삶 모두에 종교의 독자적인 영역이 있고 기독교는 "종교적 선험"을 비록 절대적으로는 아닐지 모르지만 상대적으로 가장 잘 충족시킨 그런 종교임을 증명했다.[28]

앞에서 살핀 여러 신학자와 역사가를 하나의 단어로 묶는다면 다소 지나친 단순화의 위험을 안게 된다. 그럼에도 그들을 집단화할 수 있는 하나의 단어를 찾는다면 아마도 자유라는 단어가 될 수 있을 것이다. 그들은 성서 혹은 성서문자주의로부터의 자유, 신앙고백으로부터의 자유, 교회로부터의 자유를 연구하고 가르치는 일을 지향했기 때문이다. 많은 신학자는 교회의 자유를 위해 개혁파의 총회 구조(synodale Struktur)를 전 독일로 확산시키고자 노력했고 정치적 자유를 위해 공화주의적 구조(republikanische Struktur)를 정착시키는 데 힘을 쏟았다.

초기의 '개신교사회회의(Evangelisch-Sozialer Kongreß)'나 프리드리히 나우만(Friedrich Naumann, 1860~1919)파, 마르틴 라데(Martin Rade, 1857~1940)의 '기독교 세계(Christliche Welt)'의 주변 인물들, 베버를 중심으로 한 하이델베르크 사람들, 프로테스탄티즘과 자본주의의 관계를 둘러싼 대논쟁에 참여했던 사람들은 모두 문화 프로테스탄티즘의 살아 있는 힘이었다.[29]

일부 보수주의자들이 성서에서 벗어난 것으로 비판했던 문화 프로테스탄티즘은 하나의 대안으로서 고려할 만한 충분한 가치를 지니고 있었다. 개신교의 생활세계에 대해 공감하는 사람들의 입장에서 보면 문화 프로테스탄티즘은 경직된 교리에 묶이지 않고 세계에 개방적인 입장을 취하고 있어 기독교와 근대 문화, 정치 사이에 다리를 놓을 수 있다는 점에서 매력적인 현상이었다. 그들의 모든 주장이 옳았다는 것은 아니지만, 그렇다고 해서 20세기 독일 프로테스탄티즘의 희망이 교리주의의 경직된 전통에서 발견될 가능성은 더욱 희박했다. 그 희망은 이 문화 프로테스탄티즘의 목표를 어떻게 새로운 시대에 실현할 수 있을지에 달려 있었다.

제3장

전쟁 신학에서 정치 신학으로

독일의 국가 프로테스탄티즘은 제1차 세계대전으로 내달았다. 전쟁이 마치 하나님의 정의를 실현하는 길이라도 되는 듯이 교회는 전쟁을 전폭적으로 지지했다. 그러나 그 전쟁은 패배로 끝났다. 그럼에도 프로테스탄트 교회는 전쟁의 그늘 아래에서 헤어나지 못했다. 교회는 새로 건설된 바이마르공화국을 의심했고 민족주의를 새삼 신앙으로 확인했다.

전쟁 신학(Kriegstheologie)과 정치 신학(Politische Theologie)의 등장은 그 결과였다. '변증법적 신학'이 이에 용감하게 도전한 것은 독일 교회와 사회에 어둠을 밝히는 작은 등불이었다.

1. 전쟁 신학과 국가교회

독일과 영국이 전쟁에 돌입하던 날 영국 외무대신 에드워드 그레이(Edward Grey, 1862~1933)는 "유럽 전역에서 등불이 꺼져가고 있다"라고 말했다. 그도 그럴 것이 제1차 세계대전은 두 가지 점에서 이전의 전쟁과 달랐다. 우선

많은 나라의 군대들이 자신의 나라와 국경을 마주한 나라들과 싸운 것이 아니라 국경 너머 외지에서 전쟁을 수행해야 했다. 그리고 군인들만 전쟁을 치른 것이 아니라 민간인들까지 직접적·전면적으로 전쟁을 수행해야만 했다. 그것은 인류가 처음으로 경험한 세계대전이었다.

이 전쟁은 산업자본주의 열강들의 경쟁이 이전과 달리 전 지구적·제국주의적인 규모로 전개되기 시작했고 영국만이 아니라 모든 산업자본주의 국가가 경쟁 주체로 등장했기 때문에 벌어진 전쟁이었다. 또 하나 전쟁의 중요한 원인으로 꼽을 수 있는 것은 자본과 국가의 결합이 이전보다 훨씬 강화되었다는 사실이다. 자본의 입장에서 정치적 지원은 외국과의 경쟁에서, 그리고 산업경제의 상호 경쟁에서 보호받는 데 필수적인 것이었고 국가의 관점에서 보면 경제는 국제적인 힘과 영역 확보를 충족시키는 기반이었다. 국가와 산업자본가들 사이의 관계가 뗄 수 없는 단계로 발전한 시점이 제1차 세계대전이 일어나기 직전이었다.[1]

한 나라의 경제가 강력해지는 만큼 민족국가의 국제적인 위치가 강력해지는 시대에 모든 나라는 자본주의경제를 확장시켜야 한다는 긴박함을 안고 있었다. 이러한 경제적·정치적 배경 아래 1890년대 독일 민족주의자들 가운데 유행했던 「라인강을 수호하라(Wacht am Rhein)」라는 애국적인 노래가 이제 「모든 것들 위의 독일(Deutschland Uber alls)」과 같은 세계적 야심을 드러내는 노래로 바뀌었다.[2] 이 시대 독일 해군은 이와 같은 민족주의의 현실적인 상징이었다. 당대 열강 사이의 경쟁은 전 세계적인 해군을 필요로 했기 때문이다. 특히 독일 해군이 잠수함 건조를 추진한 배경에는 의미심장한 시도가 깔려 있었다. 해군은 새로운 통일국가를 표현하는 상징이었다.[3] 독일의 과거는 프로이센의 융커나 귀족적인 전사 집단이 대표하고 있었다. 그러나 이제 새로운 통일 독일은 군대 장교들을 중심으로 하는 새로운 중간계급을 통해 표현되고 있었고 이를 군사력을 통해 드러내는 것이 독일 해군이었다. 해군의 잠수함 부대에서 근무한 경력을 가진 에밀 구스타프 프리드리히 마르틴 니묄러(Emil Gustav Friedrich Martin Niemöller, 1892~1984) 목사가 나치에 저항한 대표적인 목회자가 된 것은 일종의 역설이었다.

독일의 교양 부르주아 계층이 일찌감치 민족주의적 열기에 휩싸여 전쟁을 지지했고 소부르주아 계층 역시 민족주의를 강화하고 있었고 심지어 정치적 노동자 운동 세력과 산업 노동자들 역시 민족주의적 열광에서 벗어나지 못했으며 농촌 주민이나 농업 프롤레타리아트 대부분 또한 전쟁을 지지하는 열기에서 크게 다르지 않았다. 그러나 독일은 패배했다. 독일의 무제한 잠수함 작전도 전쟁을 승리로 이끌지 못했다. 독일은 자신들의 공격으로 벌어진 베르됭 전투(Battle of Verdun) 단 한 곳에서만 200만 명의 참전 군인 중 100만 명의 전사자를 냈다. 제1차 세계대전 동안 프랑스는 160만 명, 영국은 80만 명의 군인을 잃었고 독일군 180만 명이 전장에서 목숨을 잃었다.

이와 같은 결과를 낳은 제1차 세계대전에 대한 독일인들의 지지 뒤에는 독일의 독특한 국가 프로테스탄티즘이 버티고 있었다. 독일인들은 "선택받은 민족"이고 세계사적인 "독일의 사명"을 부여받았다는 신앙이 민족의 무장을 정당화했고, 이것은 거꾸로 교회 공동체 구성원을 정치적·종교적으로 통합하고 정체성을 강화시키는 역할을 했다. 독일 교회는 전쟁에 정당성을 부여하는 역할을 맡으면서 전쟁 신학을 발전시켰다. 전쟁을 민족종교처럼 신성화하는 일이 공공연히 진행되기 시작한 것이다. 베를린의 궁정 설교가 에른스트 드란더(Ernst Dryander, 1843~1922)는 제국 수도 베를린에서 가진 최초의 야전 예배에서 "하나님이 우리와 함께 하시면 누가 우리와 맞설 수 있겠는가?"(로마서 8:31)라는 설교를 하면서 그 기수로 등장했다. 뮌헨의 개신교 교회 관리청의 대표인 헤르만 베첼(Hermann Bezzel, 1861~1917)은 교인들을 "거룩한 전쟁"

으로 초청했다. 이런 일은 예외적인 사례가 아니라 일반화되고 있었다.

이들 신학자에게 독일군이 벨기에를 함락시키고 개전 4주 만에 에펠(Eiffel) 탑이 멀리 보이는 마른(Marne)강을 건너 파리 외곽까지 도착한 8월의 경험은 "성령의 각성," "신의 경험", "며칠 동안 지구상에 도래한 신의 제국"으로 보였다. 이때부터 독일의 전쟁 전략과 군사적인 행동을 영웅적으로 그리는 일이 끊임없이 이어졌다. 파울 알트하우스(Paul Althaus, 1888~1966) 같은 존경받는 신학자는 이렇게 주장했다. "우리는 이 전쟁에 그 봉사자로서 하나님과 함께 하고 있고 그의 뜻을 이루도록 부름을 받고 배치되었다. …… 순수한 마음으로 전쟁을 수행하는 모든 사람에게 이 전쟁은 하나님께 드리는 예배이다."4)

전쟁을 거룩한 전쟁으로 정당화하는 유사한 교리들이 끊임없이 쏟아져 나왔다. 기독교의 신은 "우리들의 동맹국들과 함께" 행진하는 분이 되었다. 1917년 종교개혁 400주년 기념을 맞아 루터는 전쟁 신학의 선구자로 이용되었다. 개신교 목회자들의 80% 이상이 보수적·민족주의적 진영에 속해 있었고 "조국의 교육"에 봉사하고 있었다. 1918년 10월까지도 전쟁 신학에 책임 있는 대표자였던 베를린의 목사 오토 디벨리우스(Otto Dibelius, 1880~1967)는 자신의 마지막 승전 기원 설교에서 이렇게 선포했다. "자기 백성을 위해 싸우는 사람과 모든 것을 바치는 사람, 그 사람은 하나님의 기도를 완성하는 사람이다. …… 그리스도인이라면 그에게 그의 백성은 이 세상에서 다른 모든 것에 우선한다."5) 이 야만적인 민족주의적 열광에 비추어 보면, 전쟁 말기에 터진 "11월 혁명"과 곧이어 명백해진 패전은 지옥과 같은 붕괴였고 파탄이었다. 그리고 혁명과 패전을 배경으로 민주주의 세력이 결집해 탄생시킨 바이마르공화국 역시 독일 역사에 갑작스럽게 나타난 '역사의 단절'에 지나지 않았다.

2. 프로테스탄트 교회와 바이마르공화국

제1차 세계대전은 독일의 패배로 끝이 났다. 수병들이 반란을 일으킨 이래 보수적인 바이에른의 수도 뮌헨에서 독립사회민주당(Unabhängige Sozialdem- okratische Partei Deutschlands: USPD)의 지도자들을 중심으로 비텔스바흐 왕조를 몰아내는 '폭거'가 일어났고 국민에게 큰 충격을 안겼다. 이후 독일사회민주당의 당수 프리드리히 에베르트(Friedrich Ebert, 1871~1925)가 수상직을 맡는 정치적 격변이 뒤를 이었다. 이어 프로이센의 심장부 베를린에서 "밑으로부터의 혁명"이 일어났다. 노동자들과 독일사회민주당 다수파 그리고 독립사회민주당 내 '스파르타쿠스단' 등이 혁명을 이끌었다. 이 1919년 1월 봉기로 카를 리프크네히트(Karl Liebknecht, 1871~1919)와 로자 룩셈부르크(Rosa Lux- emburg, 1871~1919)가 보수주의자들에게 암살되고 말았다.6) 그러나 변혁의 물길을 되돌리기는 어려웠다.

1919년 1월 19일에는 20세 이상이면 국민 누구나 참여하는 보통선거가 실시되었고 비례대표제가 채택되었다. 가톨릭중앙당을 가진 가톨릭과 달리 프로테스탄트들은 자신들의 정당을 갖지 않는 대신 1919년 이래 보수주의 정당들을 지지했다. "교회는 정치적으로 중립이다"라는 구호를 뒤로 하고 독일적·민족적인 정당 당원으로서 그 후보들의 당선에 힘을 보탰다. 믿을 만한 계산에 따르면, 1만 8000명의 목사 가운데 약 80%가 우익 민족주의 성향의 독일조국당(Deutsche Vaterlandpartei: DVP) 당원이었고 1917~1918년의 과격 민족주의적·원조 파시스트적 대중운동에 가담하고 있었다. 마찬가지로 압도적인 다수가 독일민족인민당(Deutsche National Volkspartei: DNVP)을 동시에 지지했고 선거운동에도 적극적으로 동참했다.7)

이 덕분에 4명의 총감독들은 1919년 독일민족인민당 소속 프로이센 의회의원으로 당선되었다. 그리고 이 당에 개신교 목회자들로 구성한 "직업지위 분과위원회"가 설치되었다. 프로테스탄티즘의 정치적 수탁자로서 독일민족인민당은 프로테스탄티즘을 "민족 진영"에 연결했다. 반대로 목사 나우만이 이끄는 독일민주당(Deutsche Demokratische Partei: DDP)은 트뢸치, 라데, 바움가르텐과 같은 탁월한 신학자들을 회원으로 두고 있기는 했지만 다수의 목회자에게서 민주주의와 의회주의를 수용했다는 이유로 완강하게 거부당했다.

선거 결과는 개신교에 불리하게 나타났다. 과반수의 득표를 기대했던 독일사회민주당이 37%의 표를 얻는 데 그쳤고 독립사회민주당은 겨우 7.6%를 얻었지만 독일사회민주당과 가톨릭중앙당 그리고 독일민주당 표를 모두 합하면 76%에 이르렀다. 이 투표 결과는 독일 국민 대다수가 자유주의적·민주적인 공화정부를 원하고 있다는 것을 보여주기에 충분했다.

독일 프로테스탄티즘은 1918~1919년의 변화를 전혀 예상하지 못했기 때문에 새로운 한 시대를 맞을 수밖에 없었다. 다른 무엇보다 획기적인 변화는 바이마르공화국의 선포와 함께 군주가 총대주교로서 영방 교회의 최고 지위를 맡았던 프로테스탄트 지역의 영주 교회 체제가 무너진 것이었다. 영주는 교회 지도부 임명권, 교회 회의 소집권, 교회 회의 교권 승인권 등이 있었고 명목 이상으로 그 권한을 행사했다. 그런데 이런 시스템이 완전히 와해된 것으로 드러났을 때 공공 기관으로서의 교회뿐 아니라 신앙인들의 사고조차 공황에 빠졌다. 이때 교회는 독일사회민주당이 1891년 에르푸르트에서 가진 전당대회에서 처음으로 프로그램화한 국가와 교회의 분리를 곧이곧대로 실행에 옮길 것인지를 두려움에 떨면서 바라보는 수밖에 달리 할 수 있는 일이 없었다.

자유주의 신학자 라데는 이미 1918년 11월 말 교회 내 모든 직위를 가진 사람과 지도 기구의 새로운 선발, 나아가 "민주적 교회지도위원회"의 구성을 요구했다. 교회 공동체의 남성과 여성은 20세 이상이면 선거권을 가져야 하고

1871년에 시도했다가 실패한 하나의 연합 프로테스탄트 제국 교회 설립을 주장했다. 라데의 호소는 기본적으로 헌법과 정치 부문의 혁명을 교회에서도 실현하고자 했던 동료들의 견해를 대표하고 있었다.

그렇다고 기존 교회가 아예 넋을 놓고 있었던 것만은 아니다. 1918~1919년 혁명과 패전이 총대주교제로 실현된 교회 내 군주 중심주의를 깊은 혼란에 빠뜨렸고 이어 새로 등장한 민주적·공화주의적 가치 체계는 기본 신념에서 교회와 심각한 갈등을 일으켜 교회가 일종의 "문화 충격"을 겪기는 했지만 그럼에도 교회는 곧바로 반격에 나섰다. 목사 요하네스 슈나이더(Johannes Schneider, 1857~1930)가 혁명을 부르짖는 '폭도들'에 대한 명백한 반대를 표명하면서, 그리고 그 폭도들이 부르짖는 사회주의를 '가치 없는 윤리'로, 노동자들이 요구한 '8시간 노동제'를 "국민 경제의 미친 오류"라고 비난하기 시작했을 때 이미 반격은 거세지고 있었다.[8]

교회는 구체제를 대표하는 인사의 죽음에 깊은 애도를 표하는 한편, 민주주의 신봉자들을 죽음의 세력으로 몰아갔다. 독일제국 황제비인 아우구스테 빅토리아(Auguste Viktoria, 1858~1921)의 시신이 1921년 4월 홀란드에서 포츠담으로 이송되었을 때, 프로이센 프로테스탄트 교회의 고위 교회지도위원회는 연도(沿道)의 모든 장소에서 조종(弔鐘)을 울려 애도를 표하라고 명령했다. 그러나 이와는 정반대로 독일사회민주당의 당수를 지낸 바 있고 바이마르공화국 대통령이었던 에베르트가 죽었을 때 교회는 애도의 말이라고는 한마디도 없이 오로지 침묵으로 일관했다. 오히려 베를린 교구장이었던 디벨리우스는 에베르트가 이끈 민주주의 혁명을 "죽음의 세력들"로 불렀다. 이에 더해 교회는 어떤 비판자가 "성서와 교리문답은 노동자들의 영원한 착취 문제에 대해 기억할 가치를 지닌 어떤 것도 가르쳐 주지 못했다"라고 한 그대로, 노동자들의 고통에 철저하게 무관심했고 심지어 노동자들의 반대편에 섰다.[9]

교회 내부의 민주주의에 관심을 기울이지 않은 것은 어쩌면 당연한 결과였다. 교회 내 회중 민주주의 여론과 관련해 교회 지도부는 "바람직하지 않은 싸움"이고 "빈 수레가 구르는 소리에 지나지 않는 것"이라고 조롱했다. 이는 교회가 바이마르공화국의 개혁 정치적인 새 계획에 반대하는 반의회주의적인 "전국적 반대" 진영에 자리를 잡은 것과 궤를 같이하는 행태였다. 바이마르공화국에서 프로테스탄트 교회는 일종의 "더 야만적인 목사 민족주의"의 진면목을 드러냈고 그것을 통해 그야말로 반공화주의적인 경향의 선도에 섰다.

바이마르공화국 시대 교회 내부 문제로 눈을 돌려보자. 당시 교회는 실질적인 재정 압박에 두려움을 갖고 있었다. 국가 지원이 1918년에 2800만 마르크에 이르렀는데, 그것으로 교회 총 예산의 절반을 충당하고 있었다.[10] 국가 지원은 앞으로 어떻게 될 것인가? 누가 목사들의 급료를 지불할 것인가? 국가교회의 의존적 관행에 비추어 볼 때 신도들이 내는 헌금으로 교회 재정을 충당할 수 있으리라고는 누구도 장담할 수 없는 상황이었다.

개신교 영방 교회의 최대 목표는 중단 없는 지속, 즉 전체 개신교 국민의 특권 보유자와 그 대리자로서 앞으로도 방해받지 않고 계속 그 역할을 할 수 있게 되는 것이었다. 처음에 영방 교회의 목표는 거부된 것으로 보였다. 그들이 보기에 프로이센의 문화장관 아돌프 호프만(Adolf Hoffmann, 1858~1930)은 독립사민당 좌파에 속한 무신론적 과격분자로서 그가 취할 것으로 예상되는 조치는 공포를 부르기에 충분한 것이었기 때문이다. 그의 네 가지 성급한 결정은 전적으로 충격이었다. 호프만은 영향력이 큰 통상적인 법 제정 외에 규정을 통해 국가와 교회의 분리를 예고했다. 그는 국가 지원을 중단하고 교회 탈퇴를 법적으로 쉽게 만들고 종교 교육을 포함해 학교에서 기독교적 성격을 제거하려고 했다.

호프만은 겨우 6주 동안 그 지위에 있었는데 이 짧은 경험이 프로테스탄트들에게는 오히려 정치적 반전의 기회로 작용했다. 그들은 총동원을 선포했고 700만 명이 서명한 대중 청원을 통해 교회가 지금까지 누려온 지위를 지키기 위해 전국 집회를 열겠다고 선언했다. 이 봉기의 정점에 있는 개신교 최고위 지도위원회는 2월 22일과 3월 13일 성명을 통해 최후통첩으로 6개 요구를 충족시켜줄 것을 요청했다. 즉, 교회는 종교세 징수권을 포함한 공적인 권리를 가진 법적 단체이어야 하고 국가 지원과 같은 교회 재산권은 완벽하게 보장되어야 하며 개신교 학생들에게 종교 교육을 의무로 실시하는 기독교 학교는 그대로 유지되어야 한다는 것이었다. 교회가 두려워했던 "정치적·문화적 주변부화"는 분쇄되었고 몇 주 지나지 않아 교회의 요구를 곧이곧대로 수용한 조치들이 취해졌다.

바이마르공화국은 어쩔 수 없이 교회와 타협의 길을 모색했다. 국가와 교회의 분리는 실제로 시행하되, 교회를 종교세 수취를 보장받는 공법상의 비독립적인 국가 종속적인 단체로 남게 하는 것이었다. 공화국은 세속 국가로서 현명하게도 총대주교직의 계승만은 피했다. 독일민족인민당은 이 법의 수용에 반대했으나 교회 지도부는 이 법에 전보다 더 확실해진 독립성을 보장할 여지가 크다고 이해했다. 목사들은 국가적으로 유지되는 교육 부르주아적 기능 엘리트로 남았고 공적으로 승인된 사회적·정치적 지도 기능을 계속 주장할 수 있게 되었다. 이렇게 함으로써 독일의 국가교회 제도는 1949년 연방공화국 법제에서도 사실상 존속할 수 있었다.

3. 정치 신학의 등장

혁명의 시기를 거치면서 독일 개신교 내에 심각한 결과를 가져온 신학적 갈등이 일어났다. 이 갈등은 세 명의 신학자 알트하우스, 에마누엘 히르슈(Ema-nuel Hirsch, 1888~1972), 프리드리히 고가르텐(Friedrich Gogarten, 1887~1967) 등이 극단적 민족주의 분위기 속에서 대중운동이 된 그들의 정치 신학을 전개하면서 불거졌다. 언론인 빌헬름 슈타펠(Wilhelm Stapel, 1882~1954)의 적극적인 지원을 받은 세 사람 모두 존중받는 교수직을 가진 해당 전문 분야의 탁월한 학자들이었다.

유명하지만 악명이 높은 신학자 트리오의 주장은 이러했다. 알트하우스는 1923년 이래 바이마르공화국은 "신이 없는 나라"라고 가르쳤다. 그의 희망은 권위적인 국가를 지향하고 있었는데, 당대 시민의 다수가 정치적 의지를 모아 형성한 바이마르공화국의 민주주의 법체계는 그가 보기에 가장 비윤리적인 것이었다. 그래서 무엇보다 책임감을 가진 지도력이 반드시 필요한데, 그것은 "민족의 신뢰에 깊이 뿌리박고 있어야 하는 것이었다". 히르슈는 "전 인류가 없어서는 안 될 것으로 여겨야 하는 신이 주신 성향을 자랑으로 삼는 오직 이 백성만이" 새 시대의 불합리한 요구에 결정적인 승리를 거둘 수 있을 것이라고 호소했다. 고가르텐은 기독교인의 우선적인 의무는 무엇보다 "민족의 법"에 복종하는 것이라고 주장했다. 슈타펠은 자신이 만든 잡지인 《독일 인민들 (Deutsche Volkstum)》에 "독일 민족은 …… 신의 이상이다"라고 일갈했다.[11]

이들의 신학을 새로운 정치 신학으로 부를 수 있는 것은 교회와 민족 운명과의 무제한적인 연대를 위해 교회가 실제 정치 상황에 개입하기를 요청하고 있기 때문이다. "그것이야말로 신의 말씀을 정확히 이해한 것이다."[12] 그래서 세계대전 연합국 측 교회들과 모든 세계 교회적 협력은 신의 명령에 대한 공격이라는 오명을 뒤집어씌웠다. 그러한 기본 입장에서 독일 민족에게는 낯선 "다원적·자본주의적·서구적" 공화국에 대한 비판이 분출했고 "보수주의적 혁명"은 "해방을 안겨줄 대안"으로 환영받았다. 1927년 여름 쾨니히스베르크에서 열린 "조국 교회의 날" 시가행진을 벌인 정치 신학은 엄청난 반향을 얻었다. 그 신학은 민족주의를 아예 기독교의 주장으로 정당화했을 뿐 아니라 이에서 한 걸음 나아가 반유대주의를 신의 말씀의 완성으로 보는 대담함을 드러냈다. 정치 신학은 이렇게 히틀러 운동까지의 거리를 더욱 좁혀놓았다.

4. 바르트의 변증법적 신학

정치 신학의 준동을 맞아 교회 지도부는 침묵했고 목사들 중 절대 다수 또한 침묵했으며 신자들 역시 침묵했다. 괴팅겐을 거쳐 1925년부터 뮌스터에서 학생들을 가르치던 스위스 출신의 바르트만이 외롭게 이에 항의했다. 슐라이어마허에게 "19세기의 교부"라는 이름이 붙어 다니듯이 "20세기의 교부"라는 수식어가 붙는 바르트의[13] 신학이 형성되는 과정부터 간단히 알아보자.

그는 하르낙과 빌헬름 헤르만(Wilhelm Herrmann, 1846~1922)의 제자였다. 자연스럽게 자유주의 신학자로 교육을 받은 셈이다. 스위스 자펜빌(Safenwil) 이라는 곳에서 목회를 시작한 그는 지역 노동자 계층의 비참한 삶을 목도하면서 그리스도 복음의 정신으로 불평등한 현실을 바꾸려고 노력했다. 그러던 중 1914년 8월 독일 지성인 93명의 전쟁 지지 선언이 나왔다. 독일 자유주의 신학자들 대부분이 여기에 포함되어 있었다.

바르트는 1919년 『로마서(Römerbrief)』 초판을 출판한 바 있었는데, 이 책을 전면 개정해 1922년 다시 출판했다. 이 책은 바울 서신에 대한 해석의 옷을 입은 당대 프로테스탄트 문화에 대한 전면적 비판으로서 신학계에 마치 폭탄을 터트린 것 같은 반응을 불러일으켰다. 신 개념의 기본 골격에서 키르케고르를 연상시키는 바르트의 신은 인간이 도달할 수 없는 존엄성을 지닌 존재이고 인간의 세속성과 질적으로 차별성을 가진 "완전한 타자(他者)"였다. 신과 세계를 구성하는 모든 요소 사이의 관계는 신 자신이 그것을 창조하고자 할 때만 성립한다. 신은 오직 위에서 수직으로, 자연스러운 것의 파탄과 해체 속에서 인간과 관계하는 존재였다. 하나님과 인간, 계시와 이성, 그리스도와 문화 사이의 중재란 있을 수 없는 것이다.

따라서 신학은 그리스도교의 진실을 이러저러한 방법으로 증명하고 믿음이 없는 사람들에게 그것을 드러내 보여 받아들일 수 있는 것으로 만들어야 한다는 기존의 주장은 단호히 거부되어야 한다. 신이 인간에게 주었다고 믿는 인간에게서 신으로 가는 가교는 없다. 이것을 디트리히 본회퍼(Dietrich Bonhoeffer, 1906~1945)는 인간의 신 인식은 항상 단편적·일시적인 것일 뿐이기 때문에 오늘의 세계에 실재의 신과 완벽하게 일치하는 완결된 신의 표상 그 자체가 없다고 이해했다. 그래서 본회퍼는 "(흔히 사람들이) 존재한다고 생각하는 그런 신은 없다(Einen Gott, den 'es gibt', gibt es nicht)"라고 말했다. 따라서 신앙이란 본질적으로 안전을 소유할 수 없는 모험이다. 키르케고르의 말을 차용하면 "도약"이 있을 뿐이다. 이 도약으로 자연적·인간적인 영역에서 신적인 계시로 들어간다. 진실성은 신학의 역량, 일관성, 인간성을 통해 증명하는 것이다.[14] 신학의 원래 과제는 신에게로 돌아가는 것이고 목회자들은 신의 말씀을 선포하는 본래 임무에 충실해야 할 것이다. 이러한 그의 주장은 인간의 종교성과 경건 및 윤리적 능력을 신학의 출발점으로 삼았던 자유주의 신학과 거리가 먼 것이었다.

바르트에 의해 자율적인 이성에 대립하는 "계시"가 진실 인식의 원천으로 규정되었다. 그리스도에게 나타난 계시 속에서 신이 자신을 알린 것처럼 말이다. 바르트의 『교회 교의학(Kirchliche Dogmatik)』(1932~1968)은 여기에서 출발하고 있다. 본대학 교수로 재직하던 시기에 시작해 국가사회주의자들의 추방으로 1935년 바젤로 돌아가 1968년에야 완성한 이 책은 12권, 1만여 쪽에 달하는 대작일 뿐 아니라 종교개혁의 복음주의적·개혁주의적 관점에서 신학을 집대성해 기독교 신학 역사에서 기념비적인 저작 중 하나이다. 종교개혁 교의를 고대 교회 교의에 긴밀하게 연결함으로써 복고주의 경향을 비호했다는 평가를 받기도 하지만 그 후에 나타난 그의 실천은 교회 내 보수주의자들과 거리가 멀었다.

바르트는 루터의 두 왕국론에서 나아가 그리스도의 왕적 통치론을 구성했다. 바르트에게도 교회와 정치의 분리는 프로테스탄트 신학의 기초였다. 그러나 교회와 국가가 모두 하나님의 소명을 가진 하나님의 도구라고 주장해 결과적으로 국가권력에 대한 저항을 철저히 차단했던 루터와 전혀 다른 방향으로 나아갔다. 그는 그리스도는 세상의 주이기도 하다고 주장하면서 루터와 정반대로 기존 질서란 하나님께 저항해 인간을 새롭게 강화하고 옹호하는 것에 지나지 않는 것으로 보았다.

많은 루터주의자들이 바이마르공화국에 반대하는 세력이었던 데 반해 바르트는 새 공화국을 명백하게 옹호했다. 그에게는 오히려 그리스도적 실존의 착근은 교회의 말씀 선포에서 이루어지는 것이다. 다시 말해, 교회가 사회에 대한 책임을 다할 때 신학에 정당성을 부여할 수 있다고 보았다. 바르트는 1938년에 이미 『의인과 법(Rechtfertigung und Recht)』을 써 국가가 '하나님의 세우심'에 맞서 의인의 선교를 탄압할 경우, 그리스도인은 인간에게 복종하기보다 하나님께 복종해야만 한다(사도행전 5:29)는 사실을 확인한 바 있었다.15)

바르트는 디벨리우스가 그 탁월한 대변인으로 활동한 전통주의와 제도주의에 반대하는 날카로운 논쟁을 펼쳤다. 그는 유대인 문제에 대해서도 디벨리우스와 전혀 다른 견해를 표명했다. 19세기 말 이래 베를린은 유대인들이 활발하게 활동하던 대표적인 도시였다. 베를린의 개신교 대표였던 디벨리우스는 1928년경 "근대 문명의 모든 해체 현상"에 유대인이 "주도적인 역할을 했다"라고 말함으로써 그 자신이 반유대주의자라는 사실을 분명히 했다.[16] 바르트는 타협의 여지가 없는 결의에 찬 자세로 교회와 유대인 관계를 지속시켜 갈 것을 주장했다. '종교사회주의연맹(Bund religiöser Sozialisten)'의 지도적인 인물들인 라데와 틸리히가 그를 지원했다. 그러나 극소수만이 이 연맹에 가담했다. 바르트의 확고한 교리는 전적으로 소수 현상에 지나지 않았다.

그러나 바르트는 히틀러 시대를 거치면서 저항 신학의 대표자로서 자신의 신학에 충실한 결과 수많은 동조자를 얻었다. 그가 괴팅겐, 뮌스터, 빈에서 학생들을 가르친 덕분이기도 하지만, 제2차 세계대전 후 수많은 학생들이 그의 강의를 듣기 위해 바젤의 청강생이 된 것이 그 증거였다. 그들은 후에 바르트 학파(Bartthianer)의 구성원이 되었다. 그와 그의 동조자들이 변증법적 논증 방법을 채택했기 때문에 그 신학을 변증법적 신학으로 부르기도 하고 또는 "위기의 신학(Theologie der Krisis)", "하나님 말씀의 신학(Theologie des Wortes Gottes)"으로 부르기도 한다.

바르트가 외롭게 투쟁하는 동안 이와 반대로 국가 프로테스탄티즘 주변에는 사람들이 몰려들고 있었다. 1926년에 '대독일의 독일적·기독교적 활동 공동체(Deutsch-Christliche Arbeitsgemeinschaft Großdeutschlands)'가 만들어졌는데, 여기에 몇몇 우파 과격주의 프로테스탄트들이 모였을 뿐 아니라 1928년부터는 인민적·기독교적 부류에 튀링겐의 목사이자 국가사회주의독일노동자당(Nationalsozialistische Deutsche Arbeiter Partei: NSDAP)의 동부 지부 창설자이기도 한 지크프리트 레플러(Siegfried Leffler, 1900~1983)와 율리우스 로이트호이서(Julius Leutheuser)와 모임을 갖던 인사들이 가담했다.

이로써 프로테스탄트 교회는 후에 나치로 널리 알려진 국가사회주의독일노동자당과 연결망을 갖게 되었다. 1930년까지 더 많은 그룹이 국가 프로테스탄트 진영으로 붙었는데 그중 "기독교-독일 운동(Christlich-deutsche Bewegung)"이 가장 중요했다. 이 운동은 알트하우스, 히르슈, 하이델베르크 신학자 하인리히 보른캄(Heinich Bornkam, 1901~1977)의 지원뿐 아니라 베를린의 본당 설교자 브루노 되링(Bruno Doehring, 1879~1961)과 메클렌부르크의 주교 하인리히 렌트토르프(Heinrich Rendtorff, 1888~1960)를 지도자로 두었기 때문이다. 기독교-독일 운동 조직을 이끈 활동가는 마르크 브란덴부르크(Mark Branden-burg)의 목사로서 독일민족인민당과 "철모"라는 별명을 가진 그룹의 지지자인 동시에 뛰어난 보수주의자인 에른스트 빌름(Ernst Wilm)이었다. 이때는 아직 나치가 커다란 인기를 누리지 못하고 있던 시기였지만 나치가 서서히 교회 내로 침투하고 있었다. 목사들을 나치로 끌어들이기 위한 최초의 노력은 바이에른의 초등학교 교사이자 1928년부터 오버프랑켄(Oberfranken) 지역 지도자였던 한스 셈(Hans Schemm, 1891~1935)에 의해 이미 시작되었다. 1927년 이래 특별히 성과가 좋았던 '교사연맹(Lehrerbund)'과 비교하면 기껏 소수 목사들에 지나지 않았지만, 1930년 말까지는 적어도 120명(전체 목사의 약 1%)의 목사들이 국가사회주의독일노동자당의 회원이었다.[17]

제4장

프로테스탄트 교회, 국가사회주의를 지지하다

1930년 9월 15일 이른 아침, 조간신문들은 히틀러의 국가사회주의독일노동자당이 전날 치러진 선거에서 완벽하게 승리했다는 소식을 전했다. 비록 국가사회주의독일노동자당이 제2당의 지위를 차지한 승리였지만 예상을 뒤엎은 결과임에는 틀림없었다. 나치 의석이 17석에서 무려 107석으로 늘어났다.

35개 제국 의회 지역 선거구 중 25개 선거구에서 프로테스탄트와 가톨릭이 70% 이상의 다수를 차지하고 있었는데, 특히 35개 선거구 중 19개에 이르는 프로테스탄트 선거구에서 국가사회주의독일노동자당이 두드러진 성과를 거둔 것으로 나타났다. 프로테스탄트들은 나치에 약 2.3배 이상의 지지를 보낸 결과였다.[1] 곧바로 디벨리우스는 1930년 여름 일찌감치 히틀러의 선거 승리를 합리화했다. 가장 강력한 우파 정당으로서 국가사회주의자들은 그들의 강령에서뿐 아니라 실질적인 행동에서도 기독교와 긍정적인 관계를 맺고 있다는 사실을 보여주었다는 것이 그의 판단이었다. 졸딘(Soldin)의 본당 설교자 프리드리히 비네케(Friedrich Wieneke)[2]는 "철 갈고리 십자가(나치의 상징)와 기독교의 십자가는 대립하지 않는다"라고 말했다.[3]

나치는 어떻게 탄생했고, 도대체 어떻게 이런 승리를 도출할 수 있었을까?

그리고 교회는 무엇을 근거로 나치를 지지했을까? 아니, 선거 결과는 정말 프로테스탄트 교회와 밀접한 관계를 맺고 있는 것인가? 의문이 잇따를 수밖에 없다.

1. 국가사회주의의 선동

우선 히틀러의 정당으로 알려진 나치가 어떻게 탄생했는지 간단히 알아보자. 국가사회주의독일노동자당의 전신은 안톤 드렉슬러(Anton Drexler, 1884~1942)가 1919년 결성한 독일노동자당(Deutsche Arbeiter Partei)이다. 혹시 이 당이 과격 시위의 배후 세력이 아닌지 조사하라는 상관의 명령을 받고 전당대회에 참석했던 히틀러는 우연히 발언할 기회를 얻었고 이를 계기로 이 당에 호감을 가져 마침내 입당을 결정했다.

1923년 11월 히틀러는 권력을 획득할 목적으로 소규모 쿠데타를 주도했다. "뮌헨 폭동"으로 알려진 이 쿠데타는 실패로 돌아갔고 히틀러는 감옥에 갇히는 신세가 되었다. 약 9개월에 걸친 수감 생활 동안 히틀러는 훗날 그의 정치철학의 골격이 된『나의 투쟁(Mein Kampf)』(1925)을 집필했을 뿐 아니라 두 가지 중요한 결심을 했다. 하나는 자신이 독일 민족주의의 '북치는 소년'이 아니라 '지도자(Führer)'가 되리라는 결심이었고 다른 하나는 무력이 아니라 선거를 통해 권력을 장악하겠다는 구상이었다.

감옥에서 나온 히틀러는 곧바로 당명을 국가사회주의독일노동자당으로 개명하고 이 당을 통해 권력을 장악할 계획을 세우게 된다. 이 당의 강령 중 특히 눈에 띄는 것은 국가사회주의(Nationalsozialismus)이다. 독일어 "National"이란 "국가", "국민", "민족" 등으로 번역할 수 있고 또 히틀러가 독일 민족주의

(Nationalismus)를 강조하고 있다는 사실은 잘 알려져 있으므로 그보다 오히려 뒤에 붙은 사회주의(Sozialismus)에 주목해야 한다. 히틀러는 공장 등 생산수단의 국가 소유를 분명히 했기 때문이다. 물론 히틀러는 민족주의자로서 반유대주의를 주장하는 등 극단적인 인종주의자(racist)로 유명하지만 동시에 국가의 권위를 극대화한 권력 국가 사상의 소유자이기도 하다. 히틀러의 사회주의는 국가가 주체라는 점에서 "Nationalsozialismus"를 "국가사회주의"로 번역해 사용하는 것이 타당하다.* 한편 "Nazi"라는 말은 바로 이 "Nationalsozialismus"에서 따온 약자로서 누군가에 의해 사용되면서 국가사회주의독일노동자당을 가리키는 축약어로 널리 사용되기 시작했다.[4] 나치라는 말은 이제 정당만이 아니라 히틀러 추종자, 인종주의자를 가리키는 폭넓은 의미로 쓰이고 있다.

1923년 뮌헨 폭동으로 쿠데타를 통해 정치권력을 장악하려 한 한낱 반란자에 지나지 않았던 히틀러는 선거전에서 승리를 거두면서 마침내 파울 폰 힌덴부르크(Paul von Hindenburg, 1847~1934) 대통령에게서 제국의 수상으로 임명되었다. 물론 히틀러의 철학이나 개인의 성격이 사회구조와 무관하게 독일제국의 운명을 결정하지는 않았지만 그의 전략과 선전이 대단히 중요한 작용을 했던 것은 사실이므로[5] 여기에서 그의 세계관을 간단히 살펴보는 것이 좋을 것 같다.

그에 따르면 독일인들은 세계의 '하급 인간들(Untermenschen)'을 지도해야 할 순수 혈통을 지닌 '주인 민족(Herrenvolk)'이다. 주인 민족이니 하급 인간이니 하는 개념은 우생학에 토대를 둔 것으로서 영국에서 시작되어 미국에서 강

---

* National이라는 말만을 떼어놓는다면 민족이라는 번역이 오히려 정확할 수 있다. 예컨대, "Nation state"는 "민족국가"로 번역하고 "Nationalism"은 흔히 "민족주의"로 번역해 사용한다.

력한 지지자를 모아 20세기 초반 전 세계에 퍼졌다.* 우생학은 히틀러의 독창적인 발명품은 아니었지만 그는 우생학을 특히 유대인들에게 적용함으로써 그 절정을 장식했다. 히틀러는 유대인들을 '보균자'나 '인종 오염 인자'로 규정했다.6) 주인 민족인 독일 민족은 민족 공동체(Volksgemeinschaft)이고 국가는 이 공동체의 중심이며 시민들은 그 동지(Genossenschaft)이다. 따라서 하급 인간들을 희생양으로 삼아서라도 우수한 독일 민족의 생활공간(Lebensraum)을 확장해야만 한다. 생활공간의 확장이란 말할 것도 없이 독일의 영토 확장을 의미하는 것으로서 제국주의의 다른 표현이었다.7)

수상으로 임명된 히틀러는 우선은 교회 정책에 대해 신중한 언어를 선택했다. 국가사회주의에 대한 기독교인들의 반대는 나치의 정치 이데올로기에 대한 반대가 아니라 기독교에 적대적인 요소들이 있다고 보았기 때문이다. 히틀러는 이 사실을 잘 알고 있었다. 히틀러는 국가사회주의는 교회를 보호할 것이고 "우리 민족성을 지키는 데 가장 중요한 요소로서" 학교와 교육에 대한 교회의 영향력을 계속 유지시키겠다고 말했다. 그는 바티칸에 대해서도 우호적인 관계를 갖고자 했다. 1918년 이후 독일제국의 수상을 맡은 사람들 가운데 히틀러만큼 기독교적 단어들을 자주 입에 올린 수상은 없었다. 그는 기회가 있을 때마다 "전능하신 하나님", "축복", "예정"과 같은 단어들을 들먹였다. 히틀러는 최고위 국가기관에 있는 지극히 "종교적인 인간"으로 자칭했다.

히틀러와 그 주변 인물들은 과연 종교적인 사람들이었을까? 히틀러와 파울

---

* 영국 수상 윈스턴 처칠(Winston Churchill, 1874~1965), 미국 대통령 시어도어 루스벨트(Theodore Roosevelt, 1858~1919)와 같은 정치가들, 복지국가의 경제학적 기초를 닦은 경제학자 존 메이너드 케인스(John Maynard Keynes, 1883~1946), 미국 사업가 데일 카네기(Dale Carnegie, 1888~1955)와 존 데이비슨 록펠러 주니어(John Davison Rockefeller Jr., 1874~1960), 유명한 SF 작가 허버트 조지 웰스(Herbert George Wells, 1866~1946) 등이 우생학 연구에 거금을 지원하거나 재단을 설립했던 사실은 잘 알려져 있다.

요제프 괴벨스(Paul Joseph Goebbels, 1897~1945)는 모두 어린 시절 미사를 드릴 때 신부를 돕는 복사(服事)였고 성직자를 희망했다. 특히 히틀러는 가톨릭교회 조직에 경탄해 마지않았다. 그렇다고 그가 가톨릭교회를 신뢰하거나 성직자들을 존중한 것은 아니었다. 히틀러의 충실한 부하들인 아르투르 딘터(Arthur Dinter, 1876~1948), 하인리히 힘러(Heinrich Himmler, 1900~1945), 율리우스 슈트라이허(Julius Streicher, 1885~1946)는 미심쩍기는 하지만 한때 가톨릭 신자였다. 나치 지도부에 속해 있던 헤르만 괴링(Hermann Göring, 1893~1946)과 아돌프 아이히만(Adolf Eichmann, 1906~1962)은 명목상 개신교도였고 다른 추종자들 중에 개신교 신자들이 많았다.

1920년 2월 24일의 국가사회주의독일노동자당 강령은 "국가는 모든 종교적인 신앙고백의 자유"를 보장한다고 밝혔다. 의미는 불분명했지만 "기독교에 대해 긍정적인 입장"을 갖고 있다는 사실도 선전했다. 히틀러는 1927년 2월 4일과 3월 2일 두 차례나 괴트 마그누스(Gött Magnus)에게 편지를 보내 기독교와 나치는 세계관에서 동일한 지향을 갖고 있고 동일한 정신적 기원을 갖는다고 주장하는 등 양자의 타협점을 보여주려고 했다.8) 히틀러가 수상이 된 1933년 전에도 알프레드 로젠베르크(Alfred Rosenberg, 1893~1946)와 힘러가 나서 교회에 대해 공격하기는 했지만 그래도 되도록이면 갈등을 피하려고 조심했다.

히틀러는 나아가 자신의 생각을 기독교 전통에 의도적으로 연결함으로써 자신이 질서와 독일적 유산의 보호자라는 인식을 심는 데 성공했다. 1933년 2월 1일 한 라디오 연설에서 그는 "민족의 정부는 기독교를 우리의 윤리적 토대로 받아들인다"라고 선언했다. 선거전이 시작되자 히틀러는 베를린 스포츠 스타디움에서 가진 총선 출정식에서 독일제국을 찬양하면서 "아멘"으로 연설을 끝냈다.9)

동시에 히틀러는 기독교인들의 정치 행위의 동기를 정확하게 읽고 있었다. 기독교인들은 정치 이데올로기가 아니라 신앙 노선, 즉 자신이 가톨릭에 속하는가, 프로테스탄트에 속하는가에 따라 정당 지지를 결정한다는 사실을 일찍이 간파했다. 신자들은 자신이 속한 기독교 분파에 따라 각기 다른 안경을 끼고 세계를 인식하고 있고 그 때문에 나치가 내세운 특수한 정치 프로그램을 분명하게 이해하지 못한다고 생각했다. 그는 신앙을 이유로 국가사회주의를 거부하는가 하면 신앙을 근거로 국가사회주의를 환영하기도 한다는 것을 알았다.

나치는 가톨릭과 프로테스탄트 신자들에게는 다른 무엇보다 신앙 분파가 우선한다는 양극성을 훌륭하게 이용할 줄 아는 집단이었다. "기독교의 긍정성"을 공인하고 자신들의 "신앙 분파 중립성"을 외치기는 했지만, 나치는 가톨릭 신자가 더 많은 지역에서는 가톨릭 지지 발언을 했고 프로테스탄트가 우세한 지역에서는 프로테스탄트 지지를 공공연히 선전했다. 물론 종교개혁 이래 가톨릭을 공격하는 프로테스탄트의 표어로 등장한 반성직주의에 토대를 두고 종교정책을 제도화하긴 했지만, 그것 역시 프로테스탄트가 다수를 차지하는 독일의 현실을 감안한 대응책일 따름이었다.

예컨대 팔츠와 같이 가톨릭과 프로테스탄트 중 어느 분파도 우위를 점하지 않은 혼합 지역에서 히틀러는 마치 루터와 비슷한 인물로 등장했고 나치는 비록 엄격하게 반가톨릭적이거나 반교황적이지는 않지만 프로테스탄트에 우호적인 정당이라는 인상을 심었다. 거꾸로 나치는 자를란트(Saarland)에서 가톨릭 신자들을 총선에서 자기편으로 끌어들이기 위해 훌륭한 가톨릭 정당이라는 점을 강조했다.[10]

물론 종교적 차이를 뛰어넘어 민족 공동체를 실현하고 그 공동체에서 신앙에 따른 분파주의의 오염을 제거하겠다는 히틀러의 약속은 속임수에 지나지 않았다. 하지만 프로테스탄트 교회는 처음부터 나치가 자신들의 '프로테스탄트 제국'을 실현해줄 것으로 믿었고 가톨릭교회 역시 점진적으로 나치에 우호적인 방향으로 접근했다.

한편, 나치는 교회의 가치와 여성을 결합하는 선전 전략을 구사했다. 나치의 선거 캠페인 문서들은 점차 종교, 교육, 가정과 관련한 주제를 동원해 여성을 공략하기 시작했다. 과거와 마찬가지로 1930년까지도 여성들은 국가사회주의독일노동자당에 그다지 많지 않았다. 프로테스탄트 지역에서도 여성은 남성에 비해 종교적인 주제를 강조하는 정당에 더 많은 표를 주는 경향이 강했다. 그러나 1930년 이후 나치는 여성 당원의 비중을 크게 높였는데 그것도 프로테스탄트 지역에서 더욱 그랬다. 남성들이 아직은 나치의 주도적인 지지자였지만 여성들이 그 차이를 메우기 시작한 것이다. 이는 나치의 여성을 향한 선전이 큰 효력을 발휘한 결과였다.

나치는 여성 우호적인 공산주의자들의 "문화적 볼셰비즘(cultural bolshevism)"을 혹독하게 비난하는 한편, 그와 반대로 전통적 가정생활을 열정적으로 옹호했다. 1934년 8월 8일 여성을 향한 히틀러의 연설은 여성의 독특한 역할에 초점을 맞추고 있었다.

> 국가사회주의 운동은 등장 초기부터 여성을 가장 소중한 조력자라고 보았을 뿐 아니라 여성 가운데 그 조력자들을 찾아냈다. …… 자신과 민족을 지키려는 가장 뿌리 깊은 본성이 여성에게서 자라났다. …… 이 심원한 인식이야말로 감정(Gefühl)의 세계의 뿌리이다. (그러나) 여성의 정서(Gemüt)는 남성의 정신(Geist)을 보완하는 역할을 할 뿐이다. …… 남성이 자신의 과제를 완성할 수 없는 상황에 처했을 때는 이를 근거로 여성이 남성의 지위를 대신할 수 있다. ……
>
> 여성 해방이란 말은 유대 지식인들에게서나 찾아볼 수 있는 말이고 독일 여성은

독일이 풍요롭고 좋았던 시절에는 해방을 필요로 하지 않았다. …… 여성의 세계는 그들의 가정과 아이들 그리고 그들의 집이다. …… 정서의 힘, 영혼(Seele)의 힘은 (남성의 세계가 아닌 여성의 세계에) 속한다. 어린이 양육은 민족이 존속하느냐 멸절하느냐를 가름하는 전투이다.[11]

히틀러는 여성의 여성성, 특히 그 정서를 강조하고 자극했다. 히틀러의 연설에 여성과 관련해 자주 등장하는 단어들, 즉 정서, 감정, 영혼 등은 존중받는 신학자 슐라이어마허에게서 차용한 것으로 보인다. 이런 단어들을 사용함으로써 히틀러는 자신의 주장이 독일의 전통적 신앙에서 유래했다는 인상을 만들고자 했을 것이다. 국가사회주의가 "아이들, 교회, 부엌(Kinder, Kirche, Küche)"을 꾸준히 강조하고 선전했다는 사실은 널리 알려져 있는데, 이를 통해 나치는 특히 중간 계층 여성들에게 접근할 수 있었다.[12]

나치는 가톨릭 지역에서도 성과를 얻었다. 폭넓은 사회적·정치적 연결망을 가진 기구로서 가톨릭교회는 아직 나치의 전진을 달가워하지 않았기 때문에 가톨릭이 다수인 지역에서는 당원 수가 전국 평균을 밑돌았지만 점진적으로 그 수가 많아지기 시작했다.[13] 반대로 독일사회민주당은 극우와 극좌 사이에서 표를 잃고 있었다.

여기에 덧붙여야 할 것은 나치가 여성에게 접근하는 전략적 호소가 반근대주의 색채를 띠고 있었다는 사실이다. 아이들, 교회, 부엌을 열정적으로 외침으로써 나치는 여성주의 운동과 여성을 노동력으로 끌어들이려는 시도에 대해 날카롭게 반대했다. 나치의 주장에 따르면 여성해방은 양성의 경제적 착취를 더욱 가중시킬 뿐이고 동시에 가정과 가족에서 했던 여성의 전통적인 역할을 훼손하는 결과를 가져온다.[14] 나치의 반근대주의는 근대 기술을 맹렬히 비난하거나 발전한 산업 경제를 해체해 낭만적인 농업사회로 회귀하자는 것은 아니었다. 그들의 반근대주의는 바로 마르크스적 사회주의와 자유 자본주의에 대한 공격이었다.[15) 여성을 부엌과 교회라는 공간에 가두고 아이들을 돌보는 일에 그 역할을 제한함으로써 자유 자본주의적 발전과 사회주의 이데올로기의 침투를 막는 방패로 사용했다. 그들은 여성과 교회를 연결시키는 고도의 전략을 구사하고 있었다.

나치는 전근대적인 경향을 강화함으로써 여성에게 접근한 것과는 대조적으로 청소년에게는 "근대의 체험"이라는 다른 전략으로 접근했다. 이것이 교회의 기능을 대체하는 효과를 얻었다는 점에 주목할 필요가 있다.

나치 시대 일상사 연구로 유명한 데틀레프 포이케르트(Detlev Peukert, 1950~1990)는 나치가 청소년에 유의했다는 사실에 주목하고 남녀 청소년이 나치를 통해 근대를 경험했음을 관찰했다. 독일 역사에서 "어린이"라는 개념은 이미 근대 초에 나타났지만 어린이와 달리 청소년은 19세기 말에 비로소 인생의 다른 단계에 있는 인간 집단으로 인식되었다.

독일 청소년은 어른의 권위에서 벗어난 나치의 청소년단과 소녀단에서 처음으로 '해방'을 경험했고 그 경험은 '근대적'인 것이었다.[16) 나치가 제공하는 운동장에서의 체육 활동, 집단적 여가 활동과 여행을 통해 그들은 전례 없는 해방감을 맛보았다. 교회가 도덕과 윤리를 설교하는 사이 나치는 그들에게 교회에서 자유로운, 그래서 어른의 지도와 훈시 그리고 감시에서 자유로울 수 있는 기회를 제공했다.

청소년들이 나치의 이데올로기에 동의했다고 보기는 어렵다. 그들 중 히틀러의 『나의 투쟁』을 읽은 사람이 거의 없었겠지만, "조국", "독일의 명예와 위대성"이란 말이 들리면 아무 생각 없이 반듯한 자세로 "예"하고 일어서게 되었다는 청소년의 수기들이 있다.[17) 그들은 모두 나치에 순응하거나 그 이데올로기를 따르지는 않았지만 적어도 나치에 매력을 느꼈던 것 같다. 그리고 그것은 근대의 체험에서 온 것이고 동시에 교회와 같은 권위적인 제도에서의 해방이 크게 작용했다고 할 수 있을 것이다.

물론 나치의 근대화는 병리적 근대화이기는 하지만 근대화라는 측면에서 관찰할 수 있는 요소들을 포함하는 것은 사실이다. 나치는 선전을 통해 점차 '청년의 당'이라는 이미지를 획득했다. 마침내 교회는 청년을 나치에게 빼앗길지도 모른다는 위기감을 안게 되었다. 개신교 내부에서 이미 기본 신념의 변화가 극적으로 나타나고 있었기 때문이다. 당시 라데의 계산에 따르면 신학생의 90%가 이미 국가사회주의에 호의적이었고 학생 성서 공부 그룹에서도 김나지움에 다니는 학생의 70%가 이 노선으로 기울고 있었다.[18]

나치는 신앙 분파에 따라 다른 접근 방법을 구사했듯이 사회집단에 따라 근대적인 요소와 전근대적인 요소를 뒤섞는 방법으로 사람들을 동원했다. 나치가 여성과 청소년을 자기편으로 견인하는 동안 프로테스탄트 교회는 그저 손을 놓고 있었을 뿐 아니라 오히려 나치가 자신들의 신앙을 공고히 해줄 것처럼 믿고 있었다.

2. 교회의 나치 지지 배경

나치의 선전 선동에 화답이라도 하듯이 프로테스탄트 교회는 히틀러에 대한 어떠한 비판도 제기하지 않았다. 그가 저지른 수많은 탈법과 제국 의회 의사당 방화, 사회민주주의자와 공산주의자 그리고 유대계 독일인들의 강제 감금 등에 대해 모른 체했고 오히려 기독교 "문화국가"로 가는 전환이 일어나리라는 기대 속에 그를 떠들썩하게 환영했다. 강력한 "지도자"가 이끄는 "승리 국가"로서의 "제3제국"으로의 전환, "민족적 긍지"와 "민족적 명예"의 보호 등은 일반적으로 프로테스탄트의 기대에 부합하는 것이었다. 히틀러가 열광주의자들의 행동에는 없는 중도적인 본보기 역할을 하고 있다고 그를 미화하는 일이 개신교회에서 일찍이 일어나고 있었다. 무엇이 어떤 형태의 비판도 잠재운 이 치명적인 침묵과 수많은 목표 설정의 유사성을 가져왔을까? 4000만 명이나 되는 프로테스탄트들의 다수 그리고 그들의 영적인 목자들에게 지속적으로 영향을 끼친 이 파멸적인 신드롬의 원인은 무엇이었는가?

1) 프로테스탄트 교회와 민족주의

독일 프로테스탄트 교회가 나치를 지지한 배경으로 교회의 민족주의적 성향을 가장 중요한 배경으로 꼽는 데 이의를 제기하는 사람은 거의 없다. 민족 프로테스탄트적 심성은 지난 70년 동안 확고한 발판을 마련했고 이를 통해 "민족종교적 근본주의"가 자라나 하나의 시스템을 이루면서 "민족적인 것의 신성화"와 "종교적인 것의 민족화"가 추진되었다. '독일 민족의 신성 개신교 제국'의 건설에 대한 열렬한 환영은 이미 오래전에 시작되어 지속적으로 높아졌다. 더구나 세속화와 탈교회화가 몰려오자 "민족 교회적(volkskirchlich) 갱신"이 그 대안이 될 것이라는 환상이 사람들을 사로잡았다.

요제프 로트(Joseph Roth, 1894~1939)는 「라데츠키 행진곡(Radetzkymarsch)」(1932)이란 소설에서 "민족주의는 새로운 종교다"라고 썼다. "인민들은 더 이상 교회로 가지 않는다. 그들은 민족 집회로 몰려간다."[19] 민족주의의 열기가 얼마나 높았던지 후에 학자들 사이에 "대안 종교" 논쟁이 불거졌다. 민족주의가 종교를 대체하는 역할을 했는가 아닌가라는 것이 주요 쟁점이었는데, 이 논쟁에서 민족주의가 종교와 닮아 "대체 종교"라고 할 수준이라는 주장은 "유사성 테제"라 부르고 그렇지 않다는 주장을 "불일치 테제"라고 불렀다. 잠시 논의를 따라가 보는 것이 교회의 민족주의적 열광을 이해하는 데 도움이 될 것이다.

대체 종교 테제는 독일 민족주의를 '대안의 종교'로 보지는 않지만 그것이 "신이 없는 종교"로서 종교와 유사한 기능을 했다고 보는 견해이다. 특히 1935년 파울 쉬츠(Paul Schütz, 1891~1985)가 처음 제기했고 1938년 에릭 포겔린(Eric Voegelin, 1901~1985)이 정교하게 다듬은 "정치적 종교"라는 개념이 오랫동안 학문적으로 널리 사용되었다. 원래 20세기 새로운 정치 운동을 설명하는 데 목표를 두었던 이 개념은 '종교적인 것'의 개념을 정치 영역으로 확대했다. 정치학의 언어들, 예컨대 "인류, 민족, 계급, 인종, 국가" 등 집단이 실재(Realissimum)라고 경험하는 것들이 "신의 도래"와 마찬가지로 세속적인 종교성을 갖는다는 말이다.

역사가 벨러는 국가사회주의에서 민족주의는 하나의 정치적 종교로 자리 잡았다고 분석했다. 그는 실제적인 열 가지 사실을 그 근거로 들었다.

① 민족주의는 존재의 의미를 뜻했다. ② 민족을 위해 죽는 것을 순교로 생각하게 했다. ③ 민족 구성원이 소명을 받은 파수꾼이 되게 함으로써 종교의 의미 독점권에 도전했다. ④ 민족주의는 포괄적인 세계상과 행동 규칙을 제공했다. ⑤ 도그마적인 핵심 주장을 새로운 환경에 적용하는 높은 적응력을 가졌다. 이를테면 민족주의는 일본이나 이탈리아의 상황에 적용하는 데 아무 문제가 없다. 다만, 독일과 국경을 접한 슬라브족이나 독일 내 유대인이 이 도그마에 물든다면 얘기가 달라지겠지만 말이다. ⑥ 구성원들을 하나의 공동체로 연대시키는 정도가 뛰어나다. 비록 무신론자, 유대인, 이혼자, 동성애자 등 소수자들은 여기에 속할 수 없었지만 말이다. ⑦ 제의(祭儀)를 통해 공동체의 일원임을 확인시켰다. 같은 복장을 하는 것이 여기에 속하고 "하일 히틀러(Heil Hitler)"는 아멘과 마찬가지 역할을 했다. ⑧ 오늘의 희생과 고통은 반드시 인

종적으로 순수한 계급 없는 사회에서 보상을 받으리라고 약속했다. 중세 종말론에 연결된 전망을 보여줌으로써 국민을 나치 운동에 동원했다. ⑨ 민족 공동체는 세대와 세대를 거쳐 어린이와 어린이의 어린이로 지속하며 그래서 과거와 미래를 포함하는 영원성을 갖는다. ⑩ 속세를 넘어서는 일종의 초월성을 강조해 희생을 끌어냈다.[20]

민족주의가 정치적 종교라는 테제를 부정할 만한 근거 역시 있다. 무엇보다 대부분의 종교는 경전을 갖고 있어서 일종의 "책의 종교"라고 말할 수 있다. 그리고 전문적인 성직자 계급이 그것을 해설해준다. 이 점과 관련해 나치의 선전 기관을 그렇게 볼 수 있을지는 좀 더 고려해봐야 할 일이다.

이 문제를 제쳐두고 불일치 테제의 주장은 대체로 다음 세 가지로 요약된다. 정치 철학자 아렌트는 가장 날카로운 비판자 중 한 사람이었는데, 그에 따르면 근대 들어 종교적인 인간은 의심과 신앙 사이의 긴장 가운데 서 있다. 그러나 볼셰비즘과 국가사회주의에 대한 믿음은 모든 의심을 초월해 있고 그것은 자명하고 통째로 믿어야 할 대상이 되었다.

두 번째 비판은 20세기의 다른 모든 정치 체제에도 종교와 유사한 요소들이 존재한다는 것이다. 근대 민주주의 자체에도 신비롭고 상징적인 관행들이 있고 또 현실과 달리 변조한 국가 조치들이 있다. 모든 정치적 지배는 항상 보여주기 행사에 의존하고 실체를 숨기는 측면이 있다.

세 번째 비판은 한스 몸젠(Hans Mommsen, 1930~2015)이 가했다. 그는 정치 종교라는 개념을 사상사 측면에서 검토했다. 그에 의하면 국가사회주의는 이데올로기적인 확증성과 일관성을 결여하고 있다. 국가사회주의 사상은 공허한 형태이고 여러 측면을 포함하고 있어 약간의 수렴성을 보이기는 하지만 종교의 지위를 누릴 정도에는 미치지 못한다. 통일된 사상 복합체가 아니라는 것이 몸젠의 결론이다.[21]

앞에 간단히 설명한 논의들을 고려하면 국가사회주의가 종교는 아니라 하더라도 상당한 수준의 종교성을 가졌다는 사실을 전면적으로 부인하기는 어려울 것 같다. 민족주의적 "그리스도인"은 국가사회주의를 통해 종교와 교회를 유대교와 로마적인 독소들에서 정화할 수 있으리라고 믿었다.

아무튼 '민족'의 이상이 특히 청년 프로테스탄트들 사이에 성직자와 평신도를 가리지 않고 급속하게 퍼졌다. 그들은 민족에 충실하지 않은 기성세대의 세대교체(Regeneration)를 요청하거나 민족과 거리가 먼 교회 기구의 화석화에 대해 비판하면서 더욱 결집했다. 히틀러 운동의 민족 공동체라는 개념, 이상주의와 희생 감수에 대한 호소, 유대인과 프리메이슨(Freemason)의 "국제적 세력"에 반대하는 투쟁 등이 꾸준히 증가하고 있었다.

2) 교회의 인종주의, 제국주의, 군사주의, 반공주의

프로테스탄트 내 민족주의가 인종주의와 결합하는 것은 어쩌면 자연스러웠다. 사실 반유대주의는 오래전부터 독일에 강고하게 뿌리를 내리고 있었다. 튀링겐은 종교개혁이 일어나기 전부터 반유대주의 광풍을 보여준 곳이었다. 1349년 사순절 기간에 튀링겐, 아이제나흐(Eisenach), 고타(Gotha), 프랑켄하우젠, 1달 후 에르푸르트에서 유대인 전면 학살이 있었다.[22] 게다가 루터 역시 이런 경향을 오히려 강화하고 말았다. 루터의 출생지인 아이슬레벤(Eisleben), 루터가 수도사와 학생으로 공부했던 아우구스티누스 수도원과 에르푸르트 대학이 있는 곳, 작센주 비텐베르크 등에 가까운 튀링겐은 루터의 영향력이 강한 곳이었다. 한편 17세기 프랑크푸르트에서도 유대인에 대한 테러가 자행된 바 있었다. 프랑크푸르트의 장인들과 상인들은 네덜란드인과 유대인이 이주해온 것이 경제 불황의 원인이라고 생각했고 1614년 8월 유대인에게 대대적인 테러를 저질렀다.

　반유대주의로 가는 길은 걸림돌이 제거되고 토대가 탄탄하게 다져지고 있었다. 소수 기독교인들에게 구세주가 유대인이라는 사실은 상상하고 싶지 않은 일이었는데, 이 문제 역시 일찍이 해결된 상태였다. 영향력 있는 반유대주의자 테오도어 프리치(Theodor Fritsch, 1852~1933)가 그 해결사였다. 그는 이미 1903년 예수의 고향인 갈릴리라는 지방의 이름이 갈리아(Gallia, 북부 이탈리아, 프랑스, 벨기에, 네덜란드, 독일을 포함하는 옛 로마의 속령으로 흔히 프랑스어로 골(Gaule)이라고 부른다) 지방에서 왔다는 사실을 알았다. 갈리아 사람들이 3500년 전 유대 땅 갈릴리에 살았다는 사실에서 출발해 그는 갈릴리 사람(Galilean, Galiläa) 예수라는 영웅적인 위인이 갈리아 사람들(남성은 Gallus, 여성은 Galla)의 혈통, 즉 게르만 혈통을 이어받은 갈색의 갈리아 사람이라고 주장했다. 이 사실에서 프리치는 게르만적인 요소를 뒤덮고 있는 유대적인 요소를 제거해 투쟁적인 삶을 긍정하는 품성을 재형성하는 것을 주요 과제로 제기했다. 그렇게 해야만 더럽혀지지 않은 깨끗한 기독교가 지켜질 수 있기 때문이었다.

　"신을 살해한 민족"을 용서하지 않고 거부하는 기독교적인 동기를 가진 유대인에 대한 반대, 좀 더 정확히 말하면 유대교라는 종교에 대한 반대를 '반유대교주의(Antijudaismus)'라고 할 수 있다. 이 반유대교주의는 오래전부터 민족 프로테스탄트적인 교조의 확고한 일부였다. 그런데 이에서 한 발 더 나가 교양을 갖춘 개신교 독일인들 사이에 유대인은 저급한 인종에 속하고 그래서 세례를 받더라도 유대인은 유대인일 뿐이라는 인종주의적 주장이 새로운 형태를 띠고 나타났다. 반유대교주의가 아니라 인종주의와 결합한 유대인 적대주의 즉, 반유대인주의가 서서히 형성된 터였다. 이 유대인 적대주의 개념은 1860년경 저술가 빌헬름 마르(Wilhelm Marr, 1819~1904)가 처음으로 정치 구호로 사용했다. 이 유대인 적대주의의 열정적인 선동가는 루터주의 출신의 역사가 트라이치케였다. "유대인은 우리의 불행"이라는 그의 표어는 존중받는 궁정 설교가 슈퇴커에게서 커다란 공명을 일으켰다.

슈퇴커는 특히 유대인과 물질주의의 결탁을 비판하는 루터의 입장을 계승했다는 점에서 독특하다. 탁월한 프로테스탄트로서 1878년 기독교사회주의 노동당을 창립하려는 시도까지 한 바 있는 슈퇴커는 루터가 그랬듯이 유대인들이 자본주의를 실현하고 있다는 이유를 근거로 그들을 경계하고 반대했다.[23] 그의 반유대주의는 종교 때문도 아니었고 인종주의를 표방하지도 않았으며 단지 정치적·경제적·사회적인 이유에서 출발했다. '해방된' 유대인들이 이들 부문에서 강력한 권력을 가진 세력으로 등장했다는 사실에 분노를 표출했다. 유대인들은 고리대금을 통해 금권을 장악했고 착취를 통해 세계를 움직이는 권력을 확보했으며 유대화를 통해 가치관을 장악했다고 보는 이 생각은 종교적 배경에서 유대교에 반대하는 반유대교주의와 인종적 유대인 적대주의 사이에 있는 또 하나의 '사회적 반유대주의(Soziale Antisemitismus)'였다. 물론 그것은 자주 인종주의와 결합했을 뿐 아니라 유대인에 대한 적대감의 정도에서 인종적 유대인 적대주의와 마찬가지였다.

슈퇴커는 "고삐 풀린 자본주의"가 독일 기독교 문화를 위협하고 있다고 보았고 그 자본주의의 상징은 바로 유대인이었다. 슈퇴커와 그 주변에서 사회적·정치적으로 결합한 "국가사회주의자들"인 젊은 신학자들은 1881년 유대인들을 공공 기관에서 퇴출시키고 초등학교 교사직에서 쫓아내야 한다는 "유대인 적대주의 청원"을 냈다. 고매한 스승이 남긴 악의 유산이 젊은이들을 짓눌렀고 이 짐을 진 젊은이들은 국가사회주의의 인종주의적 유대인 적대주의를 위한 성채를 건설했다. 유대인들에 대한 포용과 그들과의 공존을 기대하는 것은 터무니없는 환상에 지나지 않았다. 유대의 오염에서 정화된 기독교, 순수 독일적인 기독교 운동으로서 독일적 그리스도인 운동이 일어난 것은 결코 우연의 산물이 아니었다.

민족주의와 결합한 인종주의에서 독일 '제국주의 이상'이 교회 안으로 침투하는 데는 복잡한 과정이 필요하지 않았다. 사실 1920년대 말까지도 고트프리트 페더(Gottfried Feder, 1883~1941)와 로젠베르크와 같은 나치즘의 이념 형성자에게는 생활공간의 확장에 포함되어 있는 제국주의 사상은 상대적으로 적은 역할을 했을 뿐이었다.[24] 나치는 처음에 경쟁하는 정치 세력들과 비교하면 생활공간이라는 용어에 표현된 제국주의적 경향을 선전하기보다 국내의 사회적·정치적 문제에 주력했다. 그러나 제국주의 이데올로기의 다양한 판본이 독일 사회의 여러 부문에서 이미 호응을 얻고 있었고 그러한 호응이 국내의 다양한 이해관계와 이데올로기적 방향을 두고 벌이는 갈등을 완화해줄 것으로 기대되었을 때[25] 히틀러는 생활공간이 갖는 제국주의 이데올로기로서의 유용성을 놓치지 않았다.

히틀러는 이 말에 다양한 내용을 담기는 했지만, 민족의 존속과 발전을 위해 독일 민족의 생활공간의 확대를 필수적인 것으로 선전하기 시작했다. 1930년대에는 생활공간 개념이 이미 히틀러의 대외 침략 정책의 골격이 되어 있었다. 나치는 국민에게 제국적 이상을 실현해줄 지도력으로 보이기 시작했다. 그 이상은 프로테스탄트 제국을 꿈꾸는 프로테스탄트들의 이상이기도 했다.

프로테스탄트 제국의 이상에 사로잡힌 프로테스탄트 교회는 곧바로 군사주의를 수용하고 찬양하는 방향으로 나아갔다. 1918년 이래 독일은 "패자의 공화국"이었다. 교회는 이 패자의 공화국에 반대했다. 따라서 이 치욕을 넘어서기 위해서 독일은 다른 유럽 나라들과 달라야 했다. 자유주의와 민주주의는 "서구적"일 뿐 아니라 독일을 패배로 몰아넣은 적이었다. 오스트리아와 프랑스를 격퇴시킨 군사주의 국가, 권위국가만이 민족과 제국의 이상을 실현할 구원자였다.

프로테스탄트 교회는 지나칠 정도로 반공주의에 매달렸다. 가톨릭은 사회주의자들의 물질주의 세계관에 마찬가지로 반대하면서도 문화투쟁의 기억 때문에 비스마르크의 반사회주의법에 찬성하지 않았을 때도 프로테스탄트 교회는 강고한 반공 세력이었다. 히틀러의 시대에 접어들어 창궐하는 무신론과 신이 없는 공산주의자에 대항할 요새를 갖춘 새로운 기독교 권위국가가 마침내 나타났다는 환상이 프로테스탄트들 사이에 만연했다. 1933년 2월 10일 스포츠 경기장에서 히틀러는 기도 형식을 빌려 다시 한 번, 독일 민족은 하나님에게서 "마르크스주의의 파괴"를 포함한 위대한 사명을 부여받았다고 선언했다.

프로테스탄트 교회의 반공주의는 나치가 사람을 죽이더라도 죽은 자가 공산주의자라면 어떤 비판도 가하지 않는 태도에서 극명하게 드러났다. 1931년 오버슐레지엔(Oberschlesien)의 포템파(Potempa)에서 5명의 나치 돌격대원이 폴란드 출신 광부를 공산주의자라는 이유로 그의 어머니가 보는 앞에서 처참하게 살해했다. 사람들은 그 잔혹성에 충격받았다. 이 포템파 사건을 감행한 나치 대원들이 법정에 섰을 때 교회는 비행을 판단하는 것이 시의적절하지 않다는 이유로 줄곧 침묵했다.[26] 프로테스탄트 교회는 포템파 사건에서 스스로 반공주의의 보루임을 입증했을 뿐 아니라 공산주의자라면 아무리 잔혹하게 살해되더라도 어떠한 인간적 연민도 보여서는 안 된다고 설교하고 있었다.

3. 프로테스탄트 분파주의와 나치 지지

그러나 프로테스탄트 교회와 신자들이 나치를 지지한 또 하나의 중요한 이유는 종교적인 동기에서 비롯했다. 독일 프로테스탄트들은 프로테스탄트의 조국이자 자신들의 조국이기도 한 독일에서 더 많은 신자를 얻기 위해 가톨릭과 경쟁해야만 했고 가톨릭의 국제적인 조직을 의식하지 않을 수 없었다. 신앙고백에 따른 교파주의는 이미 종교개혁 이래 고착화해 있었다. 국가 프로테스탄티즘의 형성에서 이미 확인한 대로 독일은 루터의 나라였고 따라서 프로테스탄트의 나라였으며 독일의 승리는 곧 프로테스탄트의 승리였다. 비스마르크가 민족의 영웅으로 떠오른 것도 '가톨릭의 프랑스'를 이기고 조국을 프로테스탄트 국가로 만들었다는 데 있었다.

가톨릭 역시 분파주의에 빠져 있기는 마찬가지였다. 가톨릭 신자들은 전통적으로 가톨릭중앙당을 지지했는데, 심지어 가톨릭 노동자들도 노동자 정당 대신 꾸준히 가톨릭중앙당을 지지했다. 물론 사회적 구분선이 전혀 없었던 것은 아니지만 오랫동안 신앙고백에 따라 투표하는 경향이 뚜렷했다.

선거 행위에서 신앙 분파가 다른 모든 요소를 주변으로 밀어낸 사례들은 신앙고백이 얼마나 중요한 요소였는가를 여실히 드러낸다. 이웃 마을이고 동일한 사회집단에 속한 경우에도 종파가 다르면 가톨릭 신자와 프로테스탄트 신자는 전혀 다른 투표 성향을 보여주었다. 팔츠주에 속한 두 마을은 믿기지 않는 결과로 유명세를 탔다. 주민 100%가 프로테스탄트인 다르슈타인(Darstein)에서는 1930년 나치가 100% 득표했고 이곳 프로테스탄트 목회자 중 1/5은 나치 당원이었으며 목회자 중 절반이 독일적 그리스도인에 속해 있었다. 한편 이웃에 있는 순수 가톨릭 마을에서는 1933년까지도 92%가 가톨릭중앙당과 독일조국당을 선택했다.[27]

신앙고백에 따른 분파주의적 경향에서 가톨릭을 제치고 더 뜨거운 열정을 보인 쪽은 프로테스탄트 진영이었다. 교회와 국가를 일찌감치 동일한 운명체로 보아온 프로테스탄트들은 히틀러가 가톨릭에 대한 두려움을 제거하고 자기 분파의 승리를 보장할 것으로 기대했다. 프로테스탄트 교회 지도자와 신자들 중에 히틀러를 가톨릭에서 조국을 구원할 구원자로 보는 사람들이 점차 늘어났다. 이런 경향은 프로테스탄트들이 전통적으로 지지해온 독일민족인 민당이 1930년 선거에서 전통적 지지 세력의 표를 엄청나게 상실하자 가속화했다. 1930년 선거는 가톨릭중앙당이 비교적 건재했던 것과 비교하면 보수주의자들에게는 뼈아픈 패배였다. 개신교의 나치 반대자였던 카를 피케(Karl Fieke, 1857~1945)는 1931년에 이를 "카노사로 가는 길(Gang nach Cannosa)"이라고 묘사했다.28)

가톨릭에 대한 프로테스탄트들의 경쟁심과 두려움은 선거에서 더욱 열렬한 나치 지지로 이어졌다. 제국 의회 선거에서 프로테스탄트 강세 지역은 가톨릭 지역보다 훨씬 많은 표를 나치를 위해 행사했다. 프로테스탄트들의 신앙고백적 분파주의 경향은 목사나 신자 사이에 차이가 없었다. 그러나 나치 지지를 주도한 것은 말할 것도 없이 프로테스탄트 교회 지도자들이었다.

프로테스탄트 교회 지도자 가운데 국가의 과도한 종교 개입에 우려를 표명한 사람이 없었던 것은 아니다. 1933년 3월 초 뷔르템베르크 주교 테오필 부름(Theophil Wurm, 1868~1953)은 독일제국의 개신교 고위 교회지도위원회에서 국가가 교회의 자유를 박탈할지도 모른다는 염려를 표명했다. 그러나 그의 목소리는 너무 작았고 나치가 선거에서 승리하자 개신교의 '민족 혁명', 즉 나치로의 '전환'은 압도적인 지지를 얻었다.

1933년 3월 21일 새 제국 의회의 개회를 맞아 포츠담의 니콜라이 교회에서 한 디벨리우스의 설교는 전환의 상징이었다. 그가 택한 설교 본문은 로마서 8장 31절 "하나님이 우리 편이시면 누가 우리를 대적하겠습니까?"였다. 히틀러의 승리는 교회의 기쁨일 뿐 아니라 히틀러는 국가를 그의 삶에 체화한 사람이었다. 정의와 사랑이 지배해야 하지만 우선 질서를 회복하는 것이 급선무였고 그래서 나치의 만행은 정당화되었다. '민족'을 외치는 함성이 울려 퍼지는 상황에서 히틀러 찬양은 새로울 것이 없었다. 이미 3월 9일 자 주간지 ≪개신교 신문(Evangelische Zeitung für die Kirchen)≫은 볼셰비즘에 반대하는 국가의 투쟁에 교회가 동참할 것과 민족 및 조국과 교회의 강한 연대를 호소했다.

4월 11일 옛 프로이센 연합교회의 지도부는 새로운 국가에 대한 교회의 신앙고백을 발표했다. 주(州) 교회에 소속된 모든 목회자가 부활절을 맞아 교인 앞에서 낭독할 것을 요청한 서한에서 지도부는 다가온 제국 수상의 생일에 그에게 축복 기도를 드리라고 요청했다.[29] 물론 국가사회주의로 경도되는 흐름에 대한 강한 저항이 전혀 없었던 것은 아니지만 개신교는 나치에 무릎을 꿇기 시작했다.

어떤 교회 관계자도 자유와 민주주의의 쇠퇴를 슬퍼하지 않았을 뿐 아니라 대부분의 교회 탑에 나치 깃발을 펄럭이게 함으로써 프로테스탄트 교회의 확신을 과감하게 자랑했다. 기독교적인 선언이 들리는 곳이면 어디에나 민족의 신성화와 민족적인 것의 이상화의 깃발이 함께 나부끼고 있었다. 민주주의와 공화주의에 대한 적대감과 증오심이 낳은 극단적 반공주의, 다른 민족만이 아니라 '민족의 동지'조차 적으로 몰아버리는 과격한 군사주의와 제국주의, 반유대주의적 인종주의가 그 뒤를 따라 행군하기 시작했다.

프로테스탄트와 달리 가톨릭교회는 적어도 처음에는 국가사회주의에 반대하는 단호한 입장을 보였다. 가톨릭교회는 국가사회주의와 교회의 가르침이 일치하지 않는다는 것을 천명했고 나치 당원이 나치 제복을 입고 예배에 참석하는 것을 금지했으며 적극적인 당원 활동을 하는 사람을 교회 권징을 통해 처벌하겠다고 위협했다. 히틀러 운동의 상승이 거침없이 진전되던 1932년 8월에도 주교단 회의는 가톨릭 신자가 나치 당원이 되는 것을 "금한다"라는 명확한 결정을 확고하게 반복했다.[30] 가톨릭 지도자들에게는 성직자의 설교를 "선동적인 설교"로 몰아 억제하고 정부 보조금을 중단하는 등의 방법으로 가톨릭을 통제하려고 한 비스마르크 시대 문화투쟁의 기억이 아직 남아 있었다. 그들에게 국가권력의 교회 진입은 신앙에 해로운 것일 따름이었다.

그러나 가톨릭의 버티기는 오래가지 않았다. 교황 비오 11세(Pius XI, 1922 ~1939)의 반나치 성향과 무관하게 바티칸은 1933년 7월 20일 히틀러와 이른바 '제국 협약(Reichskonkordat)'을 맺고 각각의 '자유를 보장'하는 타협의 길을 선택했다. 일찍이 자를란트의 오트바일러(Ottweiler), 딜링엔(Dillingen)을 비롯해 여타 지역의 가톨릭중앙당 지부가 나치에 편입되었고 1933년 말에는 가톨릭중앙당 자체가 나치가 지배하는 독일 전선에 합세했다. 가톨릭의 '전환' 역시 예고되고 있었다.

4. 나치를 위한 투표

나치는 쿠데타를 통해 집권하지 않았다. 국민의 지지를 얻어 집권에 성공했다. 선거를 통한 나치의 집권은 여러 가지 설명 모델이 나올 만큼 관심의 대상이 되어왔다. 경제 위기에서 그 원인을 찾는 설명은 폭넓은 동의를 얻은 설명 모델 중 하나이다. 1920년대부터 시작된 경제 불황은 중간층의 몰락을 가져왔고 시민들의 삶을 압박했다. 1923년부터 몰아닥친 초(超)인플레이션은 독일 경제를 마비시켰다.[31] 인플레이션이 어찌나 심했던지 빵을 사기 위해 긴 줄을 서야 했다. 그러나 경제적 어려움만으로 나치 현상을 설명하기에는 많은 어려움이 따른다. 모든 경제적 어려움이 그런 극단적 정치 행태를 낳지는 않았기 때문이다.

많은 연구에서 나치의 사회적 구성을 분석함으로써 이를 설명하려 했다. 전통적 해석에 따르면 독일의 파시즘은 프롤레타리아로의 전락을 두려워한 중간 계층이 선거에서 나치를 지지했다는 것이다. 이 연구들은 파시즘이 호소력을 갖게 된 원인을 제1차 세계대전 후 전쟁의 트라우마와 사회적·경제적 지위 및 정치적 영향력의 점진적 하락이 부른 중간 계층의 심리적 대응에서 찾았다.[32] 그중에서도 중, 하급 계층을 이룬 사무직 노동자들(Angestellte)은 1911년의 사무직 사회보험의 관철 이래 노동자 의식 대신 중간 관리자로 스스로를 이해했고[33] 그래서 노동자들과 다른 사회의식을 가졌으며 이는 곧 그들의 국가사회주의 지지로 이어졌다는 설명이다. 실제로 사무직 노동자들은 1933년 노동 인구의 12.5%에 지나지 않았지만 나치 당원 중에서 차지하는 비중은 21.1%를 넘었다.[34] 따라서 중, 하급 계층을 중심으로 한 중간 계층이 나치를 지지했다는 가설은 아직도 설득력이 있다. 일찍이 에리히 프롬(Erich Fromm, 1900~1980)은 육체 노동자와 사무직 노동자의 생활 스타일과 태도를 분석해 이것들이 그들의 정치 신념과 일치하지 않는다는 사실을 설문조사를 통해 제시한 바 있지만[35] 말이다.

그러나 나치와 중간 계층 사이의 선거 연대보다 더욱 중요한 것, 그리고 어쩌면 이들 사이의 연대를 설명할 수 있는 가설은 프로테스탄트와 나치의 선거 승리 사이의 밀접한 관련성이다.

사회적 구성으로 보면 프로테스탄트들은 직업이나 취향 등에서 단일한 집단이 아니었다. 그런데도 나치 지지에서는 비슷한 성향을 보였다. 1930년 선거에서만 아니라 1932년 선거에서도 프로테스탄트 집단은 다른 어떤 집단보다 나치를 적극적으로 지지한 것으로 드러났다. 히틀러가 수상으로 임명될 수 있었던 선거 결과를 낳은 1932년 11월 선거를 살펴보자. 이때 나치는 단일 정당으로는 최고인 유효 표의 33.1%를 득표했다. 민족주의 성향의 독일민족인민당이 8.5%, 독일조국당이 1.8%, 가톨릭중앙당이 15.0%, 독일민주당이 1.0%, 독일사회민주당이 20.4%, 독일공산당(Kommunistische Partei Deutschlands: KPD)이 16.9%, 여타 정당이 4.7%를 얻었다. 이 득표 결과보다 더욱 중요한 것은 각 정당과 프로테스탄트 교회와의 상관관계이다.

토머스 차일더스(Thomas Childers)는 분석 가능한 자료를 바탕으로 1932년 7월과 11월 선거*에서 나타난 각 정당과 기독교 분파 사이의 상관관계를 <표 3-4-1>와 같이 정리했다. 각 정당과 기독교 분파 사이의 상관계수는 지역, 직업, 성 등 여러 요소가 복잡하게 작용하므로 단순하지 않다. 따라서 이 연구에 한계가 있는 것은 사실이지만 그럼에도 이 도표만으로도 그 관계를 추론할 수 있다는 점에서 의미 있는 연구라 하겠다. 차일더스는 자신의 연구 결과 상관계수가 .05 이하이면 상관관계가 성립하지 않는 것으로 해석했다. 그리고 11월 선거의 경우, 이 수치는 직업군에 따른 차이를 무시한 상관계수이다.

차일더스의 연구에 따르면 프로테스탄트 신자들은 가톨릭 신자들에 비해 나치를 더 많이 지지했고 다른 정당보다 나치(상관계수 .690과 .649)를 더 적극적으로 지지했다는 것을 쉽게 알 수 있다. 한편 프로테스탄트들은 독일사회민주당에 비교적 호의적이었던(상관계수 .637과 .578) 반면, 독일공산당(-.491과 -.598)과 가톨릭중앙당(상관계수 -.879와 -.877)에 거의 표를 주지 않은 것으로 나타났다. 가톨릭 신자들은 두 번의 선거에서 모두 압도적으로 가톨릭중앙당(상관계수 .931과 .933)을 지지했고 가톨릭중앙당을 제외하면 나치(상관계수 .460과 .484)를 더 많이 선택했던 것으로 나타났으며 독일사회민주당(상관계수 -.724)과 독일공산당(상관계수 -588)에 투표한 사람은 거의 없었다.

사회적 이해관계와 이성적인 판단에 따라 서로 다른 정당 정책을 선택하는 대신, 프로테스탄트 신자와 가톨릭 신자는 소속 분파에 따라 투표하고 있었

---

* 1932년 6월 1일 수상으로 임명된 프란츠 폰 파펜(Franz von Papen, 1879~1969)이 비상 사태를 선언하고 선거를 실시했고 같은 해 11월에는 의회에서 수상에 대한 불신임안을 통과시키자 다시 의회를 해산하고 선거를 치르게 되었다.

<표 3-4-1> 각 정당과 기독교 분파 상관관계

구분	프로테스탄트		가톨릭	
	1932a	1932b	1932a	1932b
국가사회주의 독일노동자당	.690	.649	.460	.484
독일민족인민당	.361	.476	.302	.388
독일조국당	.462	.164	-.834	-.177
독일민주당	.299	.298	-.418	-.391
가톨릭중앙당	-.879	-.877	.931	.933
독일사회민주당	.637	.578	-.789	-.724
독일공산당	-.491	-.598	-.483	-.588
기타	-.211	-.246	-.411	-.386

자료: Thomas Childers, *The Nazi Voter*, p. 261.

다. 나치는 오래전부터 이런 투표 행동이 국민 전체의 전폭적인 지지를 끌어내고자 하는 나치의 의도에 커다란 걸림돌이 된다고 파악할 정도였다.[36]

히틀러가 의회를 해산하고 1933년 3월 5일 치른 선거에서도 프로테스탄트들은 다시 이런 선거 행동을 되풀이했다. 이 선거는 국회의사당이 방화로 불탄 와중에 실시되었고 그 결과도 전체적으로 보면 나치가 43.9%를 얻어 그들에게 다소 실망을 안겨주었지만 프로테스탄트 신자들은 그야말로 신앙고백 증서(세례 증서)가 투표지로 그대로 재현되었다고 할 수 있을 정도로 나치 지지를 분명히 드러냈다. 프로테스탄트가 압도적으로 많은 동프로이센, 하노버, 슐레스비히, 작센, 튀링겐에서 나치는 50% 이상을 득표했고 뷔르템베르크의 일부에서도 그랬다. 반대로 주민의 60% 이상이 가톨릭 신자인 바이에른과 라인란트에서 나치는 30% 정도의 표를 얻었다.[37]

제5장

순응과 저항 사이에 선 교회

국가사회주의를 지지하는 운동은 프로테스탄트 교회 내에 일찍이 태동했다. 국가사회주의에 감염된 프로테스탄트 운동을 대변하는 기구는 독일적 그리스도인이었다. 이미 바이마르공화국 시기에 출발한 이 운동은 시작하자마자 프로테스탄트 교회 내부에 발을 붙였다. 한편 나치에 저항하는 고백교회 운동 역시 나치의 반기독교적인 성향이 드러나면서 처음에는 다수로, 시간이 지나면서 소수로 떨어지기는 했지만 강고한 지지 기반을 가졌다. 이 둘의 갈등은 불가피했다. 고백교회는 곧바로 공식 교회 지도부와 논쟁을 벌이게 되었고 루터주의자들은 바르트의 추종자들에 반대해 움직임으로써 프로테스탄트 교회 내부에서 교회의 존재 자체를 위협하는 투쟁과 회복이 불가능할 정도의 분열을 겪게 되었다.

1. 독일적 그리스도인 운동

나치는 프로테스탄트 교회 조직 자체를 자신들에게 유리하게 재조직하는 작업에 돌입했다. 독일에는 이미 1922년부터 프로테스탄트 조직이 기능하고 있었다. 독일 개신교는 1919년 드레스덴(Dresden)에서 첫 모임을 갖고 1921년 다시 슈투트가르트 회합을 거쳐 1922년 28개 영방 교회를 포괄하는 개신교 단체, 즉 '독일개신교연맹(Deutscher Evangelischer Kirchenbund: DEK)'을 결성했다. 독일개신교연맹은 독립적인 영방 교회들의 연합 기관으로서 주로 해외 선교에서 서로 협력하는 수준의 활동에 머물기는 했지만 유일한 개신교 연합 기구였다. 그런데 대표인 헤르만 카플러(Hermann Kapler, 1867~1941)는 히틀러가 권력을 잡자마자 곧바로 소위원회를 구성해 중앙 집중화한 제국 교회로 가기 위해 필수적인 법제 개혁을 단행했다. 모든 기독교 분파가 하나의 제국 교회로 통합하는 것이 "신성 제국"의 이상을 현실화할 최선의 방법이 될 것이라는 프로테스탄트들의 기대가 있었기 때문에 가능했던 일이었다.

제국 교회 정책과 궤를 같이하면서 독일적 그리스도인 운동 역시 활발하게 전개되고 있었다. 독일적 그리스도인 운동은 베를린, 작센, 하노버, 함부르크, 팔츠 등에서 일어났다. 그러나 그 운동의 진원지는 튀링겐이었다.

루터의 영향이 강력한 힘을 발휘했던 튀링겐은 자연스럽게 정치적으로 보수적인 민족주의 성향이 두드러진 곳이어서 독일적 그리스도인 운동이 태어나기에 적합한 토양이었다. 1928년 2명의 목사 로이트호이서와 레플러가 이 민족 교회 운동을 시작했다. 튀링겐파는 1931년 교회 공동체 대표단 선거에서 처음으로 독일적 그리스도인이라는 이름 아래 교회 정치 그룹으로 등장했고 16석의 대표 중 5석을 차지했다. 이들은 후에 독일적 그리스도인 운동의 급진파로 발전했고 가장 일관되게 민족적 입장을 견지하는 한편, 가톨릭과 프로테스탄트 내에 강고하게 똬리를 틀고 있던 분파주의를 거부한 특이한 사람들이었다.[1] 나치의 민족 공동체에 깊이 공감한 탓에 더욱 과격해진 결과였다.

그러나 열쇠를 쥐고 있는 곳은 프로이센이었다. 구프로이센 연합파는 공식적으로 1900만 명의 교인을 회원으로 가진 최대의 조직이었기 때문이다. 이곳에서 나치와 독일적 그리스도인 운동이 결합했다. 이들의 목표는 개신교 제국 교회를 창설하는 것이었다. 나치의 마르크 브란덴부르크 지역 책임자이자 프로이센주 의회 나치 대표인 빌헬름 쿠베(Wilhelm Kube, 1887~1943)가 "교회의 지배"를 위해 치밀한 계획을 꾸미고 있었다. 우선 그는 주변에서 나치 성향의 목사들을 모았다. 당장의 목표는 1932년 가을에 있을 교회 선거에서 다수를 차지하는 것이었다.

그의 조력자들이 속속 나타났다. 마르크 브란덴부르크의 목사 비네케는 일찍이 나치의 동지로서 1931년 초에 생긴 '국가사회주의 목회자 동맹(Arbeits-gemeinschaft nationalsozialistischer Pfarrer)'의 추진자인 빌름을 도왔다. 베를린의 목사 슈트라서 호센펠더(Strasser Hossenfelder)는 이미 활발하게 전개되고 있던 독일적 그리스도인 운동이 마침내 수면 위로 떠올랐을 때 중심인물 역할을 했다. 그는 제1차 세계대전에 자원 참전한 후 '하나님과 조국', '기독교와 민족주의', '독일 민족과 기독교 신앙'의 일치를 모색하고 있었다. 그는 패전의 절망감을 극복할 대안으로 국가사회주의를 선택했다. 그는 이미 1929년 4월부터 나치 당원이었고 쿠베를 도와 1932년 2월 열린 나치 성향 목회자 대집회를 준비했다. 이 집회에서 국가사회주의독일노동자당과의 비공식적인 연합이 확인되었고 이어 5월 독일적 그리스도인이란 단체가 출범했다. 국가사회주의 대신 튀링겐의 운동에서 차용한 독일적 그리스도인을 내세워 히틀러를 뒤로 숨기기는 했지만 나치와 교회의 통합을 위한 토대를 마련하고자 한 것이었다.

이 집회에서 호센펠더는 "(독일 게르만) 종(種)에 적합한(artgemäß) 그리스도교 신앙"을 고백했고 베를린의 젊은 신학자 발터 퀴네트(Walter Künneth, 1901~1997)는 "국가사회주의는 독일의 긴급 상황에서 나온 민족의 운동(이고), 제3제국을 위한 투쟁은 역사상 가장 의미 있는 독일의 사명(이다. 그래서), 역사

신학적 사고로 볼 때 (그것은) 신의 섭리 행위"라고 하면서 "국가사회주의를 기쁨으로 받아들일 것"을 요청했다.[2]

1932년 6월 초 "제국의 지도자" 호센펠더는 대중 선전을 위해 ≪방향선(Richtlinien)≫이라는 잡지를 내놓았다. "특수한 그리스도인"이 그들에게는 최고의 가치를 갖는 것으로 "가치가 떨어지는 것들"에서 독일 민족의 특수한 성품을 보호하는 것이 교회의 중요한 사명이었다. 인종 은폐와 혼혈은 참을 수 없이 비굴한 행동이고 유대인과의 혼인을 금지하고 유대인 선교를 완전히 중지해야 한다고 주장했다. 나치의 프로테스탄트 부대를 만드는 것이 독일적 그리스도인 운동의 목표였다.

프로이센의 고위 교회지도자위원회는 ≪방향선≫을 선거 프로그램으로 허용했고 독일적 그리스도인은 이 잡지를 목회자들에게 보냈다. 1932년부터 독일적 그리스도인의 자체 주간지 ≪제3제국의 복음(Evangelium im Dritten Reich)≫이 창간되었다. 반대자들은 그것이 무엇을 목표로 하는지 너무 늦게 알아차렸다. 9월에야 처음으로 사회민주주의자들이 '종교사회주의자들(Bund religiöser Sozialisten: BRS)'이란 대응 운동단체를 꾸리려고 시도했고 보수주의 진영 역시 적극적으로 투쟁할 사항들을 간추려 모으고 "복음과 민족"을 외쳤지만 너무 늦은 출발이었다.

나치들은 교회 예배나 결혼식 혹은 장례식에 나치 제복을 입고 나타나곤 했는데, 그 갈색(나치 제복 색상)의 그리스도인들이 1932년 11월 13일 프로테스탄트 교회 대표부를 구성하는 선거에서 비록 그들 자신의 기대에는 미치지 못했지만 그래도 성공했다. 지역 공동체들의 2/3에서 승리했고 라인, 베스트팔렌, 서프로이센에서는 강한 총회 전통이 가로막고 있어 1/5를 얻는 데 그쳤지만 동부 독일과 동프로이센에서는 50%에 이르는 지지를 획득했다.[3] 총선에서 나치가 얻은 득표와 비슷한 수준이었다.

교회는 정치적 갈등에 휩싸일 수밖에 없었다. '종교사회주의자들'의 회원인 목사 귄터 덴(Günter Dehn, 1882~1970)은 1928년 마그데부르크에서 작지만 의미 있는 저항을 보여주었다. 교회 앞에 전쟁기념비를 세우려 하자 그는 그리스도의 희생적 죽음과 조국을 위해 싸우다 전사한 자들의 죽음을 동일시하는 것을 피해야겠다는 생각에 그 기념비를 교회가 아니라 마을 공동체 건물 앞에 세우자고 주장했다. 그는 하이델베르크대학의 교수로 초빙받았을 만큼 탁월한 학자였기 때문에 교수직 박탈만은 겨우 면했지만 결국 목사직을 해임당했다. 그 후 그가 다시 할레대학의 초빙을 받아 부임했을 때 국가사회주의 학생들의 험악한 항의를 받았고 교회나 대학에서 아무런 지원도 얻지 못했다. 마침내 그는 "다가올 사건들의 전조"를 경험했다는 경고를 남기고 교수직마저 사임했다.[4]

1933년 4월 전 독일제국 규모의 독일적 그리스도인 대회가 열렸다. 총 1만 6000명 목회자 중 겨우 35명만 참석했다. 그런데도 이 대회는 "천둥벼락"이 치는 것처럼 요란했다. 라디오로 생중계된 개막 연설에서 쿠베는 "프로이센의 나치는 루터가 바라던 독일 혁명의 선구자"라고 선포했다. 베를린의 목사 지그프리트 노빌링(Siegfried Nobiling)은 히틀러의 지도자 원리를 교회에 적용할 것과 목회자는 "순수 독일 혈통"이어야 한다는 것 그리고 국가와 교회의 통합을 주창했다.[5] 말할 것도 없이 독일적 그리스도인이 개신교를 지도해야 한다는 주장도 빼놓지 않았다. 호센펠더가 이 분파의 공식적인 지도자가 되었다.

히틀러는 1933년 4월 말 쾨니히스베르크의 루트비히 뮐러(Ludwig Müller, 1883~1945)에게 개신교 문제 특히 제국 교회 프로젝트의 "전권"을 맡겼다. 뮐러는 신이 나서 5월 20일에 히틀러의 제국 수상 임명을 "신의 섭리"로 찬양한 "로쿠머 성명(Loccumer Manifest)"을 내놓았다. 뮐러는 나치 돌격대(Sturmabteilung: SA)의 '나치 돌격대-예수 그리스도(SA-Jesu Christi)'에 대한 "지배권"

도 넘겨받았다. 나치 돌격대는 나치 친위대(Schutztaffel: SS)와 함께 나치의 준 군사조직으로서 반나치 세력에 대한 무력 행사를 감행했는데, 이 나치 돌격대 내에서 특히 기독교 인사들을 나치 세력으로 조직하는 일을 담당한 것이 '나 치 돌격대-예수 그리스도'였다.

한편, 보수적 개신교 진영에서 "새 개혁 운동"이 일어났는데, 이들은 빌레펠 트(Bielefeld)와 베텔(Bethel) 출신의 프리드리히 폰 보델슈빙(Friedrich von Bod-elschwingh der Ältere, 1877~1946)*을 미래의 "제국 주교"로 추천했다. 그러나 반대 압력을 받자 4주 만에 후보 지명을 철회했다. 그래도 그들은 그 사이에 비아리안계 그리스도인들이 교회에서 자동 배제되지 않도록 노력했다. 하지 만 후에 고백교회가 그랬듯이 새 개혁 운동은 오로지 유대인 그리스도인들을 위해서는 노력했으나 차별받는 유대계 독일인들을 위해서는 아무 말도 하지 않았다.[6]

1933년 7월 23일 다시 치러진 교회 선거에서 독일적 그리스도인은 대대적 인 성공을 거두었다. 히틀러의 공개적인 지지와 유리한 조치들에 힘입어 독일 적 그리스도인은 그야말로 압도적인 선거 결과를 얻었다. 그들은 전체의 2/3 보다 많은 약 70%의 표를 얻었다. 300만 명의 프로테스탄트들을 거느린 베를 린의 147개 교회 공동체 가운데 교회 공동체의 1/4 중에서 74%의 표를 독일 적 그리스도인에게 주었고, 정치적 견해로 인해 분열을 경험한 교회 공동체 중 50%가 그들을 지지해 제국 수도 전체 교회 공동체의 3/4에서 그들이 승리를 거두었다.[7]

지역 차원에서 보면 그 결과는 더욱 두드러졌다. 독일적 그리스도인이 프로

---

* 노르트라인-베스트팔렌(Nordrhein-Westfalen)의 빌레펠트에 '사랑의 도시(Stadt der Liebe)' 베텔을 설립한 프리드리히 폰 보델슈빙(Friedrich von Bodelschwingh, 1831~1910)의 아들 이다. 아버지의 일을 이어 받았을 뿐 아니라 공공 보건의 주창자로도 유명하다.

이센 연합교회의 모든 노회에서 예외 없이 지도부를 넘겨받았고 작센과 작센-안할트, 튀링겐과 헤센, 팔츠와 한자 도시들에서도 영방 교회 지도부를 넘겨받았다. 거의 바이에른, 뷔르템베르크, 하노버에서만 지도위원회가 살아남았으나 곧바로 독일적 그리스도인의 영향을 인정할 수밖에 없었다.

어떤 힘이 이 사이비 '개혁 운동'을 그토록 강력하게 밀고 갔는가? 유일한 대도시이고 또 그에 관한 확실한 경험적 분석이 있는 베를린에서 모든 교회 공동체 목사 중 약 40%가 한순간에 독일적 그리스도인에 속했고, 20%는 나치 당원이었다. 그들 중 대부분은 대학을 졸업하지 않은 하층 부르주아 출신이었고 1/3이 신학자 가정 출신이었다. 대부분 프로이센의 동부 지방 출신이었는데, 그곳은 눈앞에서 벌어지는 폴란드인들과의 심각한 민족 정체성 갈등이 있는 곳이었고 그래서 그들 대부분 군목이나 병사로서 제1차 세계대전에 지원했거나 전쟁 세대의 군인 정신이 축적된 사람들이었다.[8]

사회적으로 그들은 상위 계층에 대해 분개할 뿐 아니라 청년 세대의 저항 정신에 기울어져 있었다. 이 세대는 교회의 경직된 기존 질서, 전통적인 교회 관료들, 완고한 보수적인 신앙 공동체의 엘리트들 모두에 기꺼이 대립하려고 했다. 따라서 그들은 고유한 자기 이해에 맞는 교회와 공동체 생활의 민주적 근대화에 힘썼다. 그들 가운데는 "목회자 교회", 더 정확히 말하면 "성직자 지배"에 대한 반항이 있었고 "소득원이 부족한 소시민 운동"의 "사회적 복수심" 또한 생생했다.[9] 그들 가운데는 또한 속삼위(俗三位, 성삼위에 빗댄 말)인 알트하우스, 히르슈, 고가르텐 등이 주창한 정치 신학이 높이 평가한 과격 민족주의적 이상이 소용돌이쳤다. "종에 적합한" 기독교를 향한 열망이 그들의 모토가 되었고 그들에게는 "영웅적인 예수"가 독일 아리안인의 모범이었다.

그들에 따르면 나치스의 상징인 갈고리 십자가와 연결된 성례를 도입해야 하고 히틀러 초상화가 모든 교회에 걸려 있어야 하고 오른손을 위로 드는 지도자 인사가 교회 공동체에서도 행해져야 하며 교회 공동체의 모든 모임은 당의 모임이 있을 때는 기본적으로 금지되어야 했다.

1933년 7월 독일적 그리스도인의 승리는 개신교 주 교회들의 태도에 근본적인 변화를 가져왔다. 안할트, 헤센, 팔츠, 튀링겐, 작센에서 그리고 베스트팔렌을 제외한 옛 프로이센 연합에 속한 모든 개신교 지역 교회가 이 단체의 회원 교회가 되었다. 하지만 바이에른, 뷔르템베르크, 하노버에서는 사정이 달랐다. 이 지역의 대표자들은 독일적 그리스도인 대표자 명단에 이름을 올리지 않았다. 이 교회들은 후에 "순전한 교회"로 불렸고 다른 교회들은 "파괴된 교회"로 불리게 되었다.

1933년 9월 5일과 6일 베를린에서 옛 프로이센 연합교회의 모든 지역 교회가 참석한 총회가 열렸다. 갈색 모자가 대회장을 압도해 후에 "갈색 총회"라고 불릴 정도였다. 이 총회에서 이른바 '아리안 조항' 도입을 결의했다. 1933년 이후 베를린의 131개 프로테스탄트 교회 공동체는 정치적으로 다양한 지향을 보였다. 그 가운데 나치화한 교회, 다시 말해 나치가 교회를 장악한 공동체는 34개, 나치를 향해 순응을 택한 교회, 이른바 순응파가 21개 공동체에 달했고, 교인들의 의견이 충돌해 분열한 교회가 68개 공동체였다. 분열 교회에서는 독일적 그리스도인에 속한 목회자와 그 추종자들이 나치 간부들, 나치 돌격대, 게슈타포(Gestapo) 및 여타 나치 기관원들과 결합해 한편을 이루었고 고백교회 지향 목사들과 그 그룹은 다른 한편에서 목소리를 내고 있었는데, 물론 독일적 그리스도인 측이 다수였다. 68개의 교회는 베를린 전체 교회의 52%에 달해 압도적 다수를 차지하고 있었다. 이 중 고백교회에 확실히 소속한 교회 공동체는 8개에 지나지 않았다.[10]

베를린에서 나타난 이런 분포는 지역에 따라 커다란 편차를 보이기는 했지만 전체적으로 보면 관청 교회의 정치적 지향은 이와 크게 다르지 않았다. 이

제 프로테스탄트 교회 내에서 분열은 피할 수 없는 현실이 되었다.

2. 고백교회의 저항

교회 내에 오래전부터 싹트던 반나치 저항운동이 새로운 전기를 맞았다. 뮐러를 중심으로 한 제국 교회 세력들이 교회법에 아리안 조항을 삽입한 것이 중요한 계기로 작용했다. "유대인 부모와 조부모를 둔 자와 그와 결혼한 자는 목회자와 교회 관리에서 물러나야 한다"라는 것이 이 법의 요지였다.[11] 유대인 목사나 교회 공무원은 해고되어야 마땅했다. 이 조항은 "민족 구성원은 독일 혈통을 가진 자로서 신앙에 차별을 두지 않는다"라는 나치의 정강에 맞추어 교회법을 개정한 결과였다.

이에 맞서 베를린 달렘(Dahlem) 교회의 담임 목사인 니묄러의 주도로 '목사긴급동맹(Pfarrernotbund)'이 결성되었다. 1933년 니묄러 목사가 정리한 목사긴급동맹의 결의문은 "신앙고백의 위상을 위협하는 행위에 대해서는 타협 없이 투신해 저항할 것을 의무로 여기고 그리스도의 교회 안에서 아리안 법을 적용하는 행위가 신앙고백의 위상을 핍박하는 것"이라고 확인했다.[12] 9월 말에 목사긴급동맹에 모인 목사들은 아리안 법 적용 조치에 반대한 사람들이었다. 그들은 동조자 2000명의 서명을 받아 제국 주교청에 제출했다.

이 와중에 1933년 9월 27일 루터의 도시 비텐베르크에서 처음으로 "전국 개신교 대회"가 열렸다. 60명의 총회 대의원들이 루터가 95개 항을 붙인 것으로 알려진 성(城) 교회에 모였다. 튀빙겐의 신학 교수인 카를 페처(Karl Fezer, 1891~1960)가 아리안 법을 몰아붙인 뮐러를 제국 주교로 추천했고 참석자들은 열렬한 박수로 그를 선임했다. 100명 이상의 신학자들이 아리안 조항을 수용한다는 의사를 밝힌 터라 역풍을 의식해 법의 유보를 요구한 사람들의 의사는 무시되었고 법은 관철되고 말았다.

같은 해 11월 13일 베를린 스포츠 스타디움에서 다시 독일적 그리스도인 대회가 열렸다. 2만 명이 운집해 이 단체의 위용을 과시했다. 과격 민족주의 성향의 대학 강사(Studienassessor) 라인홀트 크라우제(Reinhold Krause, 1893~1980)가 우레와 같은 박수를 받으면서 등단했다. 그는 성서 그리고 예배 가운데 존재하는 모든 비독일적인 요소들에서의 해방을 주창하면서 "구약성서는 소몰이꾼과 뚜쟁이들의 역사"라고 일갈했다.[13]

이 강연은 독일적 그리스도인의 급진 세력의 의지를 노골적으로 드러낸 것이었고 동시에 종교개혁 이래 독일 개신교가 지켜온 기본적인 신앙과의 완벽한 단절을 의미하는 것이기도 했다. 독일적 그리스도인 운동에 공감해온 참석자들까지 당황스럽게 한 이 강연의 후폭풍은 대단히 거셌다. 많은 목회자가 분노를 터트렸을 뿐 아니라 페처를 비롯해 많은 이가 이 운동에서 탈퇴했고 지역 책임자는 지위를 상실했다. 무엇보다 호센펠트가 항의에 부딪혀 종교부 장관직에서 물러났고 뮐러의 통제도 끝이 났다. 아리안 법의 시행은 차질을 빚었고 관련 법의 추진도 어려운 상황에 부딪혔다. 뮐러와 독일적 그리스도인 운동의 도움으로 개신교의 통합을 달성하려던 히틀러의 목표는 빗나가고 말았다.

반대로 이 경기장 스캔들은 고백교회 추진 세력에게 새로운 기회를 제공했다. 무엇보다 목사긴급동맹의 회원 수가 크게 늘었고 고백교회의 씨앗이 배양되었다. 도르트문트를 비롯한 여러 도시에서 경기장 스캔들에 참석했던 교회 지도자들의 사임을 요구하기에 이르렀다. 또 하나 중요한 사실은 바이에른의 주교 한스 마이저(Hans Meiser, 1881~1956)와 뷔르템베르크의 주교 부름이 독일적 그리스도인과의 대립에서 적극성을 띠게 된 것이다. 그들은 목사긴급동맹에 결합했다.

그럼에도 경기장 스캔들의 역풍은 그리 오래 지속되지 않았다. 그해 12월 무려 80만 명의 회원을 가진 '개신교 청소년단(Evangelische Jugendwerk)'이 '히틀러 청소년단(Hitler Jugend: HJ)'으로 편입되고 말았다. 1934년에는 교회 공동체 가운데 유대인의 세례를 거부하는 교회들이 나타났다. 뮐러는 서슴없이 나치 돌격대로 하여금 독일개신교연맹 건물을 점거하게 했다.

뮐러는 잠시 제국 주교의 지위와 권력을 잃어버리기는 했지만 1934년 1월 다시 히틀러의 지원을 받아 제국 교회를 창설하는 데 박차를 가했다. 제국 교회에 반대하는 목사들은 감옥이나 심지어 수용소로 갈 수밖에 없었다. 1934년 5월까지 프로이센, 작센, 튀링겐, 하노버, 슐레스비히홀슈타인(Schleswig-Holstein), 함부르크의 주 교회들이 제국 교회로 편입되었다. 그러나 바이에른과 뷔르템베르크에서는 교회의 반대가 계속되었다.

1) 바르멘 선언

제국 교회 캠페인이 진행될수록 성직자들 사이에 제국 교회 운동에 대한 반대 여론 역시 점차 거세졌다. 서부와 베를린에서 1934년 1월 초부터 독일적 그리스도인에 맞서는 교회 총회가 구성되기 시작했다. 1934년 1월 3일과 4일에 부퍼탈의 바르멘(Barmen)에서 열린 총회가 시작을 알렸다. 참여 교회들은 개혁교회로 제한되었지만 강연자인 바르트는 신자들의 자유로운 조직을 요청했고 "제국 주교"의 교리를 폐기했다. 독일적 그리스도인에 대한 반대 여론이 신학적으로 논리를 갖추기 시작했다.

같은 해 2월 18~19일에 다시 라인란트의 자유 개신교 대회가 바르멘에서 열렸고 3주 후 옛 프로이센 연합교회가 제국 교회로 편입된 지 닷새 후인 3월

7일 고백교회를 신뢰하는 베를린 달렘 교회에서 베를린과 브란덴부르크의 첫 자유 개신교 총회가 열렸다. 베스트팔렌의 교회들 역시 결정적인 의미를 갖는 발전을 이끌어냈다. 개혁주의 전통이 강한 서부 독일의 자유 개혁교회들이 제국 교회 반대의 목소리를 결집하는 일에 앞장서 베스트팔렌 전체 교회의 커다란 관심 속에 '형제위원회(Bruderräte)'를 꾸리는 데 성공함으로써 제국 교회에 대한 항의를 분명히 했다.14)

형제위원회는 교회의 제도적 독립성을 보장하는 중요한 장치였는데, 바르멘 선언(Barmer Erklärung)이 독일적 그리스도인에서 신학적 분리를 성취했다면 베를린 달렘 교회는 형제위원회를 통해 제도적 독립성을 완성했다고 할 수 있다.15) 한 고백교회 내에 형제위원회가 구성되면 이 형제위원회가 지역 총회 대의원을 선출하고 그들로 다시 지역 형제위원회를 만들어 독일개신교연맹의 총회 대의원과 교회 지도부를 구성하도록 하는 연합체 구성 방식이 채택된 것이다. 이렇게 상향식 연합체는 종래의 제국 주교가 총회를 소집해 주 교회 주교를 임명하고 그가 다시 주교들을 임명하고 주교가 감독을 임명하는 독일 개신교 관청 교회 제도와 독일적 그리스도인의 하향식 지도자 원리와는 정반대로 작동한 민주적인 제도였다.

베스트팔렌의 교회들에는 평신도가 교회의 존립에 공동으로 책임을 지는 구조가 이전부터 존속했고 교회에 대한 국가의 통제력이 약했으며 루터교회들과 달리 저항권의 전통이 강하게 살아 있었다. 1933년 7월 23일에 선출된 총회 대의원 중 다수가 참석해 바로 그날 베스트팔렌 고백교회 총회(Bekenntnissynode)를 형성할 수 있었던 것도 이런 전통 덕분이었다.

곧이어 도르트문트의 한 강당에서 지역 고백교회 총회가 열렸고 이 시에서 가장 큰 두 교회에서 라인-베스트팔렌 개혁교회 대회를 개최했다. 여기에 무려 2만 명의 기독교인들이 운집했다. '목사형제단(Pfarrbruderschaft)'의 대표인

도르트문트 교회의 목사 카를 뤼킹(Karl Lücking, 1893~1976)은 "우리 생애 가장 많은 교인이 모인 예배"라고 회고했다. 이 집회는 고백교회의 전진에 엄청난 동력을 제공했을 뿐 아니라 다른 주 교회들에 커다란 파장을 일으킨 사건이었다. 뤼킹은 며칠 후 프랑크푸르트에서 부름과 마이저를 만나 자신의 경험을 전하면서 그때까지도 흥분을 감추지 못했다.

1934년 4월 22일 뷔르템베르크 울름(Ulm)에서도 지역 고백교회 총회가 개최되었는데, 부름 주교의 설교가 있은 후 마이저 주교가 준비해온 성명서를 낭독했다. '울름 선언(Ulmer Erklärung)'으로 알려진 이 선언은 지역 고백교회 총회 창립선언문이었다. 여기저기에서 다른 모임이 이어졌다. 이들은 곧바로 베를린의 니묄러와 결합했고 어디에 있든 모두 스스로 '고백 공동체(Bekenntnisgemeinde)'라고 불렀다.

묄러의 교회 정책이 그의 기대와 달리 1934년 초여름까지 그의 정책에 반대하는 6000명의 성직자들, 개신교 성직자 전체의 1/3을 목사긴급동맹으로 모이게 했다. 이들이 고백교회를 잉태한 힘이었고, 이 힘이 목사 니묄러의 저항을 뒷받침해주었다. 니묄러는 제1차 세계대전에서 잠수함 사령부에서 근무한 바 있었고 뼛속까지 민족보수주의자였으며 '민족동맹(Völkerbund)'에서 나온 후에도 1933년 11월까지 히틀러의 행운을 비는 행운편지(Glücksbrief) 쓰기 편집자로 일했다. 그러나 그가 보기에도 분명한 경계를 긋는 것이 불가피한 일이었다.

1934년 5월 2일 베를린에서 열린 고백교회 모임 지도부는 제국 차원의 고백교회 총회를 소집하기로 결의했다. 같은 날 총회의 신학적 입장을 준비할 위원회를 구성했다. 바르트가 개혁교회 대표로 참여했고 루터주의를 대표해 고위 교회지도위원회 위원인 바이에른의 토마스 브라이트(Thomas Breit, 1880~1966)와 알토나(Altona)의 한스 아스무센(Hans Asmussen, 1898~1968)이 위원으로 선출되었다. 마이저를 비롯한 루터교 목사들은 개혁교회와의 연대가 루터교회 내에서 반대에 부딪힐지 모른다는 우려 때문에 에를랑겐(Erlangen) 의 신학 교수 헤르만 자세(Hermann Sasse, 1895~1976)를 이 위원회에 참여시 킬 것을 요구했고 다른 참여자들이 이에 동의했다.

5월 15~16일 프랑크푸르트에서 모인 위원회에서 총회에 배포할 신학적 성명서의 초안이 처음으로 제출되었다. 바르트는 고백교회의 유일한 신학적 문서인 "독일 개신교 현재 상황에 대한 신학적 설명(Die Theologische Erklärung zur gegenwärtigen Lage der Deutschen Evangelischen Kirche, 약칭 바르멘 선언)"을 책임지고 작성했다. 그는 기존 질서의 권위를 압제로 표현하면서 로마서 13장 에 나오는 "복종"을 국가에 대한 무조건적 복종이 아니라 오로지 하나님에 대 한 복종으로 해석했다. 다시 말해 국가권력에 대한 저항의 신학적 포문을 열 었다. 5월 29일 139명의 투표권을 가진 대위원들(55명은 평신도였다!)[16]이 참 석한 전 제국의 첫 고백교회 총회가 바르멘에서 열렸다. 18개 주 교회의 고백 교회 총회와 형제위원회가 전국 고백교회 총회로 결합했다. 3개의 순전한 교 회 주교들이 모두 참석했고 니묄러와 선언문을 작성한 바르트 역시 자리를 지 켰다.

5월 31일 오전 성명서 초안을 두고 제2차 독회(讀會)를 열었고 성명서 내용 이 기독교와 성서적·종교개혁적 전통에 부합하는지를 아스무센이 다시 확인 했다. 이렇게 마침내 고백교회는 바르멘 선언을 공식적으로 발표했다.

제1테제는 성명서의 신학적 기초를 밝히고 있다. "성서가 우리에게 증언하 는 예수 그리스도는 우리가 들어야 하고 삶과 죽음 가운데 믿어야 하고 순종 해야 할 하나님의 유일한 말씀이다." 이 테제는 "나는 길이요 진리요 생명이 다. 누구든지 나를 통하지 않고는 아버지께로 갈 자가 없다"라는 요한복음 14 장 6절, 10장 1절과 9절에 토대를 둔 것이었다. 이어 "교회가 하나님의 말씀

외에 어떤 사건, 능력, 형상, 사실들을 마치 하나님의 계시라도 되는 것처럼 말씀 선포의 근원으로 인정할 수 있고, 해야 한다고 말한다면 그것은 잘못된 가르침이다"라고 못을 박았다.

나치와 독일적 그리스도인을 직접 거론하진 않았지만, 하나님은 성서 말씀으로 인간에게 말씀하시기도 하지만 동시에 창조와 역사에서 자신의 의지를 드러낸다고 주장하는 나치의 주장을 정면으로 비판한 것이나 마찬가지였다. 선언문은 예수 그리스도의 성서적 증언이 유일한 방향타임을 강조했다.

제2테제는 우리의 삶에서 예수 그리스도가 아닌 다른 어떤 것도 주인으로 섬겨서는 안 된다는 점을 분명히 하고, 다른 세계관이나 정치적인 주장에 동조하는 것은 잘못이라고 확인했다. 제3테제는 그리스도의 교회가 형제, 자매들의 공동체로서 예수 그리스도의 나타나심을 사모하는 가운데 그리스도의 위로와 인도하심 속에 살아가야 한다는 점을 분명히 했다. 제4테제에서는 그리스도의 증언만이 교회의 가르침과 그 조직이 따라야 할 대상임을 밝혔고 제5테제에서는 국가란 정의와 평화를 실현하려는 목적을 띠고 있는 하나님의 질서라고 천명해 민족과 인종에 봉사하는 것이 국가의 과제라는 나치의 주장을 뒤집었다. 끝으로 선언문은 교회의 할 일을 하나님의 말씀을 선포하는 것으로 제한했다.[17] 즉, 교회의 정치 활동을 금한 것이다. 이 선언은 국가사회주의를 직접 비판하지는 않았지만, 아주 분명하게 모든 이데올로기의 교회 내 침투를 거부했다. 복음은 언제 어디서나 무제한 유효하고 전체주의적 요구들은 마땅히 거부되어야 하는 것이었다.

누가 이 고백교회에 모였는가? 그들은 따지고 보면 독일적 그리스도인과 함께 민족 프로테스탄티즘의 심성을 공유하고 있었으나 그것이 민족적으로 변형되는 것을 거부했다. 독일적 그리스도인에 맞서 그들은 "우선 그리스도 그리고 독일"이라는 구호를 내세웠다.

그럼에도 고백교회 운동은 다소 불안하게 출발했다. 무엇보다 독일적 그리스도인의 외부에 있기는 했지만, "파괴된 교회들" 중에 독일적 그리스도인 운동에 공감하는 교회들이 많았다. 예컨대 베를린에서는 지역 교회 목사 중 1/3만이 고백교회에 가입했다. 지역적으로 보면 고백교회는 서부 및 남부 독일에서 대부분 힘을 얻었고 동부 대도시들에서도 약간의 지지자를 얻었지만, 작센, 작센-안할트, 튀링겐, 메클렌부르크, 슐레스비히홀스타인, 브라운슈바이크에서는 반향을 얻지 못하고 있었다. 체제에 대한 조심스러운 순응이 하노버, 바이에른, 뷔르템베르크에서조차 우위를 차지하고 있었다. 구프로이센 연합교회들은 동서 차이 때문에 가장 분열된 주 교회가 됨으로써 교회 내부 투쟁이 극단적인 형태를 띠고 있었다.

　　그보다 더 중요한 것은 고백교회 내부에 신학적 차이가 뚜렷이 존재했다는 것이다. 자세 교수 주변의 루터교회에서 선언의 기본적인 내용에 반대하는 신학적 사고가 고개를 들었다. 바르멘 선언이 동의를 얻기는 했지만 다른 세계관과 정치적 입장을 포함하고 있어 이 점에서 일치를 이루지 못한 교회와 그룹들이 공존했다.

　　고백교회 총회 투표권을 가진 139명의 대의원들은 이전에 비해 훨씬 젊은 세대에 속했고 다수가 지역 교회 목회자였다. 마르틴 그레샤트(Martin Greschat)의 사회사적 연구에 따르면 고백교회 내의 정치적 스펙트럼은 자못 복잡했다. 고백교회 총회 대의원 가운데 2명은 독일사회민주당, 8명이 독일조국당, 5명이 기독교-사회주의민족봉사당(Christlich-Soziale Volksdienst: CSVD), 10명이 독일민족인민당, 6명은 1933년 전부터 나치 당원이었다. 압도적 다수는 어느 한 정당에 가입하지 않았지만 민족적 보수주의적 경향을 띤 사람들이었다. 그들 중 17명은 심지어 나치에 우호적이었는데, 그중 4명만이 1933~1934년에 확실히 나치에서 탈퇴하거나 비슷한 행동을 택한 사람들이었다.[18]

한편, 베를린에서 고백교회에 가입한 사람들은 거의 예외 없이 대학을 졸업한 유복한 부르주아 출신이었고 그중 1/4은 신학자 가정 출신이었다. 이들 중 5%만이 나치에 소속해 있었다. 나머지는 모두 칼뱅주의자거나 적어도 사회민주주의를 지지하는 목사들이었다.[19]

1934년 10월 달렘에서 열린 제국 고백교회 총회는 독일적 그리스도인에 속한 사람들과의 협력을 엄격하게 금지한다는 결의를 끌어냈다. 그러나 1935년 6월 4~6일에 아우크스부르크에서 열린 고백교회 총회를 맞아 일부 이 결의를 완화하려는 움직임이 곧바로 일어났다. 독일 국가 프로테스탄티즘 전통은 고백교회 운동에 가담한 사람들 안에서조차 죽지 않고 살아 있었다. 때마침 나치 역시 기독교 신앙 자체의 파괴를 겨냥한 공격을 자제하면서 새로운 대응 방법을 모색하고 있었다. 나치는 교회와의 새로운 관계 설정을 알리는 신호탄으로 1923년부터 ≪늙은 투사(Alter Kämpfer)≫라는 잡지를 발행하던 한스 케를(Hanns Kerrl, 1887~1941)을 1935년 7월 새로 설치한 제국 종교장관직에 임명했다. 케를은 곧바로 협력 의사를 보인 신학자들을 모아 "제국 교회 자문위원회(Reichskirchenausschuß)"를 구성했다. 국가와 교회 사이를 중재하는 것이 이 기구의 과제였다.

제국 교회 자문위원회는 "인종, 혈통, 대지를 토대로 국가사회주의적 민족으로 하나가 되겠다"라는 '항복 문서'를 만들어 교회 지도자들에게 서명을 요구했다. 가뜩이나 내부 갈등이 고조되던 고백교회는 이에 대한 대응을 둘러싸고 분열에 휘말렸다. 일부는 제국 교회 자문위원회를 타협의 여지없이 거부했고, 다른 일부는 그에 대응할 교회 기구로 "루터-지도위원회(Luther-Rat)"를 만들었다. 이로써 개신교 내에 경쟁하는 4개의 지도 기구가 공존하게 되었다. 독일개신교연맹 지도부, 제국 총대주교 당국, 제국 교회 자문위원회, 루터-지도위원회가 그것이었다.

고백교회는 1936년 6월 마침내 히틀러에게 보내는 성명서를 발표하기로 결단을 내렸다. 이 성명서는 지도자 의례, 게슈타포, 수용소를 포함한 이데올로기와 나치의 지배 현실을 철저히 비판했다. '지도자 국가라는 종교'의 적대적이고 무리한 요구에 반대하는 고백교회의 항의가 점차 거세지자 1937년 11월에 열릴 예정이던 새 선거를 국가가 승인하지 않았다. 그럼에도 고백교회는 히틀러가 체코와 폴란드에 걸쳐 있는 수데텐(Sudeten) 지역을 점령하면서 생긴 "수데텐 위기(Sudetenkrise)"*를 맞아 평화 의식을 거행하기로 했다.

나치 친위대의 "흑색단(Schwarzes Korps, 정치 담당 하부 조직)"은 이 정치적 선언을 정치화한 목사들의 태업으로 간주하고 "범죄"의 "발본색원"을 "국가의 의무"로 규정했다. 그리고 보수적인 주교들을 여론 재판에 끌어들여 고백교회를 점차 고립시키는 데 이용했다. 1938년 3월 13일 오스트리아와 수데텐을 "병합"한 후 제국 교회 자문위원회는 모든 목사에게 히틀러에 대한 충성 서약을 다시 요구했다. "나는 독일제국과 아돌프 히틀러에게 충성하고 순종할 것"이라는 것이 그 주요 내용이었다.

이 요구에 고백교회는 결의에 찬 일치된 행동을 보여주지 못했다. 목사들의 개인적인 결정에 맡기기로 함으로써 한발 뒤로 물러섰는데, 여기에는 보복의 압력이 작용했을 것으로 보인다. 곧이어 거의 모든 사립학교, 특히 가톨릭 수도단과 수도원 부설 학교들이 폐쇄 조치를 당했다. 하지만 곧 전쟁이 시작되고 그 전쟁이 쉽게 끝나지 않으리라는 예상 아래 히틀러는 가톨릭은 물론 개신교에 반하는 모든 조치를 금지했다. 전쟁 동안 "고향 전선"이 평화를 유지해야 했기 때문에 나치 역시 교회와의 "성내(城內) 평화"를 제안했다.

---

* 1938년 이 지역을 독일에 귀속시키려는 히틀러의 요구에 영국과 프랑스는 수데텐 지역의 독일 합병을 받아들이는 대신 히틀러에게 체코슬로바키아의 여타 지역에 대한 지배권을 존중하라고 요구했다.

2) 고백교회와 여성

고백교회 운동은 두드러지게 여성운동이라는 특성이 있었다. 독일적 그리스도인이 남성 운동이었던 것에 반해 고백교회 운동은 거의 완벽하게 여성운동이었다. 소수의 적극적인 남자들이 지도했을 뿐이다. 아직 충분한 연구가 이루어지지는 않았지만 최근 연구들은 이 사실을 뒷받침하고 있다.[20]

수백만 명의 남성들이 전쟁에 참여한 제2차 세계대전은 군사주의를 강화했고 이런 상황이 그 부메랑으로 성별 대립을 심화했다. 독일과 이탈리아의 파시스트 운동은 여성적·민주적인 인간성에 대립하는 남성성의 상징이었다. 공화주의는 연약하고 여성적인 것이었고 의회는 한낱 수다를 떠는 가게에 지나지 않았다. 강철처럼 단단한 남성이 독일 남자 청소년들의 이상형이었고 이 표상은 전 남성의 병역의무와 함께 성적 특성을 더욱 확대했다.

트라이치케가 19세기 말에 가톨릭은 여성적이고 프로테스탄트는 남성적이며 국가 특히 프로이센은 남성적인 반면, 프랑스는 여성적이라는 생각을 공식화한 이래 독일의 프로테스탄티즘은 남성적 가치를 지향해왔다.[21] 그 덕분에 독일적 그리스도인 운동과 '나치 돌격대-예수 그리스도'는 남성-여성 구도를 전통 교회에서 차용할 수 있었다. 비독일적 가톨릭은 비남성적이었고 잠자는 관청 교회의 대표자들 역시 마찬가지였다. 독일적 그리스도인 주변인들은 "낡은 교회"를 여성적이고 그래서 기껏 위로의 말이나 하고 은혜 따위를 구하는 시설로 경멸했다.

나치는 교회가 다시 남성화해야 하고 이 방법을 통해 민족주의적 남자들과 세계대전을 위한 군인들을 불러 모아야 한다고 생각했다. 그들은 기사 바지와 나치 돌격대 제복을 입고 돌아다녔고 남성적·영웅적인 예배를 드렸다. 위대하신 신 앞에 은총을 필요로 하는 죄인의 항복이 아니라는 뜻에서 기도를 드리면서도 머리를 꼿꼿이 쳐들었다.[22] 설교의 주제 역시 새로운 아리안 민족 예수상(像)에서 출발해 독일 민족의 영웅 루터 그리고 많은 독일의 영웅들을 거쳐 구원자, 즉 히틀러 등 남성성에서 남성성으로 맥을 이어갔다. 그들이 보기에 고백교회 운동은 여성적이고 국가에 적대적인 운동이었다. 고백교회의 남성들은 여성화한 사람들로서 자연의 성 질서를 더럽히는 사람들에 지나지 않았다.

고백교회에 속한 교회에서 실제로 여성화 추세가 진행되고 있었고 예배 참석, 성서 공부 모임, 저녁 모임 등에서 여성들이 압도적으로 많았다. 특히 니묄러 목사가 이끄는 베를린 달렘 교회에는 여성들이 많았고 베를린에 산재한 고백교회들의 교인 중 3/4이 여성이었다.[23]

여성들은 고백교회의 구성 요소였을 뿐 아니라 적극적인 활동가였다. 각기 자기 분야에서 "조용한 항의"를 이끌거나 적극적으로 고백교회 모임에 참석함으로써 유대인 추방에 맞서기도 했다. 베를린 첼렌도르프(Zehlendorf) 지역의 개신교 지역 복지 담당관이었던 마르가 모이젤(Marga Meusel, 1897~1953)은 1935년 5월 10일 보고서를 작성해 유대인 출신 기독교도들에 대한 디아코니아의 도움을 요청했다. 조용한 항의의 대표자는 베를린의 김나지움 여교사이자 교회의 대표자였던 엘리자베트 슈미츠(Elisabeth Schmitz, 1893~1977)였다. 그녀는 1935년 9월에 있을 옛 프로이센 고백교회 총회에 「독일 비아리안계가 처한 상황에 대하여(Die Situation der Nichtarier in Deutschland)」라는 긴급보고서를 통해 비아리안계의 상황을 적극적으로 알렸다.[24]

그러나 전반적으로 여성은 개신교회에서 발언권을 거의 갖지 못했고 더구나 교회 공동체 지도부 역할을 맡는 일은 조금씩 증가하기는 했지만 극히 제한적이었다. 심지어 고백교회에서조차 모든 지도 기구는 전적으로 남성들이 차지했다. 고백교회는 독일 교회사에서 처음으로 여성 신학자들에게 신앙 공동체의 영적 지도를 맡기기로 결정한 교회이기는 했다. 그러나 이 결정은 1945년까지 그리고 그 이후에도 격렬한 논쟁을 불러왔다. 이런 상황을 고려하면 여성들은 그들의 책임 이상을 훌륭하게 수행했다.

3. 전쟁 속의 교회

전쟁이 시작되자 국가와 교회의 평화는 그다지 오래 지속되지 않았다. 히틀러의 비서실장이자 당 서기인 마르틴 보르만(Martin Bormann, 1900~1945)은 1940년 동부 정복지 교회 정책 책임을 나치 지역 책임자에게 맡겼다. 1941년 6월 9일 보르만은 지역 책임자에게 비밀리에 편지를 보내 교회 정책의 기본 노선을 밝혔는데, 그 첫머리에 나치와 기독교의 세계 이해는 일치할 수 없다는 점을 분명히 했다. 독일 역사에 나타난 잘못된 발전에는 교회의 영향이 컸고 지금이 그것을 바로잡을 기회라고 그는 강조했다. 그의 서신이 공개되자 제국 선전부 장관의 분노를 비롯해 여기저기서 불만이 터져 나왔고 교회의 항의가 빗발쳤다. 외국에서조차 여론의 항의가 제기되었다. 그럼에도 히틀러와 힘러 다음으로 막강한 권력을 가진 인물이 교회를 말살하겠다는 의지를 아주 명백하게 드러냈다는 점에서 그의 편지는 교회의 앞날을 예고한 것이었다. 보르만은 그보다 1년여 전 새로 제국에 편입된 지역의 프로테스탄트 교회들이 독일 개신교로의 편입을 거부하자 국가교회로서의 지위를 박탈하겠다고 위협한 바 있었다.

제3제국 마지막 몇 년 동안 개신교와 가톨릭 양대 교회는 비슷한 위협과 추방에 맞서 싸워야 했다. 게슈타포와 안전보안위의 본부에 의한 감시가 점차 촘촘해졌다. 양대 분파 모두에서 교회의 사회에 미치는 영향력이 특히 교육 분야에서 크게 후퇴했다. 교회가 설립한 학교와 유치원들은 문을 닫았고 교회 시설 역시 철거되거나 소유권을 빼앗겼다. 교회의 신문들은 계속해서 간행이 금지되었다. 구베를린 교회 서점 같은 교회 시설들은 그 예속성이 훨씬 심했다. 이 서점은 유대인 혈통을 찾는 베를린 전체 가구에 대한 가계조사를 할 때 어쩔 수 없이 도움을 주었고 나치 친위대에 밀접한 "가계 연구를 위한 제국 지소" 및 다른 국가사회주의 봉사 지소와 협조해 전시를 위한 자료 준비와 나치를 홍보할 전시 자료를 준비했고 심지어 탄압을 피하는 데 결정적으로 유용한 "아리안 증명서" 발급을 거부하는 등 나치와 함께 일했다.[25]

전쟁을 감안해 히틀러는 교회와의 갈등을 완화시키려고 시도했다. 그러나 전쟁 동원사회에서 전쟁이 모든 사회 부문을 완벽하게 지배했고 교회 생활에도 구체적·결정적인 결과를 가져왔다. 수백만 명의 신자들이 군인으로서 병역을 담당해야 했고 수많은 목회자와 성직자들 역시 전선으로 차출되어 해당 교회에는 목회자가 없었다. 그런데도 모든 프로테스탄트 소속 교회는 대량 살상에 저항하는 대신 1941년까지 이미 전체 목사의 거의 절반이 전쟁 봉사의 애국적 의무만을 강조했다. 1941년 이래 볼셰비즘 멸절 전쟁을 지원할 때 그들의 목소리는 쉰소리를 내고 있었다.

이미 전쟁 전에 교회 탈퇴자들이 증가하기 시작했다. 나치가 교회를 보호하겠다고 공언하던 초기와 달리 교회를 강하게 압박하자 1935년 이후부터 더 이상 교회에 나오지 않는 사람들이 늘어나기 시작했다. 1939년까지 그 숫자는 가파르게 상승해 1935~1939년 사이 모두 약 50만 명이 교회를 탈퇴했다. 1939년 한 해에만 프로테스탄트 교인 만 명 중 90여 명이 교회를 떠났다. 그것은 교회의 불필요성과 정권에 대한 신뢰 증명서였다.[26]

가톨릭에 비해 상대적으로 피해가 적기는 했지만 개신교 목회자들 중에도 희생자들이 속속 늘어났다. 니묄러는 특별 재판소에서 재판을 받고 작센하우젠(Sachsenhausen) 수용소에 수감되었다. 그는 이곳에서 비록 "지도자의 수인"으로서 특별 대우를 받기는 했지만 1945년까지 갇혀 지내야 했다. 얼마 후 제국 수상청은 교회가 반대했기 때문은 아니라고 하면서도 논란이 된 충성 서약을 결국 철회했다.

본회퍼는 바르멘 선언에 가장 충실했고 외롭게 가장 급진적인 노선을 걸어갔다. 본회퍼는 이미 1936년에 펴낸『복종(Ergebung)』에서 "그리스도교인의 하나님은 권위 위에 서신 주님이기도 하다"라고 함으로써 어떠한 정치적 권위도 자기 존재에 대한 신적 정당화를 도출할 수 없다는 점을 분명히 했다.[27] 그는 시민의 용기를 요청하고 있었고 히틀러의 암살에 가담함으로써 자신의 신학을 실천했다. 위기의 시대에 본회퍼의 통찰력은 탁월했다. "우리 민족이 패배해야만 기독교적 문명이 살아남을 수 있으며, 승리한다면 우리 문명은 파괴될 수밖에 없다."[28] 저항 신학(Widerstandstheologie)의 전통을 세우지 못한 루터의 독일에는 본회퍼가 요청한 시민의 용기 대신에 여러 입장이 존재했을 뿐이었다. 두려움에 찬 유보와 조용한 거절은 있었지만 비타협적인 거부와 조직적인 저항은 드물었다.

1944년 7월 20일의 히틀러 암살 시도가 실패로 돌아간 후 고백교회를 제외한 모든 개신교 분파가 참여한 '성직자 자문위원회'는 긴급히 히틀러에 대한 충성 맹세를 타전했다. 모든 교회에서 "하나님의 은혜로운 보호"에 감사하는 기도를 드릴 것을 명령했다. "우리의 뜨거운 호소는 하나님께 닿아 하나님께서 그분을, 우리의 지도자를 앞으로도 보호하시며 미래의 위대한 과업을 위해 그분에게 힘을 주실 것이다."[29]

프로테스탄트 국가교회는 1940년 6월부터 충분히 정확한 정보를 알고 있었는데도 거의 식물인간 상태로 침묵했다. "지도자에 대한 복종"과 "지도자와 제국을 위한 기도"를 반복해서 요청했을 뿐 달리 아무것도 하지 않았다.

1941년 6월 22일 독일군이 소련 침공을 개시했을 때 교회의 책임 있는 지도자들 중 누구도 언급할 만한 비판을 제기하지 않았다. 볼셰비즘에 대항할 전쟁이 필요하다는 생각은 이미 일반적인 동의를 얻은 상태였다. 오히려 풀다(Fulda)에서 열린 주교 회의에서 의장인 아돌프 베르트람 추기경(Adolf Kardinal Bertram, 1859~1945)은 "위험하고 폭력적이며 중무장한 적들에 대항해 전 인류를 위해" 투쟁하는 사람들을 교회가 충분히 지원하지 못한다고 하소연했다. 프로테스탄트 국가교회의 주교들은 정의와 평화를 아랑곳하지 않는 어처구니없는 발언을 그저 묵묵히 듣고 있었다. 신자들 역시 비판 대신 그 지도부에 엉겨 붙은 화석처럼 미동도 하지 않았다.[30]

4. 유대인 학살과 교회

히틀러는 권력을 장악하고 불과 몇 주 후인 1933년 4월 1일 독일의 모든 유대인 상점에 대한 불매운동을 개시했다. "독일인 여러분 자신들을 보호하십시오! 유대인이 파는 물건을 구입하지 마십시오"라는 경고문이 유대인 상점마다 나붙었다. 유대인 추방의 시작이었다. 나치는 일주일 후 유대 출신의 관료들을 해임하는 조치를 내려 "직업 관료 계층의 재생산"을 시작했다. 9월 15일 '뉘른베르크 인종법'은 유대인과의 결혼과 성관계를 금지했다. 유대인들은 모든 전문직에서 해고당했고 유대인이라는 증명서를 지니고 다녀야 했다. 드디어 '유대인 말살(Judenvernichtung)'이 본격적으로 시작된 것이다. 이미 독일 사회에 강고하게 뿌리박혀 있던 반유대주의가 반유대교주의와 사회적 반유대주의를 넘어 가장 극악하고 최종적 단계인 전면적인 '유대인 말살주의'로 현실에 그 모습을 확연히 드러냈다.

"우리는 아무것도 몰랐다"라고 말할 수 있는 사람은 아무도 없었다. 법의 제정과 유대인 관련 소식들이 신문에 여러 차례 보도되었기 때문이다. 그러나 프로테스탄트 교회는 아무런 말과 행동도 없이 유대계 독일인들의 배척과 추방 그리고 정치적으로 달갑지 않은 독일인들을 수용소로 보내 배제시키는 것을 그저 지켜보고만 있었다.

국가교회는 유대인의 운명보다는 자신의 미래를 더 걱정하고 있었다. "오늘은 유대 회당이 불타는데 언젠가 교회가 불타지 않을까?"라는 두려움에 휩싸여 침묵했다. 자기 목소리를 분명히 드러낸 집단은 독일적 그리스도인이었다. 튀링겐의 주교 자세는 11월 23일 유대 회당의 파괴를 루터의 의도를 실현한 것이라고 공개적으로 환영했다.

다소 소강 국면에 접어들었던 유대인 문제는 1938년 11월 10일 "제국 수정의 밤(Reichskristallnacht)" 이후 다시 격렬해졌다. 유대인 청년이 파리 주재 독일 외교관을 살해한 것을 계기로 약 400명의 유대인이 살해되었고 거의 모든 유대 회당이 불탔고 유대인들의 재산이 파괴되었다. 유대인 상점의 깨진 유리 조각들이 수정처럼 흩어졌다고 해서 붙여진 제국 수정의 밤은 유대인 말살을 통한 혈통 정화를 의미하는 끔찍한 이름이었다. 1939년 1월 30일 히틀러는 유럽에서 전쟁이 일어나면 유대인은 사라지게 될 것이라고 단언했다.

1939년 3월 고데스베르크(Godesberg)에서 11개 주 교회의 독일적 그리스도인 교회 지도자 11명이 이 단체의 국가교회로의 통합을 위한 모임을 가졌다. 그들은 유대 회당들이 불타 버린 지 5개월 후 "기독교 신앙은 유대인에 대한 넘어설 수 없는 종교적 반대"임을 천명했다. "교회와 현대의 탈유대화"를 독려하는 것이 교회의 의무가 되었다.[31]

전쟁 중에 개신교 지도부는 모든 주 교회에 보낸 통지문을 통해 세례를 받은 비아리안인을 교회 생활에서 퇴출하라고 촉구했다. 그때부터 다윗의 별을 단 기독교인들은 교회 건물에 들어가는 것을 저지당했다. 베를린의 교회 공동체 중 어떤 곳에서도 유대 출신 교인들을 향한 이런 '배반'에 대해 강력한 항의가 없었다. 도움을 주고자 한 소수 고백교회 목사들은 "유대인 목사"로 비난받았다.[32] 국가교회는 유럽의 유대인들에 대한 살상이 교회에 알려졌을 때도 그저 침묵함으로써 교회로서의 역할에 완전히 실패했다.

1) 홀로코스트의 시작

이제 유대인 적대주의는 유대인 금지와 추방을 넘어 극악한 멸절주의로 치닫고 있었다. 우생학적 실험이 예상을 뛰어넘는 수준으로 진행되고 있었고 이른바 안락사(Euthanasie)라는 이름으로 유대인들이 인체 실험의 대상이 된 후 죽어가고 있었다. 실험의 중심지가 베를린의 도심 티어가르텐(Tiergarten) 4번지에 설치되었다. 정신병 질환자, 만성 암 환자 등이 여기로 실려 왔고 독약과 가스로 살해되었다. 그 숫자가 1941년까지 7만 명에 이르렀다. 말할 것도 없이 이는 의사들과 병원들의 가담 없이는 불가능한 일이었다. 사람들은 정신병 질환자들이 대량으로 살해되리라는 소문을 입에 올리고 있었고 양로원과 결핵 환자 요양원은 거의 공황 상태에 빠졌다. 의사와 병원에 대한 대중의 신뢰가 완전히 무너져내리고 있었다.[33] 1940년 4월경 우생학 실험과 관련해 고백교회는 그 실상에 대한 보고서를 작성했다. 그러나 주교 부름은 3개월 후인 7월에야 내무부 장관에게 항의했을 뿐이다.

나치는 히틀러의 공언대로 독일에 있는 유대인뿐 아니라 유럽의 유대인 전부를 말살하는 데 목표를 두었다. 유감스럽게도 이 목표에 근접할 만큼 거의 600만 명에 이르는 유대인들이 학살 수용소에서 죽었다. 많은 수용소 가운데 폴란드 크라쿠프(Kraków)에 있는 아우슈비츠(Auschwitz) 수용소는 그 상징이었다. 하루 1만 2000명을 학살할 수 있는 5개의 가스실을 갖추고 단 하루 만에 6만 명을 죽일 수 있는 이 수용소 한 곳에서만 최소 100만 명 이상의 사람들이 죽어갔다. 이런 끔찍한 경험을 후에 유대인들은 "홀로코스트[Holocaust, ολο-καύτωμα, 화재 희생자)]" 혹은 "쇼아(Schoah 또는 Shoa)"라고 불렀다.

이미 1941년 유대인 강제 수용이 알려지자 옛 프로이센의 목사형제단은 이에 대한 대처를 촉구했고 평가 보고서를 작성했다. 1943년 10월 16일과 17일에 걸쳐 12번째 옛 프로이센 고백교회 총회가 브레스라우(Breslau)에서 열렸을 때, 고백교회는 우생학적 이유나 인종주의를 근거로 살인을 자행하는 것에 대해 분명한 어조로 비난했다.

> "근절", "청산", "무가치한 생명"과 같은 개념들은 하나님의 질서에 부합하지 않는다. 인간의 멸절은 그가 범죄자에 속하거나 나이가 많거나 정신질환을 앓고 있거나 혹은 다른 인종에 속하더라도 하나님의 권력이 준 검의 사용이라고 할 수 없다.[34]

죽음을 대가로 치르게 될 것이라는 나치의 위협에도 불구하고 이 말씀은 많은 고백교회 예배에서 낭독되었다. 하지만 그 살상의 악마적 규모에 비하면 고백교회 총회의 비판과 말씀의 낭독은 이번에도 지극히 제한적인 행동에 지나지 않았다. 더구나 프로테스탄트 교회 지도부는 충분한 정보를 갖고 있었지만 전혀 아무런 비판도 제기하지 않았다.

고백교회의 유대인 문제에 대한 대처를 어떻게 평가할 수 있을까? 실은 그 출발부터 불안하게 뒤뚱거렸다고 하는 편이 정확할 것 같다. 고백교회 운동의 거의 유일한 신학적 선언인 바르멘 선언은 유대 출신의 쫓기는 사람들에 대해 한마디도 언급하지 않았다. 총회 기간 중 토론에서 드러난 대로 다수의 정치적 성향은 그런 표현을 선언에 담는 것과는 먼 거리를 유지하고 있었다. 물론 바르멘 선언의 교회사적 의미는 지대하지만 이 점에서는 창조적인 새로운 입장을 형성하지 못했다.

그 후에도 고백교회 대변인은 유대인 문제와 관련해 때로는 확실히 비판했지만 국가사회주의 정책을 가차 없이 비판하지는 않았다. 엄격히 말하면 독일적 그리스도인과 그 반대자들 사이에 유대인 문제와 관련해서는 처음에는 차이점보다는 유사성이 더 많았다. 그럼에도 점차 달라지기 시작했는데 독일적 그리스도인은 인종주의적 유대인 적대주의를 어떤 경우에도 지탱하고자 한 반면, 고백교회는 유대인을 세례를 통해 독일인으로 만들고자 했다. 하지만 고백교회의 입장이 전향적이라는 사실을 인정하더라도 그것은 유대인은 물론이고 유대교를 포기하지 않은 유대계 독일인들을 보호하는 데까지 나아가지는 못했다.

물론 소수 개인의 용감한 행동이 전혀 없었던 것은 아니다. 본회퍼는 이미 1933년 4월 유대인 배제와 관련해 교회가 취할 수 있는 행동으로 세 가지 가능성을 제안했다. 교회가 국가 조치의 정당성 유무에 따라 국가에 의문을 제기하는 것, 희생자들에게 디아코니아 차원의 도움을 베푸는 것, 국가가 법과 질서를 창출하는 기능을 다하지 못한다는 것을 알았다면 "직접적·정치적으로" 행동하는 것이었다.[35] 세 번째 가능성, 즉 "수레바퀴를 멈춰 세우기" 위해 본회퍼는 후에 히틀러를 암살하려고 했다. 물론 세 가지 가능성 중 어느 것을 선택하느냐는 교회 회의의 몫이라고 본회퍼는 말했다.

몇몇 여성들의 용기는 특히 빛났다. 앞에서 말한 모이젤과 슈미츠는 대표적인 사례였다. 이들을 제외하고 개신교회 안에서 유대인에 대한 포괄적인 지원활동을 구축한 대표적인 사람은 하인리히 그뤼버(Heinrich Grüber, 1891~1975) 목사였다. 게슈타포가 "목사 그뤼버의 사무실"로 부르면서 주목한 그의 주요 활동은 쫓기는 사람들을 숨겨 탈출을 도와주는 것이었다. 1940년 그뤼버가 체포되어 작센하우젠 수용소, 후에는 다하우(Dachau) 수용소에 감금되면서 그의 활동은 아쉽게도 끝나고 말았다. 이 밖에도 개인적인 위험을 감수하면서 목소리를 높이고 이웃 사랑을 실천하려고 노력했던 사람들이 있었다.[36]

그러나 그들은 소수에 지나지 않았다. 앞에서 든 몇몇 개인적인 지원 사례들과 고백교회의 관심 외에도 유대인에게 도움의 손길을 내민 사람들은 있었지만, 개신교 전체의 유대인 관련 입장과 대응을 떠올리면 더 말할 나위 없이 초라한 수준에 지나지 않았다. 2009년 독일의 대표적인 문학가 귄터 그라스(Günter Grass, 1927~2015)는 대학 입학 자격시험인 아비투어(Abitur)를 앞둔 학생들을 대상으로 한 연설에서 "양대 교회는 거의 저항 없이 순응했다"라고 함으로써 바이마르공화국의 와해와 나치의 공고화에 미친 가톨릭과 프로테스탄트 교회의 역할을 요약했다.[37] 위험을 무릅쓰고 유대인을 돕는 것으로 나치에 저항한 몇몇 개인에게는 이 말이 다소 억울하게 들릴지 모르겠다. 그러나 프로테스탄트 교회, 관청 교회, 그 교회들의 지도부로 제한한다면 이 말을 뒤집을 근거는 거의 없다고 보아야 한다.

더구나 정치적 저항은 고백교회와 가톨릭 어디에서도 찾아보기 어려웠다. 기껏 몇몇 개인이 기독교인으로서 정치적 저항에 가담했을 뿐이다. 프로이센의 프로테스탄트 교양 계층, 귀족, 군인 가운데 헬무트 야메스 그라프 폰 몰트케(Helmuth James Graf von Moltke, 1907~1945), 카를-디트리히 폰 트로타(Carl-Dietrich von Trotha, 1907~1952), 아담 폰 트로트 추 숄츠(Adam von Trott zu Solz, 1909~1944) 등이 저항 그룹에 속했다.[38] 그러나 저항 집단과 관청 교회 지도부 사이를 연결하려는 노력은 있었지만 이것이 나치 정권을 향한 교회의 정치적 충성을 멈추게 하지는 못했다. 교회 지도부는 공권력에 대한 지속적인 복종을 신자들에게 요청하고 있었다.

나치 군대의 패배가 분명해지자 심지어 나치 장교들까지 유대인 대량 학살

혼적을 지우려고 했다. 예컨대 아우슈비츠에서는 화장장을 폭파하고 여기저기 흩어진 신체 부위를 쓸어 담느라 분주했다. 그렇지만 시체를 태운 악취는 사라지지 않고 이웃 마을 주민까지 맡을 수 있었다. 아우슈비츠 사령관 루돌프 프란츠 페르디난트 회스(Rudolf Franz Ferdinand Höß, 1901~1947)는 "날씨가 나쁘거나 바람이 불 때면 시체 타는 냄새가 수 마일을 날아갔고 공식적인 역선전에도 불구하고 마을 전체가 유대인들을 태우는 문제를 화제로 삼았다"라고 썼다.[39] 나치의 살인 기계마저도 자극한 그 '악취'가 독일 개신교 지도부를 움직이지는 못했다.

제 4 부

프로테스탄트 교회의
새로운 시작

* * *

1945년 전쟁은 끝났다. 그러나 전쟁의 고통은 끝나지 않았다. 수백만 명의 사람들이 거리로 내몰렸다. 수용소와 강제 노동에서 풀려난 사람들과 외국인 노동자, 해고당한 사람들은 물론이고 연합국의 폭탄 공격을 피해 안전한 곳으로 보내졌던 어린이와 청소년을 포함해 약 1000만 명에 이르는 피난민들이 이리저리 길거리를 헤매고 있었다.

무서운 굶주림이 사람들을 덮쳤고 살아남기 위해 매춘이 횡행했으며 이혼율은 평소의 2배로 늘어났다. 1946년과 1947년 겨울 동안 베를린에서만 285명이 동사했고 5만 3000명이 동상 치료를 받아야 했다. 전쟁은 끝났지만 먹을 것과 입을 것이 턱없이 부족한 고난의 시간이 이어졌다.

독일은 미국, 프랑스, 영국, 소련 등 4개국의 점령지로 나누어졌고 점령군들은 독일 사회를 엄격하게 통제했다. 교회만이 거의 유일하게 자유롭게 활동할 수 있는 특권적 지위를 누리고 있었다. 모든 점령지에서 교회는 장교와 병사들에게 우호적인 대접을 받았고 성직자로서 존중받았다. 성직자들은 불행한 사람들에게 도움을 주려고 노력했다. 특히 목사관은 여성과 소녀들을 위한 숙소로 제공되었고 성직자들은 국민이 당면한 곤궁과 현실 문제를 해결하기 위해 물심양면의 도움을 제공했다. 그 결과, 전쟁이 끝난 후 첫 몇 달 만에 교회 재가입이 봇물을 이루었다. 영적인 위로만이 아니라 혼례, 유아세례, 특히 장례식 등으로 교회가 북적댔다.

목회자가 턱없이 부족했다. 모든 주 교회, 특히 동부 독일에서 심각했다. 1948년의 옛 프로이센 교구에서는 1718개 직위 중 696곳이 비어 있었고 지역 교회 역시 1363개 교회 가운데 273개 교회에 목사가 없었으며 튀링겐에서는 960개의 목사직 가운데 246개의 자리가 비어 있었다.[1]

교회는 개별 교회의 이런 상황에 대응해야 했고 동시에 분열된 교회의 연합 조직을 전국 차원에서 재건하는 것도 시급한 과제였다. 하지만 그보다 히틀러의 패망이 독일 개신교에 가져온 혼란을 극복하는 것이 더욱 긴요한 과제였다. 전쟁이 끝나기 직전까지도 교회는 히틀러를 지지하는 설교를 계속했기 때문이다. 어디에서도 독일적 그리스도인처럼 부끄러운 일을 하지 않은 가톨릭 역시 혼란을 겪기는 마찬가지였다.

전쟁이 끝나자 특히 개신교는 자기 비판적 양심의 시대를 맞았다. 새로운 시대를 맞아 새롭게 대응하지 않는다면 교회는 더 큰 혼란과 위기에 빠져들 것이 분명했고, 무엇보다 새로운 '시대'가 교회에 '새로운 시작'[2]을 요청하고 있다는 것이 명백했다. 프로테스탄트 교회의 새로운 시작은 반인도적 범죄 국가의 주도 종교로서 과거 행적에 대한 반성에서 출발하지 않을 수 없었다. 나치에 대한 재인식은 교회의 재건과 통합의 전제 조건이었다. 과연 독일 교회는 전후 나치 시대의 과오를 청산하고 새로운 교회로 출발했는가? 이 물음에 대한 답은 교회가 발표한 슈투트가르트 죄책 선언에 담겨 있다고 하겠다. 슈투트가르트 죄책 선언은 전후 독일개신교연합이 탄생하는 배경이 되었고 동시에 독일 개신교가 세계 교회 일치 운동(Ecumenical Movement)에 참여할 수 있게 된 일종의 여권(旅券)이었다. 그러나 그것은 자발적인 죄의 인정과 그 죄에 대해 기꺼이 책임을 지겠다는 선서라기보다 내, 외부의 힘에 떠밀려 마지못해 취한 최소한의 제스처라는 비판을 받기도 했다. 고백교회의 형제위원회가 1947년 '다름슈타트 선언(Darmstädter Wort)'을 다시 발표하게 된 것도 이런 비판 때문이었다.

더구나 독일 개신교는 국제사법 군사재판(전범 재판)과 독일의 나치 청산 과정에서 점령군의 군사재판정에 선 전범들의 단죄에 반대했고 교회와 사회의 나치 청산에도 반대 세력으로 활동했다. 슈투트가르트 죄책 선언의 진정성을 충분히 의심할 만한 태도와 입장을 보였다. 그러므로 독일 개신교가 전후에 새로운 시작을 했다고 말하기 어려운 측면이 있다.

그럼에도 전후 독일 개신교는 나치 시대의 교회가 아니었을 뿐 아니라 국가 프로테스탄티즘에 머물러 있지도 않았다. 교회는 서독의 재무장(Wiederbewaffnung)에 반대한 평화 세력이었고 독일 사회가 복지사회로 이행하는 데도 힘을 보탰다. 특히 동독 교회는 동독 사회에서 청년들에게 평화, 환경, 여성 문제와 관련해 토론의 장을 제공한 유일한 공간이었다. 동독 교회는 독일 통일을 개신교 혁명으로 부를 상당한 근거를 제공했다고 할 수 있다.

이런 전환이 있기까지 길고 지루한 머뭇거림이 있었고 또 교회 내부의 힘만으로 변화를 끌어낸 것도 아니지만, 그럼에도 독일 개신교가 변화를 이룬 것만은 틀림없는 사실이다. 어떻게 이런 변화가 일어났는지를 추적해보자.

제1장

교회의 죄책 고백과 나치 청산

전후 독일 개신교의 주요 과제는 교회 조직의 재건이었다. 개신교 신학자와 교회 대표자들이 다른 문제보다 더 커다란 관심을 갖고 토론에 열을 올렸던 주제는 독일개신교연합의 형성이었다. 그러나 나치 시대 교회가 취한 행동에 대해 아무런 신학적 반성이나 새로운 정신적 기초 없이 개신교 조직을 만들 수는 없었다. 그래서 이 문제를 두고도 상당한 의견 대립을 거친 다음에야 최소한의 합의에 이를 수 있었다. 그렇게 해서 탄생한 것이 1945년의 슈투트가르트 죄책 선언이었다. 따라서 이 죄책 선언과 1947년 다름슈타트 선언은 독일 개신교가 전후 어떤 지향을 가졌는지를 가늠해볼 중요한 문서임에 틀림이 없다고 하겠다.

독일개신교연합을 형성하려는 움직임이 시간적으로 먼저 출발했지만 그 결실은 1948년에야 마무리되었다. 그 사이에 슈투트가르트 죄책 선언과 1947년의 다름슈타트 선언이 이루어졌다. 하지만 조직의 재건이 개신교 지도자들의 최대 관심사였을 뿐 아니라 그 과정에서 2개의 선언문이 탄생했기 때문에 독일개신교연합에 이르는 과정을 먼저 살펴보고 그 내용을 채우고 있는 슈투트가르트 죄책 선언과 다름슈타트 선언을 차례로 살펴보는 것이 이해에 도움이 될 것이다.

독일 교회와 사회의 나치 청산에 대한 교회의 입장과 대응은 이 선언들이 어떻게 실천되었는지를 가감 없이 드러내는 일이다. 이를 검증함으로써 우리는 독일 개신교의 '전환'이 얼마나 속 빈 강정이었는지, 나아가 그럼에도 후에 교회가 어떻게 어느 정도 전환에 성공했는지에 대해 몇 가지 시사점을 얻을 수 있을 것이다. 한국 교회의 과거 청산을 다시 고려해볼 발판을 마련할 수 있으리라는 점에서 이 주제를 비교적 자세히 다루기로 한다.

1. 독일개신교연합의 탄생

종전을 맞아 프로테스탄트 교회는 히틀러의 지배 아래 여러 세력으로 파편화한 교회 조직을 재건하는 일이 시급했다. 가장 손쉽고 전통적인 방법은 주교회 제도를 그대로 재건하는 것이었다. 그러나 어떤 조직이 되어야 하느냐를 두고 의견이 분분했다. 적지 않은 신학자들과 목회자들이 오히려 주 교회의 해체를 긍정적으로 보았다. 감옥에서 막 출소해 저항의 상징이 된 니묄러 목사는 이렇게 말했다. "그 (주 교회의) 경계는 장애가 되었을 뿐 교회의 필요에 대응하지 못했으므로 해체되어야 한다. …… 난민이 밀려들고 사람들의 이주가 극심해 (신자들이) 마구 뒤섞인 오늘의 상황을 맞아 전혀 새로운 필요가 존재한다고 본다. 나는 '주 교회'의 해체를 지지한다."[1]

그러나 많은 교회 지도자들은 다른 길을 모색하고 있었다. 여러 주 교회의 경계가 점령지 경계와 일치하지 않는 경우도 많았지만 새 조직이 종래의 주교회 모델로 복원되기를 바라는 지도자들이 많았다. 고백교회 회원들은 저항의 상징으로 전체 교회에 윤리적 지도력을 갖고 있었지만 어디에서도 독자적인 지도권을 확보하지 못한 상태였다.

교회 재건을 위한 밑그림은 크게 보면 세 가지 정도였다. 하나는 뷔르템베르크주의 주교인 부름이 제안한 루터교회, 개혁교회, 연합교회를 하나로 통합하자는 안, 다른 하나는 바이에른주의 주교 마이저의 주 교회 체제 재건 안, 끝으로 니묄러가 이끄는 형제위원회가 제출한 안이었다. 마지막 제안은 형제위원회에 토대를 둔 밑에서의, 그리고 지역 공동체에서의 교회 재건을 목표로 하자는 요구였다. 마이저와 니묄러의 제안은 서로 정면으로 대립하는 안이었다. 부름의 제안이 확실히 받아들일 만한 권위를 얻었다. 부름은 개인적으로 개신교 지도자들의 지원을 얻었을 뿐 아니라 세계 교회 일치 운동 세력에게도 지지를 얻고 있었다.

부름은 이를 배경으로 1945년 8월 21~24일 프랑크푸르트에서 교회 지도자들과 의견을 교환했다. 부름의 통합 안에 고백교회 운동의 신학적 토대를 마련한 바르트와 니묄러 역시 반대하지 않았고 베를린의 주교 디벨리우스도 적극적으로 찬성했다. 이런 확인을 바탕으로 8월 27~30일까지 프랑크푸르트 암마인(Frankfurt am Main) 트라이자(Treysa)에서 교회지도자회의가 열렸다. 회의에서 주제 발표를 맡은 사람의 절반 이상이 부름과 밀접한 관계를 유지한 사람들이었다. 니묄러는 개회 예배 설교자로 선정되었다.

마이저가 이끄는 루터주의자들은 교회란 확고하고 분명한 신앙고백이 전제되어야 한다는 생각으로 독일 복음적-루터주의 연합(Vereinigte Evangelisch-Lutherische Kirche Deutschlands: VELKD) 창설을 우선 추진했다. 이런 생각에 토대를 두고 1946년 3월 교회법 시안을 마련할 위원회를 구성했고 약 1달 후 시안을 마련했다. 그러나 이 안은 독일개신교연합과의 관계에서 불투명한 점이 많았다. 부름을 비롯한 교회 통합 작업을 추진하던 사람들뿐 아니라 니묄러가 이끄는 형제위원회 또한 독일개신교연합 안에 있는 3개의 신앙고백 분파, 즉 루터파와 개혁파 그리고 연합파 등을 모두 포괄하려는 의지를 분명히 했고 게다가 독일개신교연합 아래 몇 개의 기구를 두자는 구상까지 이미 마련하고 있었다. 니묄러가 맡기로 한 교회 외무국, 오이겐 게르스텐마이어(Eugen Gerstenmaier, 1906~1986)의 사회지원국, 아스무센이 이끌기로 한 사무국 등이 그것이었다. 여기에 덧붙여 교회지도위원회는 디벨리우스의 지도 아래 "제2의 장소 동부"라는 기구를 두기로 의결했다. 베를린 주교인 그가 "교회 동부회의"를 통해 소련 점령지의 교회들과 대화하고 정보를 교환하는 등 동부 교회의 통합을 추진하는 것이 기구의 설치 목적이었다.

독일개신교연합의 창설을 두고 여러 의견이 부딪치자 1946년 6월 부름은 아스무센과 함께 "성명"을 작성해 전 지도위원회 위원들과 형제위원회를 포함한 전 개신교 인사에게 발송했다. 이 편지에서 그는 독일개신교연합 결성을 위험에 빠뜨리는 모든 것을 극복하자고 간곡히 호소했다. 곧이어 주 교회 지도자들 역시 독일개신교연합에 협력할 것을 확인하는 한편, 마이저의 안은 물론 니묄러의 추진 방향 또한 거부한다는 의사를 밝혔다. 끝으로 루터주의 연합을 통해 루터파 교회의 결속을 도모하려던 동부 교회들에서도 독일개신교연합의 지위를 약화시키는 일이라면 그것은 피해야 한다는 여론이 지배적이었다.

1947년 1월 독일개신교연합의 지도위원회(Rat der Evangelischen Kirche in Deutschland)는 개신교 대회 소집을 결의했다. 독일개신교연합의 교회법을 준비하고 의견을 수렴하는 과정에 주 교회들이 그 책임을 맡는 것으로 했다. 이에 따라 교회법 준비 위원회에 112명의 위원을 두기로 했다. 구성은 주 교회 임명 26명, 주 교회 총회 대의원 66명, 지도위원회 지명 20명이었다. 1947년 6월 초 트라이자에서 독일 개신교 대회가 열렸고 이 대회에서 모든 분파가 기본적인 신학적 문제를 두고 의견을 교환했다. 그 결과 교회법 위원회를 구성하는 데 합의하는 중요한 진전이 있었다. 이렇게 해서 1947년 가을 처음으로 34개 항의 독일개신교연합 기초가 될 법안(Grundgesetz der EKD) 시안을 만들 수 있었다.

첫 5개 항은 독일개신교연합의 신앙적 토대에 관한 조항이었다. 교회가 하나로 통합하는 신학적 공통분모는 성서였다. 성서 안에서 가톨릭의 신앙고백, 복음에 관한 종교개혁의 이해, 바르멘 선언을 모두 포괄하려고 했다. 독일에 있는 개신교회들은 모든 지역 신앙 공동체에서 거룩하고 보편적인 그리스도의 교회로서 한 주님을 섬긴다는 문장으로 그 의지를 표현했다.

다음으로 독일개신교연합의 목표를 명시했다. 회원 교회들이 신앙고백을 두고 대립하지 않도록 하고 교회 생활과 행동에 있어 본질적인 문제에서 동의할 수 있는 기초를 튼튼히 함으로써 개별 교회들이 이 기구 안에서 서로 협력하게 하는 것이 그 목표였다. 다음에는 조직과 기구를 다루었다. 지도위원회 외에 총회를 두는데, 총회의 대의원 구성은 회원 교회가 선출한 100명과 지도위원회가 지명하는 25명으로 하기로 정했다. 이 밖에 교회 회의를 두기로 하고 각 주 교회들이 1명의 대표를 파송하도록 했다. 제32조부터 제34조까지는 사무 및 관리, 경제와 법적인 문제에 관한 내용들로 채워졌다.[2]

이 교회법으로 논쟁이 끝난 것은 아니었다. 루터파가 성만찬의 의미를 두고 신학적 주장을 굽히지 않는 등 여러 번의 난관이 있었다. 그렇지만 1948년 7월 13일 아이제나흐*에서 제2차 회의를 가진 후 독일개신교연합의 교회법이 총회에서 만장일치로 통과되었다. 기본 규정은 지난 수년에 걸쳐 있었던 토론

---

* 루터의 어머니 마르가레테 린데만(Margarethe Lindemann, 1460~1531)의 고향이자 루터가 고등학교를 다닌 곳이었다. 종교개혁 당시 루터는 이곳의 바르트부르크성을 피난처로 선택했고 그곳에서 신약성서를 독일어로 번역했다. 1817년에는 종교개혁 300주년 기념 축제가 열려 학생들이 '비독일적'인 저서들과 '보수적'인 책들을 불태운 곳이다. 아이제나흐는 다른 무엇보다 루터와 종교개혁을 상징하는 장소 중 하나였다.

과 의견 조율을 반영한 것이었다. 독일개신교연합은 독립적이면서 신앙고백을 달리하는 교회들의 연합체로 그 위상을 정립했다. 그럼에도 동시에 그것은 독일 복음적 기독교의 공동체라는 지위를 획득했다.

1948년 후반기 독일개신교연합의 형제위원회는 물론이고 모든 주 교회가 기본 규정에 동의했다. 이로써 독일개신교연합 지도위원회는 1948년 12월 2~3일에 프랑크푸르트암마인에서 다시 회의를 갖고 교회법의 발효를 발표했다. 마지막까지 진통을 겪었던 여러 일을 뒤로 하고 독일개신교연합이 마침내 탄생했다.

기독교계 신문들뿐 아니라 일반 신문들도 그동안 개신교 대표자들이 여러 차례 모임을 가졌던 아이제나흐에서 진행된 일련의 과정에 진지한 관심을 보였다. 특히 동부의 신문들은 독일개신교연합이 서부 독일에서 "분열"에 반대하는 세력이 될 뿐 아니라 독일의 통일에 이바지할 수 있으리라는 기대를 표명하면서 축하를 보냈다. 서부의 신문들은 표현을 달리하기는 했지만 환영하기는 마찬가지였다. 어쨌든 전 독일의 연결고리로 작용하겠다는 독일개신교연합의 자기 이해는 다양한 사회 부문에서 인정과 지지를 받았다.

지도위원회는 루터파 대표 6명, 연합파 대표 4명, 개혁파 대표 2명 등 12명으로 구성했다. 이 지도위원회는 교회가 당면한 중요 현안을 결정하는 기구로서 독일개신교연합의 대표 부름이 의장을 맡고 12명의 위원 중 니묄러가 상임위원장을 맡기로 했다. 이로써 22개 영방 교회들이 하나의 개신교 단체로 통합을 이루게 되었다. 소련이 점령한 동독이 될 지역 교회들도 이 연합에 참여했다. 그러나 침례교회를 비롯한 자유교회들은 이전과 마찬가지로 독일개신교연합에 동참하지 않았다.

개신교 통합 조직의 명칭은 독일개신교연합*으로 하자는 데 합의를 이루었다. 독일개신교연합이란 명칭 자체가 교회로서는 서로 연결된 두 가지 점에서 새로운 시작이었다. 그 하나는 교회의 지향을 '복음적(evangelische)' 교회로 바꾸었다는 점이다. 종래의 독일개신교연맹에서 앞자리를 차지하던 '독일적(deutsche)'이란 단어 대신 복음적이란 단어를 맨 앞에 둠으로써 끌어낸 변화였다. 종래의 명칭에서는 맨 앞에 독일적이란 단어를 사용함으로써 교회의 지향을 독일 민족주의를 지지하는 교회, 즉 국가 프로테스탄티즘으로 삼았다. 그러나 새 명칭에서 독일적이라는 단어가 있던 앞자리에 복음적이라는 단어를 내세움으로써 독일개신교연합에 속한 교회들은 다른 무엇보다 복음에 충실한 교회로 거듭나겠다는 결의를 담은 것이었다.

다른 하나는 같은 맥락에서 '독일'은 이제 교회가 존재하는 장소 이상의 의미를 갖지 못하게 되었다는 점이다. '독일 안에 있는 교회들(Kirche in Deutschland)'로 표현함으로써 독일이란 더 이상 교회가 지향해야 할 가치가 아니라 교회가 존재하는 하나의 지역에 지나지 않았다. 이런 의미를 강조하기 위해 처음에는 'in Deutschland'의 in을 축약해 단체의 약자로 EKiD를 사용했다. 그러나 in이라는 전치사를 단체의 명칭에 사용하는 것이 부자연스럽다는 여론이 있어 언제부터인가 EKD가 널리 사용되었고 현재도 EKD라는 명칭을 사용한다. 어쨌든 교회가 독일이라는 짐을 벗어버렸다는 점에서 독일개신교연합이 이룬 변화는 작지만 하나의 새로운 시작이었다. 물론 독일개신교연합에서 이런 변화가 실제로 일어났는지는 좀 더 두고 보아야 할 일이지만 말이다.

---

* 국내에서 '독일 복음주의 교회'로 번역해 쓰는 일이 있으나, 독일에서 'evangelisch'는 미국 개신교의 특정한 신앙적 지향을 표현하는 복음주의(Evangelism)와 대단히 다르다. 종교개혁 당시 가톨릭에 항의한 프로테스탄트의 지향이 복음이었기 때문에 독일에서 'evangelisch'는 개신교와 같은 의미로 사용된다. 따라서 'Evangelische Kirche in Deutschland'는 '독일에 있는 개신교들'이란 의미를 가져 독일개신교연합으로 번역해 사용하기로 한다.

2. 슈투트가르트 죄책 선언

슈투트가르트 죄책 선언에 대한 독일 개신교의 자체 판단 역시 분파에 따라 크게 갈린다. 고백교회 참여자들은 "잘못된 방향으로 마지못해 한 걸음 내디딘 것"뿐이라는 인식을 공유했고 전쟁의 마지막 주간까지 "하나님과 조국"에 대한 일치된 믿음을 호소한 보수 진영에서는 "교회 지도부의 실수"로, 그리고 독일인과 독일 개신교의 명예를 짓밟은 것으로 받아들였다. 고난의 시간을 맞고 있는 독일 국민 역시 달가워하지 않았다. 왜 그랬을까?

1) 슈투트가르트 죄책 선언의 준비

니묄러를 비롯한 고백교회 형제위원회는 반인도적 전쟁범죄와 이에 대한 교회의 공동의 죄와 책임을 공개적으로 밝히는 것이 교회 재건을 위한 최소한의 선결 과제로 보았다. 한편, 종전 직후 독일 개신교를 세계 교회 일치 운동에 다시 동참시키려 한 세계 교회 운동의 대표자들 역시 독일 교회의 공동 책임의 천명을 회원국 자격의 전제 조건으로 보았다.

세계 교회 일치 운동은 제네바에서 여러 사람을 보내 독일 개신교 지도위원회 위원들과 접촉했고 1945년 10월 18~19일 지도위원회 2차 회의에 대표들을 파견했다. 대화가 오고 가는 가운데 첫날 오후 니묄러는 물론 아스무센 또한 외국 손님들 앞에서 자기 민족의 죄와 책임(Schuld)을 받아들였다. 세계 교회 일치 운동의 대표자들은 그것을 문서로 확인해주기를 바랐다. 그러한 죄책 고백이 연합국에 의해 정치적으로 오용될 위험이 있고 또 동부에서 독일인들에게 가해진 범죄 또한 포함시켜야 하지 않겠느냐는 의견이 독일 개신교 지도위원회 내부에서 제기되기도 했다. 그러나 지도위원회는 자신들의 죄책만을 고백에 담는 데 합의했다.

이 죄책 선언의 서명자들은 서명 사실을 밝히기를 꺼렸다. 대부분 그 문서에 서명하는 일 자체를 주저했던 탓이었다. 그 후 공개된 서명자들은 부름, 디벨리우스, 니묄러, 마이저, 한스 릴예(Hanns Lilje, 1899~1977), 후고 한(Hugo Hahn, 1886~1957), 하인리히 헬트(Heinrich Held, 1897~1957), 빌헬름 니젤(Wilhelm Niesel, 1903~1988), 아스무센, 구스타프 발터 하이네만(Gustav Walter Heinemann, 1899~1976) 등이었다.

디벨리우스는 나치 집권 당시 베를린 교구 주교였고 부름은 뷔르템베르크 주 주교로서 전통 보수주의자였으나 나치의 국가교회 정책에 반감을 가지면서부터 반나치 운동에 가담해 특히 유대인 적대 정책에 강경하게 저항했다. 그는 특히 1941년 이래 분열된 독일 개신교의 통합에 남다른 열정을 쏟아 종전 후 독일 개신교 통합의 상징이었다. 아스무센은 함부르크의 주교였으나 1934년 나치로부터 목사직에서 해임된 후 고백교회 신앙을 신학적으로 정리하는 데 힘을 쏟았다. 그러나 그는 고백교회가 지나치게 정치화했다는 입장을 유지해 고백교회 운동 내에서 다소 고립되고 말았다. 마이저는 나치 시대 바이에른 주 주교로 일했고 독일 남부 지방에서 결성된 고백교회의 루터파를 이끌었다. 그러나 마이저 역시 아스무센과 마찬가지로 고백교회의 신학적 입장에 반대한 사람이었다. 릴예는 루터 연구가, 교계 신문 편집인, 방송 설교자 등 다양한 경력을 가졌으며 1933년 니묄러와 함께 '젊은 개혁주의 운동'에 참여한 이래 고백교회 활동으로 1944~1945년 사이 수감된 바 있었다. 한은 작센 주교였고, 니젤은 베를린 개혁교회가 세운 신학대학 교수로 개혁교회를 대표하는 저항세력이었다.[3] 하이네만은 독일적 그리스도인에 반대해 고백교회 법률 자문을 맡았으나 고백교회 내 노선 갈등으로 지도부에서 사임했다. 종전 후 그는 독일의 재무장에 초지일관 반대했고 독일연방공화국(Bundesrepublik Deutschland: BRD, 1990년 동, 서독이 통일되기 이전까지는 약칭 서독, 통일 이후에는 독일로 칭함)의 대통령(재임 기간 1969~1974)을 지냈다.[4]

죄책 선언 서명자들의 일차적인 공통 관심은 전후 독일 개신교의 '통합'에 있었다. 다만 고백교회 세력은 독일 개신교의 방향 전환을 촉구하고 있었고 이를 통해 정체성을 재구성해야 한다고 주장했다. 그들은 비록 소수이기는 하나 높은 도덕성에 기초해 지도력을 확보할 수 있었고 나치 과거를 청산하는 데 다른 어떤 집단보다 적극적이었다. 특히 그들은 자신들이 나치에 저항하기는 했지만 나치의 지배를 적극적으로 막아내지 못함으로써 결과적으로 독일 국민과 세계인들에게 수많은 고통을 안겨주었다는 통렬한 자기 성찰을 놓치지 않고 있었다. 종전 후 독일 개신교 대표자들이 교회의 재건을 위해 트라이자에 모였을 때 니묄러는 이렇게 말했다.

> 중요한 것은 전쟁에 패했다는 사실이 아닙니다. …… 원초적인 죄와 책임은 교회에 있습니다. 교회만이 (나치가) 가고 있는 길이 폐허로 끝날 것이라는 사실을 알고 있었기 때문입니다. 그리고 교회는 국민에게 경고하지 않았으며 일어난 불의를 들추어내지 않았거나 너무 늦게야 말했기 때문입니다. 그리고 여기에 있는 고백교회는 특별히 커다란 죄책을 지고 있습니다. 무엇이 일어나고 있는지 그리고 앞으로 어떻게 될 것인지를 가장 분명하게 보고 있었기 때문입니다. …… 우리는, 교회는 가슴을 치며 회개할 수밖에 없습니다. 나의 죄, 나의 죄, 너무나 큰 나의 죄를 회개합니다. 그래서 우리는 미래의 우리의 의무를 정확하게 인식하고 그리고 충실하게 실현하고자 합니다.[5]

니묄러는 이처럼 고백교회의 죄책을 먼저 공개적으로 고백했고 이를 통해 독일 교회 전체의 죄와 책임을 공동으로 인식하고 고백하는 일에 주도적으로 나섰다. 나아가 그는 "교계를 이끌고 나가기에 부적합한 사람들을 교계 지도

부에서 분리시켜야 한다"라고 주장하기도 했다.[6]

그러나 니묄러의 주장이 그대로 받아들여지기는 어려웠다. 무엇보다 독일 개신교 지도자들은 교회가 침략 전쟁에 공동의 책임을 져야 한다는 사실에 동의하지 않았다. 에큐메니컬 운동이 강조한 '독일의 죄'를 인정할 준비가 되어 있지 않았다. 바이에른주 주교였던 마이저는 히틀러의 패배가 확인된 직후인 1945년 5월 7일 자 그의 첫 회람에서 히틀러의 제3제국 붕괴를 "독일 패배의 비극"으로 정식화했다.[7] 그의 이 정식은 히틀러와 독일을 동일시하고 있을 뿐 아니라 히틀러의 패망을 연합국의 승리나 저항 세력의 승리 혹은 정의의 승리가 아니라 단지 독일의 비극으로 받아들인다는 점에서 민족주의적 경향에서 벗어나지 못했음을 보여주었다. 마이저뿐 아니라 고백교회 운동에 상당한 영향력을 끼친 바 있는 베를린의 주교 디벨리우스조차 스스로에 대해 말한 대로 교회가 홀로 독일인들의 "죄의 짐"을 지는 것에 반대했다.[8] 더구나 지도위원회의 의장인 부름마저도 10월 19일 자 그의 "외국의 그리스도인들에게 드리는 말씀"에서 "책임"을 거론하기는 했지만, 책임져야 할 사람들로 "국가와 정당의 지도자들"을 지목하는 데 그쳤다.[9] 독일 개신교의 많은 지도자는 이러한 인식에서 한 발도 앞으로 나가지 못하고 있었다. 죄책 고백의 내용과 수준을 두고 입장 차이는 너무나 뚜렷했고 공동 성명서 작성과 발표가 무산될 위기에 처하게 되었다.

다른 한편, 독일 개신교는 외부에서 상당한 압박을 받고 있었다. 먼저 서부 독일을 나눠 가진 미국, 영국, 프랑스 등 점령국들은 독일 개신교가 스스로 나치 과거를 청산하는 가시적인 조치를 취해주기를 주문했다. 점령국들은 정치, 군사, 경제 등의 부문에서 나치 청산을 강력하게 추진할 뜻을 교회에 전달했다. 한 예로 뷔르템베르크주의 미군정 사령관 윌리엄 도슨(William Dawson)은 1945년 7월 중순 주교 부름을 만나 "군정은 나치의 정치적 청산을 피하기보다 과도기의 혼란을 겪는 편을 선택하겠다"라고 말했다.[10] 미군정은 정교분리 원칙에서 벗어난 종교 개입으로 비칠 수 있다는 점을 우려해 독일 교회의 나치 청산에 직접 개입하는 것을 자제하고 있었지만, 미군정의 나치 청산 의지는 자랑스럽지 못한 과거를 가진 교회에 상당한 압력으로 작용했다.

또한 독일 개신교 지도부는 서방 원조를 받아야 할 조국의 현실에서도 상당한 압력을 받고 있었다. 파괴된 조국의 재건은 서방, 특히 미국의 도움이 없이 거의 불가능했기 때문이다. 1945년 초, 히틀러를 지원함으로써 막대한 이익을 챙긴 대표적인 화학회사 이게파르벤(IG Farben)의 책임 규명을 맡고 있던 미국의 정보장교 로버트 톰슨 펠(Robert Thomson Pel)은 독일인 대부분은 아니라 하더라도 많은 이들이 파괴된 조국의 재건 작업에 미국의 자본이 지체 없이 참여해주기를 기대하고 있다고 본국에 보고했다.[11] 그만큼 독일 재건에 미국의 도움이 절실했다. 독일개신교연합 지도부는 죄책 고백을 거부하는 교회의 저항이 원조의 길을 막을 수 있고 그에 따른 비난을 감수해야 한다는 사실을 충분히 인식하고 있었다. 조국에 대한 긍지와 현실 사이에서 그들은 여론을 전적으로 무시하기 어려웠다.

다른 한편, 독일 개신교는 서방 교회에서 전개되던 에큐메니컬 운동에서 상당히 직접적인 압력을 받고 있었다. 세계 교회 일치 운동 세력에게 독일 개신교의 나치 과거 청산은 독일 개신교가 세계 교회의 회원이 되는 불가피한 조건이었다. 더구나 세계 교회 일치 운동 세력은 서방의 도움을 독일로 끌어들이는 창구로서의 역할을 스스로 맡고 있었다. 어려운 처지에 놓인 독일개신교연합 지도위원회는 나치 청산 과정에는 물론이거니와 새로운 시작을 위해서도 세계 교회 일치 운동 세력의 도움에 큰 기대를 걸 수밖에 없었다.[12] 서방의 세계 교회 일치 운동 세력 역시 죄책 고백 준비자들과 함께 이 선언의 성사를 위해 노력했다. 그들의 슈투트가르트 방문은 이런 노력의 일부였다.

유대인을 비롯한 수많은 살상을 자행한 반인도적 전범 국가의 기독교 단체로서 적극적인 저항을 보여주지 못했다는 점에서 그에 따른 책임을 완전히 모면하기는 불가능해 보였다. 교회 지도자 대부분은 독일개신교연합 지도위원회에서 만든 수정안을 받아들이는 데 동의할 수밖에 없었다. 물론 내용에서 고백교회의 기대와 달리 약간의 '완화' 또는 '약화'를 피할 수는 없었다. 이렇게 해서 슈투트가르트를 방문한 세계 교회 일치 운동 대표자들이 참석한 자리에서 1945년 10월 19일 마침내 슈투트가르트 죄책 선언이 탄생했다.[13]

2) 슈투트가르트 죄책 선언의 내용과 평가

죄책 선언은 전후 독일 개신교 재건에 크게 이바지했다. 독일개신교연합이 비록 전체가 아니더라도 대부분의 교회를 포함하는 하나의 연합 조직으로 발전할 수 있었던 중요한 합일점에는 이 죄책 선언이 있었다. 하이네만이 후일 교회를 위한 자신의 과업을 회고하면서 죄책 선언을 자신과 교회 지도부를 묶어준 "이음쇠"로 받아들였듯이[14] 그것은 갈라진 개신교 각 교회들과 교단들을 하나로 묶는 "연결고리"였다.

죄책 고백은 독일 개신교가 세계 교회 일치 운동에 동참할 권리를 부여받는 신임장이 되었고 미국을 비롯한 점령군이 독일 개신교를 신뢰할 만한 충분한 근거가 되었다. 실제로 독일 개신교는 그 뒤 세계교회협의회(World Council of Churches: WCC) 회원이 되었고 나아가 냉전을 목전에 두고 서독의 서방 편입(Westintegration)에 앞장서는 등 미국의 도움을 끌어내는 데 적극적인 역할을 할 수 있었다.[15] 독일 개신교의 죄책 고백은 미국이 마셜 플랜(Marshall Plan)을 만들어 독일 부흥을 돕는 데 필요했던 우호적인 여론 형성에 커다란 도움을 주었다. 이 선언의 내용은 무엇이었는가?

우리는 우리 국민과 함께 커다란 고통의 공동체 안에 있을 뿐 아니라 죄책에 연대 책
임을 지고 있다는 것을 알고 있는 만큼 이번 (세계교회협의회 지도자들의) 방문에 깊
이 감사드립니다.

우리는 크게 애통하는 마음으로, 수많은 민족과 나라에게 끝없는 고통을 안겨주
었음을 말씀드립니다. …… 우리는 수년 동안 국가사회주의의 폭력 체제 안에서 가
공할 표현을 얻었던 정신에 대항해 투쟁해왔습니다. 그러나 더 용감하게 증언하지 못
했고, 더욱 진실하게 기도하지 못했고, 더 기꺼이 믿지 않았으며, 더 열렬하게 사랑하
지 못했던 우리 자신을 고발합니다.

이제 우리 교회에서 새로운 시작이 이루어져야 합니다. …… 이 새로운 시작의
시간에 우리가 세계교회협의회의 다른 교회들과 연합할 수 있다는 사실에 더없는 기
쁨을 느낍니다.

하나님께 기도드리기는 교회들의 공동의 헌신을 통해 오늘날 다시 세력을 얻어
세계를 손아귀에 넣으려는 폭력과 보복의 정신이 사라지는 대신 상처받은 인류가 오
직 그 속에서 회복을 얻게 될 평화와 사랑의 정신이 지배하게 되기를 바랍니다.

온 세계가 새로운 시작을 필요로 하는 이때에 우리는 기도합니다. 오소서, 창조자
성령이시여![16]

이 선언의 내용을 자세히 뜯어보면 내외의 긍정적인 평가가 무색해진다. 이
성명은 독일 민족과 교회는 나치의 범죄에 공동의 책임을 지고 있다고 선언했
다. 그럼에도 자신들의 "고통(Leiden)"을 언급하고 있다는 점에서 눈길을 끈
다.[17] 무엇보다 먼저 독일 민족이 당하는 고통을 언급하고 나아가 독일 교회
역시 독일 민족과 함께 고통당하는 사실을 지적하고 있다. 독일 민족과 교회
는 "고통의 공동체(Gemeinschaft der Leiden)"였다. 아직 민족과 교회가 하나의
공동체라는 인식을 버리지 못하는 점에서 문제가 있을 뿐 아니라 죄를 고백하

는 마당에 자기 고통을 먼저 꺼내는 것은 기이한 행태가 아닐 수 없다. 독일개신교연합은 죄책 선언에서조차 전통적인 민족주의적 경향을 아직 벗어나지 못하고 있었다.

이 죄책 선언은 교회 역시 책임이 있다는 사실을 시인하기는 했으나 기꺼이 그 책임을 받아들이겠다는 자세를 보인 것은 아니었다. "수많은 민족과 나라에게 끝없는 고통을 안겨주었다"라는 사실을 놓치지 않았으나 이 단 하나의 문장조차 니묄러의 강력한 요청이 없었다면 죄책 선언에서 사라져버렸을지 모른다. 외국인들이 보여준 니묄러에 대한 높은 존중이 니묄러에게 이 문장을 살릴 수 있는 힘을 주었다.[18]

그럼에도 죄책 선언은 자신의 책임을 솔직하게 받아들이는 대신 기껏 공동 책임을 강조하고 있다. "죄책의 연대성(Solidarität der Schuld)"을 강조한다는 것은 아무리 선의로 해석하더라도 진지함을 결여하고 있고 자기 성찰을 회피하고 있다는 인상을 준다. 나아가 남에게 책임을 전가한다는 인상마저 지우기 어렵다.

한편 죄책 선언은 교회가 "국가사회주의에 대항해 싸웠다"라고 주장했다. 그러나 전체로서의 독일 교회는 적극적으로 저항하지 않았고, 저항했더라도 파시즘의 '실체'에 대항해 투쟁한 것이 아니라 기껏 그 '정신'에 저항했을 뿐이다.[19] 목숨을 걸고 저항한 사람들은 감옥에 가거나 해외로 망명할 수밖에 없었던 극소수에 지나지 않았다. 수많은 인사가 나치에 저항하다 목숨을 잃거나 가족과 가진 것을 모두 잃어버려야 했다는 사실을 기억하면 죄책 선언은 통절한 반성이라고 보기 어렵게 된다.

이 지점에서 죄책 선언은 누구의 고백인지 따져볼 필요가 있다. 이 죄책 고백은 독일개신교연합 지도위원회에서 준비했다. 지도위원회 위원들은 곧 독일 개신교의 대표자들이었다. 위원회의 역할은 한편으로 고백교회를 대표하지만 다른 한편으로 독일 교회 전체를 대표한다. "우리"라고 했을 때 이 지도 위원회는 파시즘 시대 독일에 살았던 기독교인들을 대표한다. 따라서 "우리" 는 고백교회를 대표한다기보다 "국가사회주의와 공생했던 교회"를 대표한다 고 보는 것이 오히려 정확할 것이다. 그렇다면 교회가 "국가사회주의에 대항 해 싸웠다"라는 표현이 얼마나 정확한 것인지 의문을 갖지 않을 수 없다.[20]

죄책 선언이 교회가 "신앙에서 벗어난 여러 경향"에서 정화되어야 한다고 말했을 때 그 구체적인 내용은 국가사회주의임이 분명하다. 그러나 그 정화는 교회 내부 인사들의 재교육을 의미하는지, 아니면 교회에 쏠리고 있는 불신을 뜻하는지, 아니면 세계 교회 일치 운동 세력과 관련된 일을 말하는지 전혀 불분명하다. 그러면서 새로운 시작을 위해 세계 교회의 도움을 구하고 있다.

"온 세계가 새로운 시작을 필요로 하는 이때에 우리는 기도합니다"라는 말 은 독일과 전 세계를 동일한 것으로 보고 있다는 점에서 자못 심각하다고 하 겠다. 새로운 시작을 반복해서 언급한 것 자체가 독일의 과거, 그리고 독일 교회의 과거를 묻어버리고 싶은 열망의 반영일 것이다. 그것도 전 세계의 새 로운 시작을 말함으로써 죄책 선언은 독일과 독일 개신교의 책임을 완전히 중 화시켜버린다. 죄책 선언의 논리대로라면 세계의 다른 나라들, 다른 부문들 역시 독일과 독일 개신교와 마찬가지로 새로운 시작을 해야 할, 다시 말해 과 거를 청산해야 할 집단이 된다. 독일과 독일 개신교 그리고 세계는 같은 출발 선에 서 있는 셈이다.

특히 주목할 것은 죄책 선언 어디에도 유대인 학살에 대한 교회의 책임을 분명하게 언급하지 않았다는 사실이다. 죄책 선언 초안에도 독일인들이 저지 른 유대인 말살 범죄에 대해 말하지 않았다.[21] 거의 600만 명에 달하는 유대 인들이 가스실, 의학 실험실, 강제수용소에서 학살당했다. 사실이 이런데도 죄책 선언에서는 유대인 학살에 대한 진지하고 솔직한 참회는 고사하고 유대인 학살 자체에 대해 한마디도 언급하지 않고 있다.

모든 "책임"은 개별 신자들이 하나님 앞에서 회개를 통해 해결할 문제였다. 책임은 결국 신과 개인에게 전가되고 말았다.

3) 해외와 국내의 반응

이 죄책 선언은 외국에 공포하지 않았고 독일 국내 언론에만 보도되었다. 보도를 접한 영국 군정은 이에 대해 분노를 터뜨렸고 일고의 가치도 없는 것으로 폄하했다. 수개월이 지난 1945년 12월 개신교 지도자위원회는 자신들의 죄책을 약화하려는 의도는 없었다고 해명해야만 했다.[22]

그런데도 독일 교회와 여론은 오히려 죄책 선언을 반대 입장에서 비난했다. "특히 존경받을 만한 사람들이 정치적 단견을 드러냈다"라는 비판이 쏟아졌는데, 심지어 다른 지역에 비해 저항의 전통을 갖고 있던 남부 독일에서조차 죄책 선언을 "불명예스러운 것"으로 거부했다.[23] 죄책 선언은 전쟁 마지막 주간까지 "하나님과 조국"에 대한 일치된 믿음이 독일인들의 고백이 되어야 한다고 확인했던[24] 튀링겐의 주교 휴고 룀크(Hugo Rönck, 1908~1990)의 견해와 정면으로 배치되는 견해였기 때문이다. 죄책 선언은 고난의 시간을 맞고 있는 독일 국민을 교회가 가시밭에 떨어뜨리는 것에 지나지 않다는 평가까지 나왔다.[25]

죄책 선언의 반대자들이 보기에는 회개와 성찰보다 중요한 일은 전후 긴급한 상황을 맞아 교회가 국민의 생활에 실제적인 도움을 베푸는 것이었다. 이때부터 교회의 실용주의가 전후 수십 년 동안 일상생활을 지배했다. 성직자들은 과부와 추방당했던 사람들을 찾아 위로하고 생필품이나 땔감을 마련하는 것으로 지역 공동체를 도왔다. 그러면서 신앙의 집중을 회복하기를, 교회 생활과 종교적 예전에의 참여가 다시 활력을 되찾기를 기다리고 있었다. 국가사회주의라는 우상을 숭배한 후 아무런 일도 없었다는 듯이 이제 재(再)기독교화에 매달렸다.[26] 그러나 프로테스탄트 교회의 이런 태도는 전후 수백만 명의 사람들이 곤궁한 상태에 빠져 있었던 초기에만 관심을 끌었을 뿐, "경제 기적"이 확산되고 무제한의 개인적 복지로 관심이 쏠리면서 누구에게도 호소력을 갖지 못하게 되었다.

3. 다름슈타트 선언

슈투트가르트 죄책 선언에 은폐된 개신교 내부의 인식 차이는 냉전이 깊어지면서 결국 확연히 드러났다. 미국과 소련 사이의 갈등이 첨예화하면서 서방 여론은 반공산주의로 하나가 되었다. 독일 공산당을 예외로 하면 모든 정당이 동방의 배제를 당연한 것으로 받아들였다. 특히 부르주아 시민과 교회와 관계를 맺던 일반 주민은 독일기독교민주연합과 기독교사회연합(Christlich-Soziale Union: CSU, 약칭 기사당)*이 부추긴 극단적 반공주의로 기울어졌다. 기독교적·보수주의적 가치관이 친서방적·이데올로기적 확신과 결합하고 있었다.

바르트의 신학에 영향을 받은 형제위원회 사람들은 이러한 흐름에 우려를 금치 못했다. 세상의 실상 자체가 아니라 세상의 실상을 통해 나타난 계시와 양심을 토대로 그들은 모든 이데올로기의 탈신화화(Entmythologisierung)를 교회의 중요 과제로 보았고 그럴 때만 교회가 봉사해야 할 인간이 눈에 보이게

---

* 기민당은 1945년에 창당한 중도 우파 정당으로 가톨릭과 프로테스탄트 교인들이 창당에 많이 참여해 당명에 기독교를 붙였을 뿐 정강 정책에서 특별히 기독교적인 요소는 거의 없다. 1946년에 창당한 기사당 역시 보수 정당으로서 바이에른주에서만 활동한다. 기민당은 바이에른에 선출직 후보를 내지 않고 기사당과 제휴한다.

된다고 믿고 있었다. 따라서 그들은 기독교적 계시를 정당 정치의 이데올로기로 만드는 기민당을 강하게 거부했고 다른 한편으로 근본적인 사회주의로의 방향 전환 또한 봉쇄했다. 그들이 보기에 사회주의는 기독교적 차원으로의 고양(高揚) 없이 사회문제의 해결을 추구해 구체적인 인간에게만 봉사하기 때문이었다. 정치와 관련해 서방과 동방 사이의 "제3의 길"이 교회가 가야 할 길이었다. 왜냐하면 양쪽 모두 부분적인 진실을 말할 뿐이고 오직 예수 그리스도에게만 신이 주신 온전한 진실이 있을 뿐이었다. 교회는 모든 이데올로기에서 탈피해야 하는데, 그것들은 주님 그리스도 아래 복종해야 할 것들이기 때문이었다.[27]

독일 개신교가 다시 현실 정치의 도구로 전락할지도 모른다는 우려가 확인되자 독일개신교연합 내 고백교회 세력은 슈투트가르트 죄책 선언에서 분명히 드러내지 못했던 자신들의 입장을 확실히 할 필요를 느끼게 되었다. 고백교회의 뜻을 이은 형제위원회가 1947년 7월 6일 다름슈타트에서 모임을 가졌다. 이때 바르트는 "교회-살아계신 주 예수 그리스도의 살아 있는 공동체"라는 제목의 강연에서 앞에서 미리 요약한 내용과 일치하는 강연을 했다. 이어 벌어진 토론에서 괴팅겐대학 조직신학 교수이자 형제위원회 신학 분과 대표를 맡고 있던 한스-요아힘 이반트(Hans-Joachim Iwand, 1899~1960)는 누구보다도 강하게 기독교, 민족주의, 보수주의 사이의 전통적인 결합에 반대했다. 그 대신 그는 전적으로 새로운 것, 살아 있는 것을 위한 공간을 마련해야 한다고 주장하면서 동독과 서독의 이데올로기적 입장 사이에서 독일 통일을 이루기 위해서는 기존의 전제들을 유지할 것이 아니라 새로운 것의 창조가 필요하다고 역설했다.

고백교회 형제위원회는 여러 번의 토론을 거친 후 1947년 8월 8일 다름슈타트 선언을 발표했다. 이 선언은 먼저 독일 교회와 민족의 오류를 다섯 가지로 정리했다. 첫 번째로 고삐 풀린 민족주의가 다시 제국주의적 권력 국가와 강한 국가를 만들려는 열정으로 나타나고 있다고 지적했다. 두 번째로 기독교 정당이 된 보수주의 기민당을 오류로 규정했다. "인간의 사회적 삶의 새 질서 구축"이라는 기민당의 슬로건은 신에 대한 항의를 브랜드화한 것이었다. 세 번째로 "정치, 사회 세계관을 둘러싼 전선 형성"을 비판했다. 이 전선에 따른 프로테스탄트적 자기 이해는 악에 대한 선의 투쟁이고 어두움에 반하는 빛의 투쟁이며 정의롭지 못한 사람들에 대한 정의로운 사람들의 투쟁이 된다는 것이 그 이유였다. 네 번째로 마르크스주의의 전면적 거부를 공격했다. 그것은 가난한 사람들과 권리를 갖지 못한 소수자들의 문제를 포용하려는 자세를 갖지 못하고 인간의 삶과 공존을 도우려는 의지를 결여했기 때문이라고 보았다. 다시 고개를 든 군사주의와 반공주의에 대한 반대 또한 분명히 했다.

마지막 단락에서 다름슈타트 선언은 세상에 대한 그리스도의 실질적인 지배에 관한 동의를 토대로 지역 교회 공동체와 개별 기독교인의 과제를 구체화했다. 아무리 가난과 곤궁에 처하더라도 "우리 모두 그리고 각 사람은 더 나은 독일 국가 제도 건설에 참여하고 정의와 복지 그리고 내부의 평화와 민족의 화해에 이바지해야 한다".[28]

이 다름슈타트 선언은 슈투트가르트 죄책 선언에서 한발 앞으로 나간 것이었다. 그런데 이 선언의 목표 설정에는 커다란 문제 제기가 없었지만 독일 개신교가 과거 잘못된 길을 걸었다는 역사 이해에 대해서는 비난과 비판이 쏟아졌다. 다름슈타트 선언이 독일 역사와 프로테스탄트 역사를 올바르게 인식하지 못하고 있다는 것이 여론의 반응이었다. 민족 보수주의자들이 비난에 앞장섰지만 이것이 당대 독일인들과 기독교인들의 역사와 사회 이해였다. 프로테스탄트 교회가 전범 재판에 팔을 걷어붙이고 반대하고 나치 청산 역시 서슴없이 방해한 것은 이런 독일 개신교와 사회의 여론에 힘입은 것이었다.

4. 교회와 전범 재판 및 나치 청산

1) 교회와 전범 재판

죄책 고백의 뚜렷한 한계에도 불구하고 새로 출발하는 독일 개신교 지도부는 이를 면죄부로 사용하고 싶은 의지를 숨기지 않았다. 아스무센은 1945년 11월 27일 독일개신교연합 노회 강연에서 이렇게 말했다. "예배에서 자신의 죄를 고백한 모든 그리스도인은 그 고백을 통해 죄의 사함을 받는다."[29] 그의 이 말은 죄책 고백이 독일 기독교인들에게 면죄부로서 효력을 갖는다고 확인해준 것이었다. 나아가 독일 개신교는 국가사회주의 "전사들"을 구하는 일에 적극 나섰다. 먼저 독일 개신교는 연합국이 진행하는 전범 재판에 대해 명백하게 반대를 표명했다.

종전 후 연합국은 나치의 반인도적 전쟁범죄를 처벌하기 위해 국제 군사재판을 열었다. 나치의 민족재판소장이 저항 세력들을 재판했던 뉘른베르크의 바로 그 재판정에서 1945년 10월 18일 국제 군사재판(뉘른베르크 전범 재판)이 시작되었다. 미국을 비롯해 소련, 프랑스, 영국이 재판을 맡았다. 괴링, 루돌프 헤스(Rudolf Hess, 1894~1987), 나치 친위대 대장 에른스트 칼텐브루너(Ernst Kaltenbrunner, 1903~1946) 등을 비롯한 24명이 주요 전범으로 기소되어 다음 해 10월에 그중 12명이 사형선고를 받았다. 이들 중 자살자 등을 제외한 10명은 1946년 10월 16일 전 세계 언론과 시민들이 지켜보는 가운데 처형되었다. 전범자들은 "살인자가 이끄는 한 종족에 속했기 때문이 아니라 바로 범죄자로 입증되었기 때문에 처벌을 받았다". 그 후에도 이른바 후속 재판이 계속되어 나치 조직과 경제인 등 전쟁범죄에 대한 재판이 이어졌다.[30]

종전 후 처음 독일 교회는 미국을 비롯한 연합국들의 나치 청산을 지켜볼 수밖에 없었다. 독일은 패전국이었고 승리한 연합국들이 상황을 완벽하게 통제하고 있었다. 그뿐 아니라 독일 여론과 달리 세계 여론은 독일인들은 자신이 저지른 부정적인 행동의 결과에 대해 엄중한 처벌을 받아야 한다는 것이었다. 그러나 뉘른베르크 전범 재판이 진행되는 기간 내내 독일 개신교는 이 재판에 반대하는 여론을 주도했다. 1945년 7월 중순 뷔르템베르크의 미군정 사령관 도슨이 나치 청산 의지를 확실히 하자 독일개신교연합 의장 부름은 그것이 무고한 사람들에 대한 추적이 될 수 있으며 오히려 "범죄 분자"들에게 공직에 진출할 기회를 주는 결과를 빚어 독일인들을 침체에 빠뜨리고 분격하게 만들 것이라고 경고했다.[31] 그가 범죄 분자로 지목한 사람들은 사회민주주의자들과 노동 세력이었고 이들이야말로 독일에서 가장 격렬하게 나치에 저항했던 사람들이었다. 개신교 지도부는 나치에 대해 강고하게 저항했던 사회 세력들을 세계관이 다르다는 이유만으로 여전히 교회의 적대 세력으로 보고 있었다. 교회는 나치 전력자들의 친구였다.

게다가 군정이 추진하는 독일의 민주화가 전통적인 기독교 국가상과 어울리지 않을 뿐 아니라 하나님과 교회로 표현되는 근대의 세계상을 와해시키고 말 것이라는 인식을 감추지 않았다.[32] 특히 소련이 검사로서 독일인들을 재판에 기소한다는 사실을 받아들이지 못했다. 연합국들이 소련의 폴란드 침공을 문제 삼지 않고 있다는 사실을 빌미로 삼았지만 교회의 이데올로기적 성향에 더 큰 원인이 있었다. 독일 교회 지도자들은 디벨리우스의 말대로 "뉘른베르크 재판은 전혀 세계의 양심이 아니다"라고 믿었고 아예 전승국이 자의적으로 판단하는 '승자의 재판'으로 받아들였다.[33]

1948년 5월 20일 미국 점령지 개신교 주 교회 주교들은 당시 미국 고등판무관인 루셔스 클레이(Lucius D. Clay, 1898~1978)에게 항의 편지를 보냈다. 재판 준비 과정에 변호인들이 검사에 비해 여러모로 불리한 위치에 있다는 것과 승자에 의한 국제법 집행이 정의를 바로 세우기보다 세력을 휘두르는 결과를 가져올 것이라는 우려를 표명했다. "정의와 법에 대한 대중의 신뢰가 무너지고 있다. 그리스도의 사랑은 우리에게 의심하고 회의하며 냉소적인 사람들이 다시 국가 질서를 신뢰하도록 만드는 일에 나서도록 촉구하고 있다"[34]고 선언했다. 그들이 생각하는 정의, 법, 국가 질서란 독일 민족의 이익에 부합해야만 하는 것이었다. 이에 대해 클레이는 자신이 최선을 다해 정의가 바로 서도록 노력했음에도 교회가 이를 비판하는 것은 유감이라고 답했다.[35]

1949년 2월 부름, 니묄러, 슈투트가르트 교회의 카를 하르텐슈타인(Karl Hartenstein, 1894~1952) 및 그들의 조력자 3명 등은 하이델베르크 법률가, 교회 지도자, 변호인이 공동으로 협력할 것을 결의했다. 이들은 후일 새 고등판무관 존 제이 매클로이(John Jay McCloy, 1895~1989)에게 전범 재판의 재심과 사면을 강력히 요청했던 사람들이었다. 1950년 2월 21일 부름, 니묄러, 하르텐슈타인이 작성한 건의서를 매클로이에게 전달했는데 이 건의서에서 그들은 "모든 재판의 재심을 그리스도의 이름으로 요청했다".[36]

프로테스탄트 목사들은 가톨릭 성직자들보다 더 적극적으로 연합국 감방에 갇혀 있는 제국보안사령부 소속 독일 전범들에게 나치 시대에 아무런 죄를 저지르지 않았다는 탈나치 증명서를 발급해주고 있었다. 탈나치 심판위원회 앞에서 행적 진술 의무를 가진 자들에게 탈나치 증명서를 발급해주는 부끄러운 일에서 교회는 단연 다른 기관을 능가했다.[37] 나치 친위대 부역 성직자들과 당 간부로 일한 사람들에게도 마찬가지로 이런 자비가 베풀어졌다. 그러나 교회는 지난 수년 동안 나치에게 추방당한 사람들과 차별받는 사람들 편에 서서 아무런 발언도 하지 않았던 전력이 있었다. 당시의 위축과 범죄자들에게 베푼 자비는 그래서 더욱 날카롭게 대조된다. 니묄러(니묄러까지!)를 비롯한 민족 프로테스탄트들에게는 끈질긴 특별 사면 청원과 훌륭한 평결 의견서들을 내는 일이 비록 옳은 길에서 벗어났던 사람일지라도 "민족의 동지들"인 동족들에 대한 충성심을 구체화하는 일이었다.[38] 교회의 자비는 이렇게 방향을 잘못 설정하고 있었다. 그런데도 교회의 이런 활동들은 신앙 공동체와 폭넓은 여론의 지지를 받았다.

2) 교회, 나치 범죄자들의 해외 망명을 돕다

나치 전력자들의 해외 망명을 적극적으로 도운 세력 역시 교회였다. 수많은 인명을 살상한 전쟁범죄자들에게 자비를 베푸는 일에 가톨릭의 존중받는 지도자들이 앞장섰고 프로테스탄트 교회 역시 기회가 닿는 대로 도움의 손길을 뻗었다. 이 사실은 여러 이유로 최근까지 제대로 밝혀지지 않았다.

우선 몇 해 전까지만 해도 이용 가능한 자료가 공개되지 않았고 또 아이히만이나 보르만 같은 개별 사안들이 밝혀질 때마다 대중이 보인 지나치게 요란스러운 반응이 존중받는 역사가들의 작업을 방해했다. 그러나 무엇보다 결정적인 이유는 냉전 시대라는 정치 상황이었는데, 특히 1950년 한국전쟁 발발은 물밑에서 진행되던 냉전을 공공연한 갈등으로 증폭시켜 이 주제를 다룰 분위기를 억압했다. 1989년 이후 수많은 역사 자료실들이 문을 열었고 사법 당국 역시 도움을 주기 시작했을 뿐 아니라 몇몇 정부는 나치 도망자 역사 연구위원회를 구성하는 등 연구를 적극적으로 지원했다.[39]

1946년부터 1955년까지 약 10만 명의 독일어 사용자들이 아르헨티나로 망명했다. 이 중에는 아이히만 같은 나치 지도부가 다수 포함되어 있었다. 나치 범죄자들은 남미뿐 아니라 미국이나 캐나다로 도망가기도 했다.

범죄자들은 뮌헨이나 울름 같은 남부 독일에서 해외로 빠져나갔다. 오스트리아 서남부의 펠트키르히(Feldkirch)와 나우더스(Nauders)를 거쳐 이탈리아령 남부 티롤 지방의 메란(Meran)으로 내려가거나 인스브루크(Innsbruck)에서 곧바로 칠러탈(Zillertal)이나 아른탈(Arntal)을 거쳐 이탈리아령 브릭센(Brixen)을 지났다. 메란이나 브릭센에서 남쪽 볼차노(Bolzano)를 통과했고 거기에서 로마나 제노바로 숨어들어 갔고 밀라노에서 제노바로 내려간 사람들도 있었다. 제노바에서 배를 타고 해외로 빠져나가 최종 목적지로 향했다. 주요 목적지인 아르헨티나는 독일에서 기술 및 군사 전문가들을 영입해 남미의 지도적인 국가로 발돋움하기 위해 이들에게 은신처를 제공했다.[40]

국가사회주의자들이 해외로 도망하기 위해선 여권이 필요했고 무사히 배를 타기까지 안전한 길을 안내하고 그 비용을 부담하는 조력자가 있어야만 했다. 알려진 대로 1951년 중엽까지 국제 적십자사가 발급한 여행 서류만 약 12만 건에 달했다. 이들 외에 나치 범죄자들에게 위조 여권을 만들어주고 위험하지 않은 수도원을 골라 안내해 국경을 넘게 하고 이탈리아 북부 항구에 안전하게 도착하도록 도운 것은 교회였다. 특히 가톨릭교회는 "수도원 가도"를 통해 크로아티아의 파시스트들을 이동시킨 것을 비롯해 수많은 도망자를 보호하는 데 적극적이었다. 파시스트에 우호적인 주교 알로이스 후달(Alois Hudal, 1885~1963)은 아예 동유럽 파시스트들을 돕는 지원 기구(Assistenza Austriaca)를 만들어 그들에게 여권을 발급하고 재정을 지원했다. 이런 지원에 나선 주교와 교회 지도자들이 밝힌 동기는 반공주의와 종교적 회개의 희망이었다.[41] 그러나 그들은 나치의 핍박을 받는 사람들에게는 동정심을 거의 보이지 않았다.

3) 교회와 나치 청산

전범 재판은 민족주의 감정이 개입할 여지가 있다는 점에서 다소 유보적인 판단이 가능할 것으로 보는 견해가 있다. 그렇다면 독일 교회와 사회가 자체적으로 실시한 나치 청산에 대한 독일 개신교의 입장은 어떠했는지가 관심의 대상이다. 독일은 당시 정치, 사회 각 부문에서 탈나치화 조치를 통해 새로운 지도층을 형성하고 공고히 해야 할 과제를 안고 있었다.

다른 무엇보다 우선 관심을 끄는 것은 교회가 스스로 진행한 자체 정화이다. 특히 친나치 기독교인들이 가장 많았던 튀링겐주 교회들의 예는 주목의 대상이다. 1945년 12월 12일 튀링겐 교회 자체 정화법이 마련되었다.[42] 그러나 튀링겐은 소련 점령지였고 소련은 처음에는 나치 청산에 적극적이었지만 기반이 약한 자신들의 충성 세력을 형성하기 위해 종국에는 나치 전력자를 포용했다. 그 결과 서독 지역보다 오히려 동독 지역이 민주적 질서 확립에 실패했다는 사실은 이미 잘 알려져 있다.[43] 튀링겐주 교회들은 나치 청산에 나서도록 강제당하지도 않았고 스스로 그 일에 나설 만한 결의를 갖지도 못했다.

서독 지역에서도 개신교의 자체 정화는 진전이 없었고 교회 지도자들은 서독의 공공 기관에서 진행되던 대대적인 나치 청산에 오히려 반대했다. 그들은 무엇보다 탈나치화 과정에 교회의 영향력이 위축되는 것을 우려했다. 수만 명에 이르는 나치 당원들이 공공 기관에서 해고되면 수많은 교인이 거기에 포함될 것이고 그들을 대신해 노동운동 세력과 자유주의적 시민 계층이 그 자리를 차지할 것이 확실시되었다. 이는 국가와 교회의 분리를 주장해온 세력이 역사적으로 공인된 교회의 기득권을 침해하는 것에 다름없다.

1946년 3월부터 새로운 국면이 전개되었다. 특히 미군정 주도도 '국가사회주의와 군국주의에서의 해방에 관한 법'(약칭 '해방법')이 제정되었고 '탈나치위원회(Entnazifizierungsausschuss)'를 통해 독일 사회의 탈나치화를 관리하기 시작했다. 독일 측이 요구한 개인적 책임과 실제로 이루어진 나치 시대 행위에 따른 개별 심사가 법원과 비슷한 권한을 가진 이 위원회에 의해 가능해졌다.

그런데 아직 한 건의 판결도 내려지지 않은 1946년 4월 26일, 독일개신교연합 대표 부름은 미군정과 독일 각 주 정부에 보낸 의견서에서 "하나님의 법에 따라 유일하게 (나치에) 진지하게 저항했던 교회는 매한가지로 부족한 인간이 만든 당국의 한 기구가 (다른 사람을) 처벌하는 것을 인정할 수 없다"[44]라고 하면서 '해방법'과 탈나치 위원회 활동에 반대하는 입장을 분명히 했다. 또한 독일개신교연합 지도위원회는 목회자들과 교회 사무직들의 탈나치화가 교회의 경쟁력을 떨어뜨릴 뿐이라고 주장하면서 연합국 측이 기본 입장을 재고하기를 요망했다. 교회의 눈에 탈나치 위원회는 실수투성이인, 그래서 '부적절한 인간이 만든 한 권위 당국'에 지나지 않았다. 1946년 5월 독일개신교연합은 두 번째 결의문을 채택하고 정치적 청산이 필요하기는 하지만 처벌은 반드시 개인의 범죄를 입증할 증명서를 토대로 해야 한다고 요구했다.

교회 지도자들의 반대는 계속되었다. 독일개신교연합 지도위원회 위원들은 작금의 사태가 법과 정의에 대한 신뢰를 떨어뜨리고 반대로 특히 젊은이들 사이에 거짓과 위협 그리고 희망의 상실을 배가시키는 결과를 가져올 것이라고 우려했다. 마이저는 한 사신(私信)에서 좀 더 솔직하게 "원래 국가사회주의를, 독일 민족의 내적·외적 건강성을 확보하고 볼셰비즘의 위협에서 (국민을) 보호하는 운동으로 보았던 바로 그 이상주의자들이 오히려 희생자가 되고 있다"라고 보고 "그들에게 책임을 전가하는" 것에 대해 불평했다.[45] 헤센과 나사우의 교회 지도자들은 1948년 2월 1일 설교 지침을 통해 특별히 날카롭게 비판했다. "탈나치화는 이미 지나가버린 끔찍한 시기들을 기억하게 할 뿐이다. …… 부당한 결과를 가져올 이 일에 기독교인들은 공적 고발자나 자발적인 증인으로 참여하지 말길 바란다. 그것은 화해를 파괴하는 일이다."[46]

독일 개신교의 이런 반응은 특히 바르트의 강력한 비판을 불렀을 뿐 아니라 외국인들로 하여금 머리를 흔들게 만들었다. 제네바의 세계 교회 일치 운동 역시 독일 교회의 입장에 강하게 반대했다.

독일 개신교가 나치 청산에 반대하는 태도를 고집스럽게 유지한 가장 커다란 이유는 독일 개신교가 당사자였기 때문이다. 탈나치 위원회는 나치 가담 정도에 따라 해당자를 다섯 등급으로 구분했다. 등급의 명칭과 해당자에 대한 규정은 각 점령지마다 달랐지만 대체로 1등급은 반인도적 범죄를 저지른 범법자(Verbrecher), 2등급은 악행자(Übeltäter), 3등급은 적극적인 활동가(Aktivist), 4등급은 수동적 동조자(Mitläufer), 5등급은 무혐의자(Entlastet)로 분류했다. 탈나치 위원회의 '해방법'에 따르면 헤센주의 현직 목회자 645명 가운데 226명이 해고 대상자였고 브레멘에서는 55명 중 51명이 해고 대상자였다. 독일의 평신도들이 지도부 교체를 강제할 수 없었던 "깨끗한" 남부 독일에서도 1100명의 현직 목회자 중 302명이 나치 당원이었거나 기타 나치 기관에 소속되어 있었다. 프랑스 점령지인 뷔르템베르크주에서는 1197명의 성직자 중 333명이, 미국이 점령한 바덴주에서는 341명 가운데 143명이 책임을 져야 할 사람들이었다.[47)

그래서 개신교 지도자들은 주변 사람들과 전통적인 민족적·보수주의적 분위기에 휩싸여 사회 다른 계층과 서방의 목소리에 귀를 막았다. 말할 것도 없이 그들은 중산층에 속하는 자신들의 고객들을 위해 그렇게 하고 있었다. 결국 개인과 신에게 미루는 전통적인 방법을 다시 들고 나오게 되었다.

독일 프로테스탄트 교회의 평신도들 역시 지도부와 크게 다르지 않은 생각으로 탈나치 과정을 지켜보고 있었다. 1947년 8월 프로테스탄트 신자들을 대상으로 한 여론조사에서 응답자의 64%가 "국가사회주의는 좋은 이상이었으나 나쁜 방향으로 인도되었다"라는 견해에 동의했다. 같은 설문에 과거 나치 당원의 67%만이 같은 대답을 했기 때문에 이 수치는 거의 충격적이라고 할 수 있었다.[48) 이들 프로테스탄트 평신도들이 교회에서 주류를 이루고 있어 교회 지도부는 나치 청산에 소극적인 자세를 취하면서도 아무런 불안감을 느끼지 못했을 것이다.

독일 사회에서 민주적 질서의 회복을 열망하는 세력이나 세계 여론과는 거꾸로 독일개신교연합은 신자들을 비롯해 기소당한 동포들의 형을 경감시키기 위해 증거물 수집에 나섰고 1949년에는 증거물 수집의 어려움을 호소하는 문건을 냈다.[49] 독일개신교연합은 피기소자들을 위해 변호인단과 협력해 재심을 요청하는 등 사면 운동에 적극 나섰다. 1951년 1월 말 미군정은 나치 전력자들에 대해 대대적인 사면을 단행했다. 이 사면은 전적으로 교회의 요청에 응한 것이라기보다 냉전에 대비해 독일과 독일 교회를 파트너로 삼으려는 미국의 전략적 판단이 크게 작용한 결과이기는 했지만 교회가 사면을 정당화하는 여론을 형성하는 데 크게 이바지한 것도 사실이었다. 독일 사회가 자체적으로 시행하던 탈나치화 작업 역시 1950년대 들어 중단되고 말았다. 1950년대는 탈나치화 과정 중 "침묵의 연대"가 강고했던 시기였다.

그러나 독일 사회와 세계 여론은 그저 침묵하지 않았다. 독일 사회는 유대인에게 저지른 범죄를 시인하고 집단 배상을 하기로 했고 세계인과 함께 유대인의 독립국가 건설을 지원했다. 하지만 독일 개신교는 그것을 선도하기는커녕 오히려 독일 사회와 세계에서 압박을 받는 처지에 놓이게 되었다. 독일 개신교는 독일 사회와 세계 교회 그리고 세계 여론의 압박을 받고서야 1948년 이후 마지못해 유대인 문제 연구 모임을 결성했고 1950년 4월 23일부터 27일까지 베를린 바이센제(Weißensee)에서 열린 독일 개신교 총회에서 "유대인 문제에 대한 선언(Wort zur Judenfrage)"을 발표했다. 이 선언에 이르러 독일개신교연합은 유대인에게 저지른 죄책을 대단히 분명한 어조로 인정하고 반유대주의의 추방을 요청했으며 나아가 유대인 묘지들의 보호를 교회가 맡을 것을 제안했다. 그러나 이 선언마저도 언어 관습에서 볼 때 대상은 유대인이라는 '인간'이 아니라 유대교를 믿는 '유대교인'만을 포함하는 것이었다.[50]

특히 독일 사회의 탈나치화 과정에 독일 개신교가 보여준 입장과 행동은 랄프 조르다노(Ralph Giordano, 1923~2014)가 그의 책에 『제2의 죄책(Die Zweite Schuld)』이란 이름을 붙여 표현한 대로 "잘못된 방향으로 마지못해 한 걸음 내디딘 것"[51]뿐이라는 평가가 가능하다. 독일의 나치 청산에 대한 독일 역사가들의 평가와 마찬가지로, 독일 개신교의 과거 청산에 대한 평가도 그다지 긍정적이지 않다. 한편, 1989년 동독 붕괴와 함께 '스탈린주의 청산'이 독일 사회의 주요 관심 대상으로 부상했다. 자연히 독일의 '나치 청산'이 다시 도마에 오르게 되었고 '나치'와 '스탈린'을 모두 극복해야 하는, 이른바 "이중의 극복(Zweierlei Bewältigung)"이 논의 대상이 되었다. 이에 따라 교회의 나치 청산에 대해서도 자연히 비판적 견해가 새로 제기되었고 다시 한 번 교회는 역사 문제에 직면했다.[52]

제2장

분단 시대의 프로테스탄티즘

1. 서독의 프로테스탄티즘

독일개신교연합은 1949년에 발효한 독일연방공화국의 기본법에 기초해 1806년부터 존속한 국가교회로서 법적으로 특권적 지위를 그대로 누릴 수 있었다. 기본법을 근거로 재무부는 종교세를 징수할 수 있었고 이를 종교 시설과 기관에 분배했다. 한편, 교회는 1961년 연방 헌법이 발효한 대로 교회 자체적으로 사법권을 행사하는 독립 사법기관이기도 했다.[1]

독일개신교연합의 대표성은 전혀 흔들림이 없었다. 비록 1969년 6월 독일민주공화국(Deutsche Demokratische Republik: DDR, 약칭 동독)의 프로테스탄트 교회들이 독일사회주의통일당(Sozialistische Einheitspartei Deutschlands: SED, 약칭 동독공산당)의 압력을 받아 이 기구에서 탈퇴하기는 했지만 그 후에도 서독의 17개 주 교회들을 포괄하는 기구였을 뿐 아니라 1980년에도 공식적으로 42.8%의 프로테스탄트들을 대변하는 기구였고 동독 교회를 실질적으로 도움으로써 전 독일 개신교 대표 기구로서의 위상을 잃지 않았다.

1) 서독 재건기의 프로테스탄티즘

근대화한 서독의 재건 사회에서 프로테스탄트 교회는 존중받고 영향력이 큰 제도였다. 비록 가톨릭 신자인 콘라트 아데나워(Konrad Adenauer, 1949~1963)가 연방 정부 수상이기는 했지만 프로테스탄트 교회는 사회의 거의 모든 생활 분야에 책임을 맡고 있었다. 교육 및 양육 분야, 사회 부문, 의료 부문, 형사 제도 등에 특히 영향을 미쳤다. 정당들과의 대화와 각종 정부 위원회 참여, 개신교 대회 등을 통해 사회윤리적 문제에 대해 발언했고 기민당과 기사당 연합이 이끄는 기독교 보수주의 정권을 뒷받침했다.

기독교 신자들과 교회가 보수주의 진영을 강화한 것은 틀림없지만 그렇다고 교회가 과거 권위적인 정권으로의 복고를 지지한 것은 아니었다. 프로테스탄트 신학자들과 평신도들은 의회 민주주의를 거부하지도 않았고 기독교적 "개혁"을 표방했으며 "물질주의", "기술사회화", 개인성의 상실을 부른다고 여긴 "대중화", 소외와 같은 문제에 맞서 싸우려고 했다.

이런 전향적 태도에도 불구하고 프로테스탄트 교회 지도자들은 민주적인 권력 관계와 관련해 대체로 "보수적"인 입장을 완전히 벗어버리지는 않았다. 지도자들 다수가 강한 국가를 여전히 국가 모델로 생각했고 다양화한 사회 모델을 수용하는 데 어려움을 겪고 있었다. 한편, 전후 개신교 일부에서는 이전의 제도와 전혀 다른 정치적 삶의 본질적 방향 전환이 이루어지리라는 희망을 품고 있었다. 서독, 즉 독일연방공화국의 정치적·경제적 성공에 이어 1950년대 이래 서방의 입김이 강하게 작용하는 질서에서 거리를 두려는 경향이 나타났다. 프로테스탄티즘 안에서 특히 민주주의에 관한 깊은 이해와 그것의 교회 내 정착을 요구하는 목소리가 나오기 시작했다.

프로테스탄트 교회 내에 서서히 갈등이 불거졌다. 루터주의자들이 중심이 된 다수 프로테스탄티즘과 바르트의 영향을 받은 소수 프로테스탄티즘 사이에 서로 다른 입장이 다시 확인되었다. 그 중심에는 정치 질서에 포섭된 국민교회로 남느냐 아니면 선도 투쟁을 벌이는 그룹 교회가 되어야 하는가 하는 자기 이해의 문제, 독일의 과거 및 방위 정책 등의 문제가 있었다. 독일연방공화국의 서방 편입과 재무장은 우선 해결해야 할 현안이었다. 루터주의자들은 반공주의에 기초해 서방 편입을 지지하는 한편, 루터의 두 왕국론에 기대어 성서의 권위를 사용해 재무장과 같은 정치적 문제에 답하는 것 자체를 부정적으로 보았고 아예 교회가 그런 현실적인 일에 나서는 것에 반대했다. 그것은 인간 이성에 따라 해결해야 할 문제일 따름이었다.

1950년 한국전쟁은 이 논쟁에서 중요한 계기로 작용했다. 동서 냉전이 한국전쟁과 함께 열전의 시대로 변했기 때문이다. 독일개신교연합은 다시 한 번자신의 입장을 확인해야 했다. 이때 미국은 서독이 한국전쟁에 참전해줄 것을요청했다. 1950년 가을 수상 아데나워는 서독의 재무장을 의회에 요청했고 교회와 국민 사이에 재무장을 둘러싼 논쟁이 불붙었다. 동독은 동독공산당을 중심으로 서독 교회와 신앙 공동체들이 서방의 계획에 반대하는 캠페인에 나서주기를 요망했다. 독일개신교연합은 한 발 뒤로 물러나버렸다.

1950년 8월 에센(Essen)의 개신교 대회에서 "우리는 독일의 재무장에 대해서독 정부에 대해서든 동독 정부에 대해서든 아무 말도 할 수 없다"라고 선언했다.[2] 그러나 이런 선언과 달리 공식적으로는 찬성이나 반대를 아직 결정하지 않은 시점인데도 독일개신교연합은 기독교인들이 서독 정부의 결정에 반대하는 동독의 항의 집회에 참석하거나 그것을 지지하는 것을 금지했다.[3] 아데나워 정권의 재무장 정책을 강력하게 지지한 행동이었다.

바르트는 개인적으로 자신의 입장을 분명히 밝혔다. 그는 1952년 5월 31일≪교회와 사람(Kirche und Mann)≫ 편집장인 루돌프 뤼베잠(Rudolf Rübesam)

에게 편지를 보내 입장 표명을 촉구했다. 글의 요지는 자신은 공산주의적 평화를 지지하지는 않지만 집이 불타는 것을 막기 위해서는 기꺼이 공산주의자의 편에 서겠다는 것이었다.[4] 니묄러와 독일개신교연합 총회의 몇몇 대의원 등 형제위원회 그룹과 정치가 하이네만은 모든 생활 영역에서의 "그리스도의 왕국 지배"*의 윤리를 토대로 그리고 제2차 세계대전에서 독일이 저지른 죄책과 재통일의 희망을 안고서 연합국의 방위력 증강에 독일이 참여하는 것에 반대했다. 동서가 아닌 제3의 길이 그들의 대안이었다.[5]

1957년 2월 독일개신교연합과 연방 정부 사이에 군종 협약(Militärseelsorgevertrag)이 체결됨으로써 연방 공화국에서 국가와 교회의 협력이 가시화되었을 때, 형제위원회 그룹은 병사들에게 '영적 위안'을 베푼다는 명분으로 목회자가 군목으로 봉사하는 길을 택하는 대신 양심에 따라 군복무를 원하지 않는 사람에게 징집을 면제할 것과 자유와 정의만이 인간이 존중받는 현존재를 보장한다는 점을 분명히 했다.[6] 양심적 병역 거부자들을 보호하는 것은 그들의 몫이었다. 1957년에서 1959년까지 핵무장(Atombewaffnung)을 둘러싼 논쟁이 벌어졌을 때도 교회가 윤리적으로 핵무장을 정당화해서는 안 된다는 주장을 일관되게 펼쳤다.

이때 교회의 공공성 확대라는 측면에서 개신교 아카데미들, 학생 단체들, 몇몇 위원회는 개신교 자체에 활력을 주는 요소로 중요한 역할을 했다. 이들 단체는 서독에서 프로테스탄티즘이 제도화함으로써 독일개신교연합 내에 하나의 굳건한 세력으로 부상해 있었다. 프로테스탄티즘의 제도화는 어떻게 이들 단체를 지원할 수 있었을까?

프로테스탄티즘의 제도화란 "교회와 기독교 정신 사이에 서 있는 프로테스

---

* 이 땅에 그리스도의 뜻이 모든 영역에서 최종적인 지배력을 갖도록 하는 데 최선의 노력을 기울이는 것을 기독교 윤리로 이해하는 표제어이다.

탄티즘의 종교적·정치적·사회적·문화적 여러 활동이 교회의 제도적 역량 속으로 편입되거나 교회에 의해 조직화되는 과정"을 말한다.[7] 서독 역사에서 교회의 독립은 넓은 의미로 프로테스탄티즘의 영역에서 교회의 역량이 확대되는 과정으로 나타났다. 그때까지 교회의 외부, 즉 국가, 사회, 문화, 정신적 삶 등의 영역에서 활동했던 교회 관련 기구들이 서독에서 차례로 독일개신교연합 조직으로 통합되었고, 따라서 교회 기구들의 통제를 받게 되었다. 1945년 이후 나타난 일련의 제도화 과정은 개신교 대회, 국내 선교협회, 교사협의회, 개신교 여성협회, 노동자협회, 종교·사회 통합협의회, 종교적 사회주의자협회, 기독교 세계의 친구(die Freunde der christliche Welt) 등을 교회 내로 포괄하는 과정이었다. 주 교회들의 부설 연구 기관으로서 사회적 이슈에 대한 교회의 입장을 정리해 발표하는 아카데미들, 개신교 상담위원회, 사회복지 사업협의회, 주 교회들의 자매회 및 형제위원회 등의 기구들 역시 자유로운 협회 또는 협의회와 다른 성격을 갖추어갔다는 것을 관찰할 수 있다.

이는 기존 교회가 이제 다양한 삶의 영역과 활동에서 프로테스탄티즘의 주체로 바뀌면서 교구 조직 외에 부문별로 새로운 활동 조직을 갖추게 되었다는 것을 뜻한다. 다른 한편으로, 이들 기구가 교회의 재정적 지원을 받을 수 있게 되었고 교회 내부자로서 공식적으로 발언권을 행사할 수 있게 되었다.

이 새로운 기구들은 자연스럽게 교회의 자기 이해, 즉 자의식에 대한 논란을 불러일으켰다. 간단히 말해 교회 기구들의 내용과 활동이 과연 교회가 고유하게 수행해야 할 것들인가 아니면 교회의 "부차적" 영역일 뿐인가에 대한 논의가 일어났다.[8] 폭넓게 보자면, 이것은 교회의 성격(Kirchlichkeit)을 둘러싼 논쟁이기도 했다. 그러나 몇몇 반교회적 경향을 보인 단체들은 교회 내로 편입되지 않았고 독일 프로테스탄트 문화에 언급할 만한 영향을 미치지도 못했다는 점에서 커다란 이슈는 아니었다.

제도화한 개신교 아카데미들, 학생 단체들, 몇몇 위원회들의 존재는 다소 근본주의적 경향을 띤 복음주의자들의 영향력을 줄이는 데 크게 이바지했다. 1957~1958년 국방부 장관 프란츠 요제프 슈트라우스(Franz Josef Strauß, 1915 ~1988)와 아데나워가 다시 핵무장 계획을 밝혔을 때, 이들은 연방의회 내에 연대할 정당이 없었음에도 핵무장 반대 운동을 성공적으로 이끌어냈다.

이 사건은 두 가지 점에서 중요한 의미가 있는데, 그 둘은 동전의 양면과 같다는 점이 흥미롭다. 우선 이 일을 성공시키면서 독일개신교연합이 상당한 수준으로 독일사회민주당으로 기울어지게 되는 계기가 마련되었다. 당시 하이네만의 전독일국민정당(Gesamtdeutsche Volkspartei)은 아데나워의 재무장 정책에 반대하는 개신교의 공식적인 반대 기구였다. 이 정당은 1953년 연방의회 선거에서 1.2%의 표를 얻어 완전히 패배했다. 그러나 당 최고위원회에 속한 탁월한 프로테스탄트들이 하이네만의 권고에 따라 독일사회민주당으로 넘어갔기 때문에 독일사회민주당을 등에 업고 재무장 정책을 무산시킬 수 있었다. 여기에는 헤르베르트 베너(Herbert Wehner, 1906~1990)의 집중적인 노력 역시 한몫했다. 그 후 독일사회민주당은 1959년 반도그마적인 고데스베르크 강령(Godesberg Programm)*을 채택함으로써 마르크스주의와의 결별을 바라던 교회의 희망에 더욱 가까이 접근했다.

다른 한편, 장기적으로는 이 사건을 계기로 독일개신교연합과 기민당의 20년에 걸친 밀통(密通)이 깨지고 말았다. 사실 독일개신교연합 내에는 이미 기민당에 대한 비판 기류가 형성되어 있었다. 처음에 그것은 기민당의 최고위직에 있는 핵심 당직자들의 경직된 인식에 대한 비판에 머물렀다. 그러나 독일개신

---

* 1959년 11월 15일 본 근처 고데스베르크 독일사회민주당 임시 전당대회에서 324 대 16으로 채택된 독일사회민주당의 강령을 말한다. 이로써 독일사회민주당은 사회주의 노동당에서 실용적인 국민 정당으로의 전환을 이룬다. 따라서 계급투쟁, 주요 산업의 사회화, 계획경제 같은 이미 하이델베르크 강령 이후에 약화된 마르크스주의적 개념들을 버리게 된다.

교연합의 전문가 그룹이 점차 기민당의 재무장에 대한 찬성 입장에서 떨어져 나와 마침내 기민당과 달리 재무장 반대 입장을 확고히 함으로써 둘 사이에 줄곧 이어져온 협력 관계는 끝이 났다.9)

1961년 8월 13일 베를린 장벽이 세워지면서 독일개신교연합의 전 독일 사업 역시 장애에 부딪혔다. 장벽 건설 후 수년 동안 교회의 통일 의지는 시험대에 설 수밖에 없었다. 그러나 교회가 동서를 중재하는 다리 역할을 지속해야 한다는 주장은 여전히 유효했다. 이런 상황에서 1962년 2월 독일개신교연합은 '튀빙겐 메모랜덤(Tübinger Memorandum)'을 발표했다. 정당들이 여론의 눈치를 살피고 있는 사이 교회가 나서서 영토 일부를 폴란드로 넘기는 오데르-나이세 국경(독일-폴란드 국경)의 인정을 표명한 것이다. "공적 책임을 위한 독일개신교연합 특별위원회"가 동독과의 화해와 새로운 독일-폴란드 국경을 옹호하는 "동부 성명(Ostdenkschrift)"을 발표했다. 이 성명은 다른 한편으로 만약 국경 분쟁이 전쟁으로 치닫는다면 그 결과가 독일에 오히려 불리하게 작용할 수 있으리라는 판단 아래 "더 높은 민족성"을 획득하려는 새로운 민족의식을 천명한 성명서였다.10) 아무튼 서독 개신교는 동독 체제를 기꺼이 인정하려고 했을 뿐 아니라 정치적 분단과 이념적 분열이 안겨준 '고통' 속에서도 하나의 교회로 남으려는 독일 프로테스탄티즘의 '고통의 소속감'을 뚜렷이 보여주었다.

이 성명은 반대자와 찬성자 사이에 격렬한 내부 논쟁을 불러일으켰고 일시적으로 지역 교회들을 갈라놓기까지 했다. 이 성명서 배경에는 카를 프리드리히 폰 바이츠제커(Carl Friedrich von Weizsäcker, 1912~2007), 루트비히 라이저(Ludwig Raiser, 1904~1980), 게오르크 피히트(Georg Picht, 1913~1982), 클라우스 폰 비스마르크(Klaus von Bismarck, 1912~1997), 헬무트 베커(Helmuth Becker, 1902~1962), 베르너 하이젠베르크(Werner Heisenberg, 1901~1976), 아돌

프 부테난트(Adolf Butenandt, 1903~1995) 같은 학문적 경력을 쌓은 프로테스탄트들의 영향력 있는 연결망이 있었을 뿐 아니라 그 안에 '개신교연구소(Evangelische Studiengemeinschaft)'*가 '전문 두뇌 집단'으로 존재하고 있었다.[11]

독일개신교연합이 설립한 위원회, 아카데미, 연구소 등은 전문가 집단의 성격을 지니고 핵무장에 반대하는 논리적 힘을 만들어냈고 동방 정책 등에서 대안을 제시했다. 정치적으로 동서 진영에 긴장이 고조되던 시기에 이들 전문가 집단은 정부의 긴장 정책과 점차 거리를 두기 시작했다. 프로테스탄티즘과 기민당 사이의 협력 관계가 대단히 약해졌고 특히 동독을 인정하지 않으려는 기민당 정부의 기본 논리에 대응하는 다른 대안이 이들 전문가 집단에 의해 만들어졌다. 서독 프로테스탄트 교회는 이렇게 동, 서독 통일에 다른 어떤 집단보다 더 밝은 전망을 열어갔다.

서독 교회가 1960년대에 당면한 또 하나의 문제는 국가사회주의 "과거 청산"이었다. 청년 세대는 냉전을 맞아 주춤해진 나치 과거를 청산하는 일에 다시 불을 붙였다. 전후 독일 교회는 슈투트가르트 죄책 선언, 다름슈타트 선언, 1950년대 유대인 문제에 대한 선언 등을 통해 교회의 죄책을 인정하기는 했으나 동서 교회를 막론하고 대중의 의식 속에서 실질적인 과거 청산이 이루어졌다고 보기는 어려웠다. 1961년 아르헨티나에서 검거된 아이히만이 예루살렘에서 재판받은 것을 계기로 독일 의회가 나치 시대의 범죄에 대한 법적 시효를 폐지한 데 자극을 받아 서독 프로테스탄트 교회 또한 적극적으로 과거 청산에 나서게 되었다. 그러나 분단 상황이 다시 걸림돌로 작용했다. 동독공산당이 1965년 종전 20주년을 맞아 "과거"를 동서 교회를 갈라놓는 지렛대로 사

---

* 개신교 아카데미(Evangelische Akademien) 내의 연구 그룹과 크리스토포루스 재단(Christophorusstift)의 연구 아카데미를 통합해 1957/58년에 설립한 독일개신교연합의 학제적 연구기관으로서 ① 종교, 법, 문화, ② 평화와 지속 가능한 발전, ③ 신학과 자연과학 등이 주요 연구 분야이다.

용하고자 했기 때문이다. 그럼에도 독일개신교연합은 1965년 "추방자의 상황과 독일 민족의 동부 이웃들에 대한 관계(Die Lage der Vertriebenen und das Verhältnis des deutschen Volkes zu seinen östlichen Nachbarn)"라는 지침(Denksc-hrift)을 통해 전향적인 동부 정책을 마련하는 기회로 삼았다.

2) 68혁명과 교회 탈퇴 운동

그사이 독일 사회는 커다란 변화를 경험하고 있었다. 서방 산업사회가 공통으로 겪는 가치관의 변화라는 초국가적(transnational) 과정에 일부 영향을 받으면서 서독 사회 역시 이행 과정을 지나고 있었다.

신학 사상에서는 이미 심각한 대립이 나타났다. 루터파였고 마르부르크의 신학자인 루돌프 불트만(Rudolf Bultmann, 1884~1976)이 신약성서 비판 프로그램을 제안한 것이 그 도화선이었다. 마르틴 하이데거(Martin Heidegger, 1889~1976)의 실존철학에 영향을 받은 불트만은 신학을 인식의 차원보다 좀 더 역사의 차원에서 접근했고 신약성서를 동시대의 시대 조건을 포함한, 그래서 그와 연결된 역사적인 문서로 해석했다. 따라서 그는 신약성서의 탈신화화 ─ 다소 부적절한 표현이지만 ─ 를 신학자들의 과제로 보았다. 그가 원래 목표로 한 탈신화화의 내용은 원기독교(urchristlich)의 가르침 가운데 당대의 시대 조건이 만든 것이어서 현대에 어울리지 않는 요소, 특히 신화적인 요소에서 그것을 해방시키는 것과 원래 결정적으로 중요하고 인간의 실존에 합치하는 내용들을 "말씀들(Sprache)"로, 현대의 표상 세계로 탈바꿈시키는 것이었다.[12]

불트만의 테제와 교회 및 사회에서 일어나던 가치관 변화와 다원주의에 맞서 1960년대 중엽 보수주의적 개신교 진영에서는 1966년 갈라디아서 1장 6~9절에 근거해 "다른 복음은 없다(Kein anderes Evangelium)"라는 표어 아래 신앙고백 운동을 펴기 시작했다.

교회의 이러한 움직임에 아랑곳없이 서독 젊은이들 역시 전 유럽과 미국의 젊은이들과 어깨를 걸고 거리로 나왔다. "68혁명"이 터졌고 이 사건은 교회와 사회 모두에 중요한 변화의 계기로 작용했다. 서방의 경제 호황 덕분에 유복하게 자란 젊은 대학생들이 경제적 풍요에 안주하는 대신 자본주의 질서의 인간 소외에 저항하는 길을 선택했다. 그들은 한편으로 청바지로 표현된 민중 지향성을 강하게 드러냈고, 다른 한편으로 기성세대 가치관을 전면 부정하는 '도덕 파괴성'을 서슴없이 공개했다.[13] "금지하는 것을 금지하라(Es ist verboten zu verbieten)"는 표어대로 그들에게 금기는 없었고 탈권위적인 새로운 가치관 형성을 위한 시도들이 여러 곳에서 터져 나왔다. 민주주의의 강화, 개인주의의 존중, 견해와 세계관의 다원화를 지향한 요구들은 전통적인 기독교적·교회적 사고방식 및 생활 방식과의 연결고리를 끊어버렸다.

독일 개신교 주류는 젊은이들의 요구에 더욱 보수적인 대응을 선택했다. 보수주의자들의 신앙고백 운동이 1970년 독일 개신교 내에 "신앙고백 공동체 회의"로 결속한 것은 그 사례 중 하나였다. "좌파 극단화"에 대응한다는 것이 명분이었다. 당시 개신교 학생운동 세력은 비상사태 관련법, 베트남 전쟁, "제3세계" 및 네오 마르크스주의에 관심을 집중해 전 지구적 차원의 사회윤리적 문제들을 제기했고 그를 통해 교회를 변화시키려고 했다. 1979년 동, 서독 교회가 공동으로 "평화 성명(Friedenserklärung)"을 발표하게 된 것은 동독 정부가 동독의 교회 지도부를 동서 관계에서 평화 정책 요소로 고려하기 시작한 것과 아울러 이들 젊은 세대의 요구에 자극받은 결과이기도 했다.

특히 1979년부터 1983년 사이 독일개신교연합 안에 평화 문제에 관한 토론이 격렬하게 벌어졌다. 1979년 12월 12일 북대서양조약기구(North Atlantic Treaty Organization: NATO)가 소련이 무장 강화를 중지하지 않는다면 유럽에 중거리 로켓을 배치하겠다고 결의한 것이 계기가 되었다. 새로운 평화운동이 등장했는데, 이 운동에서 젊은 그리스도인들이 압도적인 다수를 차지하고 있었다. 평화운동은 점차 대중운동으로 확산되었고 이렇게 되자 기독교 청년들은 여전히 중요하기는 했지만 평화운동 주도층 일부에 지나지 않게 되었다. 그러나 개신교 내부에 다양한 입장과 그룹이 나타나 격렬한 논쟁에 휩싸였기 때문에 교회 지도부가 모른 채 할 수만은 없는 상황이었다. 1981년 독일개신교연합은 "평화, 지키고 지원하고 새롭게 하자(Frieden wahren, fördern und erneuern)"라는 지침을 발표했다. 평화운동의 대표자들은 이에 만족하지 않고 핵무기를 통한 전쟁 억제에 단호하게 "아니다"라고 말하기를 요구했다.[14] "뜨거운 가을"에도 불구하고 1983년 10월 22일 연방의회는 추가 무장을 결의했다. 이는 평화운동 세력의 용기를 꺾어버린 처사였고 그 결과 평화 활동은 급속하게 힘을 잃어버렸다.

프로테스타트 교회, 개신교 아카데미, 학생 단체, 각종 위원회 등 모두에 커다란 영향을 미친 더 중요한 현상은 교회 탈퇴 운동이었다. 교회는 물론 교회 관련 기구들이 그동안 안정적으로 운영된 중요한 근거 중 하나는 법적 권리를 가진 공공 기관이 된 교회를 위해 정부가 종교세를 거두어 교회 활동을 도왔기 때문이었다. 교회 탈퇴 운동은 교회로서는 자못 심각한 현상이었다.

지역 교회의 경우, 교회 출석이 1973년까지 등록 교인의 7%로 떨어졌다. 동시에 교회 탈퇴 역시 쌓여 1967년에는 4만 4000명이었는데 종교세를 회피하려는 의도의 반영이거나 세속화 경향의 여파였고 개종과 재가입으로 어느 정도 상쇄되었다가 다시 1970년 20만 3000명으로 증가했다.[15] 이는 교회의 근본적인 축소를 의미했다. 지역 교회 교인 중 자녀에게 세례를 받게 한 비율은 98%, 견진예식을 치른 아이들의 비율은 80%, 교회에서 혼례를 올린 비율은 83%, 기독교식 장례 비율은 95%였다. 하지만 교회 탈퇴는 지속적으로 증가했다.

교회를 탈퇴하는 원인이 무엇이었는가? 이에 대한 분명한 해답은 여전히 논의 대상이지만, 우선 일반적으로 일어난 세속화 경향을 한 가지 이유로 들 수 있을 것이다. 단순화시켜 말하면, 국가에 대한 비판과 교회 탈퇴 운동 사이에 깊은 관련이 있다는 것이다. 누구든 국가가 싫다고 국가를 떠나 살 수는 없다. 그래서 보수적인 국가를 이탈하는 대신 교회 탈퇴라는 행위를 취했다는 설명이다.16) 비슷한 유추를 가능하게 하는 행위가 종교 수업*에서도 일어났다. 이를테면 학교를 떠날 수는 없지만 종교 수업을 거부할 수 있는 것과 같았다.

교회 탈퇴와 종교세 수입의 감소는 교회에 직접적인 영향을 미치는 중대한 사안이었다. 1970년 독일개신교연합 교회들은 국가의 세금 수입에서 19억 9000만 마르크를 받았고 여기에 더해 2억 마르크의 국가 보조금을 받았다. 이 전체 소득으로 교구, 지역 교회, 유치원, 양로원을 유지했는데 그 자금은 무엇보다 교회 소속 인사들의 인건비로 쓰였다. 그중 1만 168명이 지역 교회 목사들이었고 다른 기관에 근무하는 사람들은 3694명이었다. 총 1만 3862명 중 여성은 고백교회가 도입한 개방적 제도에도 불구하고 338명에 지나지 않았다. 여기에다 20만 명의 교회 관련 사역자들이 독일개신교연합에서 일하고 있었는데, 그중 5만 명은 본부에서 일했고 13만 명이 디아코니아(지역 교회의 사회사업 부문)에서 봉사했다.17)

이들 교회 기구는 총체적으로 보면, 관료적으로 조직된 기구여서 그곳에서 일하는 직원들에게는 발언권이 전혀 허락되지 않았다. 직원들을 고용한 사용자로서 교회는 어느 기구에서나 직원들의 의사를 반영하는 민주적 운영을 실현하지 않았다. 내부 구조를 보면 독일개신교연합 회원 교회들은 교회 회의와

---

* 독일연방공화국에서 초등학생들은 의무적으로 종교 교육을 받았다. 그러나 이 종교 교육의 과목 명칭은 Religion이지만 실은 기독교 성서를 읽고 토론하는 등 기독교 교육이었다.

이익 단체, 특히 지역 교회 관리국(Landesämter)에 근무하는 선발된 관료적인 교회 사법 기구에 의해 통제되고 있었다. 지역 교회는 목회자 중심 구조였다. 목회자가 최고 지위를 가졌는데, 만약 담임 목회자가 교회를 민주적으로 운영하겠다는 확고한 의지를 가졌다면 상당한 행운이었고 이런 행운이 따른 경우에는 이른바 "국민교회로서의 공공성(volkskirchliche Öffentlichkeit)"을 실현할 수도 있었지만 실제로 그런 사례는 거의 없었다.18)

전체적으로 교회 위계질서는 내부의 비판적 여론을 오히려 억압했고, 그럼으로써 결정, 조치, 성명 등을 효과적으로 통제하고 있었다. 트뢸치와 라데 같은 중요한 문화 프로테스탄트들이 제1차 세계대전 후 교회 내부 결정 과정의 민주화를 요구했지만 성과를 거두지 못했는데, 독일개신교연합 역시 동일한 요구를 끊임없이 받았지만 기껏 제한적인 정도로만 수용했다.19) 따라서 전체적으로 보면 독일개신교연합은 비민주적인 조직이었고 그만큼 정치적인 사안에 대해서도 대단히 보수적으로 대응했다.

2. 동독의 프로테스탄티즘과 국가

1945년 나치 패망 후 독일개신교연합은 동독 지역 교회들을 포함하고 있었다. 1949년 동독이 설립되고 난 후에도 동독 교회들은 '전 국민의 교회'인 독일개신교연합에 소속되어 있었다. 더욱이 동독은 압도적으로 루터주의적 프로테스탄트 지역이었기 때문에 개신교는 동독인들의 종교였다. 동독의 가톨릭교도들은 극소수에 지나지 않아 디아스포라(Diaspora)를 이루고 있었다.

동독 프로테스탄트 교회는 국가 기관이 아니었다. 이 점은 독일 역사에서 보면 하나의 단절이었으나 동독 교회가 독립성을 유지할 수 있는 기틀이 되기도 했다. 그렇다고 동독 교회가 국가로부터 완전히 독립한 것은 아니었다. 국가의 엄청난 압력을 받아 1969년 11월 독일개신교연합에서 탈퇴한 사실이 말해주듯이 교회와 국가는 힘겨운 줄다리기를 하며 공존할 수밖에 없었다.

동독은 무신론을 앞장세워 선전하고 또 정책으로 실천함으로써 기독교에 반대하는 문화투쟁을 펼쳤다. 40여 년이 지나면서 동독 교회는 어쩔 수 없이 종교와 교회에 적대적인 세속화와 탈교회화를 경험해야만 했다. 그러나 혹독한 환경에서도 교회는 꾸준히 자기 역할을 모색했고 1989년 독일 통일이라는 '전환'에 수많은 목회자들이 참여함으로써 교회의 존재를 각인시켰다. 그래서 동독 교회는 여러 가지 점에서 서독 교회와 극적으로 대비되는 측면들을 보여준다.

1) 소련 점령 시대의 동독 교회

동독 지역에도 서독이 된 지역에서와 마찬가지로 1949년까지 국가는 없었고 교회만 존재했다. 교회만이 존재했다는 것은 세 가지 의미를 갖는다. 첫째는 교회가 독일의 전 국민을 포괄하는 하나의 교회인 독일개신교연합에 속해 있었고, 둘째는 다른 기관이나 제도들이 아직 없었기 때문에 교회가 종교적·인도적인 문제만 아니라 사회적·경제적·정치적 입장 또한 대변할 수밖에 없었으며, 셋째로 교회가 종교적인 측면뿐 아니라 정신적·도덕적 측면에서도 지도 역할을 맡았다는 점에서 국가 이전에 교회가 있었다고 할 수 있다.[20]

독일 영토의 약 30%에 달하는 소련 점령지에는 약 1730만 명의 주민이 거주하고 있었다. 메클렌부르크-포어폼메른(Mecklenburg-Vorpommern), 마르크 브란덴부르크, 튀링겐, 안할트, 작센 등 5개 주의 종교를 보면 1946년 종교 인구의 80%가 개신교였고 12%가 가톨릭이었으며 기타는 8%로 개신교 인구가 압도적으로 많았다. 그러나 전쟁이 끝났지만 소련 점령 상태에서 새로운 시작을 위한 신학적 논의나 교회의 혁신을 위한 여지는 거의 없었다.

1946년 7월 3일 동독 지역 제5차 교회지도자회의가 열렸다. 이때 각 주의 교회 대표자들은 다음 사실에 동의했다. 목회자가 시민으로서의 권리를 행사함에 있어 교회의 지도자라는 위치에 제한당할 수 없지만 동시에 공적인 의사 표명에 있어 전체 교회에 대한 책임감을 저버려서는 안 된다. 이런 방향에서 확고한 영향력이 행사되어야 한다는 것이었다. 이에 따라 적지 않은 개신교 목회자들은 반파시즘-민주주의적 변혁을 추구하는 정당들을 신뢰했다. 특히 인기를 얻은 정당은 기민당이었다. 기민당이 기독교 문화와 사회의 민주적 원칙에 충실하고 교회를 통한 기독교화의 희망을 가장 잘 실현할 것으로 기대되었기 때문이다.

1946년 소련 점령지에서 첫 지방의회 선거가 실시되었을 때, 일단의 종교 사회주의적 목회자들은 개신교도들에게 동독공산당에 투표할 것을 독려했다. 그러나 교회 지도자들이 정당으로 가는 일은 확실히 둔해졌다. 민주적인 새 질서에 대한 자극들이 느슨해진 것과 때를 같이해 동독공산당이 정치, 경제의 지도 이념으로 사회주의를 전면에 내세우기 시작했기 때문이다. 교회들이 기독교 신앙을 기초로 교회와 신자들의 정치적 책임을 강조하고 정치적 참여를 독려했다. 그러자 신자들이 적극적으로 정치에 참여해 교회를 위한 자유의 영역을 확보하는 일이 1946년부터 점차 어려워지기 시작했다. 1949년 5월 15~16일에 실시한 국민 의회 선거는 하나의 분기점이 되었다. 작센 교구의 교회 지도자들은 작센과 안할트 주 정부의 수상에게 다음과 같은 경고로 정치권에 대해 비판하기 시작했다.

선거와 관련해 교회와 교회 종사자들을 정치의 장으로 끌어들이고 선전 도구로 삼으려는 시도가 여러 번 발생했다. 정치적으로 서로 대립하는 기간에도 적어도 교회 건물 자체를 공적인 선전 장소로 사용하지 않는 것이 교회의 품위를 지키는 일로 인정되어 왔었는데도 불구하고 작금에는 교회 건물이나 목사관들을 이용해 마치 교회가 이러한 정치 선전에 동의하기라도 하는 듯한 인상을 불러일으키고 있다. …… 이러한 행위는 기본권과 법률에 비추어 엄벌에 처해져야 할 것이다.[21]

교회와 동독의 정치 지도자들 사이에 점차 균열이 일어나기 시작했다. 교회와 정치권력 담당 세력 사이의 세계관 차이는 갈등의 핵심적인 요소였다. 기독교는 사회에서 반기독교적인 요소들을 제거하려고 한 반면, 정치 집단은 마르크스-레닌주의 세계관을 사회 전체로 확산시키고자 했다. 그리고 둘 모두 세계관을 독차지하려는 강렬한 희망을 똑같이 갖고 있었다는 사실이 이 대립의 근본적인 이유였다.

소련 점령 지역에는 바이마르공화국 시대의 종교사회주의 운동에 개인적·현실적으로 연속성을 부여하고 싶어 하는 종교사회주의 경향의 성직자들이 있었다. 이들은 이미 1946년 11월 메클렌부르크 슈베린(Schwerin)에서 사회주의 신학자 대회를 열었다. 슈베린에 모인 사람들은 성서에 계시된 신앙은 "강제 없이 사회주의"로 가는 것이라고 말했다. 그들은 "마르크스주의에 기초한 사회주의에 대한 신념은 반드시 유물론적 세계관과 연결된 것이 아니고 기독교 신앙에 대한 긍정을 배제하지도 않는다"라는 점을 강조했다. 특히 한스 뵘 (Hans Böhm, 1899~1962) 목사는 기독교가 사회주의를 단순한 경제 형태로서 인정하는 것이 필요하다고 지적하면서 사회주의 역시 기독교의 역할을 인정해야 한다고 강조했다.

이런 전향적인 입장은 현실이 강요하는 것이기도 했다. 많은 교회 지도자가 동독공산당이 지배하는 지역에서 국가와 적대적인 관계가 되는 것을 꺼렸다.

여기에는 국가교회 전통이 작용하기도 했겠지만 동독의 현실이 크게 작용했을 것으로 보인다. 그 현실이란 동독에서 이루어진 탈나치화 과정이었다.

동독의 나치 청산은 기본적으로 공산당의 지지 기반을 확보하기 위한 정치 도구로 추진되었다. 부르주아 엘리트의 축출, 토지개혁과 산업국유화를 통한 경제구조의 변혁, 특별 수용소를 통한 비판 세력 탄압 등이 모두 탈나치화의 이름으로 정당화되었다.22) 게다가 공산주의자들은 자신들의 사회주의 체제의 정당화를 위해 나치 체제를 자본주의 체제의 '구조적 모순'으로 몰아갔고 독일인들은 나치 체제에 자발적으로 협력했다기보다 이 구조적 모순의 결과로 나치에 이용당했다는 논리를 폈다. 하지만 나치 청산은 동독공산당의 주요 관심사가 아니었고 자신들의 정치적 지지 세력을 신속하게 만드는 것이 훨씬 더 시급한 과제였다. "집단 범죄"를 저질렀다는 외부의 비난과 내면의 자책 때문에 새로운 건설적인 행동에 용감하게 나서지 못하는 사람들에게 공산당은 틈을 놓치지 않고 "동독인들은 모두 반파시스트였다"라고 선언했다. 부역자 약 52만 명을 해고함으로써 1948년 동독의 한 일간지는 "나치 청산에 마침표를 찍었다"라고 썼다.

하지만 실상은 달랐다. 서독 역사가 볼프강 창크(Wolfgang Zank)에 따르면 해고자 52만 명이란 숫자는 부풀려진 것이었고 실제로는 약 20만 명 정도에 지나지 않았다. 1946년 초까지 소련 점령군의 나치 청산 의지는 확고했으나 점차 "유연한 대응"으로 이동해갔다. 결국 동독에서 나치 청산은 스탈린주의적 지배 방식과 동독공산당의 비민주적 지배 방식을 정당화하는 데 이용되었고 공산주의의 정당화를 위한 수단이 되었다.23)

교회도 면죄부를 발급받은 집단에 속했다. 다른 어떤 지역보다 더 열렬하게 나치를 지지했고 투표했던 동독 지역 목사들은 탈나치화의 물결 속에서도 거의 예외 없이 지위를 유지했다.24) 그뿐 아니라 그들의 가족 또한 신학을 공부해 자가 충원 비중을 크게 높이면서 지위를 물려받았다.

2) 동독 교회와 국가

1949년 동독이 탄생했고 독일사회주의통일당(동독공산당)이 집권당이 되었다. 동독의 프로테스탄트 교회는 세계관이 전혀 다른 체제에 존재할 수밖에 없게 되었다. 1949년부터 1952년까지 공산당의 교회 정책은 긴장과 갈등을 더욱 촉진했다.

동독의 지역 교회들은 점차 심해지는 국가의 압력 아래에서도 압도적으로 소부르주아적 혹은 농민적 연대의 성격을 유지했다. 그곳에서 성직자들은 서독의 루터주의자와 칼뱅주의자들보다 비교할 수 없을 정도로 더 전통적인 노선을 지키는 "게토 프로테스탄티즘"을 유지하면서 살아가고 있었다.[25] 그들은 "공동체적 지향을 가진 사회윤리", "보수적인 문화적 이상", "아주 좁은 주거 문화" 등으로 동료 시민들의 주목을 받을 정도였다.

1952년 7월 중순 동독공산당 제2차 전당대회를 계기로 동독 정부는 "부르주아적"이고 "복고적"인 세력들을 축출하는 정책을 폈다. 공산당은 교회가 가진 사회적·정치적 힘을 제거해버리고 그 활동을 예전 부문으로만 제한하기 위해 교회에 대한 공개적인 공격을 시작했다. 1952년 11월 공산당 지도부는 교회에 대한 지원을 약 25% 삭감했고 1953년 1월부터 종교세 수납 지원 업무를 중단시켰다.[26]

특히 당시 많은 곳에서 전체 청소년의 약 60%가 참여하던 교회의 청소년 사역이 공격 목표였다. 1952년 후반부터 청소년들의 종교 모임을 금지하고 모든 행사를 불허했다. 1953년 초까지 약 3000명의 상급반 학생이 교회 활동을 이유로 퇴학당했다. 국가의 조직적인 방해에도 불구하고 교회의 청소년 모임에 참여하는 청소년들의 숫자가 줄지 않았다는 견해도 있지만[27] 이 탄압 시기에 수적 감소를 겪었고 더 이상 회복하지 못했다. 교회는 1952~1953년 시기를 "교회 투쟁"으로 묘사하면서 동독공산당을 국가사회주의 국가와 그 이데올로기에 서슴없이 비유했다. 다른 한편, 퇴학당한 학생 가운데 적지 않은 학생이 서독으로 망명한 것에서 나타나듯이 이 시기의 경험은 서독과의 연대의식을 강화했다.[28]

1953년 스탈린 사망 이후 잠시 숨을 돌릴 겨를이 생겼지만 1954년부터 동독공산당은 교회를 견제할 여러 장치를 마련했다. 교회 문제를 담당하는 국가 행정기관을 설치했고 문화적 저력을 포함해 기독교인들과 교회를 사회의 중심부에서 주변부로 밀어내려는 시도를 계속했다. 1950년에서 1953년 사이에 시도한 무신론 선전을 비롯한 교회 영향력 축소 정책에서 얻은 교훈을 바탕으로 견진성사와 성찬례에 대응해 새로운 통과의례를 만들었다. 국가는 1958년 교회 지도부의 결의에 찬 반대에도 불구하고 성직자 대신 당 관료가 집전하는 "청소년 축성식(Jugendweihe)"을 전면적으로 도입했다. 많은 학생, 심지어 기독교 가정 학생들까지 해가 거듭할수록 교육과 직업의 기회를 잃지 않으려고 이 행사에 참석하는 사례가 증가했다. 신앙 공동체가 이에 대응하기란 쉽지 않았다. 어떤 지역 교회에서는 청소년 축성식에 참석한 학생은 1년 이상 정기적으로 교회 생활에 참석한 후에야 견진성사를 치르게 하는 규정을 만들기도 했지만 이런 "한 해 처벌"을 많은 지역 교회가 달가워하지 않았다.[29] 정부는 국민교회로 침입하는 데 성공을 거두고 있었다.

동독공산당은 이외에도 교회의 "청소년 모임"에 대응하는 공산당 청소년 모임을 만드는 등 교회를 공적 영역에서 추방하려는 노력을 계속했다. 정치 참여적인 목사와 기독교인은 가차 없이 수감했고 지역 교회에는 비밀경찰이 침투했으며 청소년 회원들은 계속해서 상급학교 진학을 저지당하거나 대학에서 퇴학당했다.

그럼에도 이런 시도들이 완전히 성공한 것은 아니었다. 교회는 살아남았고 자기 정체성을 지키기 위해 꾸준히 노력했다. 1958년 국가와 교회 사이에 대화를 갖기 시작하면서 대립은 누그러졌다. 1958년 7월 21일 동독공산당은 "코뮤니케(Kommuniqué)"를 발표해 세계관 전쟁의 종결을 선언하고 신앙과 양심의 자유 및 방해받지 않은 종교 활동을 기본권으로 인정했다.

교회 안에서 뜨거운 논쟁을 불러온 이 코뮤니케는 교회가 국가의 정치적 목표를 인정하고 국가에 대한 충성을 선언한 것으로서 국가와 교회 사이 타협의 산물이었다. 공산당 정권이 곧 폐망할 것이라는 전망이 사라져버린 데다 국가와의 대립 과정에 지역 교회의 지지가 약하다는 것이 증명되었고 또한 탈교회화 과정이 지속적으로 나타나고 있었다. 1959년 세례를 받은 신자의 1/3만이 견진성사에 참여했고 세례 교인 숫자 역시 줄어 탈교회화가 배가되고 있었다. 게다가 교양 부르주아 계층과 자산 계층의 서독으로의 탈주와 농업의 집단화는 교회의 사회적·구조적 버팀목을 제거하고 있었다.[30]

국가와의 타협을 선택할 수밖에 없었던 동독 교회에 커다란 힘을 준 것은 서독 교회의 지원이었다. 동, 서독 교회는 각기 처한 상황이 대단히 다르기는 했지만 서독 교회는 동료 기독교인으로서 동독 교회의 국가에서의 독립성 유지와 국민교회로서의 존속을 위해 1957년 이래 이른바 "교회 사업 A(Kirchenwerke A)"를 펼쳤다. 디아코니아를 통해 원자재와 상품을 동독으로 보냈고 서독 연방 정부 역시 이를 지원했다.

3) 독일개신교연합 탈퇴 이후

동독의 지배 세력은 교회를 체제 내로 포섭했음에도 불구하고 동독 교회가 서독 교회와 함께 독일개신교연합에 남아 있다는 사실을 대단히 불편하게 여겼다. 그것은 동독 정부에게 교회가 분단 상황을 인정하지 않는 것으로 비쳤고 이는 곧 교회가 사회주의 체제를 인정하지 않는 것일 수 있다고 판단하게 했다. 동독 정부는 동독 교회에 독일개신교연합에서 탈퇴하도록 압력을 가했고, 그 결과 동독 개신교는 1969년 11월 동독개신교연맹(Bund Evangelischer Kirchen in der DDR)으로 분리 독립했다.

그렇다고 해서 서독 프로테스탄티즘과의 연대감이 완전히 끊어지지는 않았다. 신학자 모임, 파트너 의식과 실천, 상담과 조력 위원회 등을 통해 연대를 유지하려고 노력했다. 그래서 동독 교회는 국가의 지원을 받지 못한 대신 여러 경로를 통해 계속해서 서독 교회에서 지원을 받았다. 동독으로 들어간 40억 마르크 이상의 서독 교회 지원금이 없었다면 동독에서 교회 경영은 말할 수 없는 어려움을 겪었을 것이다. 서독 주 교회들의 충성심이 얼마나 대단했던지, 가족이 있는 목사들을 동독으로 이주시켰는데 그 목사들에게는 실제 삶에서 다른 사람을 위해 고난을 당할 것을 기대하기까지 했다.[31]

그러나 1970년대 들어서면서 동독 교회는 국가와 새로운 관계를 설정하는 일에 적극적으로 나섰다. 중심인물들은 점진적으로 교회의 각종 지도위원회에 들어가기 시작한 중간 및 젊은 세대였다. 이들은 한편으로 교회에 근대 세계로의 개방을 촉구한 교회 일치 운동에서 자극받았고, 다른 한편으로 바르멘 선언과 다름슈타트 선언에 부응하고자 본회퍼와 바르트를 즐겨 인용했다.

동독개신교연맹의 젊은 대표자들은 동독 사회에서 기독교의 소수자 역할을 기꺼이 받아들이고자 했고 교인이 소수가 되는 원인을 공산당의 무신론 선전과 탄압으로 돌리기보다 사회 전반의 근대화에 더 큰 원인이 있다고 진단했다. 교회와 사회의 거리를 좁히는 것이 그들에게는 오히려 중요했다. 그리고 그들은 교회의 독립성을 사회주의사회와 관계를 맺지 않는 것으로 이해하지 않고 교회와 국가의 공존과 협력의 길을 열었다.[32] 신학적·교회 정치적 방향 전환이 일어나고 있었다.

물론 동독 교회가 마냥 "순응의 길"로 몰려갔다고 보기는 어렵다. 교회 공동체와 교회 회의에서 공개적으로 동독공산당을 비판하는 토론이 드물지 않았고 독자적으로 "사회주의" 개념을 재규정하려는 움직임을 보이기도 했다. 1972년 드레스덴에서 열린 동독개신교연맹 총회에서 에르푸르트의 담임목사 하이노 팔케(Heino Falcke, 1929~1994)가 부정적인 의미로 사용된 "현실 사회주의(real existierender Sozialismus)"*라는 개념 대신 긍정적·비판적인 "개선된 사회주의(verbesserter Sozialismus)"라는 개념을 사용한 것은 좋은 예이다.[33] 물론 사회주의 개념을 독점하려는 동독 정부는 이 개념을 거부했다.

동독공산당 정권은 신학 교육에도 개입했다. 무엇보다 신학 전공 학생들에게 마르크스-레닌주의 기초 과목을 이수하고 시험에 통과하는 것을 의무로 부과했다. 공산당은 전통적인 6개 대학의 신학부에 행정 통일과 인사 정책 개입을 통해 직접적인 영향을 미칠 수 있었기 때문이다. 공격적인 극단화가 진행되고 있었다. 베를린대학에서는 조직신학 담당의 한프리드 뮐러(Hanfried Müller, 1925~2009)와 교회사 담당의 로제마리 뮐러 슈트라이잔트(Rosemarie Müller-Streisand) 부부가 평가 부서와 출판을 통해 이를 주도하고 있었고 라이프치히에서는 크리스토프 하우페(Christoph Haufe, 1932~2011)와 쿠르트 마이어(Kurt Meier)가 공산당과 긴밀한 관계를 맺으면서 일하고 있었다.[34] 후에 훔볼트대학에는 "사회주의 안에서 교회(Kirche im Sozialismus)"라는 당 종속 프로그램을 운영하는 국가 지원 학부가 설치되었고 신학자 하인리히 핑크(Hei-

---

* 소련과 동독을 비롯한 사회주의 체제는 마르크스와 엥겔스가 이룩하고자 한 이상형의 사회주의사회와 거리가 멀다는 것을 시사하는 개념이고 사회주의사회의 실재는 이론과 달리 정치적 자유를 허용하지 않을 뿐 아니라 계획경제를 강제하는 등 많은 문제를 안고 있다는 비판적 인식을 밑바탕에 두고 있는 개념이었다.

nrich Fink) 같은 정권 지지자가 그것을 담당했다.

따라서 6개 대학 신학부 외에 교회가 직영한 교육기관들의 의미가 점차 중요해졌다. 베를린에서 처음 언어 세미나로 출발했던 학교, 나움부르크(Naumburg)의 교리문답 고급 세미나, 라이프치히의 "라이프치히 신학 세미나(Theologiesches Seminar Leipzig)" 등이 독립적인 교육기관으로 발전했다. 이들 세 교육기관은 점차 공동으로 교육과정을 개발하고 학점을 교환하는 등 비교적 자유의 여지를 누리면서 훌륭한 신학생들을 배출했다.[35] 이들 교회 경영 대학 졸업자들은 후에 1980년대, 특히 1989~1990년에 개혁을 요구하고 실현하는 과정에서 중요한 역할을 담당했다.

어쨌든 동독 정부 역시 그동안의 경험으로 미루어 종교를 완전히 말살한다는 것은 불가능하다는 사실을 깨닫게 되었고 1971년 이래 교회와 국가 사이에 일종의 실용주의적 거래가 시작되고 있었다. 동독개신교연맹 의장 알브레히트 쇤헤어(Albrecht Schönherr, 1912~1962) 주교와 교회 사법관 만프레트 슈톨페(Manfred Stolpe)가 대화에 나섰다. 결과적으로 그 대화는 무신론적인 국가 및 정당 기구와 교회가 맞선다는 점에서 쉽지 않은 과제였다.

그사이 국가와 교회의 관계를 위태롭게 한 사건이 터졌다. 1976년 8월 18일 차이츠(Zeitz)의 목사 오스카어 브뤼제비츠(Oskar Brüsewitz, 1929~1976)가 시장에서 분신자살을 시도했고 4일 후 사망했다. 그의 팻말에는 "학교에서 어린이와 청소년에게 불이익을 주어 교회를 탄압하는 공산당에 항의합시다!"라고 써 있었다.[36] 그의 분신은 특히 국민 교육 부문에서 기독교인이 당하는 불리함이 증대하는 것에 대한 정부를 향한 항의인 동시에 교회가 강력한 반대 운동에 나서야 한다는 촉구였다. 공산당은 긴급히 수습에 나섰고 이 사건을 마치 국가 기밀이라도 되는 것처럼 숨기기에 바빴다. 그러나 그의 장례식에는 수많은 동독 개신교인이 참여했고 서독에서도 일부 시민이 동독 정부의 격렬한 반대를 무릅쓰고 베스트팔렌주 바트왼하우젠(Badoeynhausen)에 그의 기념관을 건설하는 등 동독 정권의 정당성에 의문을 제기하는 기회로 삼았다.

이 사건 이후에도 교회와 국가 사이의 관계 개선을 위한 노력은 계속되었고 1978년 3월 가시적인 결과가 도출되었다. 에리히 호네커(Erich Honecker, 1912~1994)와 쇤헤어 사이에 회담이 성사되었는데, 이 회담에서 호네커는 기독교인들의 교회 생활과 활동에 아무런 제한도 없는 자유로운 활동을 보장하고 나아가 교회가 사회 및 정치 문제에 대해 발언할 수 있는 권한을 부여한다고 밝혔다. 이로써 호네커의 갈등 완화 정책의 연장선에서 교회와 국가 모두의 생존을 위해 양측 모두에게 필요한 것으로 보인 일시적 타협이 이루어졌다.

이 타협은 이데올로기적으로 보면 어정쩡한 끼워 맞추기였고 교회는 공존의 대가로 많은 교인을 잃어버리는 결과를 감내해야 했다. 점점 더 많은 프로테스탄트가 당에 대한 충성심을 확실히 보여주기 위해, 교회 구성원으로서 얻게 될 불이익을 피하기 위해, 독일 국가 교회법이 규정한 종교세를 절약하기 위해 혹은 더 나쁜 경우에는 그들 자신의 무관심에 따라 교회를 떠났다. 1959년까지 이미 청소년의 80%가 청소년 축성식에 참여했다. 그들은 때로는 교회의 견진성사와 성찬례에도 나왔지만 교회 예전 참석은 전체 인구 중 프로테스탄트 비중이 줄어든 정도만큼 줄었다. 1960년까지 60%에 이르던 예전 참여 비중은 통일이 이루어진 1989년에는 19%로 줄었다.[37]

동독 프로테스탄트는 교회에 대해 공격적인 문화투쟁을 벌이는 국가와 교회의 세계관을 어떻게 조화시킬지를 두고 늘 고민했고 동시에 독일의 정치적·사회적 삶 전체에서 지도적인 역할을 하도록 부름받았다는 프로테스탄트 엘리트의 긍지에도 작별을 고해야 하는 다중의 과제를 안고 있었다. 그리고 한편으로 제3제국 붕괴로 민족주의적 전통 상실의 트라우마에 시달려야 했고, 다른 한편으로 나치 시대에 범한 죄책 트라우마가 그들의 행동을 크게 제약했다.

그뿐 아니라 전통적인 독일 프로테스탄티즘의 사회온정주의적(sozialpater-nalistisch) 공동체 신앙(Gemeinschaftsglaube)과 국가 숭배(Staatsfrömmigkeit) 사상이 여전히 동독 프로테스탄트 신학 및 사상 유형을 짓누르고 있었다. 그래서 동독 교회는 근대사회로의 이행을 추동하는 힘이 되기는커녕 변화를 저지하는 사하중(死荷重)으로 작용했고 이 점에서 복고적 사회 세력이었다는 비판에서 자유롭지 않다.

그러나 이런 복잡한 문제에 둘러싸인 동독 프로테스탄트 역시 과거와 현실의 족쇄에 마냥 묶여 있지는 않았다. 특히 위기의 순간이 다가오자 많은 목회자가 새로운 선택을 했고 오랫동안 당연하게 여기던 국가 권위에 저항하기 시작했다. 이 저항 세력은 라이프치히에서 70명 중 7명으로 소수였지만 그럼에도 그들은 변화를 끌어내기 위해 최선의 노력을 기울였고 그 노력은 마침내 세계의 예상을 뒤엎는 변화를 끌어내는 데 결정적으로 이바지했다.

3. 동독 교회 내 비판 그룹과 독일의 통일

1989년 10월 9일의 라이프치히 '월요 시위'는 누구도 예상하지 못한 독일 통일을 앞당긴 중요한 분기점이 되었다. 7만 명에 이르는 시민이 민주개혁을 요구하는 시위에 참여하자 경찰조차 한 발 뒤로 물러났고 이어 10월 16일에는 시위대 수가 12만 명으로 증가했다. 드레스덴을 비롯한 다른 도시에서도 시위가 이어졌고 마침내 40년간 동독 사회를 지배한 스탈린주의 체제가 권력을 포기하기에 이르렀다. 혁명의 역사가 부재한 독일에서 최초로 성공한 '평화로운 혁명(Friedliche Revolution)'이었다.

1989년이 되자 동독 사회에 대단히 빠르게 시민운동이 확산되었다. 1989

년 8월 동독공산당이 금지한 사회민주당 창당 준비위원회가 결성되었고 9월에 "노이에스 포럼(Neues Forum)"이 창설되어 "정치적 플랫폼"을 형성하고자 했으며 같은 달에 "지금 민주주의(Demokratie Jetzt)", 10월에 "민주주의 출발(Demokratischer Aufbruch)" 등이 적극적인 활동을 폈다.

그러나 이 시민운동에 앞서 비판적 인식을 공유하고 시민 의식을 고양하는 데 앞장선 것은 교회에서 활동을 시작한 비판 그룹이었다. 그뿐 아니라 대변혁의 시기에 어디에서나 교회는 시민의 집회 장소가 되었고 시위와 의사 표현 공간으로 활용되었다. 말하자면 교회가 혁명의 진앙이었고 목사와 기독교인이 혁명의 중심이었다고 할 수 있다.

어떻게 이런 일이 가능했는가? 교회는 국가의 세계관에 맞서 경쟁하는 유일한 기관인 동시에 국가와의 타협 아래 제한적이지만 활동의 독립성을 보장받은 유일한 기관이기도 했다. 동독에서 비판적 시민운동이 탄생한다면 오직 교회만이 그러한 공간이 될 수 있었다. 1970년대 말 이래 동독 교회 내 비판 그룹의 형성이 이에 대한 설명을 제공한다.

우선 이들 비판 그룹이 사회주의사회에서 어떻게 비판 그룹으로 형성되었는지 살펴보자. 1950년대부터 1960년대 중반에 걸쳐 전 세계적인 근대화 과정에 부응해 동독 사회 역시 이데올로기 교육에서 독립적인 새로운 기능 엘리트를 배출할 필요성을 인식했다. 이에 따라 엔지니어와 기술자를 비롯해 교사, 경영자, 고위 행정가, 안전 요원, 정당 간부 등이 양성되었다. 이들이 사회주의 지배층을 형성했고 이 기능 엘리트에 들지 못한 사람들은 계층 상승 기회를 봉쇄당하고 말았다. 그 후 동독의 사회적 이동은 현저히 감소했다.[38]

그렇지만 동독에서도 문명사적인 근대적 생활세계의 발전을 완전히 차단하는 것은 불가능했다. 대중의 소비, 여행, 문화가 널리 퍼졌고 이런 사회적 현상을 경험한 사람들은 부분적이기는 하지만 생활세계의 근대화에 동참할 수 있었다.[39] 이런 경험을 배경으로 당에 흡수되지 못한 '근대적' 청년들이 교회 내 비판 그룹을 형성했다. 동독 사회에서 거의 유일하게 대안을 찾아낼 가능성이 이들에게 열려 있었다. 이들은 자연히 체제 비판적인 대안을 찾아 나섰고 인식이나 공간의 측면에서 유일하게 '여지'를 제공한 교회를 택했다.

동독 프로테스탄트 교회 내 비판 세력은 다양한 분야에서 대안 운동을 전개했다. 특히 평화운동 그룹, 환경 운동 그룹, 제3세계 그룹 등이 그들이다.

평화운동 그룹은 1978년 국가가 9학년과 10학년(한국의 중3과 고1) 학생들에게 군사학을 필수과목으로 부과하자 교회가 중심이 되어 이에 반대하는 평화운동을 벌이는 과정에서 탄생했다. 특히 교회 젊은이들은 이 조치를 동독 사회 군사화의 징표로 보았고 대안적인 평화운동이 필요하다는 데 공감했다. 평화운동 그룹은 미·소의 핵무장 경쟁이 부른 위기의식으로 1980년대에 시작된 국제 평화운동에서 활력을 제공받으면서 활기를 띠게 되었다. 1981년에는 녹색당(Grüne)의 대표자들을 비롯한 서독 핵무장 비판 세력이 베를린 평화운동 그룹을 방문했고 교회는 협력을 위한 만남을 주선했다. 1983년 3월 5~6일 베를린에서 "구체적인 평화(Konkret für den Frieden)"라는 기치 아래 37개 평화 그룹이 처음으로 공동 집회를 가진 데 이어 학교 군사 교육 철폐, 병역 대체 대민 봉사(Zivildienst), 핵미사일 배치 반대 등 구체적 목표를 내걸고 대안적 평화운동을 전개했다.[40]

교회 성직자들이 여론 형성에 중요한 역할을 한 다른 그룹은 환경 운동 그룹이었다. 동독은 서독과의 경쟁에서 살아남기 위해 경제성장을 주요 목표로 삼았고 그 결과 1970년대 초 이미 환경 파괴가 심각한 수준에 이르렀다. 현실사회주의는 그 철학과 달리 하나님이 창조한 자연에 대한 기독교인들의 외경에 커다란 상처를 낼 정도로 환경문제를 도외시하고 있어서 기독교인들로서는 자연스러운 반응이기도 했다. 서독의 환경 운동과 접촉하면서 동독에도 서서히 생태학에 관한 의식이 형성되었다. 1978년 동독개신교연맹의 교회와 사회 분과위원회가 "사회주의사회에서 환경과 인간의 미래를 위한 그리스도인의 책임(Verantwortung der Christen in einer sozialistischen Gesellschaft für Umwelt und Zukunft des Menschen)"이라는 주제를 발표했다. 사회주의의 "현실"과 "목표", 즉 생태보다 경제를 우선하는 현실과 지속 가능한 세계 사회에 대한 책임 사이의 긴장을 처음으로 표명한 것이었다. 이어 다음 해 보스턴에서 열린 세계교회협의회에서 팔케가 「신앙, 과학, 미래(Glaube, Wissenschaft und die Zukunft)」라는 연구 보고서를 발표하는 등 동독 대표들은 환경문제를 다룬 위원회에서 외국 대표들과 토론하는 기회를 가졌다. 1984년에도 동독개신교연맹 총회는 "창조를 위한 책임(Mitverantwortung für Schöpfung)"이란 생태학 주제를 채택했고 이런 교회의 선도는 국민 사이에 생태 및 환경에 관한 관심을 증폭하는 데 크게 이바지했다.[41]

제3세계 그룹은 빈곤과 세계적 불평등에 커다란 관심을 가진 집단이었다. 자본주의 세계 체제 아래 지구 남반부의 빈곤과 북반부의 풍요로 대비되는 남북문제가 심각한 정도에 이르자 저개발 국가들의 빈곤 원인을 밝히고 빈곤을 퇴치할 방법을 찾고자 하는 젊은이들이 등장했다. 제3세계 그룹이 처음 나타난 것은 1960년대 유럽 학생운동의 영향이 지체됨에 따라 1970년대 초였고 교회에서는 1980년대 초 처음으로 이 그룹이 활동을 시작했다. 이 그룹 회원들은 세계의 불평등과 빈곤 그리고 위험 완화를 위해 의식의 형성과 변화에 우선순위를 두고 지원 및 기부 활동 그리고 정보교환에 힘을 쏟았다.

제3세계 그룹은 1981년 라이프치히에서 "니카라과에 희망을!(Hoffnung Nicaragua)"이라는 프로젝트를 전개했다. 700여 명의 디자이너와 화가가 참여해 니카라과를 돕기 위한 미술품 경매를 주최했고 구체적인 교육 프로그램을 만드는 등의 활동을 통해 니카라과 상황을 널리 알리는 데 앞장섰다.[42]

이들 비판 그룹 회원 대부분은 기독교인이었고 교회는 점차 체제 비판 세력이 드나드는 곳으로 자리를 잡아갔다. 교회가 이들을 수용한 데는 몇 가지 이유가 있었다. 교회는 이들이 기독교적인 책임감에서 활동하고 있다고 믿었고 또 이들 그룹의 회원 중 교회에 정기적으로 출석하지 않는 사람들이 있었지만 교회란 오직 교인만 드나드는 장소가 아니라 모든 사람의 안식처이자 피난처라는 인식으로 이들을 포용했다. 또한 교회는 평화를 정착시키고 환경을 보호하며 빈곤을 퇴치하는 것이 곧 신이 창조한 세계를 보존하기 위해 교회가 힘을 쏟아야 할 문제라는 인식을 공유하고 있었다. 교회가 비판 그룹을 수용한 또 하나의 이유는 동독 사회에서 강화되던 세속화였다.[43]

교회는 점차 세속화하는 사회에서 교회로 찾아온 젊은이를 내친다는 것이 교회의 기반을 스스로 무너뜨리는 것과 다름없겠다는 판단을 하기 시작했다. 실제로 1950년대에는 종교인 중 약 80%가 개신교인이었으나 개신교인의 비중이 점차 줄고 있었고 이 수치는 1989년에는 약 30%로 내려앉았다. 교회 탈퇴로 인한 교인 수 감소를 맞아 교회는 새삼 사회의 중요성을 깨닫고 있었다. 교인 확보는 물론이고 사회적으로 자신의 존재를 과시함으로써 자신의 존재 기반을 튼튼히 하려는 의도에서 교회는 교회와 관련을 맺는 사회운동 그룹인 젊은이들을 받아들였다.

그러나 1980년대 중반부터 새로운 국면이 전개되었다. 이때부터 비판 그룹이 점차 정치적·사회적 색채를 강화하기 시작했다. 구성원 중 교인의 비중이 낮아진 것이 이런 변화를 부추겼다. 한편, 교회는 국가와의 관계를 신중히 고려하지 않을 수 없는 처지로 점점 몰리고 있었다. 비판 그룹이 과격화하자 불안은 더욱 증폭되었다. 비판 그룹이 교회 내에서 과격한 정치 구호를 외치는 것이 교회와 비판 그룹을 동일시할 위험을 낳을 것으로 우려하게 되었다. 작센의 교회 지도부는 비판 그룹을 보호하는 대신 동독 사회주의의 발전을 위해 정부에 협력해야 한다는 주장을 폈다.

교회는 사회문제를 해결하는 방안으로 국가와의 협상에 무게를 두고 있었다. 이에 반해 비판 그룹은 공개적인 항의를 통해 여론을 조성해 국가를 압박하는 방법을 동원했다. 교회는 또한 종교적인 측면에서 비판 그룹을 통제하려 했다. 비판 그룹 회원 중 상당수가 비기독교인이었고 비판 그룹 회원은 종교 활동보다 사회, 정치 활동에만 관심을 보인다는 것이 교회 지도부의 생각이었다. 교회는 이들이 기독교의 정체성을 결여한다는 점에 불만을 가졌을 뿐 아니라 나아가 교인에게 사회적·정치적 문제의식을 강요하는 것으로 판단했다.[44]

그러나 교회의 불신이 비판 그룹을 교회 밖으로 내모는 사태로 이어지지는 않았다. 비판 그룹은 현실적으로 교회를 떠나 새로운 활동 근거지를 찾기 어렵다는 점이 하나의 고려 대상이었다. 주교 요하네스 헴펠(Johannes Hempel)이 니콜라이 교회의 평화 기도회를 옹호하면서 다른 어디에도 "적당한 대화 장소"가 없다고 주장한 것은 이런 이유에서였다.[45]

그보다 중요한 변화는 교회에서 나타났다. 1980년대 말이 가까워지면서 교회가 오히려 이들 비판 그룹의 주장에 동의하는 방향으로 변화해갔다. 1987년까지 교회는 "사회주의 안에서 교회"라는 공식 아래 국가와의 갈등을 피하려고 애쓰고 있었다. 그런데 1987년 11월 국가안전부 요원들이 베를린 시온 교회의 "환경 도서관"을 습격한 사건이 일어났다. 교회 지하에 있는 이 환경 도서관에서 교회의 이해와 정부의 묵인 아래 환경 운동 그룹이 발행하는 ≪환경신문(Umweltblätter)≫이 인쇄되고 있었는데, 1986년부터 "평화 및 인권 이니셔티브" 그룹이 정부 비판적인 부정기 간행물 ≪경계 해체(Grenzfall)≫를 이곳에서 만든다는 첩보가 국가안전부로 들어갔다. 국가안전부 요원들이 밤에 이 도서관을 습격했고 ≪경계 해체≫의 흔적을 찾지 못하자 복사기와 ≪환경신문≫ 최신호를 압수해갔다. 또한 베를린시의 청소년 목회자 볼프람 휠제만(Wolfram Hülsemann)을 비롯한 많은 사람을 체포했고 수감했다.[46] 이 소식을 접한 시민운동 활동가들은 곧바로 교회에 모여 시위를 했다. 이 일이 있은 후 수많은 교회에서 구속자를 위한 기도회를 가졌다. 이 기도회는 그 후에 정기적으로 개최되었고 교회는 불만과 탈출 의지를 가진 시민의 집결처로 변하고 있었다.* 교회와 사회가 하나로 결합하는 현상이 동독에서 일어나고 있었다. 이런 상황을 맞아 국가는 오히려 교회 신문이나 여타 출판물에 대한 검열을 강화해 삭제하거나 수정을 요구하는 등 공격을 멈추지 않았다. 점차 교회가 직접적인 피해 당사자라는 생각이 널리 퍼졌고 1988년부터 교회가 정부에 비판적인 입장으로 선회하기 시작했다.

동독에서 교회 밖 반체제 집단은 1985년 이후에야 형성되었다. 중요한 시민운동 단체인 "평화 및 인권 이니셔티브(Initiative Frieden und Menschenrechte: IFM)"가 처음 나타난 것은 1985년 말이었다. 노이에스 포럼은 1988년부터 메크렌부르크의 마르틴 구트차이트(Martin Gutzeit)와 마르쿠스 메켈(Markus Meckel)이 시민 참여 협의회 창설을 제안하기는 했지만 1989년 9월 9일에야 국가와 사회의 대화 단절을 극복할 다수 시민이 참여하는 대화 플랫폼을 창설하자는 주장에 따라 만들어졌다.[47]

더구나 비판 그룹의 회원 중 약 1/3이 교회 관계자였고 그중 성직자 비중은 약 46.1%에 달했다.[48] 교회는 시간이 흐를수록 동독의 민주화에 직접적인 관심을 표명했다. 물론 교회 자체가 정치화한 것은 아니지만 교회는 비판 그룹을 포용하는 데서 나아가 동독 사회의 민주적 변화를 지원했다.

새로 만들어진 시민 단체들이 교회 내 비판 그룹의 영향을 받았음은 말할

---

* 1984년 2만 1000명이 국외 이주를 신청한 데 이어 1985년 다시 2만 5000명이 합법적으로 동독을 떠났다. 1989년 5월 초 헝가리 군인들이 오스트리아 국경 울타리를 철거하자 주민 중 많은 사람이 국외 탈주를 시도했고 "떠나느냐, 남느냐?"를 두고 뜨거운 논쟁이 벌어졌다.

필요가 없다. 증대하는 시민 저항 행동의 중심에도 교회가 있었다. 1982년부터 라이프치히의 니콜라이 교회에서 매주 월요일 평화 기도회가 열렸는데 이 평화 기도회는 크리스티안 퓌러(Christian Führer, 1943~2014) 목사의 중재와 영향 아래 형성된 것이었다. 통일 후 퓌러 목사가 "평화 기도회의 창시자"이자 "동독 혁명의 영웅"으로 칭송받은 것도 이런 기여 때문이다.[49]

1988년부터 탈주 희망자들이 대거 이 기도회에 몰려들자 공산당은 평화 기도회를 중단하든가 아니면 다른 성격으로 바꿀 것을 종용했다. 그러나 퓌러와 주교 헴펠은 이를 거부했고 기도회 참석자들은 체포되거나 벌금형을 받아야 했다. 1989년 10월 라이프치히에서 점차 더 많은 시민이 시위에 나섰을 때 그들은 바로 니콜라이 교회에서 기도회를 마치고 나온 사람들이었다. 변혁의 시기가 오자 많은 목회자가 적극적인 정치 활동에 나섰다. 목회자들 가운데 다소 보수적인 인물인 요아힘 가우크[Joachim Gauk, 독일 제11대 대통령(2012~현재)]조차 1989년 동독 변혁기에는 노이에스 포럼에서 활동하고 있었다. 동독의 변화를 혁명이라고 부른다면[50] 그 혁명은 일부에서 그렇게 부르듯이 개신교 혁명이라고 해도 크게 과장된 것은 아니라고 할 수 있다.

1990년 1월 독일개신교연합과 동독개신교연맹 대표들이 로쿰(Loccum)에서 모여 동, 서독의 분단이 사라짐에 따라 독일 프로테스탄트 교회 역시 하나로 통합한다는 "로쿰 선언(Loccumer Erklärung)"을 발표했다. 이로써 단절되었던 동서 교회가 하나의 교회로 연합했다. 그리고 독일개신교연합은 통일을 맞아 높은 실업률과 경제적 어려움 속에서 동, 서독 주민이 서로 책임을 전가하던 시기에 "사회적 통합"을 위해 노력했다.

제3장

프로테스탄트 교회의 복지사회 건설 노력

　1945년 이후 독일 개신교는 사회복지 활동에서 새로운 지향을 보여주었다. 현재 수많은 교회 기관이 조직적으로 사회복지 부문에서 적극적인 활동을 벌이고 있을 뿐 아니라 교회의 사회윤리 자체를 재정립했다고 할 수 있다. 특히 "1955년의 전환"은 그 중요한 계기가 되었다. 이때 열린 독일 전국 개신교 대회는 "교회와 노동 세계(Kirche und Arbeitswelt)"를 주제로 삼아 교회의 산업-사회사업을 전국 교회 최대 관심사로 만들었다. 1990년 정치적 통일을 이룩한 독일 사회에 '사회 통합'이 중요 과제로 떠오른 현실에서 교회가 부분적이나마 사회 통합에 나설 수 있었던 저력은 이런 전통에서 비롯되었다고 할 수 있다. 사회문제에 대한 인식과 실천에서 그다지 주목할 만한 활동을 보여주지 못한 독일 개신교의 사회적 실천에 관심을 기울이는 이유가 여기에 있다. 교회의 "사회적 책임" 전통에서 출발해 전후 독일 개신교의 복지사회 건설에 이바지한 여러 노력을 찾아봄으로써 한국 교회의 사회적 역할을 뒤돌아보고 방향을 재설정하는 데 도움이 되리라는 기대에서 이 주제를 따로 다룬다.

1. 교회의 사회적 책임 전통

독일 개신교의 사회사업은 디아코니아 운동에서 시작되었다고 할 수 있다. 18세기와 19세기에 나타난 각성 운동과 내적 선교는 이 운동에 씨를 뿌렸다. 물론 독일 각성 운동과 내적 선교의 정치적 지향에는 문제가 있었지만, 사회적 약자를 돌보려는 의지에서 그들은 신학적 합리주의자나 자유주의자들을 앞서 있었음에 틀림없다. 이 디아코니아 운동의 싹을 틔운 사람은 비헤른이었다. 그 뒤를 이어 구스타프 베르너(Gustav Werner, 1809~1887)와 보델슈빙이 중요한 역할을 했다.[1]

그러나 비헤른의 핵심적인 사회정책의 목표는 실질적·안정적인 가정 구조의 보장이었다. 그는 산업사회의 사회적 해체 현상을 맞아 다양한 노동 및 소유 상태를 기독교적으로 연합함으로써 새로운 질서를 창출하려고 했으나, 실제로 그의 목표는 "가부장적 관계를 새롭게 함으로써 모든 사회 계층의 기독교적 갱생"이었다. 비헤른의 의도는 공장 노동자들을 개혁적인 가부장적 질서로 재편입시키려 노력했다는 특징이 있다.[2] 자본과 노동의 참여 질서에 관한 최초의 제안은 비헤른과 잦은 서신 교환을 가진 빅토어 아이메 후버(Victor Aimé Huber, 1800~1869)에게서 나왔다. 그는 처음에는 소비자 협동조합에 관심을 가졌으나 사용자는 물론이고 국가와 교회 역시 협동조합 제도를 지원할 것으로 기대하기 어렵다고 판단하자, 노동자들의 연맹 결성의 자유와 파업권을 보장해야 한다고 생각했고 자본과 노동이 생산과정의 동등한 부분이듯이 양자는 평등한 권리를 갖는다는 생각을 발전시켰다. "한편으로 경영과 지도역을 맡은 자본과, 다른 한편으로 공통으로 생산에 참여하는 노동은 각기 고유한 역할을 갖는다"라는 것이 그의 생각이었는데 실로 창의적인 발상이었다.[3] 사회적인 기회의 원칙이란 차원에서, 후버는 처음으로 이후 노동자들의 공동결정권으로 발전한 권리를 요청했고 "가부장적인 가장(Herr im Haus)"*
이란 관용어로 표현할 수 있는 비헤른의 입장을 극복했다.

독일 프로테스탄트 교회는 19세기 산업사회를 맞아 급성장한 노동자들의
영적·정신적인 요구를 충족시켜 영혼을 돌보는 일에 실패했다고 볼 수 있다.
독일 역사에서 특히 사회민주주의적인 노동자들에게 희망을 준 것은 프로테
스탄트 교회가 아니라 교회를 대체한 정당이었다.[4] 이로써 독일사회민주당의
이데올로기가 "민중의 아편"으로 불린 종교의 자리를 대신했다. 실제로는 보
수적인 정당과 결합해 있으면서 매끄러운 설교로 사회 프로테스탄트적(sozia-
lprotestantisch) 노력들을 방해하는 설교가들 때문에 개신교 신앙 속에서 자란
도시 노동자들이 제국 독일, 특히 프로이센에서 자신들보다는 재산 소유주, 자
영 농민, 소부르주아, 공장주와 가까운 교회에서 거리를 두게 되었다.[5]

도시 하층민을 교회로 끌어들이려는 일에서 진지한 노력을 보여준 거의 유
일한 사람은 궁정 설교가 슈퇴커였다. 그가 정치적 우파였다는 사실은 이미
밝힌 바 있지만 그럼에도 그의 비도그마적인 사회 개혁적 자극은 상대적으로
개방적이었고 그래서 교회가 아무런 행동도 하지 않는 것에 불만을 품은 젊은
목사들과 지식인들에게 해방을 지향할 용기를 주었다는 사실은 논란의 여지
가 없다.[6]

슈퇴커는 이미 1874년에 궁정 설교가가 되었지만 거기에서 멈추지 않았다.
1880년 부퍼탈에 있는 바르멘 방직공장을 방문한 그는 노동자들의 열악한 상
황을 보고 지역 교회 목회자들에게 "민중 속으로 들어가지 않고 노동자들의
물질적 어려움에 함께 고통을 느끼지 못한다면 그는 진정한 그리스도인이 아
니다"라면서 분노했다.[7]

---

* 당시 독일 기업인들은 자신이 설립한 기업에서 가정의 가장처럼 행세했다. 가부장적인
  가장은 이런 사실을 드러내는 관용구로 쓰인다.

슈퇴커는 사회정책과 세계관에서 사회민주노동자당(Sozialdemokratische Ar-beiter Partei)에 맞서는 정당을 만들고 싶어 1878년 기독교사회주의(Christlicher Sozialismus) 정당을 창립하려고 노력했지만 실패로 끝나고 말았다. 이미 노동 대중의 계급의식은 사회민주주의 운동에 자극받아 과학적 유물론에서 지성적 표현을 발견했기 때문에, 그의 기대와 달리 대중은 그의 종교적 주장을 시대에 뒤떨어진 기존 질서의 부록에 지나지 않는 것으로 보았다. 그러나 그는 자영업자, 상점주, 소규모 상인, 하급 관료 등 중, 하층 계급과 사용자에게서 점차 지원을 얻었다. 사회주의자, 자유주의자, 유대인 등과 같은 이른바 종교와 정상 사회의 적들에 맞서려는 그의 결의가 그들에게서 정서적 연합을 불러냈기 때문이다.

슈퇴커는 독일 프로테스탄트 교회 내에서 국가의 노동정책에 관심을 가진 드문 예에 속했다. 그가 보기에 국가는 사회적 형평을 위해 법적 조치를 취해야 하고 노조는 경제 및 임금 정책의 한 축으로서 사회질서에 필요불가결한 요소였다.[8] 그는 1890년 초 개신교사회회의를 창립하는 데 주도적인 역할을 했다. 이 단체는 얼마 동안 젊은 세대 사이에 사회참여적인 프로테스탄트 교육 부르주아지의 중심지로서 제 몫을 해냈다.

개신교사회회의는 사회정책협회(Verein für Sozialpolitik)와 나란히 학문적인 작업 결과를 바탕으로 사회 프로테스탄트적 정신에 입각해 정치적 상담을 수행하려 한 일종의 협의회였다. 1891년부터 목사 파울 괴레(Paul Göhre, 1864~1928)가 사무국장을 맡았는데, 그는 같은 해 공장 노동자로서 자신의 경험을 담은 책을 써 갈채를 받았고 또한 약 1000명의 목사들을 대상으로 농촌 사회의 상태를 묻는 완벽한 설문조사를 실시했다. 그는 후에 베버와 함께 개신교사회회의를 위해 이 작업을 진행했다. 베버는 사회정책협회를 위한 그의 농업 노동자 설문 평가에 기초해 괴레의 자료들을 이미 깊이 신뢰하고 있었다.

개신교사회회의의 구성원 중 좌파에 속한 사람들이 다소 비상식적인 언동을 보이자마자, 개신교사회회의 자체에 대한 격렬한 반대가 교회 지도부에서 곧바로 나타났다. 1895년 12월 프로테스탄트 교회 지도부는 신학자와 목사의 사회정책 관련 활동을 금지했고 이어 보수주의자, 지주, 반유대주의를 위한 공개적인 성명을 채택했다. 그 이래 개신교사회회의는 순수한 학문적인 활동에만 전념했다.

이렇게 되자 개신교사회회의 활동가들이 대거 나우만에게로 몰려갔다. 예수 그리스도의 산상수훈 이념을 재발견함으로써 기독교사회주의 운동에 들어서게 된[9] 나우만은 몇 가지 점에서 중요한 의미가 있는 인물이다. 우선 그는 문화 프로테스탄트로서 독일 개신교의 국가 프로테스탄트에 저항했다. 그는 몇몇 지인과 자유정신협회(Freisinnige Vereinigung)를 만들었고 사회적·민주적 지식인, 아방가르드 예술인, 비도그마적인 보수주의자 등 많은 사람과 대화하고 소통함으로써 폭넓은 비공식 연결망의 중심 역할을 담당했다. 또 수많은 자유주의적 프로젝트의 주창자이기도 했다. 그는 새로운 『독일어 정치 사전(Deutsches Staatslexikon)』을 편찬했고 후에는 실제로 베를린에 독일정치대학(Deutsche Hochschule für Politik)을 세운 사람 중 하나였다. 나우만은 그를 따르는 나우만파와 함께 문화 프로테스탄티즘의 적극적인 정치적 분파를 구체적으로 만들어냈다.[10] 이 사회개혁적 분파는 물론 국가교회에서는 아주 멀리 떨어져나갔다.

두 번째로 나우만은 독일 기독교 노조 운동에 의미를 부여했고 나아가 자본과 노동의 공동결정권에 관한 새로운 사고를 제안했다는 점에서 중요한 의미를 갖는다. 이에 대한 이해를 위해 독일의 기독교 노조 운동을 간단히 살펴볼 필요가 있다.

2. 개신교와 노동운동

독일의 기독교인 노동자들은 노동조합 운동에 나섰고 이들이 교회의 역할을 일깨우는 현실적인 압력으로 작용했다. 1894년 기독교 광산노조연맹, 1898년 직물노동자연맹, 1899년 금속노동자연맹이 결성되어 활동하고 있었다. 그리고 마침내 1899년 마인츠 대회에서 이들 노동자 단체를 하나로 연결할 전국기독교노조연합(Gesamtverband der Christen Gewerkschaften)이 설립되었다. 물론 이 연합조직은 가톨릭계 조합원이 압도적인 다수였고 줄곧 다수를 차지했다.

개신교 노동운동으로는 1860년대 이래 몇 개의 프로테스탄트 노동자협의회가 있었다. 1900년까지 6만 명의 회원을 가진 95개 노동자협의회들이 있었지만 이들 협의회는 노동운동의 결과라기보다 개신교 기업가들의 온정주의적 지원에 더 많은 빚을 지고 있었다. "황색(민족주의적 노선)"의 직장협의회는 1914년까지 16만 8000명으로 증가했다. 그러나 이 숫자는 직장협의회와 기독교 노조에 가입한 가톨릭 노동자들의 1/3에 지나지 않았다. 개신교도들이 제국 인구의 거의 2/3에 달하고 "산업 민중"의 대다수를 차지하고 있었는데도 노동운동에서 개신교의 영향은 상대적으로 적었다. 개신교에 특이했던 것은 모든 종류의 협의회가 생겨났다는 점이다. 청소년, 일용 노동자, 알코올 중독 여성, 미풍양속 침해에 대응하는 협의회 등이 있었다.

가톨릭 주도로 이루어지긴 했으나 연합노조 결성은 가톨릭이든 개신교든 기독교 신자들이 조합원으로 가입한 노조 설립을 촉진했다. 곧이어 목수, 미장이, 피혁공의 연합도 만들어졌고 1903년에는 연합 사무국이 설립되었다. 사무총장을 맡은 아담 슈테거발트(Adam Stegerwald, 1874~1945)는 자유노조(Freie Gewerkschaft) 조직을 모델로 기독교 노조를 재조직하려고 했다. 설립한

해에 전국 연합은 회원 1만 7744명으로 출발했는데, 1907년에는 28만 4649명이 되었고 1912년에는 35만 930명으로 증가했다.

기독교 노조는 노조의 목표와 목적을 분명히 해야 할 과제를 안고 있었고, 지역적 분산과 무계획적인 노조 설립에 대처해야 하는 등 해결해야 할 과제들이 산적해 있었다. 그 사이 1899년 마인츠에서 결성된 노조에서 아주 중요한 진전이 이루어졌다. 연합 노조는 분열된 기독교 종파를 모두 포함한다는 결의가 그것이었다. "노조는 종파를 초월해야 한다. 조합원은 2개의 기독교 종파를 포함한 공통의 기독교 전통 위에 서야 한다. 첫 번째 목표는 '종파를 초월하는 노조의 정치적 중립'"이었다.[11] 그리고 "기독교의 기본 원칙에 위배되지 않게 활동해야 한다"라는 사실도 분명히 했다.

그러나 기독교 노조가 실제로 내세운 임무는 조합원들의 직업에 대한 사회적·정치적 훈련, 직업 알선, 실업 보조, 임금 협상, 상호 협력 등 자유 노조의 그것과 크게 다르지 않았다. 기독교 노조는 정치적으로 가톨릭중앙당과 기독교사회주의자들(religiöse Sozialisten)을 지지했다. 그럼에도 기독교 노조는 계급 투쟁에는 거부 입장을 취했고 노동자와 기업가의 파트너십을 강조했다.[12] 하지만 일부에서는 초기부터 기독교사회주의의 노조 이론을 싹틔우기 시작했다. 현존하는 산업자본주의 질서 내에서 노동계급의 통합 임무를 수행하는 것이 노조의 활동 목표였지만 사회주의를 노조 안에 받아들이는 이론 작업이 가능했던 것은 그들이 사회주의를 "기독교 원칙 위에서 정해진 사회 발전 방향에 맞추어 자본주의 질서를 수정하는 수단"으로 간주했기 때문이다.[13]

한편, 개신교 노동자 단체들은 조합원이 기독교 노조에 가입해 활동하는 것을 문제 삼지는 않았으나 보수적·관료적인 개신교 고위 지도자위원회는 1895년에 이미 노조 가입을 "소수 국민 계층의 요청에 응한 무분별한 가담"이라고 비난한 바 있었다. 가장 보수적인 궁정 설교가 슈퇴커는 1898년 "개신교는 시사 문제에 대해 언급할 만큼 성장하지 못했다"라는 말로 이 입장을 두둔했다.

하지만 나우만의 생각은 달랐다. 나우만은 한때 함부르크에서 비헤른과 함께 활동하기도 했으나 노동자 스스로가 문제의 주체임을 강조하면서 종교적인 문제와 사회적인 문제를 연결시키고자 했다. 나우만은 그리스도적 연합이라는 비헤른의 생각을 발전시킴으로써 노동자들의 노조 설립을 정당화했을 뿐 아니라 노동자들의 지위를 강화하기 위해서는 자본에 대한 실제적인 제한이 가해져야 한다는 생각으로 나아갔다.[14] 따라서 나우만은 노동을 공동체의 주도력으로 보고 자본과 노동의 "공동결정(Mitbestimmung)"을 노동계의 참여에 기초한 자본과 노동의 집단적 권리로 이해했다.[15] 그의 장기 목표는 "기업의 민주화"와 "공장 의회주의(Fabrikparlamentarismus)"였고 이를 위해 기업자문위원회 설치를 지지했다.[16]

한편, 그의 진취적 공동결정 개념에도 불구하고 나우만은 노동자들이 오로지 애국심을 갖고 국가에 의지해 행동할 때 비로소 어느 정도 무엇인가에 도달할 수 있다는 생각을 갖고 있었다는 평가를 받는다.[17] 어쨌든 전체적으로 보면 나우만은 문화 프로테스탄티즘 주창자로서 그리고 노동조합 운동의 지지자로서 독일 개신교 안에서 특별한 위치를 차지한 인물이었다.

기독교 노조의 사회보험정책에 대해 간단히 언급해야 할 차례이다. 기독교 노조가 활동을 시작한 시기는 비스마르크의 사회보험이 실시된 시기이기도 하다. 비스마르크는 "노동자와 국가 사이에 화해를 이루게 하고 그들의 혁명적 충동을 억제하는 효과를 가져올 것이기에"[18] 노동자를 위한 국가의 지원이 필요하다고 선언했다. 그러나 이러한 주장의 기저에는 사회보험이 "인간성과 기독교의 의무"라는 기독교적 인식이 자리하고 있었다.[19] 독일 기독교 노조는 당대 노동운동의 주류였던 사회민주주의적 자유 노조가 주로 계급투쟁에 관심을 기울인 데 비해 처음부터 사회보험을 적극적으로 수용하고 주창했다. 노조가 사회보험에 어느 정도 영향을 미쳤는지는 논란의 여지가 있고 또 나라에 따라 편차가 크기는 하지만,[20] 독일 기독교 노조는 1883년 6월 15일에 법제화한 독일 의료보험에 대한 입장에서 보이듯이 사회보험의 중앙 관리를 꾸준히 지지해왔다.

1876년의 의료보험 입법 과정에서 자유 노조는 의료보험이 모든 직업의 건강 위험에서 노동자를 보호하는 일반적인 보험이 되어야 한다는 주장 아래 지역을 기초로 한 단일 조직이 되어야 한다고 요구했다.[21] 그러나 막스 히르슈(Max Hirsch, 1832~1905)를 따르는 노조는 자조 이념의 근간을 인정할 것과 이를 토대로 가능한 개인의 책임성이 유지되는 직업 의료보험을 요구했다.[22] 이것은 사회민주주의 노동운동을 견제하려는 의도를 담고 있는 주장이었다.

이에 대해 기독교 노조 세력은 중간을 취했다. 한편으로 의료보험의 직업 신분적 조직을 찬성했으나, 다른 한편으로 이 보험이 여러 갈래로 분열하는 것에 반대해 기업별 의료보험이나 동업 조합별 의료보험에는 반대한다는 점을 분명히 했다. 기독교 노조의 제안서 입안자는 디크 글라트바흐(Dick M. Gladbach)였다. 그는 지역 공동체를 토대로 지역 집중화를 요구했는데, 비슷한 경제적 이해관계를 갖고 있고 지리적으로 가까운 지역 공동체를 하나의 보험 지역으로 묶는 것을 최선의 방안으로 보았다.[23] 이것은 자유 노조의 주장과 거의 비슷한 방향이었다. 중요한 사실은 기독교 노조가 처음부터 국가가 관리하는 사회보험을 선호했다는 사실이다.

한편, 기독교 노조 조합원들은 여러 제약에도 불구하고 공동 결정과 관련해 새로운 생각을 발전시켰다. 그들은 무제한의 노조 결성권과 노동관계 법제화를 요구하는 한편, "모든 노동관계에 관련되는 기회에 노동자의 법적 참여"[24]에 지대한 관심을 보였다. 한 기업 내의 공동 결정 차원에서는 노동위원회를 설치할 것과 개별 기업을 넘어서는 전체 경제 차원에서는 사용자와 노동자가 동수로 참가하는 노동협의체를 구성할 것을 요구했다. 이 요구는 사회주의적 계급투쟁 사상의 대안이었는데, 동등한 권리를 갖는 노동자와 사용자의 협의와 조정을 토대로 양자 사이의 대립을 없애고 공동의 기회들을 규정해 동반자적인 관계를 성숙시킬 수 있을 것으로 보았기 때문이다.[25]

바이마르공화국 시대는 새로운 전환을 마련할 여지도 있었지만 동시에 불안정한 시대이기도 했다. 다양한 지향 중 이때 처음으로 등장한 기독교사회주의자들은 교회 내에서 공동결정권과 관련해 과격한 입장을 대표했다. 독일기독교사회주의자연맹(Bund der religiösen Sozialisten Deutschlands)의 주도적인 이론가 게오르크 뷘슈(Georg Wünsch, 1887~1919)는 자신의 사회윤리 이론에 기초해 노동 요소가 사유재산 요소보다 우위에 있음을 주장했고 이에 토대를 둔 노동자들의 포괄적인 공동결정권을 요구했다. 그는 노동 수행의 인간화는 물론이고 각 노동자의 자본 소유 통제권과 기업의 재정 상황 감시권 등을 언급했다.[26] 실질적으로 의미 있는 노동이 가능하도록 그는 생산 및 이윤의 배분에 대한 노동자의 공동결정을 요청했다. 뷘슈는 기업자문위원회 설치와 그 결정권의 확대를 이 방향으로 가는 첫걸음으로 보았다.[27]

기독교사회주의자 카이로스 그룹의 사회, 경제정책 이론가 에두아르트 하이만(Eduard Heimann, 1889~1967)의 생각 역시 비슷한 경향을 보였다. 그는 노동권의 의미를 "노동의 결과에서뿐 아니라 노동 안에서 그리고 노동 중에 성취되어야 할 노동자의 권리"로 해석했다.[28] 그 역시 기업자문위원회를 두자고 제안했는데, 비록 이 위원회가 처음에는 커다란 권한을 갖지 못한다 하더라도 나중에 그것이 "기업의 절대주의, 자본의 지배 및 노동에 가해지는 시장 원리 등의 종말"을 가져올 수 있는 위원회가 될 것으로 기대했다.

그러나 바이마르공화국 시대에는 이론의 진전은 있었지만 성취된 것은 거의 없이 지나가버렸다. 개신교는 이 민주 정부에 대해 그다지 호감을 갖지 않았고 의심의 눈길을 보내고 있었다. 기독교 노조 역시 조합원의 수에서 자유 노조보다 훨씬 적었던 데다 실용주의 노선을 걷고 있었을 뿐이었다. 기독교 노조는 정치적 입장에서 독일노동조합연맹(Der Deutsche Gewerkschaftsbund: DGB) 내 국가주의적 견해를 가진 그룹과 의견을 같이했다. 기독교 노조 또한 바이마르공화국을 인정하지 않으려는 자세를 굽히지 않았다. 그뿐 아니라 기독교 노조 가운데는 새로운 중산층 이데올로기를 고안해 자본과 노동 사이의 중재자 역할을 할 수 있으리라는 환상에 매달리는 노조들도 나타났는데, 특히 자신들을 노동자가 아니라 중간 관리자로 이해한 기독교사무원노조(Christlich -Angestellte Gewerkschaft)는 두드러진 사례였다. 1911년에 이미 사무직 노동 자보험을 얻어낸 사무직 노동자들은 히틀러의 "민족의 동지"로서 국가사회주 의의 권력 장악에 크게 이바지했다.*

3. 전후 교회의 복지사회 건설 노력

1945년 독일 패망 후 독일 기독교 엘리트들은 비마르크스주의적이면서 사회주의적인 노동자당을 만들려고 시도했다. 그러나 이 노력은 기독교권을 전체로 규합해 초종파적·민주적인 정당을 만들어야 한다는 주장에 밀려 성사되지 못했다. 그 대신 노동자당을 구상했던 야콥 카이저(Jakob Kaiser, 1888~1961)를 비롯한 소수 인사들은 노동자 조직의 정치적·경제적·사회적 전통을 효과적으로 이용하려는 새로운 정당을 만들었는데, 이 정당이 기민당이다.

---

* 독일어 'Angestellten'는 anstellen(고용하다, 임명하다)에서 유래했는데, 사용자에게서 임명받은 자들이란 의미이다. 실제로 독일에서 사무직 노동자들은 자신들을 노동자로 이해하는 대신 중간 관리인으로 이해했다. 따라서 영국 화이트칼라 노동자들이 노동당 지지자였던 것과 다른 정치적 입장을 보여주었다.

처음 이 정당은 이데올로기적으로 기독교사회주의에서 자극받았다.

그러나 기민당의 기독교사회주의는 기독교와 사회주의의 통합이 아니라 굳이 한쪽을 들라면 기독교 쪽으로 기울어진 이념이었다. 1946년 뷔르템베르크-호엔촐레른 기민당 고시문에 "기독교사회주의란 우리 모두의 경제적 노력의 원칙이다"라고 선언한 그 원칙은 이미 1945년 6월 "쾰른의 사설"에 나타난 그대로 사회주의적 색채를 지우고 있었다. "사유재산 관계는 사회정의의 원칙에 의해 또 모두의 복지 요구에 따라 규정되어야 하며 …… 전체 복지가 필요로 하는 데까지 공유재산을 확대시켜야 한다"라는 정도에 그쳤다. 이어 1948년 기민당 내에 새로운 자본주의적 시장경제를 지향하는 세력들이 확고한 지위를 차지하고 있었다. 그뿐 아니라 기민당 당원 역시 국민 구성과 크게 다르지 않았다. 전체 인구 중 39%인 노동자는 기민당 당원의 35%였고, 전체 인구의 10%인 사무원은 기민당 당원의 12%, 전체 인구의 8%인 공무원과 11%인 자영업자는 동일한 비율로 기민당 당원이었고, 전체 인구의 14%인 농민은 기민당 당원의 15%, 전체 인구의 18%인 연금 생활자는 기민당 당원의 19%였다.[29] 이 수치는 노동자가 다수를 차지하는 독일사회민주당과 비교할 때 다원적이었고 "사회 성분의 공통분모를 하나로 통일하고 일정한 사회적 틀에 규정되는 것을 회피하는" 통합 정당으로서의 면모를 보였다.

기민당의 정치적 지향은 1949년 서독의 '기본법(Das Grundgesetz für die Bundesrepublik Deutschland)'에 투영되었다. '기본법'의 중요 사항은 인간의 존엄성은 침해될 수 없고, 모든 사람은 자신의 개성을 자유롭게 발전시킬 권리를 갖도록 양심과 종교의 자유는 심지어 전쟁 중이더라도 침해할 수 없을 정도로 강화되었으며, 모든 국민은 자신의 생각을 말과 글 또는 여러 매체를 통해 자유롭게 표현할 수 있도록 규정했다.

또한 서독의 '기본법'은 사회적 약자에 대한 보호를 국가의 의무로 규정했다. 물론 복지국가의 등장에는 여러 요소가 작용했다. 한편으로 전후에 경제적 부흥이 이어졌고 노동운동 세력을 비롯한 국민의 사회보험에 대한 요구가 있었기에 가능했지만, 다른 한편으로 전쟁 기간에 국민 총동원의 필요성을 절감했던 경험이 국가로 하여금 전 국민을 수혜 대상으로 하는 복지국가 건설에 나서게 만든 동인으로 작용하기도 했다. 아무튼 '기본법'은 취약한 사회, 경제 상태에 처한 사람들의 사회적·경제적 지위 향상을 위해 국가가 고유한 수단을 동원해 시장에 개입하는 것을 연방국가의 의무로 만들었다. 서독의 '기본법'은 독일연방공화국이 이른바 '사회적 국가(Sozialstaat)'임을 명시했다.

사회적 국가의 경제 제도는 국가사회주의 시대의 계획 경제 아래서 개인의 창의성과 자발성을 규제했던 것을 철폐하는 한편, 자본주의의 무한 경쟁에서 약자를 보호하는 것을 주요 내용으로 하는 사회적 시장경제(Soziale Marktwirtschaft)를 대안으로 삼았다.[30] 사회적 시장경제의 목표는 "우파적 국가에서 보장되는 정치적·경제적 자유와 사회적 정의와 안전이라는 사회적 국가의 목표, 이 둘의 종합"이었다. 물론 사회적 국가나 사회적 시장경제는 기민당의 창작품이라기보다 독일의 역사적 경험의 산물이었다. 바이마르공화국의 헌법 정신과 나치의 국가사회주의 경험을 성찰해 계승한 것이었다. 그뿐 아니라 전후 독일은 새로운 산업사회로 진입하고 있었다. 전쟁 기간에 이루어진 인프라 구축과 전후 미국의 경제 지원이 서서히 경제적 기적을 준비하고 있었다. 이른바 "장기 50년대"[31]의 호황을 눈앞에 두고 있었다. 이 산업사회는 이데올로기적으로 보면 교회와 가족의 결합을 느슨하게 하는 자의식을 낳고 있었고 독일 개신교에게 "전환"을 촉구하고 있었다.

1) 1955년의 전환

독일 프로테스탄트 교회는 이와 같은 변화를 받아들였고 그에 따라 변화를 모색했다. 1945년에 시작된 변화는 1955년에 일대 전환점을 맞았다. 이때부터 교회를 한편으로 하고, 전통적인 "좌파 정당" 또는 노동조합 지향적인 노동운동을 다른 한편으로 하는 양자 사이의 부담스러운 관계가 바뀌기 시작했다. 당시 교회의 사회 업무에 참여했던 빌헬름 팔부슈(Wilhelm Fahlbusch, 1929~2014)는 1955년을 "운명적인 분기점" 혹은 "하나의 변혁"이라고 표현했다.[32]

1955년 에스펠캄프(Espelkamp)에서 열린 독일 전국 개신교 대회가 "교회와 노동 세계"라는 주제를 내걸고 교회의 산업-사회사업을 전국 교회 최대의 관심사로 만들었다. 이를 기초로 각 주의 교회들이 재정 및 인적 자원의 중요 부분을 산업-사회사업에 배치하기 시작했다. 이에 따라 사회사업 담당 전임자가 임명되었다. 1955년을 변혁이라고 부를 수 있는 사건은 또 있었다. 이때 독일 노동조합연맹에 맞서 기독교 노조를 만들겠다는 일각의 시도를 독일개신교연합이 좌절시켰다는 사실이다.

가톨릭 노동운동의 책임 있는 간부들은 독일노동조합연맹의 사회민주주의적 강령에 대한 불만으로 가톨릭 노동자들을 분리해 새로운 기독교 노조를 만들려고 시도했다. 이때 독일개신교연합의 최고 의결기구인 고위 지도위원회는 개신교 노동자들이 계속해서 독일노동조합연맹에서 함께 일할 것을 분명하고 공개적으로 호소해 노동운동의 분열 위기를 막았다.[33] 이렇게 되자 독일 노동조합연맹과 독일사회민주당은 교회가 노동자들을 기민당 지지자가 되도록 하는 데 목표를 둔 기독교 노조의 지원 부대라는 혐의를 더 이상 유지할 수 없게 되었다. 더구나 대표적인 개신교 지성인인 하이네만과 프리드리히 카렌베르크(Friedrich Karrenberg, 1904~1966)는 "개신교인은 사회주의 경향을 띤 정당에서도 신앙에 충실할 수 있다"라고 공언했다.

이렇게 해서 개신교 사회윤리의 새로운 지반이 다져졌다. 독일개신교연합 고위 지도위원회의 디벨리우스는 총회 인사말에서 이렇게 선언했다. "교회에 중요한 것은 다른 무엇보다 하나님의 뜻이 노동 세계에서도 일어나게 하는 것이다."[34] 디벨리우스의 이 말은 다소 모호하기는 하지만 프로테스탄트 역사에서 처음으로 노동 세계로 관심을 돌림으로써 교회가 자유-민주사회의 형성에 동참하기로 했다는 점에서 의의를 찾을 수 있다. 나아가 전후 시대 교회의 윤리적 결단이 개인의 사인(私人)으로서의 존엄성과 자유, 하나님과 이웃에 대한 이중의 연대와 책임, 불공평하게 분배된 삶의 기회의 전 사회적인 조정 의무라는 3대 범주로 확장되는 계기를 마련했다고 할 수 있다.

독일 개신교가 사회윤리적 전환을 이루는 데 이바지한 다른 요소는 일찍이 개신교가 발전시켜온 국민교회라는 자기이해였다. 디벨리우스의 말을 다시 인용하면 "교회는 하나님의 뜻으로 살아 있는 모든 존재자에게 공평해지려고 노력해야 한다". 그 모든 존재자의 범위는 국민이었다. "국민의 국민을 위한 교회로서 개신교는 정당들에 끌려다니거나 정당이 되어서는 안 된다."[35] 그 내용은 첫째, 외부 활동에서 "합의 지향적 의지"를 갖는 것이고, 둘째, 내부에서는 "비획일적 다양성"을 추구하는 것이었다. 교회 외부 활동에서 교회는 누구에게도 위협을 가하지 않고 모든 사람에게 공평을 보장해주자는 것이고 내부에서는 각자 양심의 자유에 따라 의견을 말하고 행동할 수 있도록 하자는 것으로, 교회의 사회 교리는 그가 누구이든 그를 구속해서는 안 된다는 주장이었다.

개신교의 사회윤리적 전환을 촉진한 또 다른 요소는 교회 구성원의 사회학적 구성에 대한 반성이었다. 에버하르트 뮐러(Eberhard Müller, 1906~1989)는 에스펠캄프의 개신교 대회에서 100개의 베스트팔렌주 교회 공동체의 사회적 구성에 관한 연구 결과를 발표했다. 그의 연구에 따르면 예배 참석자의 80％가 "소부르주아"와 보수주의자였고 이들이 교회 공동체 직분의 100％를 차지하고 있었다.[36] 그로부터 27년이 지난 1982년 베를린의 슈판다우(Spandau)에서 열린 개신교 대회는 "교회는 노동 세계에 다가가는 데 여전히 많은 어려움을 겪고 있다"[37]라고 토로했다.

그럼에도 이러한 전환의 결과는 성과를 가져왔다. 독일 프로테스탄트 교회가 사회복지 활동에서 보인 성과는 단순히 사회급여를 증대시키는 양적 변화라기보다 구조적 전환이라고 할 수 있다. 우선 종래와 달리 교회가 사회복지를 위한 기관들을 교회 내 혹은 독일개신교연합 차원에서 설치했다는 점이 두드러진 변화였다. 전쟁 전까지만 하더라도 교회의 복지 활동은 개인적인 차원에서 수행되거나 일부 조직을 통해 이루어졌다. 몇몇 목회자, 집사, 교무 조력자 등이 사적으로 활동하거나 협의회를 통해 사회봉사를 하는 것이 거의 전부였다. 디아코니아 활동이 그 두드러진 사례였다.

그러나 전후에는 다양한 교회 기관이 "국가의 재정 지원을 받아" 조직적으로 사회복지를 위해 활동하고 있다. 개신교의 사회적·정치적 정책 형성 기구들이 제도적으로 뿌리를 내린 것과 궤를 같이하면서 사회안전위원회(1946), 가족문제위원회(1953), 근로자 문제 대처 팀(1951), 개신교 구호국과 사회 선교회를 통합한 디아코니아 사업단(1957), 개신교 아카데미들이 개신교 안에 잇따라 만들어졌다.

이들 기구를 중심으로 한 개신교의 사회복지 실현을 위한 노력의 결과도 놀라운 수준이었다. 1949~1969년까지 45개 사회, 정치 관련 법안 목록과 교회의 연감과 입장 표명 성명서를 교차 비교하면 이들 법안의 입법에 교회가 얼마나 많은 노력을 기울였고 영향을 미쳤는지 어렵지 않게 찾아볼 수 있다. 이들 법안 중에는 1951년 석탄, 철강 공동결정권, 1951년 노동자, 사무원 사회보험, 1954년 자녀 양육 지원, 1963년 주거비 보조 등 관련 법안들이 들어 있다.

또한 교회는 1950년대 후반 이래 사회정책적 문제를 토론에 부쳐 신학적 판단, 상황 분석 결과, 사실 적합성 등을 서로 연결해 결론을 얻고 이를 종래에 사용하던 "고지(Kundgebungen)"나 "가르침(Wort)"이 아니라 "지침"으로 발표했다. 공개적·합리적인 토의의 산물이자 학문적 성과라는 위치를 확보할 수 있는 대응이었다.

그러나 교회의 사회정책에 문제가 없었던 것은 아니다. 특히 국민교회 개념에 문제가 도사리고 있었다. 1950년대에 이미 교회 내부의 "비획일적 다양성"은 문제를 드러냈다. 그 다양성이 교회 내 민주화를 이루기는커녕 교회의 지향점을 불분명하게 만들었다. 노조 지도자들이 산업-사회사업의 동료로서 교회가 노동자의 이해를 위해 교회 내 불협화음을 잠재워주기를 바랐을 때 교회는 전혀 움직이지 않고 침묵을 지켰을 뿐이다.[38] "합의 지향" 역시 그 의미가 불분명했다. 자본(총 자본으로서의 자본)과 노동(계급으로서의 노동)의 경계 지점에서 다리를 놓겠다는 교회의 합의 지향은 현실과 대단히 동떨어진 발상이었다. 자본과 노동의 관계는 법적·사회적으로 동일한 비중이 아니라 구체적인 세력 관계, 즉 지배와 종속으로 극히 불평등하게 규정되기 때문이었다.

실제로 교회가 발표한 1962년의 지침의 내용을 보면 공평한 분배의 정의를 묵살하고 정치적 안정과 사회적 평온을 우선했다는 비판에 직면했다. 생산수단에 대한 처분권을 온존시킴으로써 연방 정부의 낡은 선언을 반복하고 있을 뿐 새로운 사회 모델을 거부해 결국 재산 소유자들의 이해를 대변했다는 비판이 그것이었다.[39]

볼프강 후버(Wolfgang Huber)에 따르면 개신교 사회정책 형태는 크게 두 가지 점에서 문제를 안고 있었다. 그 하나는 독일개신교연합의 공공 책임 및 사회안전위원회들이 정당 및 사회단체 지도부를 교회 구성원으로 끌어들이는 데 목표를 두고 있어 윤리적 결정의 문제를 그 간부들의 지배에 순응시키는 위험을 배태했다는 것이고, 다른 하나는 교회의 선언과 달리 교회에서 나온 지침들이 내부에서 의사 형성 과정을 거치지 않아 교회 기층부에 어떤 지원세력도 갖지 못했고 업무 담당자들의 정당성 확보에 일차적인 기능을 두는 것으로 변질되었다는 것이다.[40]

일부에서 비판을 받기는 했지만 독일 개신교는 기존의 사회윤리적 입장에 기초해 끊임없이 지침을 내놓았다. 그중에서 1968년 11월 14일 독일개신교연합 대표자 회의에서 채택한 "공동결정안 연구"는 공동결정권에 관한 개신교의 신학적 고려를 종합하고 있다는 점에서 의미가 있다. 이 연구의 중심적인 사회윤리적 범주는 "동반자(Partner)" 개념이다. 이 연구는 "사회집단들 사이의 동반자 관계"가 하나님의 협력자로서 자유로운 가운데 공동 책임을 지면서 세상을 형성해가는 인간의 존엄성에 가장 부합한다는 기본 인식을 보여주었다.[41] 이에 따르면 사업 기술적인 차원에서 자본과 노동의 위계 서열의 존속이 불가피함에도 불구하고 노동자가 개인성을 발현하고 일상적으로 공동 책임에 부응할 수 있어야 한다는 것이었다. "자본 소유자에게 주어진 권리의 축소가 아니라 재산과 노동은 산업사회에서 기본적으로 같은 가치를 지니고 있다"라는 인식에 근거해 개별 사안에서 갈등을 일으키기 쉬운 동반자 관계의 구체적인 체현으로서 자본과 노동이 서로에게 부여한 권리에서 공동결정권을 도출해냈다.

이러한 신학적 주장에서 끌어낸 결론은 석탄, 철강 산업 공동결정권에서 성취된 바와 같은 노사 동수의 공동결정권이었으나 단지 법 제정 단계에서 어려움이 예상된다는 이유만으로 내부에서 거부되었다. 이 연구는 다른 몇 가지 구체적인 조치를 제안하기는 했지만 말이다.[42] 이로써 개신교의 "사회 동반자적 관계"는 그 한계를 확연히 드러내는 결과를 낳았다. 이 동반자 관계는 조직적인 프로그램이 아니었고 "책임 있는 사회"를 만들기 위한 구체적인 길을 제시하지도 않았다. 개신교의 사회 동반자적 관계는 내부의 벽에 부딪혀 일찍 좌초한 셈이다. 하지만 이는 계급투쟁을 극복하고 사회적 압력을 조정하려고 노력하며 사회적 모순을 지양한다는 점에서 독일 개신교의 사회적 지향을 요약하는 단어로서는 의미가 있었다.[43]

그 후 개신교 사회정책은 한편으로 실용주의가 강세를 보였고, 다른 한편으로 아예 사회문제에 거리를 두어야 한다는 주장마저 제기되었다. 이러한 비판적 이해와 1970년대에 닥친 경제 위기는 교회의 사회정책에도 약간의 변화를 가져왔다. 그러나 종전 후 독일 개신교의 사회윤리적 전환이 있었던 것은 분명하고 그 후의 위기와 변화들이 이 전환을 거꾸로 돌리지는 못했다. 한 예로, 개신교의 의미 있는 사회사업 부문인 디아코니아 사업단에서 일하는 실무자는 주요 기구와 부속 기구를 모두 합해 약 70만 명으로 늘었다.[44]

1990년 10월 동, 서독이 통일된 후 교회의 역할과 책임은 오히려 증대되고 있다. 독일 통일은 전문가들조차 예상하지 못했던 대변화였다. 그러나 정치적 통일이 실현되었다고 해서 동, 서독 사회가 곧바로 하나로 통합된 것은 아니었다. 사회적 시장경제가 뒷받침하고 사회보험제도가 사람들을 하나로 묶는 데 일정한 역할을 하기는 했지만 사람들은 서로 불신을 숨기지 않았고 실업 같은 사회문제가 이런 불신을 오랫동안 강화했다. 교회는 이런 시대를 맞아 동, 서독 주민들의 생활 세계를 하나로 통합하는 중차대한 과제에 직면했다. 전후 독일 개신교의 전환이 다시 실험대에 서게 되었다. 독일 개신교의 사회윤리적 전환은 비록 국가 지원을 받고 있다는 점 때문에 복지사회라는 큰 테두리 안에서 그 활동을 펼쳐온 것은 사실이지만, 이제 독일 개신교는 국가의 동반자 지위를 벗어나 독일 사회로 좀 더 가까이 다가갈 수 있는 중요한 기회를 맞고 있다는 점은 분명해 보인다.

독일 프로테스탄트 교회의 복지사회 건설 노력을 긍정적으로만 평가할 수 있는지는 좀 더 폭넓은 비교 연구를 필요로 한다. 사실 독일 복지 제도는 흔히 '조합주의적 사회보험(cooperative Sozialversicherung)'이라는 평가를 받는다.

요스타 에스핑 안데르센(Gøsta Esping-Andersen)은 자본주의 복지 시스템을 세 가지로 구별했다. 인간이 어느 정도 노동시장의 상품 지위에서 자유로울 수 있는지(탈상품화), 복지 제도가 어떻게 계층 체계를 완화시키는지(계층화), 노동시장을 떠난 후에 받는 노후연금이 어느 정도 시장과 연결되어 있는지에 따라 이른바 복지 자본주의를 "세 세계"로 나누었다. 그에 따르면 스웨덴을 비롯한 북유럽 국가들은 사회 통합적·민주적·사회 민주적 복지사회이고 독일과 프랑스 등 대부분의 유럽 국가들은 "조합주의적" 복지사회이며 미국과 영국은 시장 의존 정도가 심한 자유시장적 복지사회이다.[45]

독일 사회보험제도에 따르면 노동자들이 질병이나 시장구조 변화에 따라 노동시장을 떠나면 복지사회에서 누릴 사회적 권리가 대폭 줄어든다. 그뿐 아니라 국가는 시장에서 제공한 노동에 따라 1차적으로 분배된 부를 세금이나 공공복지정책 등을 통해 "재분배"하는 기능을 사회 민주적 복지제도에 비해 제대로 수행하지 않는다. 노후연금 역시 노동시장에서 수행한 역할을 거의 그대로 반영해 은퇴 후 노동자들 사이에 삶의 질 차이를 거의 좁혀주지 못한다. 이 점에서 독일 사회보험제도는 시장 세력들 사이의 세력 관계에 따른 타협의 산물일 따름이고 사회적 약자에 대한 배려에서 취약하다.

프로테스탄트 교회가 사회보험을 제도화하려고 한 노력은 독일 사회를 현재의 복지사회로 견인한 것인가, 아니면 독일 사회가 좀 더 사회 민주적인 복지사회로 가지 못하도록 발목을 잡은 것인가? 이 질문에 대한 답은 현재 독일 사회에서 작동하는 사회보험을 어떻게 평가하느냐에 따라 달라지겠지만, 앞으로 교회가 어떤 노력을 기울이느냐에 따라 달라질 것으로 보인다.

나가며

    루터의 종교개혁 500주년을 맞아 독일 프로테스탄트 교회는 이미 2008년부터 "루터 10년"을 선포했다. 독일개신교연합은 2014년 종교개혁 신학의 핵심을 "오직 그리스도(Solus Christus)", "오직 은총(Sola Gratia)", "오직 말씀(Solo verbo)", "오직 성서(Sola scriptura)", "오직 믿음"으로 다시 요약했다.[1]

    그러나 루터의 가르침에 기초한 교의의 정리도 필요하지만 독일 교회가 당면한 문제는 현실에 있다고 본다. 독일의 종교개혁이 가톨릭이 말하는 "교회의 분열"이 아니라 "복음의 회복"이라 하더라도 독일 개신교는 루터의 종교개혁을 기념하는 데 안주할 수만은 없는 위축 국면을 맞고 있기 때문이다. 우선 쉬운 이해를 위해 수치를 동원해보자. 독일개신교연합은 1990년 2만 700개의 건물을 사용했지만 2012년에는 830곳이나 줄었다. 교회가 없어졌거나 용도를 바꾸었기 때문이다. 작센주에서 세례받은 사람이 1990년에는 1만 3043명이었는데, 2010년에는 6843명으로 감소했다. 베스트팔렌의 교회들은 2012년 1850개인 목회자 일자리를 2030년까지 800개로 줄일 계획을 세웠다.[2]

    그러나 이 수치가 위기의 모든 것을 설명하지는 못한다. 많은 사람이 기독교를 아주 떠나지는 않았기 때문이다. 독일에서 아직도 주민의 거의 2/3는 '공식적으로' 기독교인이고 프로테스탄트와 가톨릭이 각각 2400만 명에 이르고

있으니 말이다.[3]

독일 개신교가 당면한 과제 중 하나는 루터의 종교개혁을 재평가하는 일이다. 루터의 종교개혁이 없었다면 독일 프로테스탄트 교회는 존재하지 않았을 수 있고 아마도 유럽의 종교개혁 역시 상당 기간 지연되었을 개연성이 있다. 그만큼 루터 신학이 독일 개신교 역사에 남긴 영향은 깊고 넓다. 그럼에도 지금은 루터를 찬양하고 종교개혁을 축하할 만큼 한가롭지 않다. 루터 자신이 회개를 촉구했듯이 오늘의 독일 개신교는 회개와 자기비판에서 결코 자유롭지 않다.

우선 프로테스탄트 내부만을 두고 보더라도 루터주의는 지나치게 신앙고백주의에 집착한 분파였다. 루터교회, 개혁교회, 연합교회를 서로 비교하면 루터교회는 다른 분파에 비해 분파주의적 신앙 노선에 지나치게 집착해왔다. 이런 지나친 신앙고백주의는 다른 분파와의 협력과 공존을 방해했고 가톨릭과의 대화는 물론 교회와 사회의 소통과 협력에 방해 요소로 작용했다. 루터교회는 어떤 분파보다 "신앙"을 강조하면서도 동시에 어떤 분파보다 국가교회의 특권적 지위를 잃어버리지 않으려 끈질기게 노력했다는 사실을 역사에서 확인할 수 있었다. 국가 프로테스탄티즘은 루터주의의 역사적 특성이었다.

루터교회는 다른 프로테스탄트 분파에 비해 사회적으로 과거 지향적인 입장을 거듭해왔다. 루터가 강조한 복음이 마치 개별 인간의 삶의 현장과 전체로서의 사회와 전혀 무관하기라도 한 것처럼 주장했다. 여기에는 루터의 책임도 있지만 각 시기마다 독일 개신교를 지도해온 사람들 모두에게 책임이 있다고 하겠다. 예컨대 경건주의 운동과 각성 운동은 그 신앙적 열정에도 불구하고 진정한 신앙으로의 회귀를 달성하지 못했고 인간의 정치적 자유와 사회적 평등에 기여하지 못했으며 오히려 걸림돌로 작용했다. 독일 개신교가 독일 사회의 근대화를 견인한 추동력이었다는 평가를 루터주의에 한정해 말한다면 그 주장에 의문을 제기할 수밖에 없다.

나아가 독일 개신교 전체를 두고 보더라도 개신교는 사회의 다른 부문에 앞서 인간의 존엄성과 자유를 고양하거나 사회적 평등 혹은 평화를 위한 담론을 주도적으로 생산하지 못했다. 문화 프로테스탄티즘이 보여주듯이 몇몇 뛰어난 개인이 진지한 노력을 기울인 것은 사실이지만 개신교 전체로 보면 그 역할이 미흡했다. 독일 개신교는 정치 이데올로기로서의 민족주의에 압도당했다. 민족 구성원의 독립적이고 평화로운 삶을 위해 노력하는 대신 소수 보수적 정치 지도자들을 민족의 체화로 보는 오도된 민족주의를 지원했다. 개신교 "신앙고백주의"는 조국을 개신교의 나라로 만들어야 한다는 강박 아래 나치의 군사주의, 반공주의, 제국주의, 심지어 인종주의까지 무비판적으로 받아들이고 앞장서 선동하는 일을 떠맡고 말았다.

제2차 세계대전 후에도 죄책선언을 통한 회심에서 진지함을 결여했고 나치 청산에 미온적이었다. 독일 개신교는 인간 사회의 변화를 세속화로 보고 거리를 두려고 했거나 사회의 변화에 오히려 저항하거나 변화를 저지하려고 애쓴 경우가 더 많았다.

그럼에도 독일 개신교 역시 사회를 완전히 도외시하는 것은 불가능했다. 1955년의 전환, 재무장 반대 운동, 동독 개신교의 비판 그룹 활동과 통일 노력에서 우리는 희망의 싹을 보았다. 창조적인 소수가 선도적인 노력을 기울였고 교회 지도부 역시 그 노력을 뒷받침했다. 말하자면 국가 프로테스탄티즘에서 문화 프로테스탄티즘으로 그리고 사회 프로테스탄티즘으로 다가가면서 독일 개신교는 다소 복음의 의미에 충실하려고 노력했다고 할 수 있다. 사회의 역사로 다시 읽는 교회사는 이를 확인해주고 있다.

사회 변화에 저항하는 종교는 결국 타락을 낳게 마련이라는 사실을 다시 한 번 확인했고 교회가 사회와 세계의 변화에 저항한다고 해서 변화가 멈추지는 않는다는 불변의 진실 역시 확인할 수 있었다. 복고적·보수적인 세력을 지지함으로써 남은 것은 불명예와 손실뿐이었다. 그렇다면 다양한 신앙고백을 관용하고 종교 복수주의를 받아들일 수밖에 없는 새로운 문화 상황에 놓여 있는 오늘의 세계에서 과연 독일 개신교의 미래 전망은 무엇일까?

독일 프로테스탄트 교회의 역사는 "복음이란 무엇인가?"라는 질문을 새삼 떠올리게 한다. 500년 독일 개신교 역사를 떠올리면 복음을 명분으로 새로운 시대 변화의 거부를 합리화하는 일은 오늘의 현실에 어울리지 않는다. "역사와 함께 미래로!"라는 표어대로 사회 변화 속에서 변화를 받아들이고 변화를 이룩함으로써 기독교의 가르침을 실현하는 편이 바람직한 결과를 낳으리라는 예상이 가능하다.

이 지점에서 독일 개신교 역사와 한국 개신교 역사를 겹쳐보게 된다. 독일 프로테스탄트 교회와 한국 개신교는 제도적인 측면에서는 전혀 딴판이지만 그 지향에서는 차이점보다 닮은 점이 두드러지게 눈에 띄기 때문이다. 다른 무엇보다 저항 신학의 전통을 세우지 못했다는 사실에서 한국 개신교와 독일 개신교는 거의 마찬가지이다.

한국 개신교는 한국 사회의 근대화라는 문명 과정에 압도되어 기독교 정신의 실현을 가로막는 정치적 독재와 자본주의 시장의 가차 없는 인간 착취에 저항하는 대신, 자본주의사회의 '물신화'마저 무비판적으로 받아들였고 정치적으로는 국가주의적 경향을 노골적으로 드러내고 있다. 민족주의를 강조하면서도 민족 통일을 위한 전향적·포용적인 자세 대신 반공주의를 맹목적으로 주창했고 이제 국가 경제력을 바탕으로 군사주의, 제국주의, 심지어 외국인 차별에서 드러나는 인종주의로 가는 길을 닦고 있다.

개인 차원에서 보면, 한국 개신교는 개별 인간의 존엄성을 강조하고 지원했다기보다 개인의 경제적 자유만을 과도하게 주창해왔다. 시장에서 성공한 사람만이 복음의 축복 아래 있기라도 한 것처럼, 시장에서 실패한 사람은 신의 저주라도 받은 것처럼 사회적 약자에 대한 사회의 책임을 선도하는 대신, 복고적인 가족주의를 들이대 마찬가지 어려움에 처한 가족에게 모든 책임을 미루는 데 앞장섰다고 할 수 있다. 모든 교회, 교인이 그랬다고 말할 수는 없지만 대다수가 그랬다는 사실은 이런 비판을 정당화하는 근거이다.

기독교 신앙은 비판을 허용하지 않는 경향을 보여 왔다. 그러나 비판을 통한 내부의 규제 장치가 작동하지 않는다면 기독교는 다른 집단이나 마찬가지로 타락할 수밖에 없다. 비판은 위기를 진단할 수 있는 수단이고 대안을 찾아가는 첫걸음이다. 위기를 맞은 한국 교회는 아직 뚜렷한 방향을 찾아내지 못했고 그 극복을 위해 역사적 비판에 귀를 기울이기보다 실용주의적 접근에 더 많은 관심을 두는 것으로 보인다.

역사란 예언을 통해 미래의 불안정성을 제거해주지는 않는다. 그러나 비판적 역사 읽기는 대안을 모색하고 새로운 방향을 설정하는 첫걸음이라는 점에서 의미가 있다. 독일 프로테스탄트 교회 역사를 비판적으로 읽어내려는 노력이 한국 교회 역사를 비판적으로 읽는 도구로 쓰이기를 바란다.

주

제1부 도입글

1) Hans-Jürgen Goertz, "Eine 'bewegte Epoche.' Zur Heterogenität reformatorischer Bewegung," ed. by Günther Vogler, *Wegscheiden der Reformation. Alternatives Denken vom 16. bis zum 18, Jahr-hundert*(Weimar: Hermann Böhlaus Nachfolger, 1994), pp. 24~25.

제1부 제1장

1) Ernest George Schwiebert, *Luther and His Times: The Reformation From A New Perspective* (Saint Louis: Concordia Publishing, 1950), p. 275.
2) Elmore Harris Harbison, *The Christian Scholar in the Age of the Reformation*(Grand Rapids: Eerdmans, 1956).
3) Otto Brunner et. al.(ed.), *Geschichtliche Grundbegriffe: Historisches Lexikon zur politisch-sozialen Sprache in Deutschland*, Bd. 3(Stuttgart: Klett-Cotta, 1982), p. 1066.
4) 같은 책, p. 1067.
5) 같은 책.
6) Thomas von Aquinas, De ente et essentia 3. Otto Brunner et. al.(ed.), *Geschichtliche Grundbegriffe*, Bd. 3, p. 1068에서 재인용.
7) Dante Alighieri, De monarchia 1. 3, 7f. Otto Brunner et. al.(ed.), *Geschichtliche Grundbegriffe*, Bd. 3, p. 1069에서 재인용.
8) 도널드 윌컥스, 『신과 자아를 찾아서』, 차하순 옮김(이화여대출판부, 1985), 160쪽에서 재인용.
9) Patrice Boussel, *Leonardo da Vinci: Leben und Werk*(Stuttgart and Zürich: Belser, 1989), pp. 5~18 참고.
10) Otto Brunner et. al.(ed.), *Geschichtliche Grundbegriffe*, Bd. 3, p. 1069.
11) 같은 책, p. 1070.
12) 뤼시앵 페브르·앙리 장 마르탱, 『책의 탄생: 책은 어떻게 지식의 혁명과 사상의 전파를 이끌었는가』, 배영란 옮김(돌베개, 2014), 444쪽.
13) 같은 책, 448쪽.
14) 같은 책, 464쪽.
15) Johan Huizinga. *Erasmus and the Age of Reformation*(New York: Harper, 1957), p. 113. 물론 에라스뮈스는 첫 번째 혹은 가장 박식한 르네상스 인문주의자가 아니었고 그가 당대 유명한 학자가 된 것은 부분적으로 개인 홍보에 뛰어난 재능을 지녔기 때문이라는 견해도 있다. 패트릭 콜린스, 『종교개혁』, 이종인 옮김(을유문화사, 2013), 60~61쪽.

16) 패트릭 콜린스, 『종교개혁』, 62쪽; 에라스뮈스, 「바보 예찬」, 문경자 옮김(랜덤하우스, 2006), 18~24쪽. 에라스뮈스의 생애에 관해서는 요한 하위징아, 『에라스뮈스: 광기에 맞선 인문주의자』, 이종인 옮김(연암서가, 2013)을 볼 것. 영국의 인문주의자 턴들에 관해서는 윌리엄 에스텝, 『르네상스와 종교개혁』, 라은성 옮김(그리심, 2002), 503~509쪽을 볼 것.

17) Johan Huizinga. *Erasmus and the Age of Reformation*, p. 53.

18) 에라스뮈스, 『우신예찬』, 김남우 옮김(열린책들, 2011), 33쪽.

19) 패트릭 콜린스, 『종교개혁』, 57쪽.

20) 같은 책, 58쪽.

21) 에라스뮈스의 그리스어 신약성서 편집이 다소 성급하게 이루어졌고 모든 판본이 이 급조한 초판에 뿌리를 두고 있다는 비판이 있다. 바트 어만, 『성경 왜곡의 역사』, 민경식 옮김(청림, 2006), 155~158쪽.

22) Klaus Herbers(übersetzt und kommentiert), *Der Jakobsweg: Ein Pilferführer aus dem 12. Jahrhundert*(Stuttgart: Philipp Reclam jun., 2008), pp. 183~184.

23) James D. Tracy, *Erasmus: The Growth of a Mind*(Genève: Droz, 1972). Otto Brunner et. al.(ed.), *Geschichtliche Grundbegriffe,* Bd. 3, p. 1071에서 재인용.

24) 같은 책.

25) Johan Huizinga, *Erasmus and the Age of Reformation*, p. 99.

26) Ernest George Schwiebert, *Luther and His Times*, p. 278.

27) Paul Wernle, *Die Renaissance des Christentums im 16. Jahrhundert*(Tübingen, 1904), p. 26. Ernest George Schwiebert, *Luther and His Times*, p. 278에서 재인용.

28) Hans von Schubert, "Reformation und Humanismus," *Luther-Jahrbuch VIII*(1926), p. 9. Ernest George Schwiebert, *Luther and His Times*, p. 280에서 재인용.

29) Ernest George Schwiebert, Luther and His Times, p. 280.

30) Elmore Harris Harbison, *The Christian Scholar in the Age of the Reformation*, p. 104.

31) 에라스뮈스, 『우신예찬』, 136쪽.

32) 같은 책.

33) 시토회를 만든 클레르보의 베르나르두스(Bernardus Claravallensis, 1090~1153)는 12세기에 베네딕트회 수도사들이 "고기는 없지만 커다란 생선을 두 접시나 먹는다"라고 비판했다. T. Jones and A. Ereira, *Medieval Lives*(London: BBC Books, 2004), p. 114. 그러나 시토회 수도사들 역시 수도원이 성공한 후에는 부유한 생활을 했다.

34) 에라스뮈스, 『우신예찬』, 147쪽.

35) 같은 책, 165쪽.

36) 같은 책, 13쪽.

37) Thomas More, *Utopia*, trans. by Ralph Robinson(London and Bombay: Blackie & Son Limited, 출판 연도 불명), pp. 21~79 참고.

38) 같은 책, p. 177.

39) Bernd Moeller, *Deutschland im Zeitalter der Reformation*(2nd ed.)(Göttingen: Vandenhoeck

& Ruprecht, 1981), p. 44.

40) 칼 호이시,『세계 교회사』, 손규태 옮김(한국신학연구소, 2004), 399~402쪽.

41) 조준현,『고전으로 읽는 자본주의』(다시봄, 2014), 37~38쪽.

42) 칼뱅 역시 문자적 성서 해석에 반대했다는 점에서는 에라스뮈스와 다르지 않았다. Kathryn D. Blanchard, *The Protestant Ethic or the Spirit of Capitalism: Christians, Freedom, and Free Markets*(Eugene and Oregon: Cascade Books, 2010), pp. 36~40.

43) 칼 하인츠 츠어뮐렌,『종교개혁과 반종교개혁』, 정병식·홍지훈 옮김(대한기독교서회, 2003), 156~157쪽.

44) 같은 책, 154쪽에서 재인용.

45) Bernd Moeller, *Geschichte des Christentums in Grundzügen*(7th ed.)(Göttingen: Vandenhoeck & Ruprecht, 2000), p. 229.

46) 칼 하인츠 츠어뮐렌,『종교개혁과 반종교개혁』, 161쪽에서 재인용.

47) 같은 책, 155쪽에서 재인용.

48) 알랭 코르뱅,『역사 속의 기독교』, 주명철 옮김(길, 2008), 299쪽.

49) E. Gordon Rupp and Philip S. Watson(eds.), *Luther and Erasmus: Free Will and Salvation* (Philadelphia: Westminster, 1969), pp. 8~12, 15~19.

50) Erika Rummel, *The Confessionalization of Humanism in Reformation Germany*(Oxford, New York: Oxford University Press, 2000), p. 4.

51) 알랭 코르뱅,『역사 속의 기독교』, 299쪽.

52) Erika Rummel, *The Confessionalization of Humanism in Reformation Germany*, p. 4.

53) Johannes Burgenhagen and Otto Vogt, *Dr. Johannes Burgenhagen's Briefwechsel...*(Stettin, 1888).같은 책, p. 6에서 재인용.

54) 배국원,『현대종교철학의 프리즘』(대장간, 2013), 341~342쪽.

55) 같은 책, 343쪽.

56) Otto Brunner et. al.(ed.), *Geschichtliche Grundbegriffe, Bd. 3*, p. 1073.

57) Erika Rummel, *The Confessionalization of Humanism in Reformation Germany*, p. 6.

58) 같은 책.

59) 뤼시앵 페브르·앙리 장 마르탱,『책의 탄생』, 504쪽.

60) 마르틴 융,『멜란히톤과 그의 시대』, 이미선 옮김(홍성사, 2013), 132쪽.

61) 같은 책, 134쪽.

62) 같은 책.

63) William R. Estep, *The Anabaptist Story*(Michigan: Grand Rapids, 1975), p. 133.

64) Carl Sachsse, *D. Balthasar Hubmaier als Theologe*(Berlin: Scientia Verlag Aalen, 1973), p. 170.

65) Gunner Westin and Torsten Bergsten(ed.), *Balthasar Hubmaier: Schriften*(Gütersloh: Gütersloher Verlagshaus, 1962), p. 340.

66) Carl Sachsse, *D. Balthasar Hubmaier als Theologe*, p. 176.

67) Gunner Westin and Torsten Bergsten(ed.), *Balthasar Hubmaier*, p. 390.

68) 같은 책, p. 391.

69) Kenneth R. Davis, *Anabaptism and Asceticism: A Study in Intellectual Origins*(Scottdale: Wipf & Stock Pub, 1974), p. 149 ff.

70) Hans-Jürgen Goertz, *Die Täufer: Geschichte und Deutung*(München: C. H. Beck, 1988), pp. 67~75 참고.

71) Leland Harder(ed.), *The Sources of Swiss Anabaptism*(Scottdale and Pa.: Herald Press, 1985), p. 358. 같은 책, p. 38에서 재인용.

72) Erasmus, *Enchiridion militis Christiani*, p. 55. Abraham Friesen, *Erasmus, the Anabaptists, and the Great Commission*(Michigan and Cambridge: William B. Eerdmans, 1998), p. 33에서 재인용.

73) Carl Sachsse, *D. Balthasar Hubmaier als Theologe*, p. 254.

74) 같은 책, pp. 254~255. 지상명령에 대한 에라스뮈스와 재침례파의 해석에 대해서는 Abraham Friesen, *Erasmus, the Anabaptists, and the Great Commission*, pp. 43~75 참고.

75) 같은 책, pp. 20~42.

76) 같은 책, p. 37.

77) 오형국, 「칼뱅과 르네상스 인문주의: 신학의 시녀에서 군대로」, 침례교신학연구소 엮음, 『크리스천 휴머니즘의 길』(침례신학대학 출판부, 2012), 155~201쪽.

78) 츠바이크는 카스텔리오가 인문주의적 천성과 개인적인 체험을 바탕으로 사상과 양심의 자유를 옹호했고 관용을 부르짖으며 칼뱅에 도전한 위대한 인문주의자라는 사실을 설득력 있게 그려주고 있다. 슈테판 츠바이크, 『다른 의견을 가질 권리』, 안인희 옮김(바오, 2009), 95~120쪽.

79) Erika Rummel, *The Confessionalization of Humanism in Reformation Germany*, pp. 50~74.

80) 같은 책, pp. 121~149.

제1부 제2장
1) 막스 베버, 『프로테스탄티즘의 윤리와 자본주의 정신』, 김덕영 옮김(길, 2010), 131~132쪽.
2) 같은 책, 125쪽.
3) Richard Ehrenberg, *Das Zeitalter der Fugger: Geldkapital und Creditverkehr im 16. Jahrhundert*(3rd ed.) Vol. I(Jena: Gustav Fischer, 1922, 3. Auf. Erster Band.), p. 112.
4) Jürgen Kocka, *Geschichte des Kapitalismus*(München: C. H. Beck, 2013), p. 36.
5) 같은 책, p. 52.
6) Richard Ehrenberg, *Das Zeitalter der Fugger*, p. 98.
7) 같은 책.
8) Ernest George Schwiebert, *Luther and His Times*, p. 311.
9) 마틴 키친, 『사진과 그림으로 보는 케임브리지 독일사』, 98쪽. 굴덴은 네덜란드 은화로 길더(Gilder)라고 부르기도 한다.
10) Ernest George Schwiebert, *Luther and His Times*, p. 308.
11) Götz von Pölnitz, *Die Fugger*(Tübingen: J. C. B. Mohr, 1970), p. 132. 황제 선거와 상인

가계들과의 거래에 대해서는 pp. 125~132 참고.

12) Richard Ehrenberg, *Das Zeitalter der Fugger*, p. 112.

13) Götz von Pölnitz, *Die Fugger*, p. 256.

14) Martin Luther, *An den Christlichen Adel deutscher Nation und Andere Schriften*(Stuttgart: Philipp Reclam, 1960), p. 18 ff.

15) 막스 베버, 『프로테스탄티즘의 윤리와 자본주의 정신』, 121쪽. Roland H. Bainton, *Here I Stand: A Life of Martin Luther*(New York: Mentor Book, 1950), pp. 232~236의 "calling" 참고.

16) Kathryn D. Blanchard, *The Protestant Ethic or the Spirit of Capitalism*, p. 52. 아담 스미스의 자유 개념에 대한 저자의 자세한 이해는 pp. 54~90 참고.

17) 막스 베버, 『프로테스탄티즘의 윤리와 자본주의 정신』, 124~132쪽.

18) Odd Longholm, "Martin Luther's Doctrine on Trade and Price in its Literary Context," *History of Political Economy*, Vol. 419(2009), pp. 89~107.

19) 막스 베버, 『프로테스탄티즘의 윤리와 자본주의 정신』, 129쪽.

20) Götz von Pölnitz, *Die Fugger*, p. 114.

21) Ernest George Schwiebert, *Luther and His Times*, p. 443.

22) 같은 책, p. 385.

23) 같은 책, p. 443.

24) 같은 책, p. 817.

25) A. J. Holman Co.(ed.), *Works of Martin Luther*, Vol. IV.(Philadelphia: A. J. Holman Co., 1951), p. 13.

26) 같은 책, pp. 15~17.

27) 같은 책, p. 17.

28) 같은 책, p. 24.

29) 같은 책, pp. 26~29.

30) 같은 책, p. 34.

31) Ernest George Schwiebert, *Luther and His Times*, p. 443(p. 817 후주 참고).

32) George Forell, *Faith Active in Love*(New York: American, 1954), p. 29.

33) Götz von Pölnitz, *Die Fugger*, p. 150.

34) 같은 책.

35) Thomas Aquinas, *Summa* II-II, p. 78. Kathryn D. Blanchard, *The Protestant Ethic or the Spirit of Capitalism*, p. 4에서 재인용.

36) 같은 책, p. 5.

37) Götz von Pölnitz, *Die Fugger*, p. 143.

38) 막스 베버, 『프로테스탄티즘의 윤리와 자본주의 정신』, 126쪽.

39) 에릭 홉스봄, 『산업과 제국』, 전철환·장수한 옮김(한빛, 1984), 35쪽.

40) 리처드 헨리 토니, 『종교와 자본주의의 발흥』, 김종철 옮김(한길사, 1983); 로버트 그린 엮음, 『프로테스탄티즘과 자본주의』, 이동하 옮김(종로서적, 1975), 83~112쪽. 경제와

종교의 관계에 관한 계속되는 논의에 대해서는 Robert Wuthnow and Tracy L. Scott, "Protestants and Economic Behavior," eds. by Harry S. Stout and Darryl G. Hart, *New Directions in American Religious History*(New York: Oxford Univ. press, 1997), pp. 260~295 참고.

41) 막스 베버, 『프로테스탄티즘의 윤리와 자본주의 정신』, 173~185쪽.

42) Kathryn D. Blanchard, *The Protestant Ethic or the Spirit of Capitalism*, p. 10. 칼뱅의 견해에 대해서는 이 책 pp. 16~31 참고.

43) 같은 책.

44) Alister MacGrath, *A Life of John Calvin*(Cambridge, MA: Blackwell, 1990), p. 231. Kathryn D. Blanchard, *The Protestant Ethic or the Spirit of Capitalism*, p. 38에서 재인용.

45) Hans-Ulrich Wehler, *Deutsche Gesellschaftsgeschichte 1: Vom Feudalismus des Alten Reiches bis zur Defensiven Modernisierung der Reformära 1700-1815*(2nd ed.)(München: Verlag C. H. Beck, 1989), p. 63.

46) 같은 책, pp. 63~64.

제1부 제3장

1) 하요 홀보른(Hajo Holborn, 1902~1969)은 약 10만 명이 사망한 것으로 본다. Hajo Holborn, *A History of Modern Germany* Vol. 1(New York: Knopf, 1964), pp. 173~174. 그러나 그 후의 연구는 약 7만에서 7만 5000명의 사망자를 낸 것으로 본다. Bernd Moeller, *Deutschland im Zeitalter der Reformation*(Göttingen: Vandenhoeck & Ruprecht, 1981), p. 100.

2) 같은 책, p. 29.

3) Hans-Ulrich Wehler, *Deutsche Gesellschaftsgeschichte 1*, p. 69.

4) Bernd Moeller, *Reichsstadt und Reformation*(new ed.)(Tübingen: Mohr Siebeck, 2011).

5) Bernd Moeller, *Deutschland im Zeitalter der Reformation*, pp. 23~24.

6) 같은 책, p. 25.

7) 같은 책, p. 29.

8) Rudolf Endres, "Zur soziaökonomischen Lage und sozialpsychischen Einstellung des 'Gemeinen Mannes,' " in Hans-Ulrich Wehler(ed.), *Der Deutsche Bauernkrieg 1524-1526*(Göttingen: Vandenhoeck & Ruprecht, 1975), p. 65.

9) Bernd Moeller, *Deutschland im Zeitalter der Reformation*, p. 30.

10) Adolf Waas, "Die große Wendung im deutschen Bauernkrieg," *HZ* 159(1939), pp. 22~25.

11) 로버트 브레너, 「전 산업시대 유럽농업부문의 계급구조와 경제발전」, 이영석·임지현·장수한 옮기고 엮음, 『신자본주의 이행 논쟁』(한겨레, 1985), 59~60쪽.

12) 하이데 분더, 「동부와 서부 독일에서의 농민조직과 계급갈등」, 같은 책, 115~122쪽.

13) John C. Stalnaker, "Auf dem Weg zu einer sozial geschichtlichen Interpretation des Deutschen Bauernkrieges 1525-1526," in Hans-Ulrich Wehler(ed.), *Der Deutsche Bauernkrieg 1524-1526*, pp. 42~45.

14) Peter Blickle, *Die Revolution von 1525*(München and Wien: R. Oldenbourg, 1983), pp. 191~195. 블리클레는 *Der Bauernkrieg: Die Revolution des Gemeinen Mannes*(4th ed.)(München: C. H. Beck, 2012)의 저자이기도 하다.

15) Tom Scott, "The Peasants' War: A Historiographical Review," *Historical Journal*, Vol. 22 (1979), pp. 693~720, 953~974.

16) Bernd Moeller, *Deutschland im Zeitalter der Reformation*, p. 96.

17) Peter Blickle, *Die Revolution von 1525*, p. 193.

18) 농민전쟁에 관한 연구사는 James M. Stayer, *The German Peasants' War and Anabaptist Community of Goods*(Montreal: McGill-Queen's Univ. Press, 1991), pp. 19~44 참고. Peter Blickle, *Der Bauernkrieg*, pp. 133~140에는 최근의 참고문헌을 포함하고 있다.

19) Heide Wunder, "Der samländische Bauernaufstand von 1525. Entwurf für eien sozialgeschichtliche Forschungsstrategie," ed. by Rainer Wohlfeil, *Der Bauernkrieg 1524-1526: Bauernkrieg und Reformation*(München: Nymphenburger Verlag, 1975), p. 143.

20) Wilhelm Zimmermann, *Der grosse deutsche Bauernkrieg*(6th ed.)(Stuttgart: Diez, 1980). 1841년에 초판을 낸 침머만은 1856년 개정판을 냈다. 1891년 빌헬름 블로스(Wilhelm Blos)는 이 개정판에 삽화들을 추가하는 한편, 일부 내용을 삭제해 대중용으로 재편집했다. 1980년에 나온 제6판은 블로스가 1891년 대중판을 만들면서 1856년 개정판 가운데 누락시킨 내용을 복원해 넣고 삽화를 가다듬어 1952년 동독의 출판사 Diez Verlag이 낸 책을 그대로 인쇄한 것이다.

21) 같은 책, pp. 137~239.

22) 같은 책, p. 187.

23) Friedrich Engels, *Der deutsche Bauernkrieg*(Berlin: Dietz, 1972), p. 45. 이 책은 1850년 엥겔스가 ≪신라인신문(Die Neue Rheinische Zeitung)≫에 쓴 글을 기초로 해 1870년 재판이 나왔고 그 후 약간의 수정과 보완이 더해졌다.

24) 같은 책, p. 56.

25) 같은 책, p. 53.

26) 같은 책, pp. 52~53. 당시 프랑크푸르트(Frankfurt) 의회에 참가한 입헌주의자들은 자신들의 정치 이념에 어울리지 않게 프로이센(Preussen) 왕에게 독일제국의 왕관을 바치기로 결정했다.

27) Moisej Mendeljewitsch Smirin, *Deutschland vor der Reformation: Abriß der Geschichte des politischen Kampfes in Deutschland vor der Reformation*, trans. by Johannes Nichtweiß(Berlin: Rütten & Loening, 1952); Moisej Mendeljewitsch Smirin, *Die Volksreformation des Thomas Münzer und der große Bauernkrieg*(2nd ed.)(Berlin: Diez, 1956) 등은 농민전쟁과 뮌처 연구에 중요한 초석이 되었다. Rudolf Endres, "Zur sozialökonomischen Lage und sozialpsychischen Einstellung des 'Gemeinen Mannes,' " p. 62.

28) Max Steinmetz, "Die frühbürgerliche Revolution in Deutschland(1476-1535)," *Zeitschrift für Geschichtswissenschaft* 8(1960). 그의 테제는 좀 더 다듬어져 동독에서 출판된 *Deutsche Geschichte*(Berlin/DDR) 제1권에 다시 수록되었다. 나아가 스타인메츠는 "독일에서의 초

기부르주아혁명의 형성, 성숙, 절정, 쇠퇴의 모든 과정을 올바로 파악하기 위해서" 초기 부르주아혁명을 세 단계로 나눌 것을 제안했다. Max Steinmetz, "Die dritte Etappe der frühbürgerlichen Revolution. Der deutsche Bauernkrieg 1524 bis 1526," ed. by Rainer Wohlfeil, *Der Bauernkrieg 1524-1526*, pp. 65~89.

29) 같은 책, pp. 66~74.

30) Günther Vogler, "Revolutionäre Bewegungen und frühbürgerliche Revolution," *Zeitschrift für Geschichte* 22(1974), pp. 394~411, 406 f.

31) Günther Vogler, "Marx, Engels und die Konzeption einer frühbürgerliche Revolution in Deutschland," ed. by Rainer Wohlfeil, *Reformation oder frühbürgerliche Revolution?* (München: Nymphenburger, 1972), p. 193.

32) 이 책은 1939년 각주를 제외한 축약본으로 나왔다가 제2차 세계대전 후 1956년 각주를 살리고 읽기 쉽게 만들어 제4판으로 출판되었고 그 후 책의 내용은 달라지지 않았다. Günther Franz, *Der Deutsche Bauernkrieg*(Darmstadt: Wissenschaftliche Buchgesellschaft, 1975). 프란츠는 이 책 외에 "Die Führer im Bauernkrieg," ed. by Ders, *Bäuerliche Führungsschichten in der Neuzeit*(Führungsschichten der Neuzeit, Bd. 9, Büdingen, 1974), pp. 1~15; "Die Entstehung der 'Zwölf Artikel' der deutschen Bauernschaft," *Archiv für Reformationsgeschichte* 36 Heft 1/2(1939), pp. 195~213 등의 농민전쟁 관련 글을 썼다.

33) Günther Franz, *Der Deutsche Bauernkrieg*, p. 137.

34) 같은 책, p. 134.

35) Thomas Nipperdey, "Theologie und Revolution bei Thomas Müntzer," *Archiv für Reformations geschichte* 54(1963), pp. 145~181.

36) Henry J. Cohn, "Anticlericalism in the German Peasants' War 1525," *Past and Present* Vol. 83(1979), pp. 3~31; Justus Maurer, *Prediger im Bauernkrieg*(Stuttgart: Calwer, 1979); Franziska Conrad, *Reformation in der bäuerlichen Gesellschaft: Zur Rezeption reformatorischer Theologie im Elsass*(Stuttgart: Steiner, 1984). James M. Stayer, *The German Peasants' War and Anabaptist Community of Goods*, pp. 5~6에서 재인용.

37) Hans-Ulrich Wehler, *Der Deutsche Bauernkrieg 1524-1526*(Göttingen: Vandenhoeck & Ruprecht, 1975).

38) Heide Wunder, "Zur Mentalität aufständischer Bauern. Möglichkeiten der Zusammenarbeit von Geschichtswissenschaft und Anthropologie, dargestellt am Beispiel des Samländischen Bauernaufstandes von 1525," 같은 책, pp. 9~37.

39) John C. Stalnaker, "Auf dem Weg zu einer sozial geschichtlichen Interpretation des Deutschen Bauernkrieges 1525-1526," 같은 책, pp. 38~60.

40) Peter Blickle, *Die Revolution von 1525*.

41) Thomas A. Brady, Jr., *Ruling Class, Regime and Reformation at Strasbourg 1520-1555* (Leyden: Brill, 1978); Heiko A. Oberman, "The Gospel of Social Unrest," eds. by Robert W. Scribner and Gerhard Benecke, *The German Peasant War 1525. New Viewpoints* (London: Allen and Unwin, 1979), p. 50.

42) Hans-Jürgen Goertz, "Eine 'bewegte Epoche,' " pp. 25~26.

43) Bernd Moeller, *Deutschland im Zeitalter der Reformation*, pp. 92~93.

44) Peter Blickle, *Die Revolution von 1525*, p. 239.

45) Ernest George Schwiebert, *Luther and His Times*, p. 280.

46) Maurice Gravier, *Luther et l'opinion publique: essai sur la littérature satirique et polémique en langue allemande pendant les années décisives de la Réforme*(1520-1530)(Paris: Aubier editions montaigne, 1942). 뤼시앵 페브르·앙리 장 마르탱, 『책의 탄생』, 496쪽에서 재인용.

47) 같은 책.

48) 같은 책.

49) 패트릭 콜린스, 『종교개혁』, 93쪽.

50) Martin Luther, *An den Christlichen Adel deutscher Nation und Andere Schriften*(Stuttgart: Philipp Reclam, 1960), pp. 17~22 ff.

51) Peter Blickle, *Der Bauernkrieg*, p. 64.

52) Martin Luther, "Von der Freiheit eines Christenmenschen," *An den Christlichen Adel deutscher Nation und Andere Schriften*, pp. 137~138.

53) Orest Ranum(ed.), *Searching for Modern Times vol. I: 1500-1650*(New York: Dodd, Mead & Company, 1969), p. 80.

54) 뤼시앵 페브르·앙리 장 마르탱, 『책의 탄생』, 500쪽.

55) 같은 책.

56) 같은 책, 501쪽.

57) 마틴 키친, 『사진과 그림으로 보는 케임브리지 독일사』, 106쪽.

58) 뤼시앵 페브르·앙리 장 마르탱, 『책의 탄생』, 498쪽.

59) 12개 요구 사항의 기원에 대해서는 이견이 없다. Günther Franz, "Die Entstehung der 'Zwölf Artikel' der deutschen Bauernschaft," *Archiv für Reformationsgeschichte* 36 Heft 1/2(1939), pp. 195~213 참고.

60) Peter Blickle, *Die Revolution von 1525*, p. 24.

61) 같은 책, pp. 289~295.

62) Günther Franz, *Der Deutsche Bauernkrieg*, p. 1.

63) 같은 책, p. 42.

64) 같은 책, p. 41.

65) Bernd Moeller, *Deutschland im Zeitalter der Reformation*, p. 93.

66) 같은 책.

67) 같은 책, p. 240.

68) 같은 책.

69) Gottfried W. Locher, *Die Zwinglische Reformation im Rahmen der europäischen KirchengeschIchte*(Göttingen and Zürich, 1979), pp. 209, 213. Peter Blickle, *Die Revolution von 1525*, p. 241에서 재인용.

70) 같은 책.

71) 마틴 키친, 『사진과 그림으로 보는 케임브리지 독일사』, 110쪽.

72) 1582년 51세의 나이에 이단 혐의로 심문을 받은 메노키오라는 시골 방앗간 주인은 수많은 책을 읽고 자기 나름의 우주관(세계관이 아니라 우주관이다!)을 피력한 것으로 유명하다. 카를로 긴즈부르그, 『치즈와 구더기』, 김정하·유제분 옮김(문학과 지성사, 2001).

73) Bernd Moeller, *Deutschland im Zeitalter der Reformation*, pp. 92~93.

74) Peter Blickle, *Die Revolution von 1525*, p. 281.

75) J. M. 포터, 『루터의 정치 사상』, 홍치모 옮김(컨콜디아사, 1985), 104~107쪽.

76) 파이트-야코부스 디터리히, 『누구나 아는 루터 아무도 모르는 루터』, 이미선 옮김(홍성사, 2012), 93쪽.

77) Martin Luther, "Wider die räuberischen mörderischen Rotten der Bauern," ed. by Rainer Wohlfeil, *Der Bauernkrieg 1524-1526*, pp. 274~275.

78) 같은 책, pp. 277~278.

79) 파이트-야코부스 디터리히, 『누구나 아는 루터 아무도 모르는 루터』, 97쪽.

80) A. J. Holman Co.(ed.), *Works of Martin Luther*, Vol. III.(Philadelphia: A. J. Holman Co., 1951), pp. 234~236.

81) 같은 책, p. 251.

82) Roland H. Bainton, *Here I Stand*, p. 242.

83) A. J. Holman Co.(ed.), *Works of Martin Luther*, Vol. III. pp. 270~271.

84) Robert H. Murray, *The Political Consequences of the Reformation*(New York: Russel & Russel, 1960), p. 54.

85) 루터의 두 왕국론과 "두 정부론"에 관한 기본 이해는, W. D. J. 카질톰슨, 『마르틴 루터의 정치사상』, 김주한 옮김(민들레 책방, 2003), 65~98쪽 참고.

86) 김용주, 『루터 혼돈의 숲에서 길을 찾다』(익투스, 2012), 304쪽.

87) Martin Luther, *An den Christlichen Adel deutscher Nation und Andere Schriften*, p. 16.

88) 같은 책, pp. 17~18.

89) 같은 책, pp. 48~120 and passim.

90) 중세의 두 검 이론에 비교되는 루터의 두 왕국론은 끊임없는 논의 대상 중 하나이다. 개설서로 Johannes Haun, Harald Diem and Gerhart Sauter(ed.), *Zur Zwei-Reiche-Lehre Luthers*(München: Chr. Verlag, 1973)이 유용하다. 루터의 두 왕국론의 중세적 기원에 대해서는 Volker Mantey, *Zwei Schwerter-Zwei Reiche: Martin Luthers Zwei-Reiche-Lehre vor ihrem spätmittelalterlichen Hintergrund*(Tübingen: Mohr Siebeck, 2005) 참고.

91) A. J. Holman Co.(ed.), *Works of Martin Luther*, Vol. III, p. 240.

92) W. D. J. 카질톰슨, 『마르틴 루터의 정치사상』, 94쪽.

93) William M. McGovern, *From Luther to Hitler*(London: Houghton Mifflin, 1941), p. 35.

94) A. J. Holman Co.(ed.), *Works of Martin Luther*, Vol. III, p. 231.

95) Harold J. Grimm, *The Reformation Era 1520~1650*(New York: Macmillan, 1965), p. 571.

96) 같은 책.

97) Roland H. Bainton, *The Reformation of the Sixteenth Century*(Boston: Beacon, 1952), p. 235.

98) William M. McGovern, *From Luther to Hitler*, p. 34.

99) A. J. Holman Co.(ed.), *Works of Martin Luther*, Vol. III, pp.149~150.

100) William M. McGovern, *From Luther to Hitler*, p. 34.

101) Bernd Moeller, *Deutschland im Zeitalter der Reformation*, pp. 102~103.

102) Chalmers Johnson, *Autopsy on People's War*(Berkeley and London: California Univ. Press, 1973), p. 8.

103) Hannah Arendt, *Uber die Revolution*(München: Piper, 1963), p. 41 f.

104) Hans Wassmund, *Revolutionstheorien*(München: C. H. Beck, 1978), p. 42.

105) 같은 책, p. 27.

106) Peter Blickle, *Die Revolution von 1525*, p. 192.

107) *Kleine Enzyklopädie des deutschen Mittelalters*. http://u01151612502.user.hosting-agency. de/malexwiki/index.php/Hauptseite(검색일: 2016.1.10)

108) Peter Blickle, *Die Revolution von 1525*, p. 193.

109) 같은 책, p. 283.

110) 칼 하인츠 츠어뮐렌, 『종교개혁과 반종교개혁』, 153쪽.

111) Peter Blickle, *Die Revolution von 1525*, p. 282.

제1부 제4장

1) 마틴 키친, 『사진과 그림으로 보는 케임브리지 독일사』, 99쪽.

2) James M. Stayer, *The German Peasants' War and Anabaptist Community of Goods*(Montreal, Kingston, London and Buffalo: McGill-Queen's Univ. Press, 1991), pp. 123~124.

3) Harry Loewen, *Luther and the radicals: Another look at some aspect of the stuggle between Luther and the radical reformers*(Ontario: Wllfred Laurier univ. publication, 1974), p. 95. 홍지훈, 『마르틴 루터와 아나뱁티즘』(한들, 2000), 74쪽에서 재인용.

4) 같은 책, 73쪽.

5) Robert Stupperich(ed.), *Schriften von evangelischer Seite gegen die Wiedertäufer*(Münster, 1983). 같은 책, 131쪽에서 재인용.

6) 같은 책.

7) 침례신학대학교의 김승진은 "성서적 아나뱁티스트"라는 명칭을 주로 사용한다. 김승진, 『근원적 종교개혁: 16세기 성서적 아나뱁티스트들의 역사와 신앙과 삶』(침례신학대학 출판부, 2011), 76, 337쪽 등 여러 곳.

8) 같은 책, 244쪽.

9) 남병두, 「침례교회 기원」, 배국원 편, 『침례교회 정체성: 역사, 신학, 실천』(침례신학대학교 출판부, 2014), 226쪽.

10) 재침례파 운동의 기원과 관련해 취리히에서 기원했다는 단일 기원론과 여러 지역에서 독립적으로 발생했다는 복수 기원론이 있는데 현재는 복수 기원론이 대체로 우세하다. James M. Stayer, Werner O. Packull and Klaus Deppermann, "From Monogenesis to

Polygenesis: The Historical Discussion of Anabaptist Origins," *Mennonite Quarterly Review*, Vol. 49, No. 2(April 1975), pp. 83~121; 김승진, 『근원적 종교개혁』, 53~54, 60쪽.

11) Robert Kreider, "The Anabaptist and Civil Authorities of Strasbourg 1525-1555," *Church History*, Vol. 24, Iss. 2(1955), p. 108.

12) 같은 글, p. 110.

13) 존 요더(John H. Yoder, 1927~1997)는 취리히의 개혁적 토대에서 멀어져간 츠빙글리에 그 원인이 있다고 본 반면, 로버트 월턴(Robert C. Walton, 1932~2000)은 재침례파에 그 원인을 돌린다. John H. Joder, "The Turning Point in the Zwinglian Reformation," *MQR*, Iss. 33(1959), pp. 5~17; Robert C. Walton, "Was there a Turning Point of the Zwinglian Reformation?," *MQR*, Iss. 42(1968), pp. 45~56.

14) Bernd Moeller, *Deutschland im Zeitalter der Reformation*, p. 105.

15) John Horsch, *The Hutterian Brethren 1528-1931*(Scottdale and Kitshener: Herald Press, 1931), p. 5 ff.

16) Abraham Friesen, *Erasmus, the Anabaptists, and the Great Commission*, p. 40.

17) 같은 책, p. 46.

18) Hans-Jürgen Goertz, *Die Täufer*, p. 67.

19) 같은 책, pp. 71~75.

20) Carl Sachsse, *D. Balthasar Hubmaier als Theologe*, p. 189.

21) 같은 책, p. 190.

22) Hans Jürgen Goertz(ed.), *Umstrittenes Täufertum 1525-1975. Neue Forschung*(2nd ed.) (Göttingen: Vandenhoeck & Ruprecht, 1977), p. 73.

23) Gerald Strass, *Nuremberg in the Sixteenth Century: City Politics and Life Between Middle Ages and Modern Times*(Bloominton: Indiana Univ. Press, 1977), p. 155.

24) Gerd Dethlefs, "Das Wiedertäuferreich in Münster 1534/35," ed. by Stadt Museum Münster, *Die Wiedertäufer in Münster*(Münster: Aschendorff, 1986), pp. 19~21.

25) Karl-Heinz Kirchhoff, "Die Unruhen in Münster/ Westfalia, 1450-1457. Ein Beitrag zur Zopographie und Prosopographie einer stadtischen Protestwebegung mit einem Exkurs: Rat, Gilde und Gemeinheit in Münster, 1354-1458," ed. by Wilfred Ehbrecht, *Städtische Führungsgruppen und Gemeinde in der werdenden Neuzeit*(Köln und Wien: Böhlau, 1980), pp. 159~162.

26) Heinz Schilling, "Aufstandsbewegung in der Stadtbürgerlichen Gesellschaft des alten Reiches. Die Vorgeschichte des Münsteraner Täuferreichs, 1525-1534," Hans-Ulrich Wehler, *Der Deutsche Bauernkrieg 1524-1526*, pp. 193~238.

27) Ralf Klötzer, *Die Täuferherrschaft von Münster: Stadrreformation und Welterneuerung*(Münster: Aschendorff, 1992), p, 3.

28) Taira Kuratsuka, "Gesamtgilde und Täufer: Zur Struktur der Radikalisierung der reformatorischen Bewegung zum Täuferreich in Münster 1533/34," *Archiv für Reformationsgeschichte* 76(1985), p. 216; Heinz Schilling, "Aufstandsbewegung in der Stadtbürgerlichen

Gesellschaft des alten Reiches. Die Vorgeschichte des Münsteraner Täuferreichs, 1525-1534," p. 229.

29) Ralf Klötzer, *Die Täuferschaft von Münster: Stadtreformation und Welterneuerung*(Münster: Aschendorff, 1992), p. 92.

30) Abraham Friesen, *Erasmus, the Anabaptists, and the Great Commission*, p. 41.

31) Erika Rummel, *Erasmus' Annotation on the New Testament*(Toronto: Univ. of Toronto Press, 1986), p. 172. 같은 책에서 재인용.

32) James M. Stayer, *The German Peasants' War and Anabaptist Community of Goods*, p. 132.

33) 같은 책, p. 131.

34) Hans-Jürgen Goertz, *Die Täufer*, p. 104. 그러나 호프만은 자신이 지도력을 유지해야 할 현실적인 필요 때문에 실제로 공동체를 건설하는 과정에 사도, 예언자, 공동체 장로, 공동체 구성원 등의 게서(階序)적 질서를 둔 바 있다.

35) Ralf Klötzer, *Die Täuferschaft von Münster*, p. 37.

36) James M. Stayer, *The German Peasants' War and Anabaptist Community of Goods*, p. 133.

37) Karl-Heinz Kirchhoff, *Die Täufer in Münster 1534/35: Untersuchungen zum Umfang und zur Sozialstruktur der Bewegung*(Münster: Aschendorff, 1973), p. 24.

38) Otthein Rammstedt, *Sekte und Soziale Bewegung: Soziologiche Analyse der Täufer in Münster 1534/35*(Wiesbaden: Vs Verlag für Sozialwissenschaften, 1966), p. 121.

39) 학자들마다 뮌스터시의 인구 추산에 약간의 차이가 있어 게르트 데튼레프스(Gerd Dethlefs)의 견해를 따랐다. Gerd Dethlefs, "Das Wiedertäuferreich in Münster 1534/35," p. 25.

40) Karl-Heinz Kirchhoff, *Die Täufer in Münster 1534/35*, p. 26.

41) Stadt Museum Münster(ed.), *Die Wiedertäufer in Münster*, p. 159.

42) Taira Kuratsuka, "Gesamdtgilde und Täufer," pp. 191~222.

43) Karl-Heinz Kirchhoff, *Die Täufer in Münster 1534/35*, pp. 36~37.

44) 같은 책, pp. 46~47.

45) Otthein Rammstedt, *Sekte und Soziale Bewegung*, pp. 101~114.

46) Carl A. Cornelius(ed.), "Berichte der Augenzeugen über das Münstersche Wiedertäuferreich," *Die Geschichtsquellen des Bisthums Münster* II(Münster, 1853), pp. 32~33. Stadt Museum Münster(ed.), *Die Wiedertäufer in Münster*, p. 59에서 재인용.

47) James M. Stayer, *The German Peasants' War and Anabaptist Community of Goods*, p. 134.

48) 같은 책, p. 136.

49) Ronnie Po-chia Hsia(ed.), *The German People and the Reformation*(Ithaca and London: Cornell Univ. Press, 1988), p. 60.

50) James M. Stayer, *The German Peasants' War and Anabaptist Community of Goods*, p. 136.

51) Otthein Rammstedt, *Sekte und Soziale Bewegung*, p. 12.

52) Michel Barthels, *Die soziale Struktur der Täuferherrschaft zu Münster 1534/1535*(München: Grin Verlag, 2007), pp. 13~19.

53) Sara Stöcklin, *Die Rolle der Frauen in Täuferreich zu Münster 1534/35*(München: Grin

Verlag, 2013), pp. 1~16.

54) 뮌스터시 왕국 운동의 발생 원인을 종교적 요인에서 찾는 견해로는 Martin Brecht, "Die Theologie Bernhard Rothmanns," *Jahrbuch für Westfälische Kirchengeschichte* 78(1985), p. 62.

55) Hans-Jürgen Goertz, *Die Täufer*, p. 39.

56) Otthein Rammstedt, *Sekte und Soziale Bewegung*, p. 12.

57) Gerhard Brendler, *Das Täuferreich zu Münster 1534/1535*(Berlin: Deutscher Verl. d. Wissenschaften VEB, 1966), p. 167.

제2부 제1장

1) Hans-Ulrich Wehler, *Deutsche Gesellschaftsgeschichte 1: Vom Feudalismus des Alten Reiches Bis zur Defensiven Modernisierung der Reformära 1700-1815*(2nd ed.)(München: Verlag C. H. Beck, 1989), p. 271.

2) 마르틴 융, 『멜란히톤과 그의 시대』, 69~70쪽.

3) Richard S. Dunn, *The Age of Religious Wars 1559-1715*(New York: Norton, 1970), p. 65.

4) 같은 책, p. 63.

5) 같은 책, p. 64.

6) 같은 책, p. 65.

7) Peter Lehnstein, *Das Leben im Barock, Zeugnisse und Berichte 1640-1740*(Stuttgart: W. Kohlhammer, 1961), pp. 23~25. Edga Sagarra, *A Social History of Germany 1648-1914* (London: Methuen, 1977), p. 3에서 재인용.

8) Richard S. Dunn, *The Age of Religious Wars 1559-1715*, p. 89.

9) Hans-Ulrich Wehler, *Deutsche Gesellschaftsgeschichte 1*, p. 54. 벨러는 1600년에 1500만 명, 1650년에는 1500만~1600만 명 사이를 유지했을 것으로 본다.

10) Günther Franz, *Der Dreissigjährige Krieg und das deutsche Volk*(3rd ed.)(Stuttgart: Gustav Fischer Verlag, 1961), p. 45. Edga Sagarra, *A Social History of Germany 1648-1914*, p. 4 에서 재인용.

11) 같은 책, p. 6.

12) Orest Ranum, *Searching for Modern Times vol. 2. 1650-1789*(New York and Toronto: Dodd, Mead & Company, 1969), pp. 37~38.

13) 같은 책, p. 38.

14) Edga Sagarra, *A Social History of Germany 1648-1914*, pp. 41~55.

15) Richard S. Dunn, *The Age of Religious Wars, 1559-1715*, p. 84.

16) 황대현, 「뉘른베르크와 아우크스부르크의 평화 축제(Friedensfest): 근대 초기 독일인들의 30년 전쟁과 평화에 대한 인식과 기억」, ≪독일연구≫, 제26호(2013), 124~129쪽.

17) Cicely Veronica Wedgwood, *The Thirty Years War*(London: Jonathan cape, 1944), p. 526. Richard S. Dunn, *The Age of Religious Wars 1559-1715*, p. 92에서 재인용.

18) 교부 아우구스티누스가 처음 논의를 시작했고 처음에는 세 가지 경우였다가 네 가지, 마

지막에는 여섯 가지 경우로 늘어났다. Martin H. Jung, *Kirchengeschichte*(Tübingen: A. Francke Verlag, 2014), p. 159.

19) Eric W. Gritsch, *Martin Luthe's Anti-Semitism*(Michigan and Cambridge: William B. Eerdmans, 2012), p. 111.

20) 같은 책, p. 40.

21) 같은 책, p. 41.

22) Martin Brecht, *Martin Luther* Vol. 3, trans. by James L. Schaaf(Minneapolis: Fortress, 1999), p. 328.

23) Eric W. Gritsch, *Martin Luthe's Anti-Semitism*, p. 85.

24) Harm Mögenburg and Uta Schwarz, *Hexen und Ketzer der Umgang mit Minderheiten vom Mittelalter bis heute*(2nd ed.)(Frankfurt/Main: Duesterweg, 1991), p. 27.

25) 같은 책.

26) 같은 책, p. 37.

27) 조셉 폰타나, 『거울에 비친 유럽』, 김원중 옮김(새물결, 1999), 135쪽.

28) Richard S. Dunn, *The Age of Religious Wars, 1559-1715*, p. 133.

29) 마틴 키친, 『사진과 그림으로 보는 케임브리지 독일사』, 127쪽.

30) Harm Mögenburg and Uta Schwarz, *Hexen und Ketzer der Umgang mit Minderheiten vom Mittelalter bis heute*, p. 33.

31) 마틴 키친, 『사진과 그림으로 보는 케임브리지 독일사』, 148쪽.

32) Hans-Ulrich Wehler, *Deutsche Gesellschaftsgeschichte 1*, p. 271.

제2부 제2장

1) Hans-Ulrich Wehler, *Deutsche Gesellschaftsgeschichte 1*, p. 69.

2) 같은 책, p. 70.

3) 같은 책, p. 272.

4) 같은 책.

5) Hans-Ulrich Wehler, *Deutsche Gesellschaftsgeschichte 1*, p. 272.

6) 마틴 키친, 『사진과 그림으로 보는 케임브리지 독일사』, 154쪽.

7) Hans-Ulrich Wehler, *Deutsche Gesellschaftsgeschichte 1*, p. 272.

8) 같은 책, p. 274.

9) 같은 책.

10) 같은 책, p. 273.

11) 마틴 키친, 『사진과 그림으로 보는 케임브리지 독일사』, 154쪽.

12) Hans-Ulrich Wehler, *Deutsche Gesellschaftsgeschichte 1*, p. 273.

13) Friedrich Daniel Ernst Schleiermacher, *Das Tagebuch meines Urgroßvaters*(Freburg, 1922). 같은 책, p. 273에서 재인용.

14) 요한네스 발만, 『종교개혁 이후의 독일 교회사』, 오영옥 옮김(대한기독교서회, 2006), 160쪽.

15) Martin H. Jung, *Kirchengeschichte*, p. 163.

16) 같은 책.

17) 같은 책, p. 164.

18) 같은 책, p. 166.

19) 같은 책.

20) Hans-Ulrich Wehler, *Deutsche Gesellschaftsgeschichte 1*, p. 277.

21) Bernd Moeller, *Geschichte des Christentums in Grundzügen*, p. 315.

22) 같은 책.

23) 알랭 코르뱅, 『역사 속의 기독교』, 372쪽.

24) Bernd Moeller, *Geschichte des Christentums in Grundzügen*, p. 316.

25) 요한네스 발만, 『종교개혁 이후의 독일 교회사』, 198~202쪽.

26) Bernd Moeller, *Geschichte des Christentums in Grundzügen*, p. 320.

27) 같은 책.

28) 같은 책, p. 323.

29) Hans-Ulrich Wehler, *Deutsche Gesellschaftsgeschichte 1*, p. 275.

30) 같은 책.

31) 요한네스 발만, 『종교개혁 이후의 독일 교회사』, 223쪽.

32) 같은 책.

제2부 제3장

1) Hans-Ulrich Wehler, *Deutsche Gesellschaftsgeschichte 2: Von der Reformära bis zur industriellen und politischen 'Deutschen Doppelrevolution' 1815-1845/49*(2nd ed.)(München: Verlag C. H. Beck, 1989), p. 458.

2) 같은 책.

3) Martin H. Jung, *Kirchengeschichte*, p. 180.

4) 칼 호이시, 『세계 교회사』, 678쪽.

5) Hans-Ulrich Wehler, *Deutsche Gesellschaftsgeschichte 2*, p. 460.

6) 같은 책, p. 463.

7) 같은 책, p. 461.

8) 같은 책.

9) Ernst Ludwig Gerlach, *Aufzeichnungen aus seinem Leben und Werken 1795-1877* Vol. 2(Schwerin, 1903). Edga Sagarra, *A Social History of Germany 1648-1914*, p. 211에서 재인용.

10) 1846년 프로이센 교회 총회에서 루터파와 칼뱅파 개신교 통합에 이바지할 목적으로 통합 목사 안수식서를 작성해 제안했으나 프리드리히 빌헬름 3세는 이를 무시했다. 요한네스 발만, 『종교개혁 이후의 독일 교회사』, 252쪽.

11) Hans-Ulrich Wehler, *Deutsche Gesellschaftsgeschichte 2*, p. 461. 벨러는 게를라흐를 여기에서 제외하는 대신 니츠를 추가했다.

12) Edga Sagarra, *A Social History of Germany 1648-1914*, p. 211.

13) Bernd Moeller, *Geschichte des Christentums in Grundzügen*, p. 332.

14) Hans-Ulrich Wehler, *Deutsche Gesellschaftsgeschichte 1*, p. 275.

15) Martin H. Jung, *Kirchengeschichte*, p. 187.

16) Bernd Moeller, *Geschichte des Christentums in Grundzügen*, p. 335.

17) 같은 책.

18) 같은 책, p. 336.

19) Hans-Ulrich Wehler, *Deutsche Gesellschaftsgeschichte 2*, p. 462.

20) Bernd Moeller, *Geschichte des Christentums in Grundzügen*, p. 337.

21) 헤겔의 『역사철학 강의(Vorlesung über die Philosophie der Weltgeschichte)』(1837)는 1822~1831년에 걸쳐 이루어진 베를린대학의 강의록이었다. G. W. F. 헤겔, 『역사철학 강의』, 전기철 옮김(동서문화사, 2008) 참고.

22) Hans-Ulrich Wehler, *Deutsche Gesellschaftsgeschichte 2*, p. 464.

23) 같은 책, p. 465.

24) Martin H. Jung, *Kirchengeschichte*, p. 181.

25) 같은 책, p. 189.

26) Hans-Ulrich Wehler, *Deutsche Gesellschaftsgeschichte 2*, p. 464.

27) Edga Sagarra, *A Social History of Germany 1648-1914*, p. 218.

28) Hans-Ulrich Wehler, *Deutsche Gesellschaftsgeschichte 2*, pp. 465~466.

29) 같은 책.

30) 마틴 키친, 『사진과 그림으로 보는 케임브리지 독일사』, 200쪽 참고.

31) Hans-Ulrich Wehler, *Deutsche Gesellschaftsgeschichte 2*, p. 466.

32) 같은 책, p. 466~467.

33) 같은 책, p. 467.

34) 같은 책, p. 468.

35) "국내 선교", "내지 선교", "내방 선교" 등으로 번역되어왔다. 그러나 이 말들은 해외 선교와 대조되는 의미를 갖고 있어 본래의 의미를 살리지 못했다고 본다. 홍주민은 Innere Mission의 개념을 "교회 안에 있는 그리스도인들을 진정한 그리스도인들로 각성시켜 디아코니아 실천으로 나아가게 해야 한다"라는 것으로 풀이하고 이에 따라 내적 선교로 번역하는 것이 옳다고 주장한다. 홍주민, 「개신교와 연대 정신: 독일 디아코니아 운동의 역사」, ≪역사비평≫, 102호(2013), 128쪽. 내적 선교에서 발전한 디아코니아 운동은 제2차 세계대전 후 '독일개신교연합(Evangelische Kirche in Deutschland: EKD)'의 사회사업단으로 통합(1957)되었다.

36) Hans-Ulrich Wehler, *Deutsche Gesellschaftsgeschichte 2*, p. 469.

37) Fritz Fischer, "Der deutsche Protestantismus und die Politik im 19. Jahrhundert," *Historische Zeitschrift*, 170(1951), p. 509. Edga Sagarra, *A Social History of Germany 1648-1914*, p. 219에서 재인용.

38) Edga Sagarra, *A Social History of Germany 1648-1914*, p. 220. 고위 교회지도위원회의

입장을 주세페 베르디(Giuseppe Verdi, 1813~1901)의 오페라 <돈 카를로스>에서 이단
을 심판하는 종교재판관에 비유하고 있다.

39) 요한네스 발만, 『종교개혁 이후의 독일 교회사』, 257쪽.
40) Edga Sagarra, *A Social History of Germany 1648-1914*, p. 214.
41) Fritz Fischer, "Der deutsche Protestantismus und die Politik im 19. Jahrhundert," p. 485.
    Edga Sagarra, *A Social History of Germany 1648-1914*, p. 214에서 재인용.
42) Edga Sagarra, *A Social History of Germany 1648-1914*, p. 215.
43) 조르주 뒤비·미셸 페로, 『여성의 역사 4: 페미니즘의 등장』, 권기돈·정나원 옮김(새물결,
    1998), pp. 315~318.
44) Edga Sagarra, *A Social History of Germany 1648-1914*, p. 415.
45) Rolf Engelsing, "Die Bildung der Frau," *Der Bürger als Leser*(Göttingen: J.B. Metzlersche,
    1973), p. 304. Edga Sagarra, A Social History of Germany 1648-1914, p. 416에서 재인용.
46) Ernst Ludwig Gerlach, *Aufzeichnungen aus seinem Leben und Werken 1795-1877* Vol. 2, p.
    218. Edga Sagarra, *A Social History of Germany 1648-1914*, p. 214에서 재인용.

제3부 제1장

1) Hans-Ulrich Wehler, *Deutsche Gesellschaftsgeschichte 3: Von der "Deutschen Doppelrevolution"
   bis zum Beginn des Ersten Weltrieges 1849-1914*(2nd ed.)(München: C. H. Beck, 2006), p.
   380.
2) 요한네스 발만, 『종교개혁 이후의 독일 교회사』, 257쪽.
3) Hans-Ulrich Wehler, *Deutsche Gesellschaftsgeschichte 3*, p. 381.
4) 같은 책.
5) 같은 책, p. 382.
6) 같은 책, p. 383.
7) 같은 책.
8) 같은 책.
9) 같은 책.

제3부 제2장

1) Hans-Ulrich Wehler, *Deutsche Gesellschaftsgeschichte 3*, p. 1175.
2) 마틴 키친, 『사진과 그림으로 보는 케임브리지 독일사』, 236쪽.
3) Michael Stark(ed.), *Deutsche Intellektuelle 1910-1933: Aufrufe·Pamphlete·Betrachtungen*
   (Heidelberg: Lambert Schneider, 1984), p. 392.
4) Hans-Ulrich Wehler, *Deutsche Gesellschaftsgeschichte 3*, p. 1175.
5) 같은 책, p. 1176.
6) Hugh McLeod(ed.), *European Religion in the Age of Great Cities 1830-1930: Christianity
   and Society in the Modern World*(London and New York: Routledge, 1995), p. 17.
7) 고재백, 「독일제국 시기(1871-1918) 대도시 개신교의 탈교회화: 개신교 교인의 '교회출

실성' 지표의 변화 추이를 중심으로」, ≪독일 연구≫, 제22호(2011), 89쪽.

8) Hans-Ulrich Wehler, *Deutsche Gesellschaftsgeschichte 3*, p. 1178.

9) 같은 책.

10) 고재백, 「독일제국 시기(1871-1918) 대도시 개신교의 탈교회화」, 103쪽.

11) Gerhard Albert Ritter and Jürgen Kocka, *Deutsche Sozialgeschichte 1870-1914*(3rd ed.) (München: C. H. Beck, 1982), p. 212.

12) 같은 책, p. 267.

13) Hugh McLeod(ed.), *European Religion in the Age of Great Cities 1830-1930*, p. 15.

14) 같은 책.

15) 같은 책, p. 18.

16) 같은 책.

17) 고재백, 「독일제국 시기(1871-1918) 대도시 개신교의 탈교회화」, 117쪽.

18) 독일사회민주당의 탈교회화 호소가 강했던 베를린에서는 그 영향이 있었지만 작센의 경우에는 그다지 뚜렷한 연관성을 찾아보기 어렵다는 주장이 있다. 같은 글, 118쪽.

19) Hugh McLeod(ed.), *European Religion in the Age of Great Cities 1830-1930*, p. 17.

20) 한 예로 하노버의 경우, 1906년부터 교회 탈퇴자가 급증했는데 이들 탈퇴자 중 다수는 수공업자와 공장 노동자들이었다. 고재백, 「독일제국 시기(1871-1918) 대도시 개신교의 탈교회화」, 117쪽.

21) 세속화 개념과 연구사에 대해서는 고재백, 「독일제국 시기(1871-1918) 대도시 개신교의 탈교회화」, 88쪽 참고.

22) Martin H. Jung, *Kirchengeschichte*, p. 188.

23) Bernd Moeller, *Geschichte des Christentums in Grundzügen*, p. 353.

24) 같은 책.

25) 같은 책, p. 357.

26) 같은 책, p. 354.

27) 같은 책, p. 361.

28) 같은 책, p. 362.

29) Hans-Ulrich Wehler, *Deutsche Gesellschaftsgeschichte 3*, p. 1181.

제3부 제3장

1) Eric Hobsbawm, *The Age of Empire 1875-1914*(New York: Vintage Books, 1989), pp. 314~319.

2) 같은 책, p. 317.

3) 같은 책, p. 319.

4) Hans-Ulrich Wehler, *Deutsche Gesellschaftsgeschichte 4: Vom Beginn des Ersten Weltrieges bis zur Gründung der beiden deutdchen Staaten 1914-1949*(3rd ed.)(München: Verlag C. H. Beck, 2008), p. 24.

5) 같은 책, p. 436.

6) 리프크네히트는 조국의 전쟁에 아무도 이의를 제기하지 못했던 상황에서 전쟁 반대와 정부 타도를 외친 용감한 정치적 행위로 존중받던 지도자였고 룩셈부르크는 명석함과 섬세한 지성, 매력적이고 따뜻한 마음, 용기 있는 행동으로 동시대인들에게 사랑을 받은 혁명가였다. 둘 모두 독일사회민주당 당원으로서 공산주의자였다. 이 학살은 그 후 의용군 사령관인 구스타프 노스케(Gustav Noske, 1868~1946) 전성기에 일어난 1000배 이상이나 되는 학살, 히틀러 시대에 일어난 100만 배나 되는 학살의 서막으로 평가되기도 한다. 오인석, 『바이마르공화국의 역사: 독일민주주의의 좌절』(한울, 1997), 95~103쪽.
7) Hans-Ulrich Wehler, *Deutsche Gesellschaftsgeschichte 4*, p. 438.
8) 같은 책, p. 437.
9) 같은 책.
10) 같은 책, p. 438.
11) 같은 책, p. 440.
12) 같은 책.
13) Martin H. Jung, *Kirchengeschichte*, p. 190.
14) Bernd Moeller, *Geschichte des Christentums in Grundzügen*, p. 372.
15) 미야타 미쓰오, 『국가와 종교: 유럽 정신사에서 로마서 13장』, 양현혜 옮김(삼인, 2004), 188~192쪽.
16) Hans-Ulrich Wehler, *Deutsche Gesellschaftsgeschichte 4*, p. 441.
17) 같은 책, p. 442.

제3부 제4장

1) Thomas Childers, *The Nazi Voter: The Social Foundations of Fascism in Germany, 1919-1933*(Chapel Hill and London: The Univ. of North Carolina Press, 1983), p. 189.
2) 비네케는 졸딘시의 주교로서 독일적 그리스도인 운동에서 신학과 대학 분과를 지도했고 독일적 삶의 감각 회복, 민족에 뿌리 내린 복음교회, 반유대주의 등을 독일적 그리스도인 운동의 10개 원리로 제시한 인물이다. 추태화, 『권력과 신앙: 히틀러 정권과 기독교』(씨코북스, 2012), 86~89쪽.
3) Hans-Ulrich Wehler, *Deutsche Gesellschaftsgeschichte 4*, p. 442.
4) Online Etymology Dictionary(www.etymoline.com) 참고. Microsoft, *Microsoft Encarta College Dictionary: The First Dictionary For The Internet Age*(New York: St Martin's Press. 2001), p. 965. Nazis는 Nazi의 복수형이다.
5) 히틀러라는 개인과 구조의 관계에 대한 역사적 논의는 Ian Kershaw, *Der NS-Staat: Geschichts-interpretation und Kontroversen im Überblick*, trans. by Jürgen Peter Krause(Hamburg: Rowohlt, 1989), pp. 127~142 참고.
6) 히틀러는 이렇게 말했다. "도덕적인 면과 또 다른 측면에서 (유대인을) 정화하는 것은 당연한 일이라고 말하지 않을 수 없다. 겉모습만 보아도 그들이 물과 친하지 않다는 것을 알 수 있었으며, 괴롭게도 종종 눈을 감고도 그 사실을 알 수 있었다. 나중에 나는 카프탄(caftan)을 입고 있는 사람들의 냄새만 맡아도 매스꺼움을 느끼게 되었다." Adolf Hitler,

Mein Kampf, trans. by Ralph Manheim(Boston: Houghton Mifflin, 1943), p. 57.

7) 히틀러의 파시즘(Faschismus)과 전체주의(Totalitarismus) 그리고 마르크스주의와의 관계
   에 대한 개괄적인 이해를 위해서는 Ian Kershaw, *Der NS-Staat*, pp. 43~87이 유용하다.

8) Paul Hoser, "Hitler und die Katholische Kirche. Zwei Briefe aus dem Jahr 1927," *Viertel-jahrsheft für Zeitgeschichte*, 42. Jahrgang, 3. Heft(1994), p. 484. 편지 전문은 pp. 485~492.

9) Christoph Strohm, *Die Kirchen im Dritten Reich*(München: C. H. Beck, 2011), p. 17.

10) Olaf Blaschke, *Die Kirchen und der Nationalsozialismus*(Stuttgart: Reclam, 2014), pp. 72 ~73.

11) Max Domarus, "Hitlers Reden an die NS Frauenschaft vom 8. August 1934," in Werner Abelshauser, Anselm Faust and Deitmar Petzina, *Deutsche Sozialgeschichte 1914-1945* (München : C. H. Beck, 1985), pp. 125~127.

12) Thomas Childers, *The Nazi Voter*, p. 189.

13) 같은 책.

14) 같은 책, p. 267.

15) 같은 책.

16) 데틀레프 포이케르트, 『나치 시대의 일상사: 순응, 저항, 인종주의』, 김학이 옮김(개마고
    원, 2003), 405~408쪽.

17) 같은 책, pp. 212~228.

18) Hans-Ulrich Wehler, *Deutsche Gesellschaftsgeschichte 4*, p. 442.

19) Olaf Blaschke, *Die Kirchen und der Nationalsozialismus*, p. 76.

20) Hans-Ulrich Wehler, *Deutsche Gesellschaftsgeschichte 3*, p. 943 f.

21) Hans Mommsen, "Nationalsozialismus als politische Religion," ed. by Hans Meier and Michael Schäfer, *Totalitarismus und Politische Religionen: Konzept des Diktaturvergleichs*, Bd. 2(Paderborn, 1997), pp. 173~181. Olaf Blaschke, *Die Kirchen und der Nationalsozia-lismus*, p. 82에서 재인용.

22) Eric W. Gritsch, *Martin Luther's Anti-Semitism: Against His Better Judgment*(Michigan and Cambridge: William B. Eerdmans, 2012), p. 26.

23) 같은 책, p. 108.

24) Woodruff D. Smith, *The Ideological Origins of Nazi Imperialism*(New York and Oxford: Oxford Univ. Press, 1986), p. 239.

25) 같은 책, p. 241.

26) Hans-Ulrich Wehler, *Deutsche Gesellschaftsgeschichte 4*, p. 443.

27) Olaf Blaschke, *Die Kirchen und der Nationalsozialismus*, p. 73.

28) 같은 책, pp. 64~65.

29) Christoph Strohm, *Die Kirchen im Dritten Reich*, p. 23.

30) Hans-Ulrich Wehler, *Deutsche Gesellschaftsgeschichte 4*, p. 796.

31) 오인석, 『바이마르공화국의 역사』, 180~188쪽.

32) 이 주제에 관한 참고자료는 대단히 많다. 그중 탁월한 연구 사례는 Theodor Geiger, "Pa-

nik Im Mittelstan," *Die Arbeit: Zeitschrift für Gewerkschaftspolitik und Wirtschaftskunde*, Heft 10(1930), p. 637 ff.; Harold Lasswell, "The Psychology of Hitlerism," *The Political Quarterly*, Vol. 4, Iss. 4(1933), p. 374; Franz Neumann, *Behemoth: The Structure and Practice of National Socialism 1933-1944*(London: Victor Gollancz LTD, 1942), p. 411 등이 있다. 반면, 마르크스주의자들은 자본주의 체제의 이익 갈등의 구조적 분석을 중요시했다. Thomas Childers, *The Nazi Voter*, p. 291, 주2 참고.

33) Jürgen Kocka, *Die Angestellten in der deutschen Geschichte 1850-1980*(Göttingen: Vandenhoeck, 1981), pp. 178~192. 사무직 노동자들과 나치의 관계를 다룬 저서로는 Michael Prinz, *Vom neuen Mittelstand zum Volksgenossen: Die Entwicklung des sozialen Status der Angestellten von der Weimarer Republik bis zum Ende der NS-Zeit*(München: Oldenbourg, 1986)를 볼 것.

34) Hans Speier, *Die Angestellten vor dem Nationalsozialismus: Ein Beitrag zum Verständnis der deutschen Sozialstruktur 1918-1933*(Göttingen: Vandenhoeck & Ruprecht, 1977), p. 119.

35) Erich Fromm, *The Working Class in Weimar Germany: A Psychological and Sociological Study*, trans. by Barbara Weinberger, ed. & intro. by Wolfgang Bonss(Warwickshire: Berg, 1984), pp. 81~203.

36) Olaf Blaschke, *Die Kirchen und der Nationalsozialismus*, pp. 50~51.

37) 같은 책, pp. 65~70.

제3부 제5장

1) Olaf Blaschke, *Die Kirchen und der Nationalsozialismus*, p. 99.

2) Hans-Ulrich Wehler, *Deutsche Gesellschaftsgeschichte 4*, p. 797.

3) Olaf Blaschke, *Die Kirchen und der Nationalsozialismus*, p. 102.

4) Hans-Ulrich Wehler, *Deutsche Gesellschaftsgeschichte 4*, p. 444.

5) Olaf Blaschke, *Die Kirchen und der Nationalsozialismus*, p. 102.

6) Hans-Ulrich Wehler, *Deutsche Gesellschaftsgeschichte 4*, pp. 800~801.

7) 같은 책, p. 801.

8) 같은 책, p. 802.

9) 같은 책.

10) Olaf Blaschke, *Die Kirchen und der Nationalsozialismus*, p. 184.

11) 추태화, 『권력과 신앙』, 31~32쪽.

12) 같은 책, 38쪽.

13) Christoph Strohm, *Die Kirchen im Dritten Reich*, p. 37.

14) 같은 책, pp. 42~43.

15) Olaf Blaschke, *Die Kirchen und der Nationalsozialismus*, p. 141.

16) 같은 책, p. 138.

17) Christoph Strohm, *Die Kirchen im Dritten Reich*, pp. 48~49.

18) Martin Greschat, "Die Bedeutung der Sozialgeschichte für die Kirchengeschichte. Theorien

und praktische Erwägungen," *Historische Zeitschrift* 256(1993), pp. 67~103.

19) Hans-Ulrich Wehler, *Deutsche Gesellschaftsgeschichte 4*, p. 804.

20) 고백교회 내 여성 활동에 대해서는 Dagmar Herbrecht, Ilse Härter and Hannelore Erhart (ed.), *Der Streit um die Frauenordination in der Bekennenden Kirche: Quellentexte zu ihrer Geschichte im Zweiten Weltkrieg*(Neukirchner, 1997); Doris Bergen, *Twisted Cross: The German Christian Movement in the Third Reich*(Chapel Hill and London: The Univ. of North Carolina Press, 1996); Manfred Gailus, *Protestantismus und Nationalsozialismus: Studien zur nationalsozialistischen Durchdringung des protestantischen Sozialmilieus in Berlin*(Köln: Böhlau, 2001); Manfred Gailus, *Mir aber zerriss es das Herz: Der stille Widerstand der Elisabeth Schmitz*(Göttingen: Vandenhoeck & Ruprecht, 2010) 등을 참고할 것.

21) Olaf Blaschke, *Die Kirchen und der Nationalsozialismus*, p. 160.

22) 같은 책, p. 162.

23) 같은 책.

24) Christoph Strohm, *Die Kirchen im Dritten Reich*, pp. 100~101.

25) Hans-Ulrich Wehler, *Deutsche Gesellschaftsgeschichte 4*, p. 805.

26) Olaf Blaschke, *Die Kirchen und der Nationalsozialismus*, pp. 153~154.

27) 미야타 미쓰오, 『국가와 종교』, 192쪽.

28) Hans-Ulrich Wehler, *Deutsche Gesellschaftsgeschichte 4*, p. 809.

29) 같은 책.

30) 같은 책.

31) Olaf Blaschke, *Die Kirchen und der Nationalsozialismus*, p. 173.

32) Hans-Ulrich Wehler, *Deutsche Gesellschaftsgeschichte 4*, p. 808.

33) Olaf Blaschke, *Die Kirchen und der Nationalsozialismus*, p. 209.

34) Christoph Strohm, *Die Kirchen im Dritten Reich*, p. 99.

35) 같은 책, p. 100.

36) 같은 책, pp. 102~103.

37) 기독교가 마련한 가르침과 생활 형태 속에 나치의 세계관에 반하는 요소들이 많았다거나 나치를 통한 교의의 오염에 저항하는 분위기가 있었다거나 실제로 여러 사람들이 나치의 법률에 반해 행동했고 또 저항에 나설 것을 호소했을 뿐 아니라 대안적 새로운 질서를 준비하는 노력들이 있었다는 등을 근거로 그라스의 평가를 부당한 것으로 여기는 견해도 만만치 않다. 같은 책, pp. 105~108 참고.

38) Olaf Blaschke, *Die Kirchen und der Nationalsozialismus*, pp. 222~223.

39) 콘스탄스 클라센·데이비드 하위즈·앤소니 시노트, 『아로마: 냄새의 문화사』, 김진옥 옮김(현실문화연구, 2002), 229쪽.

제4부 도입글

1) Martin Greschat, "Vorgeschichte," ed. by Claudia Lepp and Kurt Nowak, *Evangelische Kirche im geteilten Deutschland(1945-1989/90)*(Göttingen: Vandenhoeck & Ruprecht,

2001), p. 15.

2) 독일 역사가들은 나치 시대와 그 이후 독일사를 분리하는 단어로 '새로운 시작'이라는 말을 사용한다. Heinrich Grosse, Hans Otte and Joachim Perels(ed.), *Neubeginn nach der NS -Herrschaft?: Die hannoversche Landeskirche nach 1945*(Hannover: Lutherisches Verlagshaus, 2002) 참조.

제4부 제1장

1) Martin Greschat, "Vorgeschichte," p. 16.

2) 같은 글, pp. 34~35.

3) 독일 개신교 지도자들의 자세한 활동에 대해서는 Georg Denzler and Volker Fabricius, *Christen und Nationalsozialisten: Darstellung und Dokumente. Mit einem Exkurs: Kirche im Sozialismus*(Frankfurt/M: Fischer, 1993); 추태화, 『권력과 신앙』, 201~268쪽 참고.

4) Wikipedia(https://de.wikipedia.org/wiki/Gustav_Heinemann)(검색일: 2016.1.5)

5) Joachim Beckmann(ed.), *Kirchliches Jahrbuch für die Evangelische Kirche in Deutschland 1945-1948*(Gütersloh: Gütersloher Verlagshaus, 1950), p. 12. Martin Lotz, *Evangelische Kirche 1945-1952*(Stuttgart: Radius, 1992), p. 37에서 재인용.

6) Heinrich Grosse, Hans Otte and Joachim Perels(ed.), *Neubeginn nach der NS-Herrschaft?*, p. 86.

7) Clemens Vollnhals, "Die Hypothek des Nationalprotestantismus," *Geschichte und Gesellschaft*, 18. Jg.(1992), p. 51.

8) Armin Boyens, "Das Stuttgarter Schuldbekenntnis vom 19. Oktober 1945 - Entstehung und Bedeutung," *Verteljahrshefte für Zeitgeschichte* 19. Jg.(1971), p. 376.

9) Martin Lotz, *Evangelische Kirche 1945-1952*, p. 37.

10) Clemens Vollnhals, "Die Hypothek des Nationalprotestantismus," p. 54.

11) Hans Magnus Enzensberger, *Europa in Trümmern: Augenzeugenberichte aus den Jahren 1944-1948*(Frankfurt/M: Eichborn, 1990), pp. 21~23.

12) Martin Lotz, *Evangelische Kirche 1945-1952*, p. 29.

13) Martin Lotz, *Evangelische Kirche 1945-1952*, p. 35. 'Schuld'라는 독일어는 죄와 책임을 동시에 의미하고 있어 '죄책'으로 번역했다. 'Erklärung'이란 일반적으로 자기 입장을 밝히는 성명서라는 의미를 지니고 있어 교회가 저지른 죄와 그에 따른 책임 의식의 고백이라는 사실을 잘 드러내지 못한다. 그래서 이 선언의 성격을 잘 드러내기 위해 Das Stuttgarte Schuldbekenntnis(슈투트가르트 죄책 선언)이라고 쓰는 예들도 있다.

14) Wikipedia(https://de.wikipedia.org/wiki/Gustav_Heinemann)(검색일: 2016.1.5)

15) Martin Lotz, *Evangelische Kirche 1945-1952*, pp. 9~16.

16) Karl Herbert, *Kirche zwischen Aufbruch und Tradition: Entscheidungsjahre nach 1945*(Stuttgart: Radius, 1989), p. 384.

17) Armin Boyens, "Das Stuttgarter Schuldbekenntnis vom 19. Oktober 1945 - Entstehung und Bedeutung," p. 375.

18) Martin Greschat(ed.), *Die Schuld der Kirche*(München: Chr. Kaiser, 1982), pp. 18~26.

19) Martin Lotz, *Evangelische Kirche 1945-1952*, pp. 35~36.

20) 같은 책, p. 36.

21) Clemens Vollnhals, "Die Hypothek des Nationalprotestantismus," p. 52.

22) Martin Greschat, "Vorgeschichte," p. 24.

23) Clemens Vollnhals, "Die Hypothek des Nationalprotestantismus," p. 52.

24) 같은 글.

25) 같은 글.

26) Hans-Ulrich Wehler, *Deutsche Gesellschaftsgeschichte 5: Bundesrepublik und DDR 1949-1990*(München: Verlag C. H. Beck, 2008), p. 365.

27) 마르틴 그레샤트(Martin Greschat)의 요약이다. Martin Greschat, "Vorgeschichte," p. 28.

28) 같은 글, p. 30.

29) Evangelische Kirche in Deutschland, "Schreiben der Kirchenkanzlei an die Gliedkirchen der EKD," v. 27. 11. 1945. Martin Lotz, *Evangelische Kirche 1945-1952*, p. 40에서 재인용.

30) 장수한, 「뉘른베르크 전범 재판과 서독의 자본주의」, ≪역사비평≫, 제26호(1994), 267~270쪽.

31) Clemens Vollnhals, "Die Hypothek des Nationalprotestantismus," p. 54.

32) 같은 글.

33) 같은 글, pp. 54~55.

34) 같은 글, p. 56.

35) 같은 글.

36) Evangelische Kirche in Deutschland, *Memorandum by The Evangelical Church in Germany on the Question of War Crimes Trials before American Military Courts*(Stürner, 1949). 같은 글, p. 63에서 재인용.

37) Hans-Ulrich Wehler, *Deutsche Gesellschaftsgeschichte 5, p.* 366.

38) 같은 책.

39) Gerald Steinacher, *Nazis auf der Flucht: Wie Kriegsverbrecher über Italien nach Übersee entkamen*(2nd ed.)(Frankfurt am Mein: Fischer Taschenbuch, 2014), p. 9.

40) 같은 책, p. 12.

41) 후달의 활동에 대해서는 Gerald Steinacher, *Nazis auf der Flucht*, pp. 140~147, 152~165 등을 참고. 교황청의 망명 지원 기구에 대해서는 같은 책, pp. 120~127 참고.

42) Clemens Vollnhals(ed.), *Entnazifizierung und Selbstreinigung im Urteil der evangelischen Kirche. Dokumente und Reflexionen 1945-1949*(München: Chr. Kaiser, 1989), pp. 91~92.

43) Helga Welsh, "Entnazifizierung in der DDR und die Wende," eds. by Reiner Eckert, Alexander von Plato and Jörn Schütrumpf, *Wendezeiten-Zeitenwände, Zur 'Entnazifizierung' und 'Entstalinisierung'*(Hamburg: Ergebnisse, 1991), pp. 65~76.

44) Clemens Vollnhals(ed.), *Entnazifizierung und Selbstreinigung im Urteil der evangelischen Kirche. Dokumente und Reflexionen 1945-1949*, pp. 118~119.

45) Clemens Vollnhals, "Die Hypothek des Nationalprotestantismus," p. 56.

46) 같은 글.

47) 같은 글, p. 63.

48) 같은 글, p. 67.

49) Clemens Vollnhals, *Evangelische Kirche und Entnazifizierung 1945-1949: Die Last der nationalsozialistischen Vergangenheit*(München: Oldenbourg, 1989), pp. 102~106.

50) Martin Lotz, *Evangelische Kirche 1945-1952*, p. 41.

51) Ralph Giordano, *Die Zweite Schuld*(Hamburg: Röhring, 1987), p. 21.

52) Clemens Vollnhals, "Die Hypothek des Nationalprotestantismus"; Martin Lotz, *Evangelische Kirche 1945-1952*; Georg Denzler and Volker Fabricius, *Christen und Nationalsozialisten*; Mathias Schreiber, *Martin Niemöller*(Reinbek: Rororo, 1997) 등은 독일 통일 이후 나온 새로운 연구들이다.

제4부 제2장

1) Hans-Ulrich Wehler, *Deutsche Gesellschaftsgeschichte 5*, p. 367.

2) Martin Lotz, *Evangelische Kirche 1945-1952*, p. 85.

3) 같은 책, p. 190.

4) 같은 책, p. 191.

5) Claudia Lepp, "Entwicklungsetappen der Evangelischen Kirche," eds. by Claudia Lepp and Kurt Nowak, *Evangelische Kirche im geteilten Deutschland(1945-1989/90)*, p. 49.

6) Martin Lotz, *Evangelische Kirche 1945-1952*, p. 89.

7) Turtz Rendtorff, "Protestantismus zwischen Kirche und Christentum. Die Bedeutung protestantischer Traditionen für die Entstehung der Bundesrepublik Deutschland," eds. by Werner Conze and M. Rainer Lepsius, *Sozialgeschichte der Bundesrepublik Deutschland. Beiträge zum Kontinuitätsproblem*(2nd ed.)(Stuttgart: Klett-Cotta, 1985), p. 430.

8) 같은 글, p. 432.

9) Hans-Ulrich Wehler, *Deutsche Gesellschaftsgeschichte 5*, p. 367.

10) Evangelische Kirche in Deutschland, *Ostdenkschrift der EKD: Die Lage der Vertriebenen und das Verhältnis des deutschen Volkes zuseinen östlichen Nachbarn*(Eine evangelische Denkschrift, 1965). Turtz Rendtorff, "Protestantismus zwischen Kirche und Christentum. Die Bedeutung protestantischer Traditionen für die Entstehung der Bundesrepublik Deutschland," p. 436에서 재인용.

11) Hans-Ulrich Wehler, *Deutsche Gesellschaftsgeschichte 5*, p. 368.

12) Bernd Moeller, *Geschichte des Christentums in Grundzügen*, p. 371.

13) 68혁명의 원인과 성격 등에 대해서는 에릭 홉스봄, 『극단의 시대: 20세기 역사』, 이용우 옮김(까치, 1997), 444~475쪽 참고.

14) Claudia Lepp, "Entwicklungsetappen der Evangelischen Kirche," p. 76.

15) Andereas Feige, *Kirchenaustritte: Eine soziologische Untersuchung von Ursachen und Beding-*

ungen am Beispiel der Evangelischen Kirche von Berlin-Brandenburg(Berlin: Gelnhausen, 1977). Hans-Ulrich Wehler, *Deutsche Gesellschaftsgeschichte 5*, p. 367에서 재인용.

16) Turtz Rendtorff, "Protestantismus zwischen Kirche und Christentum. Die Bedeutung protestantischer Traditionen für die Entstehung der Bundesrepublik Deutschland," p. 434.

17) Hans-Ulrich Wehler, *Deutsche Gesellschaftsgeschichte 5*, p. 367.

18) 같은 책.

19) 같은 책, p. 368.

20) Martin Greschat, "Die Kirchen in den beiden deutschen Staaten nach 1945," *Geschichte in Wissenschaft und Unterricht*, 42.5(1991), p. 267.

21) 작센의 교회 지도부가 1949년 5월 30일 주 정부 수상에게 보낸 서한. *Schreiben A* Nr. 381; *Schreiben A* Nr. 365. Turtz Rendtorff, "Protestantismus zwischen Kirche und Christentum. Die Bedeutung protestantischer Traditionen für die Entstehung der Bundesrepublik Deutschland," p. 438에서 재인용.

22) 송충기, 「사법적 청산에서 역사적 성찰로: 독일의 사례」, 안병직 외, 『세계의 과거사 청산』(푸른역사, 2005), 54쪽.

23) Ulrich Herbert and Olaf Groehler, *Zweierlei Bewältigung*(Hamburg: Ergebnisse, 2000), pp. 20~21.

24) Hans-Ulrich Wehler, *Deutsche Gesellschaftsgeschichte 5*, pp. 407~408.

25) 같은 책, p. 408.

26) Rudolf Mau, *Der Protestantismus im Osten Deutschlands(1945-1990)*(Leipzig: Evangelische Verlagsanstalt, 2014), p. 46.

27) 1952년 6월 1일, 10만 8417명이던 교회의 청소년 회원이 1954년 6월 1일, 11만 9855명으로 증가했고 그로부터 1년 후에는 오히려 12만 5025명을 기록했다는 견해가 그것이다. Hermann Wentker, " 'Kirchenkampf' in der DDR. Der Konflikt um die Junge Gemeinde 1950-1953," *Vierteljahrsheft für Zeitgeschichte*, 42.1(1994), pp. 126~127.

28) Claudia Lepp, "Entwicklungsetappen der Evangelischen Kirche," p. 51.

29) Rudolf Mau, *Der Protestantismus im Osten Deutschlands(1945-1990)*, pp. 115~116.

30) Claudia Lepp, "Entwicklungsetappen der Evangelischen Kirche," p. 53.

31) Hans-Ulrich Wehler, *Deutsche Gesellschaftsgeschichte 5*, p. 407.

32) Claudia Lepp, "Entwicklungsetappen der Evangelischen Kirche," p. 66.

33) 같은 글, p. 67.

34) Rudolf Mau, *Der Protestantismus im Osten Deutschlands(1945-1990)*, p. 90.

35) 같은 책.

36) 같은 책, pp. 124~126.

37) Hans-Ulrich Wehler, *Deutsche Gesellschaftsgeschichte 5*, p. 409.

38) 미하엘 호프만, 「사회주의 지배층」, 한국 사회학회 엮음, 『독일 통일과 동독 권력 엘리트: 동독인의 관점에서 바라본 독일 통일 그리고 권력의 변화』(한울, 2011), 173~175쪽.

39) 같은 책, 176쪽.

40) Rudolf Mau, *Der Protestantismus im Osten Deutschlands(1945-1990)*, pp. 160~161; Sung -Wan Choi, *Von der Dissidenz zur Opposition: Die politisch alternativen Gruppen in der DDR von 1978-1989*(Köln: Wissenschaft und Politik, 1999), pp. 38~50 참고.

41) Sung-Wan Choi, *Von der Dissidenz zur Opposition*, pp. 51~54.

42) 같은 책, pp. 60~62.

43) 같은 책, pp. 118~121.

44) 같은 책, pp. 123~132.

45) Rudolf Mau, *Der Protestantismus im Osten Deutschlands(1945-1990)*, p. 189.

46) 같은 책, pp. 178~179.

47) 같은 책, p. 200.

48) Hans-Ulrich Wehler, *Deutsche Gesellschaftsgeschichte 5*, p. 409.

49) 김누리, "독일 통일과 두 목사", ≪한겨레신문≫, 2014년 7월 21일 자, 31면.

50) 동독의 변화를 혁명으로 보는 것에 반대하는 견해는 Wolfgang Schäuble, *Der Vertrag: Wie ich über die deutsche Einheit verhandelte*(DVA: Stuttgart, 1991), p. 15. 전태국, 『국가 사회주의의 몰락: 독일 통일과 동구변혁』(한울, 1998), 110쪽에서 재인용.

제4부 제3장

1) 세 사람의 활동에 대해서는 홍주민, 「개신교와 연대 정신: 독일 디아코니아 운동의 역사」, 112~121쪽 참고.

2) Traugott Jähnichen, "Patriarchalismus - Partnerschaft - Partizipation. Ein Uberblick über die Mitbestimmungsdiskussion in der evangelischen Sozialpolitik," eds. by Frank von Auer and Franz Segbers, *Sozialer Protestantismus und Gewerkschaftsbewegung*(Köln: Bund-Verlag, 1994), p. 272.

3) 같은 글, p. 273.

4) Hans Rosenberg, *Grosse Depression und Bismarckzeit*(Berlin: Walter de Gruyter & Co., 1967), p. 221.

5) 같은 책, p. 222.

6) Hans-Ulrich Wehler, *Deutsche Gesellschaftsgeschichte 3*, p. 1177.

7) Wolfgang Köllmann, *Sozialgeschichte der Stadt Barmen*(Tübingen: J.C.B. Mohr, 1960), p. 195. Edga Sagarra, *A Social History of Germany 1648-1914*, p. 218에서 재인용.

8) Günter Brakelmann, "Evangelische Sozialtheoretiker vor dem Problem der Gewerkschaften," eds. by Frank von Auer and Franz Segbers, *Sozialer Protestantismus und Gewerkschaftsbewegung*, p. 24.

9) 미야타 미쓰오, 『국가와 종교』, 148쪽.

10) Hans-Ulrich Wehler, *Deutsche Gesellschaftsgeschichte 3*, p. 1178.

11) 헬가 그레빙, 『독일노동운동사』, 박경서 옮김(한벗, 1985), 124쪽.

12) 같은 책, 125쪽.

13) 같은 책, 126쪽.

14) Friedrich Naumann, *Das soziale Programm der evangelischen Kirche*, in *Werke*, Bd. 1(Köln & Opladen: Westdeutscher Verlag, 1964), p. 260. Traugott Jähnichen, "Patriarchalismus - Partnerschaft - Partizipation. Ein Überblick über die Mitbestimmungsdiskussion in der evangelischen Sozialpolitik," p. 275에서 재인용.

15) 같은 책, p. 278.

16) Günter Brakelmann, "Evangelische Sozialtheoretiker vor dem Problem der Gewerkschaften," p. 28.

17) 헬가 그레빙, 『독일노동운동사』, 130쪽.

18) Gerhard Albert Ritter, *Sozialversicherung in Deutschland und England: Entstehung der Grundzüge im Vergleich*(München: C. H. Beck, 1983), p. 28.

19) 같은 책. 1881년 3월 8일에 제출한 산업재해보험 첫 법안의 설명서.

20) Peter Baldwin, "Die Soziale Ursprünge des Wohlfahrtsstaates," *Zeitschrift für Sozialreform*, 36(1990), p. 691.

21) Gerhard Albert Ritter, *Sozialversicherung in Deutschland und England*, p. 47.

22) 같은 책, p. 48.

23) 같은 책, p. 52.

24) Julius Werner, "Gerechtigkeit, nicht bloß Liebe, Hauptversammlung der FKSK 1906eine Grundlage der modernen Arbeitbewegung," Rede auf der 11. in Kassel, in R. Mumm, *Kirchlich-soziale Chronik, Kirchliches Jahrbuch 1907*, p. 425. Traugott Jähnichen, "Patriarchalismus - Partnerschaft - Partizipation. Ein Überblick über die Mitbestimmungsdiskussion in der evangelischen Sozialpolitik," pp. 276~267에서 재인용.

25) 같은 글, p. 275

26) Georg Wünsch, *Evangelische Wirtschaftsethik*(Tübingen: Mohr, 1927), p. 564. Traugott Jähnichen, "Patriarchalismus - Partnerschaft - Partizipation. Ein Überblick über die Mitbestimmungsdiskussion in der evangelischen Sozialpolitik," p. 279에서 재인용.

27) 같은 책.

28) Eduard Heinmann, *Soziale Theorie des Kapitalismus: Theorie der Sozialpolitik*(Frankfurt: Suhrkamp, 1980), p. 249. Traugott Jähnichen, "Patriarchalismus - Partnerschaft - Partizipation. Ein Überblick über die Mitbestimmungsdiskussion in der evangelischen Sozialpolitik," p. 279에서 재인용.

29) 헬가 그레빙, 『독일노동운동사』, 284쪽.

30) Rudolf Morsey, *Die Bundesrepublik Deutschland*(Muunchen: R. Oldenbourg, 1990), pp. 41~42.

31) 경제사학자 베르너 아벨스하우저(Werner Abelshauser)의 개념으로 경제적 활황이 계속된 1949년부터 1966년에 이르는 기간을 말한다. Werner Abelshauser, *Die Langen Fünfziger Jahre: Wirtschaft und Gesellschaft der Bundesrepublik Deutschland 1949-1966*(Düsseldorf: Schwann, 1987), pp. 73~75 참고.

32) Frank von Auer and Franz Segbers(ed.), *Sozialer Protestantismus und Gewerkschaftsbewegung*,

p. 246에서 재인용.

33) Harry Noormann, "Evangelische Beiträge zum Ausbau des Sozialstaates Schwerpunkte und Trends," 같은 책, p. 247.

34) 1955년 에스펠캄프 개신교 대회 인사말. 같은 글, p. 248에서 재인용.

35) 같은 글, p. 249.

36) Eberhard Müller, "Der Strukturwandel des menschlichen Lebens," *Die Kirche und die Welt der Arbeit*, p. 30. 같은 글, p. 250에서 재인용.

37) *Kirchliches Jahrbuch 1981/82*, p. 122; Harry Noormann, "Evangelische Beiträge zum Ausbau des Sozialstaates Schwerpunkte und Trends," p. 250.

38) 같은 글, p. 249.

39) Wolfgang Huber, "Kirchliche Sozialethik und gesellschaftliche Interessen," ed. by Yorick Spiegel, *Kirche und Klassenbildung: Studien zur Situation der Kirchen in der Bundesrepublik Deutschland*(Frankfurt/M.: Suhrkamp, 1974), pp. 190~203. Harry Noormann, "Evangelische Beiträge zum Ausbau des Sozialstaates Schwerpunkte und Trends," p. 253에서 재인용.

40) 같은 글.

41) 같은 글, p. 285.

42) 구체적인 제안 내용은 노동자들이 그들과 관련한 문제에서 발언할 공간을 확보해줄 것, 인사 및 사회 정책을 다룰 중역과 감독위원회 담당자를 배치할 것, 감독위원회의 노동자 대표는 직원들이 직접 선출하게 할 것 등의 내용을 담고 있었다. 같은 글, p. 286 참고.

43) 헬가 그레빙, 『독일노동운동사』, 294쪽.

44) 홍주민은 45만 명의 실무자와 40만 명 정도의 자원봉사자가 하루 100만 명 이상에게 혜택을 제공하고 있다고 본다. 홍주민, 「개신교와 연대 정신: 독일 디아코니아 운동의 역사」, 122쪽. 해리 누르만(Harry Noormann)은 약 70만 명이 디아코니아 기구들에서 일하고 있다고 말한다. Harry Noormann, "Evangelische Beiträge zum Ausbau des Sozialstaates Schwerpunkte und Trends," p. 246. 디아코니아에 관한 독일 개신교의 지침은 독일개신교연합, 『디아코니아 신학과 실천』, 홍주민 옮김(한국디아코니아연구소, 2006)을 참고.

45) Gøsta Esping-Andersen, *The Three Worlds of welfare Capitalism*(Cambridge: Polity Press, 1993), pp. 35~104. 특히 p. 52의 표 <2-2>, pp. 70~74의 표 <3-3>, p. 86의 표 <4-4> 참고.

나가며

1) Ein Grundlagentext des Rates der EKD, *Rechtfertigung und Freiheit: 500 Jahre Reformation 2017*(2nd ed.)(Gütersloh: Gütersloher Verlagshaus, 2015), pp. 44~93. 초판은 2014년.

2) Martin H. Jung, *Kirchengeschichte*, p. 226.

3) 같은 책.

연표

1304~1321	• 단테의 『신곡』
1342	• 페트라르카 『나의 비밀』에서 고전으로 돌아갈 것을 주장
1348~1351	• 보카치오 『데카메론』에서 가톨릭 비판
1384	• 새로운 신앙 운동 전개한 흐로테 사망
1480년경	• 인문학 연구자와 교사들을 '우마니타스(인문주의자)'로 부름
1485	• 보티첼리의 〈비너스의 탄생〉, 피치노는 "인간성을 대표하는 작품"으로 평가 • 피코 『인간의 존엄성에 관한 연설』
1509	• 에라스뮈스 『우신예찬』 • 르페브르 『시편주해』에서 성서의 역사적 맥락에 주목
1516	• 모어 『유토피아』 • 에라스뮈스 그리스어 신약성서 편찬(라틴어 대역)
1517	• 루터 「95개 논제」 발표해 면벌부 판매 비판
1519	• 야콥 푸거의 지원으로 카를 5세 신성로마제국황제 취임
1520	• 루터 『기독교가 처한 상황의 개선을 위해 독일 민족의 그리스도인 귀족에게 호소함』, 『교회의 바벨론 억류(De Captiviate Babylonica Ecclesiae)』, 『그리스도인의 자유에 관하여』
1524	• 에라스뮈스 「의지의 자유에 관하여」 • 루터 『의지 노예론』, 『상업과 고리대금에 관하여』
1527	• 재침례파 슐라이트하임 신앙고백서, 후브마이어 『의지의 자유에 관하여』
16세기	• 농촌 인구의 증가. 동부 독일에서 구츠헤어샤프트 발달로 인신 예속 강화
1524~1526	• 농민전쟁으로 최소 7만 명 이상이 영주들에게 살해당함
1525	• 봉기 농민들 12개 요구 사항 발표 • 루터 「도둑질과 살상을 일삼는 농민 폭도들에 반대하여」 • 프랑켄하우젠 전투에서 6000명의 농민 살해당함
1527	• 후브마이어 『의지의 자유에 관하여』
1530	• 아우크스부르크 제국의회에 루터주의 신앙고백서 제출
1534~1536	• 재침례파 뮌스터 재산 공동체 운동
1555	• 아우크스부르크 종교회의에서 신앙속지주의 원칙 결정
1613	• 프로이센의 지기스문트 칼뱅주의로 개종
1617	• 가톨릭의 공세와 칼뱅파의 전진으로 종교적 불안정성 증대
1618~1648	• 30년 전쟁으로 영주권 강화, 관청 교회 확립 계기 마련, 가톨릭과 루터주의 및 칼뱅주 의의 공존 승인
1675	• 슈페너 『경건을 향한 열망』
1695	• 프랑케, 할레에 보육원 설립

18세기	• 프로테스탄트 성직자들이 독일어 설교와 문화의 중심으로서 존중받음 • 폼메른 성직자 중 55%, 사모의 65%가 목회자 가정 출신 • 독일 계몽주의 발전과 함께 신학적 합리주의 등장
1717	• 경건주의자들이 1710년에 세운 성서제작협회를 통해 종교개혁 200년 후 성서가 "민중의 책"이 됨
1727	• 프랑크가 세운 시민학교와 라틴어학원 등에 1700명의 학생들 공부 • 친첸도르프, 헤른후트에 생활 공동체 설립
1740~1750	• '독일적 가치' 존중하고 기독교에 적대적이지 않은 특성이 있는 독일 계몽주의는 대학 교수들의 주도로 18세기 말까지 전성기를 구가함 • 젬러, 성서를 역사적 문서로 접근하는 신해석학 선도
1750	• 바흐 사망 • 레싱, 단편논쟁 제기
1781	• 칸트 『순수이성비판』
1782	• 스위스의 굉디를 마지막 희생자로 독일어권에서 마녀사냥 사라짐
1799	• 슐라이어마허 『종교를 경멸하는 사람들 속에 사는 교양인들에게 보내는 종교에 관한 글』, 『기독교의 신앙교리』에서 종교의 개념 구조는 절대적 의존의 감정이라고 규정하고 교회의 중요성 강조함 • 슐라이어마허는 루터주의와 칼뱅주의 연합에 노력했고 후에 연합교회 형성함
1806	• 프로테스탄트 교회가 국가교회로서 법적으로 특권적 지위 획득
1817	• 종교개혁 300주년 기념의 해 • '교회 총회법'이 좌절되고 프로이센 왕의 총대주교권 강화 • 바르트부르크 축제에서 학생들 '비독일적' 저서들 불태움 • 토룩과 헹스텐베르크를 대표로 공격적 교파주의 및 보수주의 지향하는 신각성 운동이 뷔르템베르크에서 시작
1820~1848	• 프로이센의 목회자 수 5714명, 1848년에 겨우 5783명으로 증가 • 신학생의 다수는 소부르주아 출신
1830~1848	• 3월 전기에 사회적 갈등 첨예화
1833	• 비헤른, 함부르크에서 청소년 보호활동 시작 • 내적 선교는 국가온정주의적 입장에서 사회적 약자 돌봄
1841	• 교회 내 자유주의 실현을 위한 빛의 친구들 결성
1848	• 1848혁명의 실패 • 신경건주의, 혁명을 "죄"로 규정
1850	• 프로이센 '교회 감독관법'에 따라 5800명의 목사들이 관료체제에 묶임
1871	• 독일 통일 • 교회는 가톨릭 국가(오스트리아와 프랑스)에 대한 프로테스탄트 국가의 승리로 받아들임으로써 국가 프로테스탄티즘의 정착
1873	• 예수회 활동을 금지하면서 가톨릭의 문화투쟁 시작 • 가톨릭중앙당 활동
1873~1875	• 교회 관료제와 자율 관리제를 혼합한 새 교회법 발효
1890	• 목사 1명이 9593명의 신자를 돌보는 상황 전개(1700년 1000명, 1800년 3000명, 1850년 4300명)

1900	• 트라이치케, 독일 권력 국가 사상 고취
	• 역사적·비판적 성서연구가 바우어와 리츨의 뒤를 이어 하르낙이 주요 활동함
	• 문화 프로테스탄티즘의 신장
19세기	• 여성의 지위 낮아 대중 집회 참여도 어려움
1903~1905	• 베버 『프로테스탄티즘의 윤리와 자본주의 정신』
1914	• 제1차 세계대전 시작
	• 탈교회화 현상으로 프로테스탄트 교회 출석 교인 15~20%로 하락
1917	• 종교개혁 400주년
	• 민족주의에 열광해 "거룩한 전쟁"을 부추기는 전쟁 신학 대두
1918~1919	• 독일이 패전하자 혁명으로 이어짐
1919~1932	• 바이마르공화국 시대
	• 교회는 반공화주의의 선봉
1919	• 바르트 『로마서』 초판
	• 이후 변증법적 신학 전개해 『교회 교의학』 완성
1932	• 선거에서 히틀러 승리
	• 교회는 민족주의, 반공주의, 제국주의, 인종주의, 가톨릭에 대응한 분파주의에 휩싸여 나치 지지
	• 독일적 그리스도인이 교회 선거에서 압승
	• 니묄러의 주도로 목사긴급동맹 결성
1933	• 베스트팔렌주 고백교회 총회 형성
1934	• 고백교회의 신학적 토대인 바르멘 선언
1935	• 모이젤, 유대인 기독교도에 대한 디아코니아의 도움 요청
	• 슈미츠, 비아리안계의 상황 적극 알림
1936	• 본회퍼, 『복종』에서 시민의 용기 요청
	• 후에 히틀러 암살 혐의로 처형
1938	• 제국 수정의 밤 이후 유대인 추방 시작
1939~1945	• 제2차 세계대전 연합국의 승리
1940	• 유대인 탈출을 돕던 목사 그뤼버 수감
1941	• 전체 목회자의 거의 절반이 전쟁 봉사 의무를 강조
	• 유대인 안락사 숫자가 7만 명에 육박해 홀로코스트 극성
1945	• 슈투트가르트 죄책 선언 발표
1946~1948	• 소련 점령지의 나치 청산 유연화로 이동
1946	• 교회는 뉘른베르크 전범 재판에 반대
	• 탈나치위원회 활동에도 반대
1946~1955	• 나치 전력자 약 10만 명 교회의 도움으로 탈출 성공
1947	• 다름슈타트 선언
1948	• 독일개신교연합 탄생
1949	• 독일연방공화국 기본법 발효
1950	• 한국전쟁 발발로 수상 아데나워가 서독의 재무장을 의회에 요청
1952	• 동독 정부의 교회 압박 가속화

1955	• 에스펠캄프 개신교 대회 "교회와 노동세계" 주제로 전환
1957	• 서독 교회 "교회 사업 A"로 동독 지원
1958	• 개신교 연구소 등 전문가 집단 핵무장 저지 성공 • 동독, 공산당 관료가 집전하는 청소년축성식 도입
1961	• 동독 베를린 장벽 설치 • 서독 연방법으로 교회가 자체 사법권을 행사하는 독립 사법기관이 됨
1966	• 불트만, 원기독교의 가르침 현 시대 상황에 맞게 적용 주장 • 보수주의자들, 신앙고백 운동 펼침
1968	• 전 유럽에서 학생운동이 일어나 독일 내 과거 청산 자극
1969	• 동독 교회, 독일공산당 압력으로 독일개신교연합 탈퇴
1970	• 교회 탈퇴자 지속적으로 증가
1976	• 동독 목사 차이츠, 공산당 정책에 항의해 교회의 분발 촉구하며 분신
1978	• 공산당 서기장 호네커, 교회에 대한 갈등 완화 정책 시작 • 동독 교회 내 평화운동 그룹 출범, 환경 운동 역시 시작
1979	• 북대서양조약기구의 유럽 중거리 미사일 배치를 둘러싸고 격렬한 논쟁
1981	• 동독 교회 내 제3세계 그룹, "니카라과에 희망을!" 프로젝트 전개
1988	• 동독 교회, 정부 비판적이고 비판 운동 그룹에 우호적인 입장 확인
1989	• 라이프치히에서 월요 기도회 마친 7만 명이 시민 민주주의 요구 데모
1990	• 독일의 재통일 • 로쿰 선언으로 동, 서독 교회 독일개신교연합으로 재통합
2008	• 2017년 종교개혁 500주년 앞두고 "종교개혁 10년" 선언

참고문헌

1. 국내 단행본

김승진. 2011.『근원적 종교개혁: 16세기 성서적 아나뱁티스트들의 역사와 신앙과 삶』. 침례신학대학 출판부.

김영재. 2008. 『뒤돌아보는 한국기독교』. 합신대학원 출판부.

김영한. 1982.『바르트에서 몰트만까지』. 기독교문서선교회.

김용주. 2012.『루터 혼돈의 숲에서 길을 찾다』. 익투스.

목창균. 1997.『슐라이에르마허의 신학사상』. 한국신학연구소.

배국원. 2013.『현대종교철학의 프리즘』. 대장간.

_____ 엮음. 2014.『침례교회 정체성: 역사·신학·실천』. 침례신학대학교 출판부.

안병직 외. 2005.『세계의 과거사 청산』. 푸른역사.

오인석. 1997.『바이마르공화국의 역사: 독일 민주주의의 좌절』. 한울.

이영석·임지현·장수한 옮기고 엮음. 1985.『신자본주의 이행 논쟁』. 한겨레.

전태국. 1998.『국가사회주의의 몰락: 독일 통일과 동구변혁』. 한울.

추태화. 2012.「권력과 신앙: 히틀러 정권과 기독교」. CKoBooks.

침례교신학연구소 엮음. 2003.『하나님의 주권과 인간의 자유』. 침례신학대학 출판부.

_____. 2012.『크리스천 휴머니즘의 길』. 침례신학대학 출판부.

한국사회학회 엮음. 2011.「독일 통일과 동독 권력 엘리트」. 한울.

홍지훈. 2000.『마르틴 루터와 아나뱁티즘』. 한들.

홍치모 엮음. 1992.『급진종교개혁사론』. 느티나무.

2. 국내 번역본

그레빙, 헬가(Helga Grebing). 1985.『독일노동운동사』. 한벗.

그린, 로버트(Robert W. Green) 엮음. 1981.『프로테스탄티즘과 자본주의 베버 명제와 그 비판』. 이동하 옮김. 종로서적.

디터리히, 파이트-야코부스(Veit-Jakobus Dieterich). 2012.『누구나 아는 루터 아무도 모르는 루터』. 이미선 옮김. 홍성사.

미야타 미쓰오(宮田光雄). 2004.『국가와 종교: 유럽 정신사에서 로마서 13장』. 양현혜 옮김. 삼인.

발만, 요한네스(Johaness Wallmann). 2006.『종교개혁 이후의 독일 교회사』. 오영옥 옮김. 대한기독교서회.

베버, 막스(Max Weber). 2010.『프로테스탄티즘의 윤리와 자본주의 정신』. 김덕영 옮김. 길.

스피츠, 루이스(Lewis W. Spitz). 1983. 『종교개혁사』. 서영일 옮김. 기독교문서선교회.

에라스뮈스. 2011. 『우신예찬』. 김남우 옮김. 열린책들.

에버트, 클라우스(Klaus Ebert). 1994. 『토마스 뮌처: 독일 농민 혁명가의 삶과 사상』. 오희천 옮김. 한국신학연구소.

에스텝, 윌리엄(William Estep). 2002. 『르네상스와 종교개혁』. 라은성 옮김. 그리심.

윌콕, 도널드(Donald J. Wilcox). 1985. 『신과 자아를 찾아서』. 차하순 옮김. 이화여자대학교 출판부.

융, 마르틴(Martin H. Jung). 2013. 『멜란히톤과 그의 시대』. 이미선 옮김. 홍성사.

좀바르트, 베르너(Werner Sombart). 1997. 『사랑과 사치와 자본주의』. 이필우 옮김. 까치.

츠바이크, 슈테판(Stefan Zweig). 『다른 의견을 가질 권리』. 안인희 옮김. 바오. 2009.

추어뮐렌, 칼 하인츠(Karl-Heinz zur Mühlen). 2003. 『종교개혁과 반종교개혁』. 정병식·홍지훈 옮김. 대한기독교서회.

카질톰슨(W. D. J. Cargill Thompson). 2003. 『마르틴 루터의 정치사상』. 김주한 옮김. 민들레 책방.

코르뱅, 알랭(Alain Corbin). 2008. 『역사 속의 기독교』. 주명철 옮김. 길.

콧체(Raymund Kottje)·묄러(Bernard Moeller) 엮음. 2000. 『에큐메니칼 교회사 3: 현대교회』. 한국신학연구소.

클라센(Constance Classen)·하워즈(David Howes)·시놋(Anthony Synott). 2002. 『아로마: 냄새의 문화사』. 김진옥 옮김. 현실문화연구.

키친, 마틴(Martin Kitchen). 2009. 『사진과 그림으로 보는 케임브리지 독일사』. 시공사.

토니, 리처드 헨리(Richard Henry Tawney). 1983. 『종교와 자본주의의 발흥』. 김종철 옮김. 한길사.

포이케르트, 데틀레프(Detlev Peukert). 2003. 『나치 시대의 일상사: 순응, 저항, 인종주의』. 개마고원.

포터(J. M. Porter). 1985. 『루터의 정치 사상』. 홍치모 옮김. 컨콜디아사.

페브르(Lucien Febvre)·마르탱(Henri-Jean Martin). 2014. 『책의 탄생』. 배영란 옮김. 돌베개.

폰타나, 조셉(Josep Fontana). 1999. 『거울에 비친 유럽』. 김원중 옮김. 새물결.

하위징아, 요한(Johan Huizinga). 2013. 『에라스뮈스』. 이종인 옮김. 연암서가.

호이시, 카를(Karl Heussi). 2004. 『세계 교회사』. 손규태 옮김. 한국신학연구소.

홉스봄, 에릭(Eric Hobsbawm). 1984. 『산업과 제국』. 전철환·장수한 옮김. 한빛.

_____. 1997. 『극단의 시대: 20세기 역사』. 이용우 옮김. 까치.

헤겔(Hegel, G. W. F). 2008. 『역사철학 강의』. 전기철 옮김. 동서문화사.

3. 국내 정기 간행물

고재백. 2009. 「서유럽 근대사회의 종교와 '세속화' 논의: 19세기 독일사회를 중심으로」. 『운정 윤정숙 교수 은퇴기념 논문집』. 기념논문집 편찬위원회 엮음. 베다니.

_____. 2010. 「서유럽 근대사회의 '세속화'와 '종교의 여성화': 독일의 19세기 종교사 연구를 중심으로」. ≪서양사론≫, 제104호, 374~412쪽.

_____. 2011. 「독일제국 시기(1871-1918) 대도시 개신교의 탈교회화: 개신교 교인의 '교회충실성' 지표의 변화 추이를 중심으로」. ≪독일연구≫, 제22호, 87~126쪽.

나인호. 2003. 「근대적 사회 문화 현상으로서 종교: 최근 독일에서의 19세기 종교사 연구」. ≪서양사론≫, 제77호, 173~201쪽.

이병련. 2012. 「독일 역사 교과서에 나타난 나치독재와 홀로코스트(2)」. ≪독일연구≫, 제24호, 149~190쪽.

장수한. 1994. 「뉘른베르크 전범 재판과 서독의 자본주의」. ≪역사비평≫, 제26호, 257~277쪽.

황대현. 2011. 「아우크스부르크 평화축제(Augsburger Friedensfest)로의 길: 아우크스부르크 시의 30년 전쟁 극복과정과 동등권(Parität) 체제의 수립」. ≪서양사론≫, 제108호, 45~74쪽.

_____. 2013. 「뉘른베르크와 아우크스부르크의 평화축제(Friedensfest): 근대 초기 독일인들의 30년 전쟁과 평화에 대한 인식과 기억」. ≪독일연구≫, 제26호, 97~132쪽.

홍주민. 2013. 「개신교와 연대 정신: 독일 디아코니아운동의 역사」. ≪역사비평≫, 제102호, 107~130쪽.

4. 해외 단행본

Abelshauser, Werner. 1987. *Die Langen Fünfziger Jahre: Wirtschaft und Gesellschaft der Bundesrepublik Deutschland 1949-1966*. Düsseldorf: Schwann.

Abelshauser, Werner, Anselm Faust and Deitmar Petzina. 1985. *Deutsche Sozialgeschichte 1914-1945*. München: C. H. Beck.

Arendt, Hannah. 1963. *Über die Revolution*. München: Piper.

Auer, Frank von and Franz Segbers(ed.). 1994. *Sozialer Protestantismus und Gewerkschaftsbewegung*. Köln: Bund-Verlag.

Bainton, Roland H. 1952. *The Reformation of the Sixteenth Century*. Boston: Beacon.

Baldwin, Peter. 1990. *The Politics of Social Solidarity: Class Bases of the European Welfare State 1875-1975*. Cambridge: Cambridge Univ. Press.

Barthels, Michel. 2007. *Die soziale Struktur der Täuferherrschaft zu Münster 1534/1535*. München: Grin Verlag.

Beckmann, Joachim(ed.). 1950. *Kirchliches Jahrbuch für die Evangelische Kirche in Deutschland 1945-1948*. Gütersloh: Gütersloher Verlagshaus.

Bergen, Doris. 1996. *Twisted Cross: The German Christian Movement in the Third Reich*. Chapel Hill and London: The Univ. of North Carolina Press,

Besier, Gerhard. 1998. *Kirche, Politik und Gesellschaft im 19. Jahrhundert*. München: Oldenbourg.

Blanchard, Kathryn D. 2010. *The Protestant Ethic or the Spirit of Capitalism: Christians, Freedom, and Free Markets*. Eugene and Oregon: Cascade Books.

Blaschke, Olaf. 2014. *Die Kirchen und der Nationalsozialismus*. Stuttgart: Reclam.

Blickle, Peter. 2012. *Der Bauernkrieg: Die Revolution des Gemeinen Mannes*(4th ed.). München: C. H. Beck.

_____. 1983. *Die Revolution von 1525*. München and Wien: R. Oldenbourg.

Boussel, Patrice. 1989. *Leonardo da Vinci: Leben und Werk*. Stuttgart and Zürich: Belser.

Braun, Christina. von et al.(ed.). 2007. *Säkularisierung: Bilanz und Perspektiven einer umstrittenen These*. Berlin: LIT.

Brendler, Gerhard. 1966. *Das Täuferreich zu Münster 1534/1535*. Berlin: Deutscher Verl. d. Wissenschaften VEB.

Brunner, Otto et al.(ed.). 1979. *Geschichtliche Grundbegriffe: Historisches Lexikon zur politisch-sozialen Sprache in Deutschland*. Stuttgart: Klett-Cotta.

Childers, Thomas. 1983. *The Nazi Voter: The Social Foundations of Fascism in Germany, 1919-1933*. Chapel Hill and London: The Univ. of North Carolina Press.

Choi, Sung-Wan. 1999. *Von der Dissidenz zur Opposition: Die politisch alternativen Gruppen in der DDR von 1978-1989*. Köln: Wissenschaft und Politik.

Cohn, Norman. 1961. *The Pursuit of the Millenium*. New York: Harper Torchbooks.

Conze, Werner and M. Rainer Lepsius(ed.). 1985. *Sozialgeschichte der Bundesrepublik Deutschland. Beiträge zum Kontinuitätsproblem*(2nd ed.). Stuttgart: Klett-Cotta.

Conzemius, Victor von et al.(ed.). 1988. *Die Zeit nach 1945 als Thema kirchlicher Zeitgeschichte: Referate der internationalen Tagung in Hünigen/Bern*. Göttingen: Vandenhoeck & Ruprecht.

Conrad, Franziska. 1984. *Reformation in der bäuerlichen Gesellschaft. Zur Rezeption reformatorischer Theologie im Elsass*. Stuttgart: Steiner.

Cornelius, Carl A.(ed.). 1983. *Berichte der Augenzeugen über das münsterische Wiedertäuferreich*. Münster: Stadt Museum Münster.

Davis, Kenneth R. 1974. *Anabaptism and Asceticism: A Study in Intellectual Origins*. Scottdale: Wipf & Stock Pub.

Denzler, Georg and Volker Fabricius. 1993. *Christen und Nationalsozialisten: Darstellung und Dokumente. Mit einem Exkurs: Kirche im Sozialismus*. Frankfurt/M: Fischer.

Dunn, Richard S. 1970. *The Age of Religious Wars 1559-1715*. New York: Norton.

Eckert, Reiner, Alexander von Plato and Jörn Schütrumpf(eds.). 1991. *Wendezeiten-Zeitenwände, Zur 'Entnazifizierung' und 'Entstalinisierung'*. Hamburg: Ergebnisse.

Ehbrecht, Wilfred(ed.). 1980. *Städtische Führungsgruppen und Gemeinde in der werdenden Neuzeit*. Köln und Wien: Böhlau.

Ehrenberg, Richard. 1922. *Das Zeitalter der Fugger: Geldkapital und Creditverkehr im 16. Jahrhundert*(3rd ed.) Vol. I. Jena: Gustav Fischer,

Ein Grundlagentext des Rates der EKD. 2015. *Rechtfertigung und Freiheit: 500 Jahre Reformation 2017*(2nd ed.). Gütersloh: Gütersloher Verlagshaus.

Engels, Friedrich. 1972. *Der deutsche Bauernkrieg*. Berlin: Dietz.

Enzensberger, Hans Magnus. 1990. *Europa in Trümmern: Augenzeugenberichte aus den Jahren 1944-1948*. Frankfurt/M: Eichborn.

Esping-Andersen, Gøsta. 1993. *The Three Worlds of welfare Capitalism*. Cambridge: Polity Press.

Estep, William R. 1975. *The Anabaptist Story*. Michigan: Grand Rapids.

Fischer, Hermann. 2001. *Friedrich Ernst Daniel Schleiermacher*. München: C. H. Beck.

Forell, George. 1954. *Faith Active in Love*. New York: American.

Franz, Günther. 1975. *Der Deutsche Bauernkrieg*. Darmstadt: Wissenschaftliche Buchgesellschaft.

Frevert, Ute and Heinz-G Haupt. 1999. *Der Mensch des 19. Jahrhundert*. Frankfurt/M. Magnus Essen.

Friesen, Abraham. 1998. *Erasmus, the Anabaptists, and the Great Commission*. Michigan and Cambridge: William B. Eerdmans.

Fromm, Erich. 1984. *The Working Class in Weimar Germany: A Psychological and Sociological Study*. in Barbara Weinberger(trans.), Wolfgang Bonss(ed. and intro.). Warwickshire: Berg.

Gailus, Manfred. 2001. *Protestantismus und Nationalsozialismus: Studien zur nationalsozialistischen Durchdringung des protestantischen Sozialmilieus in Berlin*. Köln: Böhlau.

_____. 2010. *Mir aber zerriss es das Herz: Der stille Widerstand der Elisabeth Schmitz*. Göttingen: Vandenhoeck & Ruprecht.

Gericke, Wolfgang. 1989. *Theologie und Kirche im Zeitalter der Aufklälung*. Berlin: Evang. Verl.

Gillbert, Gustave M. 1993. *Nürnberg Tagebuch*. Frankfurt/M: Fischer Taschenbuch.

Giordano, Ralph. 1987. *Die Zweite Schuld*. Hamburg: Röhring.

Goertz, Hans-Jürgen. 1988. *Die Täufer: Geschichte und Deutung*. München: C. H. Beck.

_____(ed.). 1977. *Umstrittenes Täufertum 1525-1975: Neue Forschung*(2nd ed.). Göttingen: Vandenhoeck & Ruprecht.

Gonzáles, Justo L. 1990. *Faith and Wealth: A History of Early Christian Ideas on the Origin, Significance, and Use of Money*. San Francisco: Harper.

Grabner, W. J. et al.(ed.). 1990. *Leipzig im Oktober: Kirche und Alternative Gruppen im Umbruch der DDR. Analysen zur Wende*. Berlin: Wichern.

Greschat, Martin(ed.). 1982. *Die Schuld der Kirche*. München: Chr. Kaiser.

_____. 1997. *Theologen des Protestantismus im 19. und 20. Jahrhundert Iu. II*. Berlin: Kohlhammer.

Grimm, Harold J. 1965. *The Reformation Era 1520 ~ 1650*. New York: Macmillan.

Gritsch, Eric W. 2012. *Martin Luther's Anti-Semitism: Against His Better Judgment*. Michigan and Cambridge: William B. Eerdmans.

Grosse, Heinrich, Hans Otte and Joachim Perels(ed.). 2002. *Neubeginn nach der NS-Herrschaft?: Die hannoversche Landeskirche nach 1945*. Hannover: Lutherisches Verlagshaus.

_____. 2011. *Kirche in bewegten Zeiten: Protest, Reform und Konflikte in der hannoverschen Landeskirche nach 1968*. Hannover: Lutherisches Verlagshaus, 2011.

Hall, David W. and Matthew Burton. 2009. *Calvin and Commerce: the Transforming Power of Calvinism in Market Economics*. New Jersey: P&R Publishing.

Harbison, E. Harris. 1956. *The Christian Scholar in the Age of the Reformation*. New York: Charles Scriber's Sons.

Harder, Leland(ed.). 1985. *The Sources of Swiss Anabaptism*. Scottdale and Pa.: Herald Press.

Haun, Johannes, Harald Diem and Gerhart Sauter(ed.). 1973. *Zur Zwei-Reiche-Lehre Luthers*. München: Chr. Verlag.

Heckel, Martin. 2001. *Deutschland im konfessionellen Zeitalter*. Göttingen: Vandenhoeck & Ruprecht.

Herbers, Klaus(übersetzt und kommentiert). 2008. *Der Jakobsweg: Ein Pilgerführer aus dem 12. Jahrhundert*. Stuttgart: Philipp Reclam jun.

Herbert, Karl. 1989. *Kirche zwischen Aufbruch und Tradition: Entscheidungsjahre nach 1945*. Stuttgart: Radius.

Herbert, Ulrich and Olaf Groehler. 2000. *Zweierlei Bewältigung*. Hamburg: Ergebnisse.

Herbrecht, Dagmar, Ilse Hârter and Hannelore Erhart(ed.). 1997. *Der Streit um die Frauenordination in der Bekennenden Kirche: Quellentexte zu ihrer Geschichte im Zweiten Weltkrieg*. Neukirchner.

Hitler, Adolf. 1943. *Mein Kampf*. in trans. Ralph Manheim. Boston: Houghton Mifflin.

Hobsbawm, Eric. 1989. *The Age of Empire 1875-1914*. New York: Vintage Books.

Holborn, Hajo. 1964. *A History of Modern Germany* Vol. 1. New York: Knopf.

Holman, A. J. Co.(ed.). 1951. *Works of Martin Luther*. Philadelphia: A. J. Holman Co.

Horsch, John. 1931. *The Hutterian Brethren 1528-1931*. Scottdale and Kitshener: Herald Press.

Hsia, Ronnie Po-chia. 1984. *Society and Religion in Münster, 1535-1618*. New Haven & London: Yale Univ. Press.

_____(ed.). 1988. *The German People and the Reformation*. Ithaca and London: Cornell Univ. Press.

Huizinga, Johan. 1957. *Erasmus and the Age of Reformation*. New York: Harper.

Joder, John H. 1968. *Täufertum und Reformation im Gespräch: Dogmengeschichtliche Untersuchung der frühen Gespräche zwischen schweizerischen Täufern und Reformatoren*. Zürich: EVZ.

Johnson, Chalmers. 1973. *Autopsy on People's War*. Berkeley and London: California Univ. Press.

Jones Terry and Alan Ereira. 2004. *Medieval Lives*. London: BBC Books.

Jung, Martin H. 2014. *Kirchengeschichte*. Tübingen: A. Francke Verlag.

Kaiser, Johen Christoph and Anselm Doering-Manteuffel. 1990. *Christentum und Politische Verantwortung: Kirchen im Nachkriegsdeutschland*. Berlin: Kohlhammer.

Kershaw, Ian. 1989. *Der NS-Staat: Geschichtsinterpretation und Kontroversen im Überblick.* in Jürgen Peter Krause(trans.). Hamburg: Rowohlt.

Kirchhoff, Karl-Heinz. 1973. *Die Täufer in Münster 1534/35: Untersuchungen zum Umfang und zur Sozialstruktur der Bewegung.* Münster: Aschendorff.

Klassen, Peter James. 1964. *The Economics of Anabaptism: 1525-1560.* London: Mouton.

Klötzer, Ralf. 1992. *Die Täuferschaft von Münster. Stadtreformation und Welterneuerung.* Münster: Aschendorff.

Kocka, Jürgen. 2013. *Geschichte des Kapitalismus.* München: C. H. Beck.

_____. 1981. *Die Angestellten in der deutschen Geschichte 1850-1980.* Göttingen: Vandenhoeck.

Kupisch, Karl(ed.). 1960. *Quellen zur Geschichte der deutschen Protestantismus 1871-1945.* München and Hamburg: Siebenstern Taschenbuch.

Lehmann, Hartmut(ed.). 1997. *Säkularisierung, Dechristianisierung, Rechristianisierung im neuzeitlichen Europa.* Göttingen: Vandenhoeck & Ruprecht.

_____. 2007. *Säkularisierung: Der europäische Sonderweg in Sachen Religion*(2nd. ed.). Göttingen: Wallstein.

Lepp, Claudia and Kurt Nowak(ed.). 2001. *Evangelische Kirche im geteilten Deutschland(1945-1989/90).* Göttingen: Vandenhoeck & Ruprecht.

Locher, Gottfried W. 1979. *Die Zwinglische Reformation im Rahmen der europäischen Kirchengeschichte.* Göttingen and Zürich.

Lohse, Bernhard. 1987. *Martin Luther: Eine Einführung sein Leben und sein Werk.* München: C. H. Beck.

Lotz, Martin. 1992. *Evangelische Kirche 1945-1952.* Stuttgart: Radius.

Luther, Martin. 1960. *An den Christlichen Adel deutscher Nation und Andere Schriften.* Stuttgart: Philipp Reclam.

_____. 1951. *Works of Martin Luther* Vol. III. in ed. A. J. Holman Co. Philadelphia: A. J. Holman Co.

Mantey, Volker. 2005. *Zwei Schwerter-Zwei Reiche: Martin Luthers Zwei-Reiche-Lehre vor ihrem spätmittelalterlichen Hintergrund.* Tübingen: Mohr Siebeck.

Maser, Werner. 1988. *Nürnberg Tribunal der Sieger.* Düsseldorf: Droste.

Mau, Rudolf. 2014. *Der Protestantismus im Osten Deutschlands(1945-1990).* Leipzig: Evangelische Verlagsanstalt.

Mauerhofer, Armin. 1996. *Erweckungsbewegung.* München: DTV.

Maurer, Justus. 1979. *Prediger im Bauernkrieg.* Stuttgart: Calwer.

McGovern, William Montgomery. 1941. *From Luther to Hitler.* London: Houghton Mifflin.

McLeod, Hugh(ed.). 1995. *European Religion in the Age of Great Cities: 1830-1930(Christianity and Society in the Modern World).* London and New York: Routledge.

Moeller, Bernd. 1981. *Deutschland im Zeitalter der Reformation.* Göttingen: Vandenhoeck & Ruprecht.

_____. 2000. *Geschichte des Christentums in Grundzügen*(7th ed.). Göttingen: Vandenhoeck & Ruprecht.

_____. 2011. Reichsstadt und Reformation(new ed.). Tübingen: Mohr Siebeck.

Mögenburg, Harm and Uta Schwarz. 1991. *Hexen und Ketzer der Umgang mit Minderheiten vom Mittelalter bis heute*(2nd ed.). Frankfurt/Main: Duesterweg.

Möller, Martin. 1984. *Evangelische Kirche und Sozialdemokratische Partei in den Jahren 1945-1950. Grundlagen der Verständigung und Beginn des Dialoges.* Göttingen: Vandenhoeck & Ruprecht.

More, Thomas. *Utopia.* in Ralph Robinson(trans.). London and Bombay: Blackie & Son Limited, 출판 연도 불명.

Morsey, Rudolf. 1990. *Die Bundesrepublik Deutschland.* Munchen: R. Oldenbourg.

Murray, Robert H. 1960. *The Political Consequences of the Reformation.* New York: Russel & Russel.

Niemoller, Wilhelm. 1969. *Wort und Tat im Kirchenkampf.* München: Chr. Kaiser.

Niethammer, Lutz. 1982. *Die Mitläuferfabrik: Die Entnazifizierung am Beispiel Bayerns.* Berlin and Bonn: J. H. W. Dietz Nachf.

Nipperdey, Thomas. 1988. *Religion im Umbruch. Deutschland 1870-1918.* München: C. H. Beck.

Ordnung, Carl. 1987. *Verantwortung für Frieden und Wohlfahrt der Völker, Die Aktualität des Darmstädter Wortes von 1947.* Berlin: Union.

Pölnitz, Götz Freiherr von. 1970. *Die Fugger.* Tübingen: J. C. B. Mohr.

Prinz, Michel. 1986. *Vom neuen Mittelstand zum Volksgenossen: Die Entwicklung des sozialen Status der Angestellten von der Weimar Republik bis zum Ende der NS-Zeit.* München: Oldenbourg.

Rammstedt, Otthein. 1966. *Sekte und soziale Bewegung: Soziologische Analyse der Täufer in Münster 1534/35.* Köln: Vs Verlag für Sozialwissenschaften.

Ranum, Orest(ed.). 1969a. *Searching for Modern Times Vol. I: 1500-1650.* New York: Dodd, Mead & Company.

_____. 1969b. *Searching for Modern Times Vol. II: 1650-1789.* New York: Dodd, Mead & Company.

Rejai, Mostafa. 1973. *The Strategy of Political Revolution.* Garden City and New York: Anchor Press.

Ritter, Gerhart Albert. 1983. *Sozialversicherung in Deutschland und England: Entstehung und Grundzüge im Vergleich.* München: C. H. Beck.

Ritter, Gerhard Albert and Jürgen Kocka. 1982. *Deutsche Sozialgeschichte 1870-1914*(3rd ed.). München: C. H. Beck.

Rosenberg, Hans. 1967. *Grosse Depression und Bismarckzeit.* Berlin: Walter de Gruyter & Co.

Rummel, Erika. 2000. *The Confessionalization of Humanism in Reformation Germany.* Oxford and New York: Oxford Univ. Press.

Rupp, E. Gordon and Philip S. Watson(ed.). 1969. *Luther and Erasmus: Free Will and Salvation*. Philadelphia: Westminster.

Sachsse, Carl. 1973. *D. Balthasar Hubmaier als Theologe*. Berlin: Scientia Verlag Aalen.

Sagarra, Eda. 1977. *A Social History of Germany 1648-1914*. London: Methuen.

Schreiber, Mathias. 1997. *Martin Niemöller*. Reinbek: Rororo.

Scribner, Robert W. and Gerhard Benecke(ed.). 1979. *The German Peasant War 1525: New Viewpoints*. London: Allen and Unwin.

Smirin, Moisej M. 1956. *Die Volksreformation des Thomas Münzer und der große Bauernkrieg*(2nd ed.). Berlin: Diez.

Smith, Preserved. 1962. *The Social Background of the Reformation*. New York: Collier Books.

Smith, Woodruff D. 1986. *The Ideological Origins of Nazi Imperialism*. New York and Oxford: Oxford Univ. Press.

Speier, Hans. 1977. *Die Angestellten vor dem Nationalsozialismus*. Göttingen: Vandenhoeck & Ruprecht.

Spitz, Lewis W. 1971. *The Renaissance and Reformation Movement* Vol. 1 and 2. St. Louis: Concordia Publishing Company.

Stadt Museum Münster. 1986. *Die Wiedertäufer in Münster*. Münster: Aschendorff.

Stark, Michael(ed.). 1984. *Deutsche Intellektuelle 1910-1933: Aufrufe·Pamphlete·Betrachtungen*. Heidelberg: Lambert Schneider.

Stayer, James M. 1991. *The German Peasants' War and Anabaptist Community of Goods*. Montreal, Kingston, London and Buffalo: McGill-Queen's Univ. Press.

Stöcklin, Sara. 2013. *Die Rolle der Frauen in Täuferreich zu Münster 1534/35*. München: Grin Verlag.

Stout, Harry S. and Darryl G. Hart(ed.) 1997. *New Directions in American Religious History*. New York: Oxford Univ. Press.

Strass, Gerald. 1977. *Nuremberg in the Sixteenth Century: City Politics and Life Between Middle Ages and Modern Times*. Bloominton: Indiana Univ. Press.

Strohm, Christoph. 2011. *Die Kirchen im Dritten Reich*. München: C. H. Beck.

Schwiebert, Ernest George. 1950. *Luther and His Times: The Reformation From A New Perspective*. Saint Louis: Concordia Publishing.

Taddy, Gerhard(ed.). 1983. *Lexikon der deutschen Geschichte*. Stuttgart: Kröner.

Vogler, Günther(ed.). 1994. *Wegscheiden der Reformation. Alternatives Denken vom 16. bis zum 18. Jahrhundert*. Weimar: Hermann Böhlaus Nachfolger.

Vollnhals, Clemens. 1989. *Evangelische Kirche und Entnazifizierung 1945-1949: Die Last der nationalsozialistischen Vergangenheit*. München: Oldenbourg.

_____(ed.). 1989. *Entnazifizierung und Selbstreinigung im Urteil der evangelischen Kirche. Dokumente und Reflexionen 1945-1949*. München: Chr. Kaiser.

Wallmann, Johaness. 2005. *Der Pietismus: Ein Handbuch*. Stuttgart: UTB.

Wassmund, Hans. 1978. *Revolutionstheorien*. München: C. H. Beck.

Wehler, Hans-Ulrich. 1975. *Der Deutsche Bauernkrieg 1524-1526*. Göttingen: Vandenhoeck & Ruprecht.

_____. 1975. *Modernisierungstheorie und Geschichte*. Göttingen: Vandenhoeck & Ruprecht.

_____. 1989a. *Deutsche Gesellschaftsgeschichte 1: Vom Feudalismus des Alten Reiches Bis zur Defensiven Modernisierung der Reformära 1700-1815*(2nd ed.). München: Verlag C. H. Beck.

_____. 1989b. *Deutsche Gesellschaftsgeschichte 2: Von der Reformära bis zur industriellen und politischen 'Deutschen Doppelrevolution' 1815-1845/49*(2nd ed.) München: Verlag C. H. Beck.

_____. 1995. *Das Deutsche Kaiserreich 1871-1918*(3rd ed.). Göttingen: suhrkamp.

_____. 2006. *Deutsche Gesellschaftsgeschichte 3: Von der "Deutschen Doppelrevolution" bis zum Beginn des Ersten Weltrieges 1849-1914*(2nd ed.). München: Verlag C. H. Beck.

_____. 2008a. *Deutsche Gesellschaftsgeschichte 4: Vom Beginn des Ersten Weltrieges bis zur Gründung der beiden deutdchen Staaten 1914-1949*(3rd ed.). München: Verlag C. H. Beck.

_____. 2008b. *Deutsche Gesellschaftsgeschichte 5: Bundesrepublik und DDR 1949-1990*. München: Verlag C. H. Beck.

Westin, Gunner and Torsten Bergsten(ed.). 1962. *Balthasar Hubmaier: Schriften*. Gütersloher: Güterslohes Verlagshaus.

Williams, George H. 1962. *The Radical Reformation*. Philadelphia: Westminster Press.

Wohlfeil, Rainer(ed.). 1972. *Reformation oder frühbürgerliche Revolution?* München: Nymphenburger.

_____. 1975. *Der Bauernkrieg 1524-26: Bauernkrieg und Reformation*. München: Nymphenburger.

Zimmermann, Wilhelm. 1980. *Der grosse deutsche Bauernkrieg*(6th ed.). Stuttgart: Diez.

5. 외국 정기 간행물

Boyens, Armin. 1971. "Das Stuttgarter Schuldbekenntnis vom 19. Oktober 1945 - Entstehung und Bedeutung." *Vierteljahrshefte für Zeitgeschichte*, 19. Jg., pp. 364~386.

Cohn, Henry J. 1979. "Anticlericalism in the German Peasants' War 1525." *Past and Present*, 83, pp. 3~31

Dülmen, Richard von. 1980. "Religionsgeschichte in der historischen Sozialforschung." *Geschichte und Gesellschaft*, 6. Jg., pp. 36~59.

Ford, Caroline. 1993. "Religion and Popular Culture in Modern Europe." *JMH*, 65, pp. 152~175.

Franz, Günther. 1939. "Die Entstehung der 'Zwölf Artikel' der deutschen Bauernschaft." *Archiv für Reformationsgeschichte*, 36 Heft 1/2, pp. 195~213.

Gause, Ute. 1998. "Frauen und Frömmigkeit im 19. Jahrhundert. Pietismus und Neuzeit." *Ein Jahrbuch zum Geschichte des neueren Protestantismus*, 20, pp. 307~327.

Greschat, Martin. 1991. "Die Kirchen in den beiden deutschen Staaten nach 1945." *Geschichte in Wissenschaft und Unterricht*, 42. Jg., 5. Heft, pp. 256~284.

_____.1993. "Die Bedeutung der Sozialgeschichte für die Kirchengeschichte. Theorien und praktische Erwägungen." *Historische Zeitschrift*, 256, pp. 67~103.

Hölscher, Lucian. 1990. "Die Religion des Bürgers. Bürgerliche Frömmigkeit und protestantische Kirche im 19. Jahrhundert." *Historische Zeitschrift*, 250, pp. 568~596.

Hoser, Paul. 1994. "Hitler und die Katholische Kirche. Zwei Briefe aus dem Jahr 1927." *Vierteljahrsheft für Zeitgeschichte*, 42. Jg., 3. Heft, pp. 473~492.

Kreider, Robert. 1955. "The Anabaptist and Civil Authorities of Strasbourg 1525-1555." *Church History*, 24, pp. 99~118.

Krötke, Wolf. 1990. "Die Kirche und die 'friedliche Revolution' in der DDR." *Ztbk*, 87, pp. 521~544.

Longholm, Odd. 2009. "Martin Luther's Doctrine on Trade and Price in its Literary Context." *History of Political Economy*, 419, pp. 89~107.

Nipperdey, Thomas. 1963. "Theologie und Revolution bei Thomas Müntzer." *Archiv für Reformations-geschichte*, 54, pp. 145~181.

Scott, Tom. 1979. "The Peasants' War: A Historiographical Review." *Historical Journal*, 22, pp. 693~720, 953~974.

Sperber, Jonathan. 1998. "Kirchengeschichte or the Social and Cultural History of Religion?." *Neue Politische Literatur*, 43, pp. 13~35.

Stayer, James M, Werner O. Packull and Klaus Deppermann. 1975. "From Monogenesis to Polygenesis: The Historical Discussion of Anabaptist Origins." *Mennonite Quarterly Review*, 49.2, pp. 83~121.

Tadden, Rudolf von. 1983. "Kirchengeschichte als Gesellschaftsgeschichte." *Geschichte und Gesellschaft*, 9. Jg., pp. 598~614.

Vogler, Günther. 1974. "Revolutionäre Bewegungen und frühbürgerliche Revolution." *Zeitschrift für Geschichte*, 22, pp. 394~411.

Vollnhals, Clemens. 1992. "Die Hypothek des Nationalprotestantismus." *Geschichte und Gesellschaft*, 18. Jg., pp. 51~69.

Waas, Adolf. 1939. "Die große Wendung im deutschen Bauernkrieg." *Historische Zeitschrift*, 159, pp. 22~53.

Wentker, Hermann. 1994. "'Kirchenkampf' in der DDR. Der Konflikt um die Junge Gemeinde 1950-1953." *Vierteljahrsheft für Zeitgeschichte*, 42. Jg., 1. Heft, pp. 95~127.

6. 기타 자료

Kleine Enzyklopädie des deutschen Mittelalters. http://u1151612502.user.hostingagency.de/m alexuwiki/index.php/hauptseite(검색일: 2016.1.10.)

찾아보기

지은이 장수한

서강대학교 대학원 박사 과정에서 독일사에 진지한 관심을 갖기 시작했고 독일 빌레펠트 대학 박사 과정 이후 특히 독일 사회사를 집중적으로 공부했다. 침례신학대학교에서 교회사 교수로 재직하면서 독일 교회사와 사회사를 종합하는 작업에 열정을 쏟아왔다.
독일 프로테스탄트 교회의 역사를 사회의 역사로 다시 읽는 이 책은 교회와 신학의 경계를 넘어 교회와 사회의 관계에 관심을 집중해온 저자의 첫 번째 교회사 저서이다. 이와 더불어 저자의 다른 연구 주제는 '한국 개신교의 근대성'이다.
저서로는 『유럽 커피문화 기행』(2008), 『그래도 희망의 역사』(2009) 등이 있고, 역서로는 『산업과 제국』(1984) 등이 있다.

한울아카데미 1880

사회의 역사로 다시 읽는
독일 프로테스탄트 교회의 역사

ⓒ 장수한, 2016

지은이 ǀ 장수한
펴낸이 ǀ 김종수
펴낸곳 ǀ 한울엠플러스(주)

편집책임 ǀ 배유진
편집 ǀ 강민호

초판 1쇄 인쇄 ǀ 2016년 2월 29일
초판 1쇄 발행 ǀ 2016년 3월 14일

주소 ǀ 10881 경기도 파주시 광인사길 153 한울시소빌딩 3층
전화 ǀ 031-955-0655
팩스 ǀ 031-955-0656
홈페이지 ǀ www.hanulmplus.kr
등록번호 ǀ 제406-2015-000143호

Printed in Korea.
ISBN 978-89-460-5880-4 93920(양장)
      978-89-460-6141-5 93920(학생판)

* 가격은 겉표지에 표시되어 있습니다.
* 이 책은 강의를 위한 학생판 교재를 따로 준비했습니다.
  강의 교재로 사용하실 때에는 본사로 연락해주십시오.